Die goldene Dame

Elke Vesper

Die goldene Dame

Ein Roman über das Leben der
Tamara de Lempicka

Fretz & Wasmuth

Erste Auflage 1998
Copyright © 1998 by Scherz Verlag, Bern, München, Wien,
für den Fretz & Wasmuth Verlag.
Alle Rechte vorbehalten, auch die der Verbreitung durch Funk, Fernsehen,
fotomechanische Wiedergabe, Tonträger jeder Art, Übersetzung
und auszugsweisen Nachdruck.

Ich widme dieses Buch meinem Vater
Herbert Jacobsen,
der viel zu früh gestorben ist.

Ich habe des Überlebens wegen angefangen,
Bilder zu malen. Wenn mein Mann ein tüchtiger
Ernährer für die Familie gewesen wäre,
dann hätte die Malerin Tamara de Lempicka
niemals das Licht der Welt erblickt.

Mein Ziel: Kopiere nie.
Schaffe einen neuen Stil, helle, leuchtende Farben,
und spüre in deinen Modellen die Eleganz auf.

Tamara de Lempicka

I

Viele Jahre später sollte sich die polnische Malerin Tamara de Lempicka vor dem Scheidungsrichter in Paris an jene Nacht erinnern, in der sie sich auf den Weg machte, ihren Auserwählten zu erobern.

Damals, im Herbst des Jahres 1914, war sie sechzehn Jahre alt. Ihre Mutter nannte sie petite grosse, kleine Dicke, vor allem weil ihre Brüste bereits seit zwei Jahren erstaunlich üppig entwickelt waren.

Tamara war nicht eigentlich schön zu nennen. Ihr Gesicht wies allzu widersprüchliche Merkmale auf. Der naschhafte weiche Mund, die gerade, energische Nase und die bereits jetzt leicht verschleiert wirkenden, dabei jedoch hellwachen Augen stritten miteinander um die Vorherrschaft. Die weichen Züge hatte sie von der Mutter geerbt. Zu deren Gesicht gehörten allerdings klar geformte und von ebenmäßigen Augenbrauen gekrönte, strahlende Augen, wohingegen Tamaras Blick einen Ausdruck hatte, der bei gutwilliger Betrachtung verträumt, bei böswilliger hingegen verschlafen oder gar blasiert genannt werden konnte. Und ihre über der Nase zu nahe zusammenrückenden und zu früh, über der Mitte des Auges, endenden fast blonden Brauen bereiteten ihr Verdruß, sobald sie in den Spiegel blickte. Das lieblichste an Tamara waren ihre blonden Haare, die in sanften Wellen bis zur Taille fielen.

Schön war sie wirklich nicht zu nennen; sie selbst hätte das auch nie behauptet. Aber sie hatte bereits mit sechzehn gelernt, daß sie alles bekommen konnte, was sie wollte, wenn sie es nur geschickt genug anstellte, und sie war selbstsüchtig genug, alles dafür zu tun, wenn sie etwas wollte. Deshalb entmutigte es sie nicht, daß der Mann, in den sie sich verliebt hatte, als «beliebtester Junggeselle St. Petersburgs» galt. Es entmutigte sie auch nicht, daß Tadeusz Lempicki, so sein Name, sie während ihrer

Begegnung, die genau ein Jahr zurücklag, kaum beachtet hatte. Damals war er, begleitet von zwei beeindruckenden Schönheiten, in der Oper aufgetaucht, und von Stund an war Tamara der Langeweile entrissen, in die sie sich hüllte, seit ihre lebenslustige Mutter sie von einem gesellschaftlichen Ereignis zum nächsten schleppte.

Tadeusz Lempicki brachte die Luft um sich her zum Flirren. Nicht nur wegen seiner geradezu atemberaubenden Attraktivität; dazu gehörte mehr, so spürte Tamara, obwohl sie aufgrund ihres jugendlichen Alters und der entsprechend geringen Erfahrung mit Männern allein auf ihren Instinkt angewiesen war. Er hatte etwas, das Tamara von guten Reitpferden her kannte, eine Mischung aus Nervosität und einer selbstverständlichen Freude an dem perfekten Zusammenspiel aller einzelnen Teile des eigenen Körpers. Was wie Stolz wirkte, war nichts als eine Familientradition, die auch in der Körperhaltung zum Ausdruck kam. Es ging nicht im geringsten um Stolz. Um Stolz zu empfinden, benötigt man einen Maßstab. Menschen wie Tadeusz Lempicki leben völlig unabhängig von einem Vergleich mit anderen. Menschen wie Lempicki sind mit der Ahnenbotschaft erzogen, von Geburt an ein Anrecht zu haben auf den Genuß aller Freuden, die das Leben bieten kann.

Wer ist das? flüsterte Tamara ihren beiden Cousins zu, den Söhnen Tante Stefas, der Lieblingsschwester ihrer Mutter. Sie mußte flüstern, da die zwei Gouvernanten der Cousins sie begleiteten. Die eine stammte aus England, die andere aus Frankreich; sie verstanden einander kaum, reagierten aber sofort und vereint, sobald etwas gesagt wurde, das den «Anstand» verletzte. Und in jenem Augenblick meinte Tamara, tunlichst verbergen zu müssen, welchen Eindruck der große dunkelhaarige Mann mit den samtenen Augen auf sie machte, denn auch die Gouvernanten strahlten und öffneten sacht die Lippen, wenn der Blick des Herrn sie streifte. Die englische Gouvernante war aschblond, lang und knochig mit spitzer Nase und spitzem Kinn, die Französin war klein, hatte dunkle Haare und einen dicken Hintern. Sie unterschieden sich auch in ihrem Wesen auf fast schon skurrile Weise. Die Engländerin bewegte sich stakkato, einem Soldaten ähnlich, die Französin wie eine Mischung aus Wirbelwind und Kolibri. Die Engländerin sprach mit dunkler, autoritärer

Stimme, die Französin zwitscherte oder kreischte. Tamara beobachtete fasziniert, wie ähnlich beide Frauen auf den Fremden reagierten.

Von solch einem Mann träumten alle Mädchen im Pensionat in Lausanne, was immer sie gerade taten und wo und wie sie es auch taten. Daß er wirklich existierte, erschütterte Tamara. Welche Oper wurde gespielt? In dem Augenblick, da sie Tadeusz erblickte, vergaß Tamara alles, was sie im ersten Akt gesehen und vernommen hatte. Nach der Pause saß sie mit geradem Rücken da, schaute artig interessiert auf die Bühne, die Hände wohlerzogen im Schoß des lindgrünen Taftkleides ineinandergefügt, und schmiedete angestrengt einen Plan, wie sie die Aufmerksamkeit des Mannes auf sich ziehen könnte. Als er entwickelt war, verwarf sie ihn. Und so erging es einer Reihe von weiteren Plänen, bis sie plötzlich sah, wie der Herr aufstand und sich, während ein Tenor auf der Bühne eine ergreifende Arie schmetterte, unbemerkt aus seiner Loge stahl. Sie reagierte sofort und ohne jeden Plan, zischelte der französischen Gouvernante zu: Je regrette, je dois faire pipi, erntete nur ein strenges: Silence! und schlüpfte aus dem kleinen Balkon, in dem sie zu fünft saßen.

Mit beidhändig gelüpftem Rock huschte sie in die Richtung, in der sie Lempicki vermutete, ließ den Rock rasch sinken, als sie ihn im Blick hatte, verlangsamte das Tempo und schritt majestätisch auf ihn zu.

Kurz bevor sie auf gleicher Höhe waren, machte Tamara einen Ausfallschritt zur Seite, verstellte ihm so den Weg und versank in einen Knicks, wobei sie mit ihrem Rock die Figur einer kunstvollen Acht wedelte. So ungefähr war ihr der Hofknicks im Ballettunterricht in Lausanne beigebracht worden, nicht ganz so dramatisch, selbstverständlich, aber hier kam es keinesfalls auf die Etikette, sondern allein auf den Effekt an.

Lempicki lachte amüsiert auf, so laut, daß es in dem leeren Foyer nachhallte. Er klatschte sogar andeutungsweise in die Hände und fragte: Wer sind Sie, Mademoiselle?

Tamara, übermütig durch den Erfolg, fiel abermals in einen Knicks, noch tiefer und dramatischer als der erste, und antwortete mit einer im Gesangsunterricht geschulten glockenklaren Stimme: Tamara Gorska, mein Herr, aus Polen!

Lempicki lachte abermals, klatschte dann aber auf andere Weise als zuvor in die Hände und zischelte: Nun aber zurück, dawai, dawai, sonst weinen die Sänger. Dann strebte er an ihr vorbei in die Richtung, in der sie den Ort vermutete, den man, wie sie gelernt hatte, niemals beim Namen nennen durfte.

Seit jenem Abend träumte sie von dem Fremden. Sie brachte in Erfahrung, daß er Anwalt war, Rechtsanwalt, wie ihr Papa es gewesen war. Sie erfuhr, daß er aus verarmter guter Familie stammte und daß er ein Bonvivant war, zudem ein von Frauen umschwärmter Mann, eben «der begehrteste Junggeselle St. Petersburgs». So verbrachte sie das laufende Schuljahr in Lausanne, indem sie sich aus der Langeweile in Träume von der Liebe rettete.

Zweifellos übten diese Träume einen nicht geringen Einfluß auf das Verhalten aus, das sie an den Tag legte, nachdem sie vor den Sommerferien des Jahres 1914 einen Brief von ihrer Mutter, Malvina Gorska, geborene Decler, erhalten hatte.

Tamara las den Brief, bäuchlings auf dem Bett liegend. Auf dem Bett an der gegenüberliegenden Wand streckte sich ein anderes junges Mädchen aus, Tamaras Zimmergenossin, und starrte mit einem leicht verbitterten Zug um den Mund an die Zimmerdecke. Sie hatte keinen Brief von daheim bekommen.

Tamara dachte nach beendeter Lektüre einen kurzen Augenblick nach, sprang auf, trampelte wuterfüllt wie ein kleines Kind herum, ließ sich wieder schwer aufs Bett fallen, vergrub das Gesicht im Kopfkissen und schluchzte herzzerreißend. Ihre Mitschülerin wälzte sich in Zeitlupengeschwindigkeit vom Bett und näherte sich ihr, um zart eine Hand auf den bebenden Rücken zu legen. Tamara stieß sie mit dem Ellbogen grob beiseite, so daß sie zurückstolperte und auf dem Hintern landete. Sich die Rückseite reibend, schlich sie aus dem Zimmer, um Hilfe zu holen.

Sie rannte durch den langen Flur, von dem rechts und links die Mädchenzimmer abgingen, bis sie eine Lehrerin erblickte, der sie, außer Atem, schon von weitem zurief: Kommen Sie schnell, es geht um Leben und Tod!

Die Lehrerin, die, noch sehr jung und unerfahren, die Gefühlsdramen ihrer Schülerinnen ernst nahm, erkundigte sich ängstlich, was passiert sei. Als die kleine Litauerin, die ansonsten eher ruhig und zurückhaltend war, hervorstieß: Ich glaube, Tamaras Mutter ist gestorben! und dann schrie: Sie wird verrückt, sie stirbt, das hält sie nicht aus!, eilte die Lehrerin hinter ihr her. Vor der Zimmertür blieb die Kleine stehen, legte den Finger vor den Mund und schmiegte das Ohr gegen die Tür. Die Lehrerin schob sie beiseite, drückte energisch die Klinke hinunter und trat auf Zehenspitzen in den Raum.

Das Zimmer, schmucklos bis auf einen Jesus am Kreuz, war wie alle anderen im Pensionat mit zwei Betten, einem Kleiderschrank, einem schmalen Tisch und zwei Stühlen möbliert. Tamara hockte im Schneidersitz auf ihrem Bett. Einer Vogelscheuche gleich, mit zerrauften Haaren und aufgerissenen blauen Augen im blassen Gesicht, wirkte sie, als sei sie bereits irr geworden. Merkwürdig gelassen verkündete sie der eintretenden Lehrerin: Meine Mutter, die läufige Hündin, sie ist eine Hure!

Die Lehrerin entriß Tamara beherzt den Brief und erfuhr, daß Tamaras Mutter wieder heiraten wollte. Als sie die überschwengliche Beschreibung des zukünftigen Gatten gelesen hatte, setzte sie sich zu Tamara aufs Bett, nahm deren Hände in die ihren und sagte: Bestimmt ist er nett. So etwas gibt es, Tamara. Du wirst dich mit ihm verstehen.

Tamara schaute die Lehrerin mit leicht verhangenen Augen von oben herab an. In diesem Blick lag die ganze Arroganz der Tochter aus reichem Hause gegenüber einer Domestikin. Die Lehrerin, höchstens zehn Jahre älter als Tamara, zuckte leicht zurück. Tamara zog ihre Hände weg und sagte kühl: Vielleicht werde ich ihn mögen. Erst einmal will ich sie aber nicht sehen, ihn und sie, beide nicht. Ich fahre in den Ferien zu meiner Tante Stefa nach St. Petersburg.

Die Lehrerin erhob sich, strich ihre Kleidung glatt und befahl ihrer Schülerin knapp, sich die Haare zu kämmen und das Gesicht zu waschen. Für Änderungen ihrer Reisepläne sei nicht sie selbst zuständig, sondern die Mutter. Sie solle sich beruhigen und nichts Unüberlegtes tun. Als Antwort lächelte Tamara nur.

Nachdem die Lehrerin das Zimmer verlassen hatte, saß Tamara noch eine Weile nachdenklich auf ihrem Bett, dann nahm sie das schüchterne Angebot der kleinen Litauerin an, ihr die Haare zu kämmen. Wie eine Prinzessin thronte sie auf dem

Holzstuhl und blickte finster auf den parkähnlichen Schulgarten hinaus, während Lina sie so vorsichtig frisierte, daß es einer Liebkosung gleichkam.

Tamara bedankte sich in abweisendem Ton, griff nach dem Brief ihrer Mutter und suchte das Zimmer der Direktorin auf. Ihr Gesicht wusch sie absichtlich nicht, es sollte Spuren tragen.

Als die Direktorin sie auf ihr höfliches Klopfen hereinrief, hatte Tamara sich in ein schüchternes, hilfloses Mädchen verwandelt. Sie machte einen tiefen Knicks, bat mit kleiner Stimme um eine kurze Audienz und reichte, nachdem diese gewährt und ihr vor dem Schreibtisch ein Platz angeboten worden war, der Direktorin den Brief der Mutter mit der Bitte, ihn zu lesen. Tamara hielt den Kopf gesenkt, beobachtete die Frau hinter dem Schreibtisch jedoch genau. Die Direktorin saß mit dem geraden Rücken einer Ballettmeisterin auf ihrem Stuhl. Ihr strenges, klares Gesicht, aus dem die Haare straff in den Nacken gekämmt und zu einem Knoten gesteckt waren, wies kaum Falten auf, obwohl sie Tamaras Überzeugung zufolge uralt war.

Die Direktorin war unverheiratet und, wie die Schülerinnen tuschelten, bestimmt Jungfrau. Tamara schätzte sie als sichere Verbündete im Kampf gegen eine Mutter ein, die ihrer Tochter in einem Brief auf jungmädchenhaft überschwengliche Weise die Vorzüge ihres Liebhabers schildert.

Der beherrschte Gesichtsausdruck der Direktorin hatte sich nicht im geringsten verändert, als sie den Brief nach dem Lesen auf den Tisch legte und in sachlichem Ton fragte, was Tamara von ihr wolle.

Meine Tante Stefa hat mich für die Ferien nach St. Petersburg eingeladen, hauchte Tamara. Sie erinnern sich vielleicht, Tante Stefa lebt mit ihrem Mann und ihren beiden Söhnen und deren Gouvernanten in St. Petersburg. Im letzten Jahr habe ich die Opernsaison bei ihr verbracht.

Sie hatte in diesen einen Satz alles gesteckt, was die Direktorin zu überzeugen vermochte. Eine anständige Familie, Gouvernanten und Opern. Das einzige Laster der Dame, die sich nie anlehnte, wo immer sie auch saß, war es, Opern zu hören; das wußte jede Schülerin des Internats.

Weshalb suchst du mich auf? wiederholte die zur Skulptur der Beherrschung erstarrte Dame.

Ich wollte Sie bitten, für mich zu telegraphieren, flüsterte Tamara, den Blick gesenkt. Gleichzeitig saß sie ebenso aufrecht da wie die Frau auf der anderen Seite des Schreibtisches.
Wem?
Meiner Mutter und Tante Stefa. Jetzt war es heraus. Tamara legte unendlichen unausgesprochenen Schmerz in den Blick, den sie nun voll auf die Direktorin richtete.
Diese zögerte einen winzigen Moment. Dann sagte sie sachlich: Ich werde es in Auftrag geben.

2

Die Stadt, die innerhalb eines Jahrhunderts viele Male ihren Namen wechseln sollte, hieß im Juli, als Tamara bei ihrer Tante eintraf, gerade noch St. Petersburg. Das war eine Woche nach der Ermordung des österreichischen Thronfolgers in Sarajewo.

Am ersten August erklärte Deutschland Rußland den Krieg, woraufhin aus einem einmütigen patriotischen Willen heraus der unerträglich deutsch klingende Name der Stadt unmißverständlich ins Russische übersetzt wurde. Nun hieß sie Petrograd. Diese Einmütigkeit zeigte sich ebenso in einem Kniefall Zehntausender vor dem Winterpalais, auf dessen Eingangsstufen Zar Nikolaus II. mit seiner Familie thronte und der Nationalhymne lauschte, die aus den Kehlen seiner Untertanen zu ihm wogte. Hoch aufgerichtet und mit vorgerecktem Kinn nahm Nikolaus II. diese Ergebenheitsbekundung entgegen. Eigentlich hatte er guten Grund, den Deutschen dankbar zu sein, denn sie zwangen vor ihm in die Knie, was sich kurz zuvor erst gegen ihn zusammengerottet hatte.

Im vergangenen Monat hatte es so ausgesehen, als begännen wieder einmal widrige Zeiten für den Zaren und seine Günstlinge. Die Arbeiter waren in den Streik getreten, ein in den Augen des Zaren und seiner Vertrauten gänzlich ungehöriges

Unterfangen, das an die demütigenden Ereignisse von 1905 erinnerte. Damals gipfelte die Widersetzlichkeit der einfachen Leute in etwas so Unglaublichem wie der Befehlsverweigerung der Matrosen auf dem Panzerkreuzer Potemkin. Einige Matrosen hatten sich geweigert, faules Fleisch zu essen. Deshalb waren sie vom Kommandanten zu Meuterern erklärt worden, die von einem hastig zusammengestellten Erschießungskommando hingerichtet werden sollten. Doch es war kein Schuß gefallen. Zu guter Letzt hatten die Matrosen ihre Waffen gegen den Kommandanten gerichtet; die Potemkin hatte den Matrosen gehört, der Hafen von Odessa den Matrosen und Odessa den Arbeitern.

An diese Ereignisse erinnerte sich der Zar gewiß nicht gern, denn sein Ansehen in der Welt entsprach nicht mehr dem Bild von Würde und Pracht, das er von sich vermitteln wollte, ja, vermitteln mußte, da er nun einmal der Zar war. Jene verflixte Revolution hatte ihn gezwungen, die kaiserliche Duma einzurichten, in der er mit lumpig gekleideten Bauerntölpeln über eine Landreform debattieren mußte, die angeblich den Hunger beenden sollte, in seinen Augen aber kein anderes Ziel verfolgte, als ihn, den Herrscher, zu berauben. Deshalb hatte er auch die Duma alsbald wieder aufgelöst und alle folgenden entmachtet.

Kein Wunder, daß der Zar sich im Juli 1914 gezwungen gesehen hatte, den Arbeitern unmißverständlich zu zeigen, wer im Land das Sagen hatte. Er hatte mehrere hundert Arbeiterführer ins Gefängnis werfen lassen. Das Volk aber hatte sich widersetzt und Barrikaden errichtet, ziemlich brauchbare sogar. Die Aufwiegler hatten mit allerlei glitschigen Dingen nach dem französischen Präsidenten Poincaré geworfen, als der den Zaren besuchte, und einen solchen Tumult aufgeführt, daß die Polizei St. Petersburgs einschreiten mußte, und zwar energisch. Anschließend hatte Ruhe geherrscht, da die an der Demonstration Beteiligten und ihre Angehörigen damit beschäftigt waren, ihre Verletzten zu versorgen.

Im Grunde genommen lag seit langem Gefahr in der Luft, von der Bewältigung des Aufstandes 1905 einmal ganz abgesehen. Ein schrilles Warnsignal war die erste Nummer einer Zeitung gewesen, die die Bolschewiki 1912 herausgegeben hatten und die sie, um der Dreistigkeit die Krone aufzusetzen, *Wahrheit* nannten. Damit waren diejenigen offen in Erscheinung getreten, die die Abschaffung des Zarentums auf ihre Fahnen schrieben.

Nun aber war der Krieg erklärt, und das Volk lag dem Zaren zu Füßen.

Tamara war es gewöhnt, daß um sie her Kriege, Schlachten, Siege oder Niederlagen stattfanden.

Sie war fünf Jahre alt gewesen, als die Japaner Rußland angriffen, und sie hatte die Erwachsenen über die dreisten, ihren Untergang herausfordernden Gelben lachen hören. Sie war sechs Jahre alt gewesen, als die Schlacht durch einen Sieg der Japaner beendet wurde; neugierig hatte sie den heftigen Diskussionen unter den mittlerweile in mehrere Lager zersplitterten Erwachsenen gelauscht. Sie war sieben Jahre alt gewesen, als in Rußland eine Revolution stattfand und auf den Warschauer Straßen blutige Kämpfe zwischen den russischen Machthabern und polnischen Freiheitskämpfern ausgetragen wurden. Sie hörte die Erwachsenen um sich her vor allem französisch sprechen. Als sie neun Jahre alt war, hatten die Streikenden in den Warschauer Schulen einen kleinen Sieg davongetragen: Der Unterricht wurde seither in polnischer Sprache durchgeführt. Tamaras Mutter, deren Schwestern und Freundinnen ließen ihre Kinder ohnehin nicht in polnische Schulen gehen. Sie beschäftigten Gouvernanten und Privatlehrer, und zum Studium schickten sie ihre Kinder ins Ausland. Tamaras Welt war noch durch keinen Krieg, keine Revolution, keinen Sieg, keine Niederlage verändert worden, sie selbst hatte das alles nicht berührt. Von Bedeutung für Tamara waren ihre eigenen Schlachten gewesen. Genaugenommen war ihr bisheriges Leben im kleinen von ihren privaten Kämpfen bestimmt worden. Und im großen von den Frauen ihrer Familie.

Ihre Mutter Malvina hatte drei Schwestern. Eugenia, Stefanie und Malvina ähnelten einander sehr. Sie hatten das gleiche ovale Gesicht, die gleichen leicht mandelförmigen Augen mit den klar gezeichneten, vogelschwingenähnlichen dunklen Brauen, der langen schmalen Nase und dem kleinen Mund, der, wenn er lächelte, dem Gesicht einen mädchenhaften, schüchternen Ausdruck verlieh. Alle drei verfügten über strotzende Brüste, die sie mittels eines Korsetts hochpreßten und stolz in engen Oberteilen vorstreckten und die sie noch betonten, indem sie ihre ohnehin schmale Taille zur Wespentaille schnürten.

Nur Tante Franca, die Jüngste, war anders. Sie hatte große verträumte Augen, einen breiten sinnlichen Mund und ein zartes Näschen. Und sie wurde von ihren Schwestern verdächtigt, mit jenen Ketzern der Modewelt zu sympathisieren, die einen Feldzug gegen die angeblich gesundheitsschädlichen Korsetts führten und sogar so etwas Grauenerregendes propagierten wie die Reformmode, die die Frauen durch sackähnliche Kleider verunstaltete.

Reformmode trug Tante Franca nicht, sie schnürte ihre Korsetts aber so nachlässig, daß sie gezwungen war, fast schon männlich anmutende Jacketts zu tragen. Die Schwestern tuschelten sogar, Franca trage vielleicht gar kein Korsett. Tamara hatte die Tante einmal in kindlicher Neugier danach gefragt und zur Antwort erhalten: Ich habe eine schwache Lunge, glaube ich, ich brauche viel Luft, um nicht zu ersticken, weißt du. Tamara hatte altklug genickt und sich zufriedengegeben. Später erst hatte sie gemerkt, daß sie um eine Antwort betrogen worden war.

Tante Stefa hatte den größten Busen, die schmalste Taille, die üppigsten Hüften, und sie trug den Kopf am höchsten von allen Schwestern. Vielleicht lag es an ihrem Korsett, vielleicht aber auch daran, daß sie den nettesten und reichsten Mann erwischt hatte, den Tamara sich vorstellen konnte. Er war unglaublich reich; reicher war nur der Zar, so schien es Tamara, die ihn geradezu anschwärmte. Allerdings bekam sie ihn selten zu Gesicht, da er fast immer arbeitete, entweder in seiner Bank in St. Petersburg oder aber in einer seiner anderen Banken – in Paris, Zürich, Warschau oder Moskau.

Tante Stefa liebte den Luxus. Das Reisen mochte sie nicht so sehr. Dafür, daß sie nicht in die Welt ging, entschädigte sie sich, indem sie sich die Welt ins Haus holte. Sie erhielt die Welt der schönen Dinge per Paket und verteilte sie auf ihr Haus; in ihre die Seitenwände ihres Ankleidezimmers ausfüllenden Schränke und die geheimen Schubfächer, die in Wandschränke eingelassen waren und den Schmuck beherbergten. Wenn Tamara sich langweilte, bat sie die Tante, ihr die geheimen Fächer zu öffnen, und dann breitete sie den funkelnden Schmuck um sich herum aus. Tante Stefa, die ansonsten Dienstboten für die Ordnung im

Hause sorgen ließ, hatte ihren Schmuck eigenhändig sortiert: Es gab ein Schubfach nur für Diamanten, eines für Rubine, eines für Smaragde. In anderen Fächern lagen blutrot glimmende Granate, sonnengelb schimmernde Bernsteine, Amethyste von würdigem Lila und Aquamarine von jungfräulichem Hellblau. Besonders angetan hatten es Tamara die Goldringe, die besetzt waren mit Diamanten, Saphiren, Rubinen und Smaragden in verschiedenen Schliffarten. Diese andächtigen Augenblicke angesichts der funkelnden Fülle an Schmuck legten den Grundstein dafür, daß Tamara ihr Leben lang ihren Erfolg daran maß, welchen Schmuck sie sich kaufen konnte.

Tante Stefas Lieblingsfarbe war Grün, und aus ihren Schatullen quoll Goldschmuck mit Smaragden von verblüffend unterschiedlichem Charakter. So besaß sie ein Collier, das von kleinen Smaragden im Brillantschliff gespickt war und in dessen Mitte ein Stein wie eine große Träne herabhing. Die Träne schmiegte sich in die anmutige Mulde zwischen Tante Stefas Schlüsselbeinen. Aber auch andere grüne Steine zierten ihren Schmuck: Jade, Moosachat, der Tamara besonders geheimnisvoll anmutete, und Steine mit eigenartigen Namen, die Tamara nicht behalten konnte.

Tamara erschauerte, als sie sich das dreireihige Perlencollier der Tante um den Hals legte. Die Perlen besaßen diesen samtweichen Glanz nicht nur, wenn man sie anschaute, sie fühlten sich auch so an. Tamara empfand es wie eine aufregende und ein wenig gefährliche Liebkosung. Ihr war unheimlich zumute, als die Tante lachend mit dem Zeigefinger drohte: Kleine, es ist gefährlich, sich in solchen Schmuck zu verlieben.

Wieso gefährlich, Tante Stefa? fragte sie.

Tante Stefa schmunzelte und erwiderte vertraulich, als weihe sie Tamara in ein Geheimnis ein: Nun, es gibt Frauen, die wählen ihren zukünftigen Gatten aus, weil sie ihn lieben, es gibt aber auch welche, die wählen ihn aus, weil sie Schmuck lieben.

Tamara dachte nach und sagte vorsichtig: Und du liebst beides, den Bankier und den Schmuck, nicht wahr?

Die Tante lachte.

Wenn der Bankier in Paris war, trafen in St. Petersburg Mengen von riesigen Paketen ein, die rundum mit Aufschriften weltberühmter Mode- oder Möbelhäuser bedruckt waren. Gerade jetzt überflutete eine Wagenladung neuer Kleidung aus Paris sämtliche Zimmer des Hauses. Tamara durfte der Tante beim Auspacken helfen, und sie übertrafen einander in Begeisterungsausbrüchen, während sie mit geröteten Wangen Stück für Stück in Augenschein nahmen. Die Tante drängte Tamara, dies und jenes anzuprobieren. Kostbare seidige Stoffe glitten durch Tamaras Hände, feine durchsichtige Blusen, handbestickte Kleider, mit Hunderten von kleinen Knöpfen, Bändern und Schleifen geschmückt. Die Tante überhäufte sie mit Kleidern in allen Schattierungen von Blau, weil Blau, wie sie meinte, den Aquamarincharakter der blonden und blauäugigen Tamara besonders unterstrich.

Tamara, der die Kleider der üppigen Tante wie angegossen paßten, nahm sich bei jedem Blick in den Spiegel doppelt wahr. Sie liebkoste ihren von den wertvollen Kleidern umschmeichelten Körper mit Blicken, und gleichzeitig musterte sie sich kritisch mit den Augen der eleganten Frauen der umgetauften Zarenstadt und gestand sich kleinlaut ein, daß sie trotz prächtiger Kleidung doch nur eine petite grosse war. Sie ließ mehrere Gelegenheiten verstreichen, Tadeusz Lempicki zu begegnen. Eine kluge Kriegerin zieht erst in die Schlacht, wenn die Waffen geschliffen und die Umstände günstig sind. Und Tamara war eine kluge Kriegerin.

Am Ende der Ferien war an eine Rückkehr nach Lausanne nicht zu denken. In Europa breitete sich der Funken, der mit der Ermordung Franz Ferdinands gezündet worden war, zu einem Brand aus, der nach Österreich-Ungarn und Serbien, Deutschland und Rußland nun auch Frankreich überzog. Lausanne lag zu nahe an Frankreich. Also entschied Tante Stefa, «das Kind» werde vorerst in Petrograd bleiben. Rein prophylaktisch. Tante Stefa rechnete ebensowenig wie ihre Freundinnen und deren Männer mit etwas, das Unruhe in ihr Leben bringen könnte. «Das Kind» jedoch sollte nicht fortgeschickt werden, in eine Ferne, die von Petrograd aus nicht zu überschauen war.

Tamara hatte also Zeit.

Der September begann. Und damit die düsterste Zeit in Petrograd, das einen Monat und einen Tag zuvor noch St. Petersburg geheißen hatte. Das niederdrückende Wetter mit seinem grauen Himmel, den spürbar kürzer werdenden Tagen und den ständigen Regenfällen wurde von September bis Oktober immer trostloser. Die Straßen versanken im Schlamm, und im Schlamm versanken die Menschen, die auf dem Weg zur Arbeit mit ihren hohen Stiefeln Furchen in den Dreck zogen.

Tamaras Tag begann spät am Morgen mit einer heißen Schokolade im Bett, das sie manchmal erst gegen Mittag verließ, wenn zum Essen geläutet wurde. In ihrem Zimmer brannten ebenso wie im Speisesaal und in den übrigen bewohnten Räumen den ganzen Tag über Petroleumlampen. Das Mädchen, das Tamara morgens die heiße Schokolade neben das Bett stellte, entzündete die Kerzen, und sofort lag der Raum in einem warmen, anheimelnden Licht. Dann stopfte Tamara sich einen Berg Kissen hinter den Rücken, schlürfte die von einem dicken Berg Sahne gekrönte Schokolade und blätterte in ausländischen Modejournalen, von denen Stefa Hunderte aus aller Welt im Hause hatte.

Manchmal kam die Tante im grünseidenen Negligé zu ihr, huschte unter Tamaras warme Bettdecke und schaute mit ihr gemeinsam die Bilder an. So geschah es, daß sie auf ein Heft mit dem Titelthema «Masken und Kostüme» stießen. Es waren phantastische Roben abgebildet: die stolze Kleopatra und Athene im brustfreien Gewand, der funkelnde Paradiesvogel und die Rosenprinzessin, die braungeschminkte halbnackte Negersklavin und die indische Tempeltänzerin. Tamara seufzte bei der Vorstellung, daß auch sie einmal so etwas würde tragen können. Da sagte die Tante: Tamara, Daraguschka, wir veranstalten ein Maskenfest! Sie sprang aus dem Bett und rannte wie ein junges Mädchen auf nackten Füßen aus dem Zimmer.

Tamara hörte die Tante Tonleitern schmettern: ein Maskenball, ein Mahahahahahamaskenbahahahahahahahaball!

Tamara grinste. Das war's. Die Waffen konnten geschmiedet werden, die Zeit war reif.

3

Tante Stefas Gesicht war hinter einer metallisch grünen Maske versteckt. Und doch war es unverkennbar sie, die mit einem Champagnerglas in der Mitte des Saales stand und deren hochgepreßte Brüste durch jeden Atemzug wie Luftballons aufgeblasen wurden. Es war nicht ihre Taille, was da, wie von Riesenhänden gewürgt, ihren Körper in zwei schwellende Hälften zerteilte, es war ein Kunstprodukt, geformt aus Fischbein und Atlasseide. Der Rock ihres giftgrünen Kleides aus schwerem Samt fiel zu einer glockigen Weite, die sie fast zu Boden zog. Diesem Gewicht trotzte sie mit einer überaus aufrechten Haltung. Grün blitzte, funkelte, schmeichelte, dämpfte, beruhigte – wohin das Auge schweifte; überall im Haus und an Tante Stefa war Grün zu sehen. Doch ihre grünen Augen, die aus der Maske hervorblitzten, dominierten alles.

Die Frau, die dort lachte und plauderte und Champagner trank, war Bildhauerin und Skulptur zugleich; ihr Fleisch, ihre Haut, ihre Formen und Farben hatten allein als Rohmaterial gedient. Doch obwohl sie ihr Gesicht hinter der Maske verbarg und ihren Körper hinter Fischbein und Samt, gab sie sich fast rührend schutzlos in ihrer Sehnsucht preis, die Schönste zu sein.

Sie ließ nicht den geringsten Zweifel daran aufkommen, daß sie die Herrin dieses Maskenballs war; sie war das Zentrum, die Sonne, um die die Gäste in unterschiedlicher Formation kreisten. Zu diesem Zweck waren sie eingeladen, daraus entsprang die besondere Art des Vergnügens, es war gleichsam der gemeinsame Nenner für alle, auch wenn die Gäste aus völlig unterschiedlichen Gründen gekommen waren: einige, um sich zu verlieben; andere, um dabeizusein; wieder andere, um sich das Maul zu zerreißen; und weitere, um in irgendeiner der ausgetragenen Konkurrenzen zu siegen.

Tante Stefas Mann war nicht nur ein reicher Bankier, sondern alle nannten ihn auch so, «der Bankier», sogar Stefa selbst. Und das, was er ihr bot, wandelte sie durch Kleidung, Stoffe, Möbel und all die übrigen schönen Dinge in jene heiße Energie um, die die anderen zwang, um sie zu kreisen.

Dieser chemische Umwandlungsprozeß von zu Geld geronnener männlicher Energie in weibliches Leuchten beschränkte sich allerdings nicht auf die Verbindung des Bankiers mit der Tante. Auch die anderen Frauen wußten, daß sie, um ihren Platz im kosmischen System der feinen Gesellschaft zu halten, die männliche Potenz des Gelderwerbs benötigten. Die Liebe hingegen fanden die Frauen in der Bewunderung einer Schar von unverheirateten Verehrern und vielleicht in der Glut eines oder mehrerer Geliebter, die zumeist mittellos waren. Ebenso mittellos wie Tadeusz Lempicki.

Tante Stefa strahlte wie die Sonnenkönigin, in ihrem Glanz gespeist von allem, was sie brauchte. Der ebenso geschmackvoll wie teuer eingerichtete Salon, dessen Kristallüster an den Wänden und an der Decke den Schein der Kerzen vielfach widerspiegelten, umhüllte sie wie ein zweites Kleid. Sie war umgeben von einer Traube junger Männer, die in Offiziersuniform, im Frack oder auch maskiert oder gar verkleidet erschienen waren. Auch um die anderen Frauen, deren Augen hinter den Masken den Schein der Kerzen widerspiegelten, gruppierten sich junge Männer, unverheiratet und lüstern.

Die verheirateten Männer, honorig in Schwarz und Weiß gekleidet, debattierten in der Nische zum Herrenzimmer über Geschäfte und Politik und hüllten sich in eine Wolke aus Zigarrenrauch und Gedankenschwere. So war es üblich. Wenn Stefa in die Nähe des Herrenzimmers kam, tauschten der Bankier und sie einen einvernehmlichen Blick. Das Fest war ein voller Erfolg.

Leider waren ihre Schwestern nicht zugegen. Der Krieg hatte es verhindert. Der Krieg... nun, darüber sollten sich die Männer die Köpfe zerbrechen, er würde sowieso bald beendet sein. Und Tamara? Wo war das Mädchen? Die Frage tauchte auf und schwamm fort wie die anderen Gedanken, die wie kleine silberne Fische in einem See bald hierhin und bald dorthin huschten. In einem großen strahlenden See aus Zufriedenheit und Eitelkeit und Glück.

Übermütig winkte Tante Stefa ihrem Mann zu, der stolz und bedeutsam den Kopf zugleich in den Nacken und auf die Brust drückte, was seinem Gesicht zu einem prallen Doppelkinn und damit zu einem Ausdruck von Würde verhalf, den er durch ein Monokel und die dicke Zigarre noch unterstrich.

Die wenigen kostümierten Männer waren Künstler oder Herren, denen Weibliches vertraut war wie dem stadtberühmten Coiffeur, der sein Handwerk in Paris gelernt hatte. Er stolzierte als Schwan durch den Raum, in einem Gewand aus Federn von einer unfaßbaren Weiße. Den Schwanenkopf hatte er als Perücke hergestellt, den Hals als weißen, mit Federn bedeckten Stoffschlauch, der über sein Gesicht bis zu den Schultern fiel. In den Stoff hatte er zwei Löcher geschnitten. So blitzten aus dem Hals des Schwans die dunklen verschmitzten Augen des Coiffeurs.

Von Zeit zu Zeit suchte der Bankier Tamara mit dem Blick. Schließlich nutzte er eine Gesprächspause, löste sich, sein Cognacglas schwenkend, mit einem höflichen Excusez-moi! von den Herren und wanderte scheinbar ziellos durch den Saal, dabei dem einen zuprostend und den anderen mit einer leichten Neigung des Hauptes grüßend. Er fragte seine Söhne nach Tamara. Die, eingetaucht in heftige Flirts, wehrten ab: Sie ist bestimmt da. Du erkennst sie nur nicht. Er fragte seine Frau, und sie lachte: Chéri, muß ich eifersüchtig werden? Die Kleine ist so pfiffig. Wahrscheinlich führt sie uns alle an der Nase herum. Um Mitternacht wirst du sehen, wo sie steckt.

Um Mitternacht sollte die Demaskierung stattfinden.

Tamara huschte gerade vom Dienstboteneingang ins Haus. Draußen hatte sich der vorläufige Abschluß einer kleinen Verschwörung ereignet. Das Mädchen hatte einem Unbekannten ein Päckchen Geld in die harte, rissige Hand gedrückt. Er hatte es mißtrauisch nachgezählt, dann mit dem Anflug eines Lächelns, das sein mürrisches, müdes Gesicht kaum aufhellen konnte, Spassiba, Fräulein! gebrummt und schließlich ein zappelndes, in fleckiges Leinen gehülltes Bündel in ihre ausgebreiteten Arme gelegt. Fest zupacken! hatte er befohlen. Wenn sie dich beißt oder dir wegläuft, kriegst du von mir keine Kopeke zurück.

Tamara hatte das Bündel mit beiden Armen umschlossen und hochmütig gewartet, bis der Mann sich einige Schritte entfernt hatte. Nun machte sie mit einem leisen Juchzer auf dem Absatz kehrt und rannte, das lebendige Wäschestück im Arm, den dunklen Flur entlang zum Ankleidezimmer ihrer Tante Stefa.

Sie sah seltsam aus. Nicht allein, daß sie in ein zu kurzes Kleid gezwängt war, als wäre sie zu schnell gewachsen, nein, auch das Kleid selbst wirkte äußerst eigenartig in diesem Haus, wo gerade ein Fest gefeiert wurde, zu dem die Reichsten und Vornehmsten der Stadt und des Umkreises geladen waren.

Das Kleid hatte sie drei Jahre zuvor in der Schweiz von ihrer Mutter als kurioses Souvenir geschenkt bekommen. Es war grün, auf Taille gearbeitet und mit einem weiten Dirndl-Ausschnitt versehen, der die Brüste frei ließ; die wiederum waren von den weichen Falten einer züchtigen weißen Bluse umhüllt. Die Bluse wurde im Ausschnitt durch ein im Saum verborgenes Samtband zusammengerafft. In der Mitte des Dekolletés, dort, wo pralle weiße Hügel aus der Bluse hervorquollen, war das Samtband zu einer kindlichen granatapfelroten Schleife gebunden. Das Rot fand sich in einer gezackten Bordüre wieder, die den Rock kurz oberhalb der Knie parallel zum Saum zierte. Ihr langes Haar hatte Tamara zu zwei Zöpfen geflochten, die sie mit roten Samtschleifen in der Höhe der Ohren zu Affenschaukeln festgezurrt hatte.

Sie wirkte kindlich und zugleich auf fast schon anrüchige Weise erotisch aufreizend. Genau das war ihre Absicht.

Während sie sich wohlgefällig vor den vielen Spiegeln drehte, die die Schranktüren bedeckten, drang aus dem wild herumrollenden Bündel ein verzweifelter Ton. Tamara lachte übermütig und entwirrte das Bündel mit energischen Griffen. Heraus stapfte, flatterte, irrte eine Gans, die, als wäre es in ihrer Verwirrung ein Halt für sie, nach Tamaras Hand schnappte. Tamara zog diese kichernd zurück und griff nach der Schlaufe des festen Taus, das, auftragsgemäß, wie eine Hundeleine um den Hals des Tieres geknotet war. Daran zog sie die Gans hinter sich her, einmal rund im Raum herum, während sie freundlich und beruhigend vor sich hin sprach.

Ei, Linutschka, sei lieb, so kommst du nicht in den Kochtopf. Schau, meine schöne Weiße, du hast gleich den Auftritt deines armseligen Lebens, und was will man mehr als einen oder zwei oder auch ein paar mehr große Auftritte? Die Tante Stefa, Lina, weißt du, die hat Kleider für siebenhundert große Auftritte, all die kleinen nicht mitgerechnet. Du hast nur dieses eine schöne weiße Kleid, und heute hast du mich, danke deinem Schöpfer! Oder danke wenigstens dem Stepan, der dich herausgeschmuggelt hat – fast schon aus dem Topf.

Unter diesem kindlichen Geplapper zog sie die Gans aus dem Raum und zu dem Festsaal, wo inzwischen eine Drei-Mann-Kapelle mit Akkordeon, Geige und Klavier zum Tanz aufspielte. Vor der großen Schwingtür blieb Tamara stehen und nahm die erstaunt um sich blickende Gans auf den Arm. Sie linste durch den Türspalt und strich dem Tier beruhigend übers Gefieder.

Still, Linutschka, still, sonst machst du alles kaputt, das wäre dumm. Wir brauchen die Überraschung.

Nach einer langen, Tamara endlos erscheinenden Weile beendete das Orchester seine Serie mit einem Schlußakkord, und die Tänzer zerstreuten sich langsam.

Da ließ das Mädchen die Gans zu Boden flattern, stieß die Tür auf und rauschte in den Saal, das schnatternde und wild mit den Flügeln schlagende Viech hinter sich herzerrend. Die Tanzfläche war frisch gebohnert und spiegelglatt. Als sie sie betraten, rutschte das Tier aus und geriet in Panik. Es versuchte zu entkommen, aber Tamara zog es unerbittlich voran. Die Gans torkelte und ließ vor Schreck einen glitschigen grünen Haufen unter sich fallen. Die Frauen im Saal kreischten auf, die Männer lachten wohlgefällig.

Da begann irgendwo ein Klatschen, es setzte sich fort und brandete auf, bis es durch den ganzen Saal toste. Tamara drehte sich mit einem zum Kostüm passenden halb schüchternen, halb koketten Lächeln einmal rundherum und verbeugte sich. Die Gans schiß vor Schreck gleich noch einmal aufs Parkett.

Tamara zog sie weiter in den Saal hinein. Das Federvieh wurde trotzig, stemmte die Füße gegen den Boden, ebenso das Hinterteil. Jetzt schleifte Tamara die zu einem widerspenstigen Kloß geformte Gans unter tosendem Gelächter quer durch den Saal bis vor Tadeusz Lempicki, der ebenso wie alle anderen applaudiert hatte und nun lachend abwartete, was diese appetitliche Kleine als nächstes im Schilde führte.

Tamara baute sich vor ihm auf, warf ihm einen Blick zu, der ebenso herausfordernd wie kindlich wirkte, und sagte so leise, daß die Umstehenden die Ohren spitzten, und so laut, daß Tadeusz Lempicki sowie die Schönen an seiner Seite sie genau verstanden: Bonsoir, Monsieur, darf ich mich vorstellen? Tamara Gorska aus Polen. Ich kenne Sie schon. Wir begegneten einander im letzten Herbst in der Oper. Sie haben mich leider nicht beachtet. Zumindest nicht so, wie ich es mir wünschte.

Dabei machte sie einen so bezaubernden Schmollmund, daß Tadeusz Lempickis Blick begehrlich dorthin wanderte. Er entschuldigte sich galant für das Vergehen, dessen er sich in der Oper schuldig gemacht hatte. Darf ich Sie bitten, den nächsten Tanz für mich zu reservieren? fragte er mit einer Stimme, die, dunkel und warm, tief aus seinem Bauch kam und warm in Tamaras Bauch drang.

Ja! erwiderte sie und wunderte sich über das Kratzen in ihrer Kehle.

Sie hatte die Schlacht gewonnen.

An diese Nacht dachte Tamara viele Jahre später in Paris vor dem Scheidungsrichter zurück.

4

Du bist eigenwillig und herrisch! hatte die Mutter oft zu ihr gesagt. So oft, daß Tamara schon im unschuldigen Alter von sechs Jahren davon überzeugt war, genau so zu sein: eigenwillig und herrisch.

Und leider ganz anders als die Mutter, die zarte Mädchenfrau, die über keinen eigenen Willen zu verfügen schien, sondern ihre Frau Mama, in feiner französischer Manier Maman genannt, selbst bei geringfügigsten Entscheidungen um Rat fragte oder deren Rat auch ungefragt annahm.

Tamaras Maman sprach häufiger französisch als russisch, polnisch sprach sie fast nie. Sie hatte, solange Tamara denken konnte, nie irgend etwas entschieden, das von größerer Bedeutung war als die Tapetenfarbe im Salon oder die Liste der Gäste, die zum nächsten Fest geladen werden sollten. Und selbst bei diesen Entscheidungen beriet Malvina Gorska sich mit ihrer Mutter oder ihren Schwestern, mit ihrer französischen Gouvernante Juliette, die sie ebenso wie ihre Puppen, ihre Plüschtiere, ihr Jungmädchenhimmelbett in ihr Eheleben hinübergerettet hatte.

Wer Tamaras geliebte zarte Maman sah, ahnte nicht, welch zähes Durchhaltevermögen in ihr steckte. Doch sie bewies es seit ihrer frühen Jugend immer wieder. Als sie in St. Petersburg die Nächte durchtanzte, gab es keine, die es mit ihr aufnehmen konnte. Zu unvorstellbarer Zierlichkeit geschnürt, mit dem Gehabe einer Prinzessin, die von der unter hundert Matratzen verborgenen Erbse am Schlaf gehindert wird, wertvoll und schutzbedürftig, setzte sie im heiratsfähigen Alter am Roulettetisch in Monte Carlo ihre Jetons, maßvoll und ausdauernd.

Wenn ihr allerdings der Sinn danach stand, das Spiel zu beenden, tat sie auch das. Ohne jemals den Herrn, der sie diskret gebeten hatte, seine Jetons zu setzen – sie wirkte so glückverheißend –, irgendwie zu brüskieren. Niemand war wie sie fähig, so anmutig die Hand mit einem leicht abgespreizten kleinen Finger zur Stirn zu führen und ergeben zu flüstern: Mon Dieu, diese Schmerzen! Dabei blickte sie den Herrn von unten herauf an und verzog leidend das weiche Oval des Gesichts, so daß jeder, der es sah, und insbesondere natürlich der jeweilige ihrer Darstellung ausgelieferte Herr nur aufspringen und mit beeindruckendem Durchsetzungsvermögen alle Bediensteten in Bewegung setzen konnte, damit Mademoiselle ihr Cape erhielt, in eine Kalesche und unverzüglich heim in ihr Hotel geleitet wurde. Es hatte, so hörte Tamara später von den Tanten, viele solcher Herren gegeben, und daß sie ihr vom Gewinn den Großteil schenkten unter der Beteuerung, das stehe der Glücksfee zu, war eher die Regel denn die Ausnahme gewesen.

Malvina hatte immer schon alljährlich im Sommer nach Marienbad oder Karlsbad reisen müssen, wo sie die heilenden Wasser trank, die gut waren für ihre Nieren, ihre Verdauung, ihre Nerven. Daß dort getanzt wurde, Konzerten gelauscht, angebändelt und abgewiesen wurde, gehörte zum sommerlichen Kurprogramm und war irgendwie Bestandteil der Heilung.

Malvina war nicht die Schönste, aber sie war die Hilfloseste unter den Schwestern, die Zarteste, und wo immer die vier Schwestern mit ihrer Mutter auftauchten, Malvina fand sehr schnell einen Herrn, der für sie sorgte. Tante Stefa erzählte Tamara später, daß Malvina ihren Schwestern einen Gefallen getan hätte, wenn sie endlich aus der Konkurrenz verschwunden wäre, doch sie besaß die Gabe, jede Bewerbung, bevor sie noch laut geworden war, im Keim zu ersticken.

Als sie aber in Monte Carlo den Herrn Gorski kennenlernte, einen Anwalt, der französische Firmen betreute und Malvina überaus großzügig zum Spielen, Essen, Tanzen einlud, da gab Malvinas Mutter nur den knappen Kommentar von sich: Die Gorskis kenne ich, einflußreiche Leute. Er hat Manieren. Damit war über Malvinas Heirat entschieden, noch bevor Boris Gorski um ihre Hand angehalten hatte.

So folgsam war Malvina, Tamaras Mutter.

Sie gebar in zweijährigen Abständen Stanzyk, Tamara und Adrienne, gewann einige wenige Zentimeter Taillenumfang hinzu, verlor aber nichts von ihrer Fähigkeit, sich jeder lästigen Verantwortung zu entledigen und andere dazu zu bringen, daß sie in der Illusion, stark, selbstbestimmt und beschützend zu sein, genau das taten, was Malvina wollte.

Wie es zuging, daß ausgerechnet sie eine Tochter wie Tamara geboren hatte, war ihr, wie sie immer wieder lachend in Gesellschaft – auch in der Tamaras – betonte, vollkommen mystérieux. Tamara ist eigentlich un garçon, war ihre stehende Redensart, da hat sich irgendwer vertan. Hätte Stanzyk ihren Despotismus, wäre mir um ihn nicht bange. Aber schaut euch die Kinder an: Tamara ist der Hauptmann und Stanzyk ihr Sklave.

Und es war wirklich so: Tamara war die unangefochtene Chefin einer Bande, die sich aus reichen und adligen Warschauer Kindern zusammensetzte. Sie bewies ihre Überlegenheit durch die besten Einfälle, und sie war am unverfrorensten, wenn es galt, diese in die Tat umzusetzen.

Während der vielen Feste, die im Hause gegeben wurden, führte Tamara ihre Bande ins Ankleidezimmer der Mutter, wo die unzähligen Spiegel ihre Gestalt im Raume so vervielfachten, daß sie in einen Taumel vieler Ichs gerieten. Dieser Taumel gipfelte zuweilen in einem wunderbaren Rausch, war aber auch beunruhigend und gefährlich, da sich die Sicherheit ihrer Existenz in den vielen Spiegelbildern auflöste. Dort probierten sie aus, ob sie lieber den länglichen Hut mit der gelben Feder, den runden mit den Blumen oder den kleinen topfförmigen mit dem Schleier tragen wollten. Dabei johlten und juchzten sie auf Teufel komm raus, nicht nur aus Übermut, sondern auch um sich zu vergewissern, daß es außer ihrem Bild im Spiegel noch etwas von ihnen gab.

Tamara führte sie ins Wäschezimmer, wo sie sich Bettücher aneigneten, in die Tamara kurzerhand Löcher schnitt, durch die sie die entsetzten und amüsierten Gesichter der Erwachsenen beobachten konnten, wenn sie diese als Gespenster überraschten.

Ihren größten Coup aber landete Tamara mittels einer höchst ungewöhnlichen Angel. Sie war eine monströse Naschkatze und stürzte sich auf die Leckereien des Abendbuffets, noch bevor sie aufgetischt waren. Schließlich mußte die Köchin einen Rüffel einstecken, weil zuwenig Petits fours auf der Schale lagen und der Kaviar, Tamaras Leibgericht, aussah, als wären die Hunde darüber hergefallen. Da erst petzte die Köchin, die Tamara innig liebte, denn sie besaß keine anschmiegsamere Freundin als die kleine Feinschmeckerin.

Zu diesem Zeitpunkt war Tamara sieben Jahre alt und steckte in den reizendsten, zartesten, gerüschtesten Mädchenkleidern, die Malvina hatte auftreiben können. Sie trug Haarschleifen in Rosa, Blau, Hellgrün und Weiß und täglich gewienerte Lackschuhe. Diesem lieblichen Monster verbot die Mutter streng, auch nur einen kleinen Zeh in die Küche zu setzen, ohne von der Köchin dazu aufgefordert worden zu sein.

Im Falle des Zuwiderhandelns wirst du von der nächsten Abendgesellschaft verbannt, und um dein Fernbleiben sicherzustellen, wirst du ab Mittag in dein Zimmer eingeschlossen und von Juliette bewacht.

Hoheitsvoll und kalt sprach die Mutter ihre Drohung aus. Es war die schlimmste Strafe, die Tamara sich denken konnte, denn sie verdoppelte die Demütigung vor der Kinderbande um die des Eingesperrt-Werdens. Und Malvinas Gouvernante Juliette, ihrer Herrin hündisch ergeben, würde keinen Millimeter von der Tür weichen, dessen war Tamara sich trostlos gewiß.

Also blieb das Kind wie angenagelt an der Schwelle zur Küchentür stehen und bettelte, Vera, die Köchin, möge sie hineinlassen; sie werde auch gar nichts stehlen, nur ein klein wenig probieren. Die Köchin blieb hart, wenngleich ihr die Tränen kamen.

Das untergrub Tamaras Autorität sehr, denn sie hatte bisher nicht nur sich selbst, sondern auch die anderen in der Bande mit Leckereien versorgt, ja, es war ihr sogar schon gelungen, einen ganzen Topf voll Crème au chocolat zu erbeuten und gemeinsam mit den anderen in ihrer Höhle zu leeren. Diese Höhle hatte sie in ihrem Zimmer gebaut, indem sie eine Decke über einen Tisch gelegt und den Boden mit den Kissen vom Bett der Mutter bedeckt hatte. An diesem schmachvollen Abend erwarteten Tamaras Jünger sie mit großen gierigen Augen unter dem Tisch und verzogen enttäuscht und verächtlich den Mund, als sie mit leeren Händen erschien.

Tamara bestrafte die Köchin, indem sie eine Woche lang die Küche mied, sich nicht mehr zum täglichen Plausch bei heißer Schokolade und Plätzchen einfand. Während dieser Woche arbeitete ihr Gehirn ebenso emsig, wie ihr Mund normalerweise plapperte. Schließlich juchzte sie auf. Sie hatte die Lösung gefunden. Ihr war die Angel des Vaters eingefallen.

Es war Winter, die Zeit, in der sich die Gesellschaften der Mutter häuften. Die Angel des Vaters hing verlassen an der Wand in der Rumpelkammer. Um so besser. Lagen die Jagdgründe des Vaters unter Eis verborgen, mußte Tamara nur die Schwelle zur Küche überwinden, ohne dem Verbot zuwiderzuhandeln.

Sie besorgte sich eine große Gabel sowie ein dickes Band, und dann verlängerte sie die Angelrute um den Gabelgriff. Jetzt brauchte sie die Küche gar nicht mehr zu betreten. Sie mußte nur mit ruhiger Hand energisch zustechen, und schon war alles, was sie sich wünschte, aufgespießt. Sicher, der Kaviar mußte warten, bis offiziell zu Tisch geladen wurde, Pudding und alles übrige, was sich dem Zugriff durch eine Gabel widersetzte, ebenso, Petits fours aber, Fleischstücke oder Kanapees waren nun vor Tamara nicht mehr sicher. Wen störte es, daß die Küche besudelt war von den Bröckchen, die leider auf dem Weg zu Tamaras Teller von der Gabel abgefallen waren? Die Küche hatte sie, wie ihr befohlen war, nicht betreten.

Was Wunder, daß die Mutter sagte: Du bist das eigenwilligste und herrischste Mädchen, das ich mir vorstellen kann. Und den

Damen und Herren, die ihre Abendgesellschaft besuchten, erläuterte sie mit bezauberndem Augenzwinkern: Tamaras einzige Chance, einen Mann zu bekommen, ist die, Zarin zu werden. Sie hat das Zeug zur Zarin, doch leider hat das arme Mädchen nun einmal mich zur Mutter.

Alle lachten und tätschelten Tamara amüsiert den Kopf. Doch sie wußte, ebenso wie Malvina es wußte, daß das Tätscheln ihrer Mutter galt und nicht ihr. Tamara wußte auch, daß es selbstverständlich keine Chance für sie gab, Zarin zu werden, weil man zur Zarin geboren war oder aber weil man einen Zaren «ergatterte». Und Tamara wußte ebenso, daß Malvina sich mit einem raffinierten Trick der mitleidigen Zuwendung der Gäste versichert hatte, denn der Kommentar, leider habe das arme Kind sie zur Mutter, wurde natürlich verstanden als «leider bin ich die arme Mutter eines solchen Kindes».

Tamara hatte sich früh entschieden, Räuberhauptmann zu werden. Nach dem Verbot, die Küche zu betreten, schwankte sie zwischen Räuberhauptmann und Köchin. Vera nämlich hatte auch keinen Mann, war aber die unangefochtene Herrscherin in ihrem Reich. Am liebsten allerdings wollte Tamara Großmutter werden.

Sie mißtraute dem Urteil ihrer Mutter nicht. Sie empfand sogar in gewisser Weise Mitleid mit ihrer Mutter, weil diese eine so unpassende Tochter bekommen hatte. Eine Aussage Malvinas aber wies sie weit von sich, nämlich die, sie, Tamara, sei eigentlich zum Mann geboren. Diesen Vergleich empfand sie als geradezu lächerlich albern. Nein, wie ein Mann fühlte sie sich keineswegs. Männer waren Mumien, unlebendig und farblos. Tamara hatte den Eindruck, daß Männer sich wie Marionetten nur dann bewegten, wenn Frauen an ihren Schnüren zogen. Und wie diese leisteten Männer Widerstand gegen eine Bewegung, die über eine bestimmte Geschwindigkeit hinausging; dann konnte es sein, daß sie sich verhedderten, aus dem Rhythmus kamen, so daß Frauen sie entwirren mußten. Sobald die Frauen aufhörten, sie zu bewegen, fielen die Männer in ihre alte Reglosigkeit zurück. Tamaras Vater war nicht nur farblos und langweilig, er war auch noch unsichtbar. Die meiste Zeit zumindest. Er hielt sich in Frankreich auf oder war zum Angeln oder zur Jagd. Und wenn er während der Abendgesellschaften zugegen war, stand er abseits bei den anderen dunklen Männern, rauchte, trank Cognac und sprach über Politik. Nein, zu solchen Langweilern wollte Tamara nicht gehören.

Die Großmutter aber kam gleich nach der Zarin. Sie herrschte über viele Reiche. Das ihrer Töchter, das ihrer eigenen Bediensteten in ihrer eleganten Wohnung, und zudem war sie Herrscherin über jede Gruppe, der sie sich hinzugesellte.

Die Großmutter war eine imposante Erscheinung, die überhaupt nichts Demütiges oder Unterwürfiges an sich hatte. Sie war um die Mitte des neunzehnten Jahrhunderts geboren, zu einem Zeitpunkt, da die polnischen Frauen bereits eine Schlüsselstellung in diesem Land innehatten, das seit fast einem Jahrhundert unter der Fremdherrschaft Preußens, Österreichs und Rußlands stand. Den Polen war es verboten, Land zu besitzen, die polnische Sprache zu verbreiten, die eigenen Institutionen zu leiten. Die männlichen Polen, die an ihrer Sprache, an ihrer Kultur und auch an ihrer Macht hingen, hatten sich im Verlauf von hundert Jahren im Kampf gegen die Unterdrückung ausgedünnt – sie waren verbannt oder emigriert, eingekerkert oder auch korrumpiert. Die Frauen hingegen hatten im geheimen die Macht übernommen. Sie bewahrten, unsichtbar für die russischen Herrscher, die polnische Kultur; sie unterrichteten ihre Kinder in geheimen Zirkeln in polnischer Geschichte und Literatur; sie bewahrten die polnische Sprache vor der Ausrottung. Es verstand sich von selbst, daß die Frauen gewisser Kreise ihre Intelligenz, ihren Einfallsreichtum und ihre Bildung pflegen mußten, um ihrer Rolle als Bewahrerinnen der Kultur gerecht werden zu können. Und auch wenn es unter den reichen Familien manch eine gab, die aus der Kollaboration mit den Russen ihren Gewinn schlug, wie zum Beispiel die Familie Gorski, so war die Rolle der Frauen auch in diesen Familien nicht weniger bedeutend.

Die Großmutter war eine gebildete, mächtige Frau. Als Malvina ihrer Tochter einen russischen Namen gab, erhob die Großmutter keinen Einspruch, auch wenn sie selbst ihren Töchtern niemals einen Namen mit russischem Anklang gegeben hätte. Doch es wäre ihr viel zu kleinlich erschienen, um die Bewahrung des Polnischen zu kämpfen. Sie sprach Italienisch, Französisch, Polnisch, Russisch und Deutsch, verbrachte ein Drittel des Jahres auf Bildungsreisen durch Italien, liebte Frankreich, und die weißen Nächte in St. Petersburg empfand sie als ganz bezaubernd. Sie war eine selbstbewußte Tochter Polens, die tat, was sie wollte. Institutionen, Landerwerb, Politik interessierten sie nicht.

Im Grunde genommen war Malvina aus der Art geschlagen und nicht Tamara. Die Großmutter bestätigte Tamara auch immer wieder, daß sie ganz und gar richtig und wunderbar sei. Die Großmutter gab der bissigen Kritik ihrer Tochter an dem Enkelkind stets eine andere Wendung: Aus Tamara wird etwas Großes, das spür ich in meinen Hühneraugen!

Großmutters Hühneraugen waren berühmt. Sie sahen die Wahrheit. Andere Frauen rühmten sich, das dritte Auge zu besitzen, Großmutter aber sah mit ihren Hühneraugen. Tamara glaubte Großmutters hellsehendem kleinen Zeh aufs Wort. Und sie glaubte auch, daß sie etwas ganz Besonderes sei. Vielleicht eine verwunschene Prinzessin. Oder vertauscht. Bei der Geburt. Oder später. In einem Moment, als Tamaras Mutter nicht aufgepaßt hatte, war einer gekommen, hatte das richtige Baby fortgenommen und die gestohlene Prinzessin hingelegt. An solchen Augenblicken hatte es sicher keinen Mangel gegeben. Malvina war fast immer mit anderem beschäftigt – oder sie mußte sich schonen. Auf Tamara aufzupassen war seit jeher die Aufgabe der deutschen Gouvernante Josefa. Diese allerdings las viel lieber Romane, als daß sie sich um ihren Schützling kümmerte.

Habe ich es nicht gesagt: Das Mädchen ist ganz einmalig und besonders! rief die Großmutter begeistert aus, als sie das Porträt vorgeführt bekam, das Tamara von ihrer Schwester Adrienne gemalt hatte. Da war Tamara zwölf Jahre alt und hatte gerade eine Tortur von mehreren Tagen Stillsitzen hinter sich, weil eine Künstlerin, eine hochangesehene Dame, von der die Mutter in ehrfurchtsvollem Ton sprach, sie porträtiert hatte. Tamara, die mehrmals täglich von der Mutter zu hören bekam, sie sei zu dick, weil sie zu viele Süßigkeiten esse, und die sich ohnehin gewundert hatte, weshalb die Mutter ausgerechnet sie porträtieren lassen wollte, war zunächst nur ärgerlich über das stundenlange qualvolle Stillsitzen gewesen – als sie das Porträt dann aber zu Gesicht bekam, wurde sie wütend. Und das soll ich sein? schrie sie mit ihrer hellen, weithin gellenden Stimme. Das ist ein liebes kleines Schweinchen, das bin nicht ich!

Sie war tief empört und in ihrem Stolz verletzt. Einem Stolz, der sie schon zu einigen Torheiten getrieben hatte, so zum Beispiel vor Jahren dazu, aus Ärger über die Mutter ihr Elternhaus verlassen zu wollen. In wütender Hast hatte sie nach einem Streit rosafarbene, blaue und gelbe Papierblumen gebastelt, mit deren Verkaufserlös sie ihr Leben selbständig finanzieren wollte. Damals hatte Josefa es sich durch ihr Einschreiten auf der Straße für lange Zeit mit Tamara verdorben. Die war noch jahrelang davon überzeugt, daß sie, hätte Josefa sie nicht durch Androhung von Polizeigewahrsam zum Rückzug gezwungen, seitdem ein eigenständiges und überaus glanzvolles Leben führen würde.

Nun verbot die Mutter ihr, das Kunstwerk zu kritisieren; sie habe keine Ahnung von solchen Dingen und solle sich nicht unterstehen, das Porträt, das viel Geld gekostet habe, auch noch schlechtzumachen und womöglich die Künstlerin zu verärgern. Die Großmutter allerdings knurrte ärgerlich, als sie das in verhuschten Linien gemalte Porträt vorgeführt bekam, und bemerkte ironisch, Madame die Künstlerin sei hoffentlich ausgebucht, so daß Malvina nicht so bald in die Verlegenheit komme, sie noch einmal zu engagieren. Statt einer Antwort rümpfte Malvina beleidigt ihr Näschen, fiel aber nicht in Kopfschmerzen; sie wußte, daß diese Mühe sich bei Tamara und ihrer Mutter nicht lohnte.

Tamara war damit nicht zufrieden. Sie orderte bei Josefa Farben und zwang Adrienne still zu sitzen. Adrienne, ihrer Schwester nicht annähernd so hörig wie Stanzyk, ließ sich nur durch die Verheißung, ihr Bild werde hinterher im Salon über dem Kamin hängen, zum Stillsitzen verführen. Tamara, die sich ansonsten jeder Ausdauer erfordernden Tätigkeit widersetzte oder entzog, arbeitete wie besessen, bis sie endlich ein Porträt hergestellt hatte, das ihre Schwester erkennbar abbildete.

Seht nur, was in dem Mädchen steckt! jubelte die Großmutter. Ihre Tochter und ihr Schwiegersohn nickten zweifelnd. Tamara hingegen warf stolz den Kopf in den Nacken, schaute die Mutter herausfordernd an und verzog den Mund zu einem Schmollen, wie es nur eine Naschkatze beherrschte.

Viel später gab es zwischen Tamara und Malvina einen rituellen Streit; Malvina sollte behaupten, damals schon habe sie Tamaras Talent entdeckt, und Tamara sollte behaupten, das Bild habe ihr nicht das geringste bedeutet, sie habe nur beweisen wollen, daß sie im Recht sei.

Von Bedeutung waren die Träume, denen sie sich hingab, während sie unter Großmutters dickem Samtsofa lag und Großmutters Klavierspiel lauschte. Debussys oder Chopins sehnsüchtige, zarte und melancholische Tonfolgen entfachten in Tamara das Feuer, das ihre Traumbilder in glühende Farben tauchte. Dann sah sie sich als eine erwachsene Frau, die geliebt und bewundert wurde. Heerscharen von Verehrern lagen ihr zu Füßen, und sie dirigierte alle mit einem Blick, einem Fingerzeig, einem Wort. So sollte es werden in ihrem Leben, das schwor sie sich hoch und heilig.

Diese für ihren Lebensweg höchst bedeutsamen Träume gab Tamara Malvina gegenüber allerdings niemals preis.

5

Jedes junge Mädchen braucht nun einmal eine vernünftige Bildung, verkündete die Mutter streng. Auch du. Da half kein Quengeln. Wenn es galt, die Etikette einzuhalten, war die Mutter unnachgiebig.

Im Frühjahr hatte Tamara das Porträt der Schwester gemalt, nach den Sommerferien sollte sie aufs Mädchenpensionat nach Lausanne geschickt werden. Ihr graute davor. Sie wollte nicht weg von zu Hause, weg von der geliebten Großmutter, weg von Adrienne, den Freunden und Freundinnen. Zudem hatte sie von Stanzyk, der in London in einem Internat war, Schreckliches über die dort herrschende Disziplin gehört.

Verbissen grübelte sie, wie sie den Eintritt ins Pensionat hinauszögern, wenn nicht verhindern könnte. Doch ihr fiel nichts anderes ein, als der Mutter zu drohen, sie werde sich dort umbringen; zu flehen, den Unterricht doch in Warschau fortsetzen zu dürfen; das Beispiel der Vettern in St. Petersburg anzuführen, die, obgleich in Tamaras Alter, nicht aufs Internat geschickt worden waren; die unglaublichsten Versprechungen zu machen, was ihre Folgsamkeit und Arbeitsbereitschaft in Warschau anging. Die Mutter blieb ungerührt, und der Tag der Abreise rückte unaufhaltsam näher. Tamara ließ den Kopf hängen und resignierte.

Vier Wochen vor der Abreise hatte sie jeden Widerstand aufgegeben. Als die Mutter ihr nahelegte, ihrer Freundin Natascha, die seit einiger Zeit krank war, noch einen Besuch abzustatten, gehorchte sie in dem Bewußtsein, daß sowieso alles egal sei.

Niedergeschlagen machte sie sich auf den Weg. Vor der Haustür allerdings überlegte sie zaghaft, ob sie nicht doch umkehren sollte. Sie hatte Natascha eine ganze Weile nicht mehr gesehen, und man munkelte, sie sei sterbenskrank. In der Tat traf Tamara ein völlig verändertes Mädchen an. Aus der pausbäckigen quirligen Natascha war ein blasses altkluges Wesen geworden, das mit Tamara beim Teetrinken und Plätzchenknabbern Gedanken über den Tod austauschen wollte.

Für mich, hauchte die Kranke elegisch, ist der Tod weiß gekleidet. Er hat ein elegantes weißes Gesicht unter schwarzen glatten Haaren. In diesem weißen Gesicht glühen feurige Augen, als wäre er Italiener, und er fordert einen zum Tanz auf. Und man sagt nicht nein, weil er so schön tanzen kann.

Tränen traten in Nataschas schmachtende grüngelb gesprenkelte Augen, als sie fortfuhr: Bald werde ich wohl manchem dieser Tode begegnen, ähnlich elegant gekleidet und ähnlich verführerisch.

Wieso das? fragte Tamara erschrocken und überlegte, wie es möglich sei, gleich mehreren Toden zu begegnen.

Ich fahre nach Italien, verkündete Natascha mit einem dramatischen Augenaufschlag gen Himmel, als erschiene ihr dort das Bild des Todes in Gestalt eines italienischen Gigolos.

Wie? fragte Tamara konsterniert. Du? Wieso du? Du bist doch krank! Dem Tode nahe...

Sie biß sich auf die Lippen. So etwas sagte man nicht, das war Ausdruck schlechter Manieren. Aber Natascha wirkte nicht befremdet, ja, Tamara schien es sogar, als leuchte das Gesicht der Freundin irgendwie auf.

Ihr Eindruck bestätigte sich, als Natascha die matte Stimme hob und triumphierend verkündete: Eben darum! Eben darum! Und sie raunte Tamara vertraulich zu: Der Arzt hat gesagt, man dürfe mir den harten Warschauer Winter nicht zumuten.

Tamara nickte beeindruckt.

Da plötzlich klickte es in ihrem Gehirn, und sie fragte nach: Also, der Arzt hat gesagt, wer einen so schlimmen Husten hat wie du, dem kann man den harten Winter nicht zumuten?

Genau! Natascha nickte eifrig, das ist zu gefährlich, es könnte nämlich die Schwindsucht daraus werden.

Ah so. Tamara dachte nach, so konzentriert und angespannt, daß ihr Kopf zu schmerzen begann. Sie richtete ihr ganzes Sein darauf aus, das eine Ziel anzuvisieren.

Wie hat dein Husten eigentlich angefangen? erkundigte sie sich, während sie beiläufig nach einem Keks griff und daran knabberte. Mit einem kurzen prüfenden Blick vergewisserte sie sich, daß der Köder angebissen war.

Natascha lehnte sich gemütlich im Sofa zurück, schlug die Beine übereinander, und es war offensichtlich, daß sie viel zu erzählen hatte. Es folgte ein ausführlicher Krankheitsbericht. Tamara lauschte hingebungsvoll und stellte einfühlsame Fragen, die Natascha animierten, den Verlauf der Krankheit, die Reaktion des Arztes, die Behandlung, die Dauer, die Ängste der Eltern... das alles ausführlich zu beschreiben bis hin zu dieser letzten Entscheidung, Natascha den Winter über nach Italien zu schicken.

Tamara blieb lange bei der Freundin, so lange, bis die Gouvernante der Kranken kam und auf ein Ende des Besuchs drängte. Natascha bettelte mit leuchtenden Augen, der Gast möge noch ein wenig bleiben dürfen. Doch Tamara erhob sich wohlerzogen und verabschiedete sich mit den besten Wünschen für einen heilsamen Italienaufenthalt.

Sie wußte, Natascha würde zu ihrer Gouvernante sagen, und die würde es beim Abendessen den Eltern kolportieren: Tamara hat sich erstaunlich verändert, sie ist gar nicht mehr so eingebildet und wild wie früher.

Sie begab sich sofort nach dem Besuch zur Großmutter, die

gerade einige Freundinnen verabschiedete, mit denen sie regelmäßig Bridge spielte. Die Großmutter freute sich über den Besuch, war aber nicht überrascht; Tamara kam oft vorbei. Als die Damen verschwunden waren, bot die Enkeltochter der Großmutter an, sie zu frisieren. Ihre Großmutter liebte es, von ihr frisiert zu werden; sie wurde dabei so weich und gütig, daß sie ihrer Enkelin jeden Wunsch erfüllte. Heute aber hatte Tamara keinen Wunsch. Sie träufelte Birkenhaarwasser auf die schulterlangen, dicken grauen Locken, die die Großmutter normalerweise zu einem Knoten geschlungen trug. Nachdem sie das Haarwasser großzügig verteilt hatte, massierte sie hingebungsvoll die Kopfhaut der Großmutter, die unter ihren Händen weich und nachgiebig wurde. Die Großmutter hielt die Augen geschlossen, manchmal seufzte sie ein wenig.

Ach, Kind, sagte sie schließlich, und Tamara wußte, damit forderte die Großmutter sie auf, genau so in der Bewegung fortzufahren, du hast begnadete Hände. So sensibel und zugleich kraftvoll massiert mich die beste Coiffeuse Warschaus nicht.

Während Tamara die Kopfhaut der Großmutter sacht weiterknetete, fragte sie: Grand-maman, wie warm ist es im Winter eigentlich in Monte Carlo? Und nach der genuschelten Antwort: So warm, daß niemand frieren muß, meine Süße, begann Tamara mit einer ausführlichen Beschreibung ihres Besuchs bei Natascha. Sie spürte, wie unter ihren Fingern allmählich Spannung in die Großmutter kam, und nahm mögliche Fragen die Antwort vorweg. Ausführlich, zum Teil wortwörtlich, gab sie wieder, was sie von Natascha erfahren hatte.

Schließlich sagte die Großmutter: Vielen Dank, mein Kind, das ist genug. Tamara reichte ihr das schwarze Spitzentuch, auf das die Großmutter kurz gewiesen hatte; diese schlang ihre Haare zu einer einfachen Rolle oben auf dem Kopf und drapierte drum herum das Tuch.

Mein Kind, jetzt mußt du gehen! sagte sie. Es ist bereits dunkel. Tamara verabschiedete sich mit einer stürmischen Umarmung. Als sie schon in der Tür stand, wickelte die Großmutter ihr den Schal fester um die Schultern und sagte nachdenklich: Und es fing mit einem einfachen Hüsteln an...

Begleitet von etwas erhöhter Temperatur... fügte Tamara

hinzu und drückte einen Kuß auf die faltigen Hände der Großmutter.
 Ab und zu, korrigierte diese, nicht durchgängig.
 Genau! bestätigte Tamara ernst. Nicht durchgängig.
 Von dem Augenblick an, als Tamara nach Hause kam, hüstelte sie. Ihrer Gouvernante fiel es bereits am darauffolgenden Tag auf, der Mutter erst, als Josefa sie darauf hinwies. Malvina, ohnehin leicht hypochondrisch, zuckte von nun an zusammen, sobald sie Tamaras Hüsteln vernahm, und als ihre Mutter einen Tag später bei ihnen zu Abend aß, vertraute sie dieser an, welche Sorgen sie sich um Tamaras Gesundheit machte.
 Das ist, seit sie bei dieser Natascha zu Besuch war, gab die Großmutter ernst zur Antwort.
 Wieso? fragte Malvina verständnislos.
 Nun ja, erwiderte die Großmutter, noch um Nuancen verdüstert, man weiß ja nicht, ob Natascha nicht vielleicht anstekkend ist. Schwindsüchtige lieben es geradezu, andere zu infizieren.
 Malvina erbleichte. Himmel! stöhnte sie und führte die Hand zur Schläfe. So kann es uns alle treffen. Was machen wir nur?
 Dramatisiere nicht! Und schon gar nicht vor dem Kind! wies die alte Dame ihre Tochter zurecht. Mit einem Seitenblick auf Tamara fügte sie leise und vertraulich – so leise, daß Tamara sie kaum verstehen konnte – hinzu: Ich fürchte, sie hat auch Fieber, sie wirkt so erhitzt.
 Malvina lehnte sich kraftlos in ihrem Stuhl zurück. Josefa, die normalerweise schwieg, wenn die Großmutter zu Besuch war, schlug vor, Fieber zu messen. Die Großmutter schenkte der deutschen Gouvernante einen Blick, der deutlich sagte, sie solle den Mund halten, wenn sie nicht gefragt sei. Sie legte ihre Hand auf Tamaras Stirn und ließ sie eine Weile dort liegen, anschließend fühlte sie den Puls und befahl, nachdem sich das Schweigen am Tisch ausgedehnt hatte, bis die Spannung greifbar zu sein schien, in betont beruhigendem und undramatischem Ton: Tamara, ma chérie, leg dich nun zu Bett. Es ist auch schon spät, und du brauchst Ruhe.
 Tamara, die auffällig wenig gegessen hatte und sich darauf freute, in ihr Zimmer zu kommen, wo sie vorsorglich Proviant versteckt hielt, wisperte: Ja, Madame, ich bin auch müde.

Ihre Mutter hob den Blick gen Himmel. Tamara küßte sie zum Abschied inbrünstig, obwohl Malvina sie von sich wegdrückte.

Als Tamara das Zimmer verlassen hatte, seufzte Malvina: Sie geht freiwillig um acht Uhr ins Bett, sie ist krank. Maman, sag mir, was ich tun soll!

Die Großmutter nickte nachdenklich und schwieg. Ich werde mich mit Madame Lisa beraten, sagte sie nach einer langen Pause, während deren Malvina und die Gouvernante kaum zu atmen gewagt hatten.

Malvina stieß einen Seufzer der Erleichterung aus. Oh, Maman, ich bewundere dich! Madame Lisa weiß bestimmt, was zu tun ist.

Eine Woche lang ließ die Großmutter ihre Tochter in deren hypochondrischer Angst köcheln. Während dieser Woche wurde Tamaras Hüsteln zu einem trockenen Husten, mit dem sie bald so verschmolz, daß sie sogar während des Schlafs einen Hustenreiz verspürte und die Mutter dazu brachte, im Bett hochzufahren und ängstlich auf den nächsten Anfall der Tochter zu warten. Malvina wagte sich nicht in Tamaras Zimmer und vermied es seit dem Abendessen mit der Großmutter, Tamara nahe zu kommen.

Während dieser Woche entwickelte Tamara eine regelrechte Perfektion im Schminken. Sie bediente sich weißer Abdeckpaste und mohnroten Rouges, bis sie wie eine Kranke mit Fieberwangen aussah, täglich blasser. Schließlich flehte Malvina ihre Mutter händeringend an, Madame Lisa dringlich um einen Termin zu ersuchen.

Madame Lisa war eine alleinstehende Frau aus den höheren Kreisen Warschaus, die bereits als junges Mädchen ihre Neigung zu Astrologie und Kartenlesen entdeckt hatte und später dann ihre Fähigkeit, Warzen zu heilen, Krankheiten zu erkennen und zuweilen auch richtig zu behandeln. Die Großmutter und Madame Lisa waren recht gut miteinander bekannt.

Madame Decler, Tamaras Großmutter, erschien allwöchentlich am Donnerstag bei ihrer Tochter zum Abendessen. Erst vierzehn Tage nach jenem Essen, bei dem Tamaras mögliche Erkrankung zum erstenmal zur Sprache gekommen war, bemerkte die Großmutter beiläufig, während sie den in Weißwein gegarten Fisch umsichtig zerteilte: Übrigens, heute war ich bei Madame Lisa zum Tee und habe mit ihr über unsere Tamara gesprochen.

Malvina, die vor lauter Nervosität schon ebensolche Flecken auf den Wangen hatte wie ihre Tochter – allerdings ohne Rouge benutzt zu haben –, schrie auf: Mutter, das sagst du erst jetzt? Wie kannst du Tamaras Krankheit sowenig ernst nehmen! Ich zittere mich zu Tode vor Angst um mein Kind.

Nun ja, Malvina, erwiderte die Großmutter bedächtig, sterben mußt du nicht gerade, so schlimm ist es wohl nicht. Allerdings teilte Madame Lisa meine Sorge, daß es im Winter, und der steht bevor, vor allem aber im feuchten Oktober und November aggravieren kann.

Aber sie fährt nach Lausanne, rief Malvina und griff mit beiden Händen nach der Tischkante, als wolle sie sich festhalten, dort ist die Luft doch gut. Welch Glück! fügte sie hinzu und wirkte, als sei ihr soeben etwas eingefallen, das sie ganz vergessen hatte. Das ist ja schon in zwei Wochen. Wir müssen uns mit den Vorbereitungen sputen. Vielleicht wäre es sogar besser, sie fährt sofort, damit der Husten schnell geheilt werden kann.

Tamara sah gespannt auf die Großmutter. Sollte etwa alles vergebens gewesen sein?

Mein Kind, da muß ich dich leider enttäuschen...

Wie bitte?

Madame Lisa hat uns geradezu verboten, Tamara nach Lausanne zu schicken. Die Gefahr, daß es sich dort, wenn der Schnee fällt, verschlechtern kann, ist einfach zu groß.

Tamara blickte von einer zur anderen.

Malvina richtete sich auf und sagte mit der ganzen Widerstandskraft, die ihr zur Verfügung stand: Mutter, ich habe inzwischen mit Nataschas Mutter gesprochen, und sie sagte mir, daß es in der Schweiz sogar Krankenhäuser extra für Lungenkranke gibt.

Das Wort Lungenkranke war ihr schwer über die Lippen gekommen. Tamara hielt den Atem an. Wenn ihre Mutter schon so weit ging, kam sie womöglich noch auf die Idee, sie ins Krankenhaus zu schicken.

Die Großmutter wiegte bedächtig den Kopf. Ins Internat

kannst du sie nicht geben, sagte sie, die Ansteckungsgefahr ist zu groß.

Gott steh mir bei! Malvina sackte in sich zusammen. Dann muß sie ins Krankenhaus.

Maman, Grand-maman, darf ich mich bitte zurückziehen, hauchte Tamara, ich bin erschöpft und möchte mich ausruhen.

Aber Kind, ja, wir haben dich ganz vergessen. Josefa, bitte begleiten Sie meine Tochter. Liebes, brauchst du noch etwas?

Tamara verneinte matt lächelnd und zog sich zurück, nachdem sie ihre Mutter unschuldigen Gesichts mit einer Umarmung bedroht hatte.

Mon Dieu, ich hatte sie wirklich vergessen, sagte Malvina und fügte verzweifelt hinzu: Maman, es muß etwas geschehen. Wozu hat Madame Lisa geraten?

Ma chère, die Großmutter lächelte und legte beruhigend ihre faltige Hand auf die rosige Mädchenhand ihrer Tochter. Wir müssen Madame Lisa natürlich nicht folgen. Sie riet zu der gleichen Maßnahme, die der Arzt offenbar bei Natascha für angeraten hielt: einem Aufenthalt im Süden.

Malvina schaute düster drein, die Ellbogen auf den Tisch gestützt, legte sie das Kinn auf beide Fäuste. Sie hatte offenbar ihre gute Erziehung vergessen.

Contenance, meine Liebe, ermahnte ihre Mutter sie, Contenance, bitte.

Malvina zuckte zusammen und richtete sich sofort kerzengerade auf. Was sagt Madame Lisa zum Krankenhaus? fragte sie.

Wer noch nicht krank war, wird im Krankenhaus krank, das sagt sie, erwiderte die alte Dame majestätisch. Die meisten Menschen sterben im Krankenhaus.

Malvina stiegen die Tränen in die Augen.

Es gibt eine Möglichkeit, warf Madame Decler nun wie nebenbei hin, ich könnte sie nach Italien mitnehmen, das würde ihr vielleicht guttun.

Eine Sekunde lang blitzte Mißtrauen in Malvinas Augen auf, dann aber trat eine hündische Dankbarkeit an seine Stelle.

Merci, Maman, sagte sie schlicht, so rettest du vielleicht uns allen das Leben.

Tamara, die, nachdem sie sich der Gouvernante entledigt hatte, zur Eßzimmertür zurückgeeilt war, um zu lauschen, huschte jetzt in ihr Zimmer zurück. Dort vollführte sie einen Freudentanz.

Hurra! Drei Monate lang mit der Großmutter nach Italien und einen Monat nach Monte Carlo, Besseres konnte einem fast dreizehnjährigen Mädchen nicht passieren.

Auch diese Schlacht war gewonnen!

6

Die erste Station ihrer Reise war Venedig.

Die Großmutter hatte nicht die geringsten Gewissensbisse, weil sie ihre Enkelin dem Bildungsinstitut in Lausanne abgetrotzt hatte. Sie war ohnehin der Auffassung, daß diese Mädchenpensionate zuviel Überflüssiges und zuwenig Bedeutsames lehrten. Und so nutzte sie die Reise, um ihrer Enkelin an Bildung nahezubringen, was sie für wichtig hielt.

Sie bemühte sich nicht, irgend etwas kindgerecht zu erklären. Sie ging einfach davon aus, daß ihre eigene Begeisterung für die Kunstwerke, die ihrer Meinung nach Italien ausmachten, ihre Quelle in den Kunstwerken selbst hatte und daß Tamara in dem Augenblick, da sie den Kunstschätzen begegnete, diese Leidenschaft teilen würde. Und tatsächlich steckte sie Tamara mit ihrer Begeisterung an. Beide bekamen nicht genug davon, sich Kirchen und Museen anzuschauen, und Tamara saugte schier alles Wissen aus ihrer Großmutter heraus.

Staunend stand das junge Mädchen vor der Markus-Basilika und glaubte ihrer Großmutter aufs Wort, als diese eindringlich sagte: Tamara, dies ist das berückendste Denkmal byzantinischer Kultur! Daß sie andere Zeugnisse byzantinischer Kultur nicht kannte, spielte keine Rolle.

Schau, Tamara, sagte die Großmutter, wie fein der Innenraum gestaltet ist und wie andächtig man wird, nur weil man drinsteht und die Stimmung aufnimmt. Und sie erklärte ihrer Enkelin das byzantinische Raumbild: Die Kuppeln, die im Kreuz angeordnet sind und von mächtigen Pfeilern getragen werden, verschlingen geradezu die Fülle des ganzen Raumes. Und so kommt es, daß alle Nebenräume und die schmalen Gänge und kleinen Steilräume in den Pfeilern zunächst gar nicht wahrgenommen werden.

Die Großmutter gab nur selten detaillierte Erklärungen ab, aber sie hielt Tamara an zu schauen, zu fühlen, zu riechen, ja, manchmal empfahl sie ihr sogar, aufmerksam auf den Geschmack zu achten, der sich vor bestimmten Gemälden oder in einer Kirche im Mund bildete. Ebenso lenkte sie nun in der Kirche San Marco nur mit einer Geste Tamaras Aufmerksamkeit auf die köstlich geäderten, weich schimmernden Marmorplatten, mit denen die Pfeiler belegt waren, sowie auf die an den Wänden farbig funkelnden Mosaiken und den glimmernden Goldgrund.

Andächtig flüsterte die alte Dame: Sieh hin, Tamara, und dein Auge wird gestreichelt. Nichts Hartes oder Steinernes verletzt deinen Blick, es ist, als wäre alles mit einer seidigen Haut überzogen. Schau, es strahlt fast überirdisch.

Tamara schaute, und für immer würde die heitere Stimmung, die sie in jenem Augenblick empfand, gebunden bleiben an diesen Eindruck von schmeichelnden Farben und Linien.

Als sie im blendenden Licht der herbstlichen Mittagssonne den Weg zu ihrem Hotel einschlugen, wo sie zu Mittag essen und sich anschließend zu dem von der Großmutter streng gehüteten Mittagsschlaf niederlegen würden, erinnerte Tamara sich schaudernd an Kirchenbesuche an der Hand ihres Vaters; auch er hatte von «byzantinisch» gesprochen und sie in niederdrückende, schmale, düstere Gebäude geführt.

Als hätte die Großmutter ihre Gedanken erraten, bemerkte sie mit einem Abschiedsblick auf die Seifenblasenkuppeln des Markusdoms: Diese Kirche ist nicht rein byzantinisch, Kind, denk das nicht. Sie ist von vielen Stilen geprägt. Und sie steht eben auch nicht in Byzanz, sondern in Italien. Die gotischen Elemente haben den Charakter des Baus nicht verändert, aber sie haben das Mürrisch-Asketische, das Überstrenge und Abweisende, das Unzugängliche und Verschlossene des Raumes, übrigens auch der Personen auf den Wandgemälden, gelöst – sie haben den Bau befreit und in gewissem Ausmaß wieder zu der großen Dehnung und Weite, zu der dekorativen Stimmung und sinnlich raffinierten Pracht der orientalisierten Spätantike zurückgeführt, zur Kultur Ravennas und Konstantinopels, wie sie am Ausgang des Altertums steht. Es ist eine Art Renaissance, eine Wiedergeburt, in der das gotische Element die frische Lust einer jugendlichen Kraft – des Genießens wie des Glaubens – wehen läßt.

Das Wort Renaissance fiel häufig während dieser Reise.

Tamara verstand vieles nicht; sie folgte ihrer Großmutter sanft wie ein Lämmlein. Sie lauschte der dozierenden Stimme mit schräggelegtem Köpfchen, beklagte sich nicht ein einziges Mal über schmerzende Füße, auch wenn sie der Großmutter stundenlang durch Kirchen oder Museen gefolgt war; ja, sie legte sich brav zum Mittagsschlaf nieder und schaute mit großen Augen zur Zimmerdecke hinauf, wo die Bilder des Vormittags noch einmal vor ihren Augen abliefen.

Die Großmutter führte Tamara aber nicht nur in die Museen, sondern auch zu den kleinen Plätzen, von denen es in jedem Stadtteil mehrere gab. Die fauligen Gerüche der Lagunenstadt hatte Tamara schnell vergessen, nachdem sie sich in den ersten Tagen oft angeekelt die Nase zugehalten hatte.

Abend für Abend gingen sie die Tauben auf der Piazza San Marco füttern. Tamara fürchtete sich stets ein wenig vor den wild umherflatternden hungrigen Vögeln, es schien ihr, als würde sie vom Wind ihrer Flügel fast weggeblasen. Zudem ekelte sie die Unsauberkeit der Tiere. Schließlich gestand sie der Großmutter ihren Abscheu und bat, künftig im Café warten zu dürfen, bis die alte Dame die Tiere gefüttert habe.

Die üblicherweise sehr distinguierte Grand-maman brach in ein unerzogen lautes Gelächter aus. Und ich habe mich so zusammengenommen, weil ich dachte, die Viecher gefallen dir! prustete sie und wischte sich die Lachtränen von den Wangen.

Von nun an setzten sie sich am späten Nachmittag ins Café Florian unter den Arkaden und lauschten der Bläsermusik, die über die Piazza hallte.

Besonders gefielen Tamara die Bilder Vittore Carpaccios. Stundenlang konnte sie davorstehen und sich in die Szenen hineinträumen. Da gab es so viel zu sehen. Ein Bild, *Die Legende der heiligen Ursula, König Maurus empfängt die britischen Gesandten*, zog sie besonders an. Die Fläche des Wassers weitete sich ruhig in diesem Bild. Der Sommerhimmel hüllte alle Menschen und Gegenstände in ein warmes, leicht gedämpftes Licht.

Vor diesem Bild erinnerte Tamara sich der Worte ihrer Großmutter im Markusdom: Schau hin, es ist, als lege sich eine weiche Haut über alles, ein weicher, schimmernder Ton. So war es auch hier. Die bunten Kostüme, die prächtigen Bauten, die Schiffe, selbst die an der Leine geführten Hunde, alles war durch das Licht harmonisiert und schmeichelte dem Auge.

So lernte Tamara Kunst kennen, und dieser erste Eindruck würde ihr späteres Bemühen um eigene und ganz besondere Werke stets bewußt und unbewußt prägen.

Die Szene, in der Ursula in Köln den am Ufer wartenden Mördern in die Arme fällt, zog Tamara besonders an. Auf der einen Seite des Bildes ist ein prächtiges Schiff mit allen Einzelheiten seiner Ausstattung zu sehen, auf der anderen die Mauer einer nordischen Stadt mit Zinnen und Wehrtürmen und zwischen ihnen der gewundene Lauf des Stromes. Die Landschaft unter dem freundlichen Licht wirkt anheimelnd friedlich.

Und doch sagte die Großmutter, als sie das erstemal vor dem Bild standen: Hier braut sich ein Verbrechen zusammen; kurze Zeit später werden zehntausend Jungfrauen und ihre Führerin, die heilige Ursula, ermordet werden. Sieh, Tamara, die wilden Männer am Ufer stehen herum, als würden sie Luft und Sonne genießen, aber sie sind Mörder.

Und die Großmutter fügte die Warnung hinzu, Tamara solle nicht glauben, daß böse Menschen auch böse aussähen.

Es waren die anhand von Denkmälern und Gemälden erzählten Geschichten, die das Mädchen berührten und tief prägten. So ging es ihr auch mit der Malerin Rosalba Carriera, von deren Leben ihr die Großmutter in Venedig erzählte.

Sie hatten sich schon zum Mittagsschlaf niedergelegt, durch den Spalt der vor die Fenster gezogenen Vorhänge fiel ein Strahl weißen Lichtes, in dem Millionen Staubkörner tanzten. Tamara verlor sich im Wirbel der Punkte, als die schläfrige Stimme der Großmutter an ihr Ohr drang: In Venedig, mein Kind, lebte vor ungefähr zweihundert Jahren eine sehr ungewöhnliche Frau. Sie hatte noch zwei jüngere Schwestern, und die Eltern waren eher arm als reich. Aber obwohl sie ein Mädchen war und obwohl die Eltern ungebildet waren und mit dem Geld haushalten mußten, wurde die kleine Rosalba zu einem mit dem Vater befreundeten Maler in die Lehre geschickt, nachdem sie mit Zeichnungen vollgekritzelt hatte, was immer ihr unter die Finger kam. Schon damals reisten viele Fremde in diese ungewöhnliche Lagunenstadt, und an die verkaufte Rosalba Fächer und Dosen, die sie hübsch bemalt hatte. Später lernte sie bei einem weiteren, besseren Lehrer, und von da an verdiente sie sich einiges Geld, indem sie Porträts malte.

Wie das blöde Porträt von mir? fragte Tamara und sah die verhuschten Linien im Staubtanz auftauchen.

Rosalba Carriera malte besser, erwiderte die Großmutter, und Tamara entnahm ihrem Tonfall, daß sie lächelte. Kurz darauf ging der ruhige Atem der Großmutter in ein leises Röcheln über. Tamara aber war nun hellwach und wütend. Sie hätte die Großmutter am liebsten gerüttelt. Sie wollte die Geschichte weiterhören. Doch die Großmutter zu wecken, hätte sie nie gewagt.

Sie beschloß, wach zu bleiben und die Fortsetzung der Geschichte zu verlangen, sobald die Großmutter erwachte. Doch die tanzenden Staubkörner schläferten sie ein, und als sie wieder zu sich kam, hatte sie Rosalba Carriera vergessen.

Erst als sie vor einem Frauenporträt stand, das ihre Aufmerksamkeit fesselte, und auf dem Messingschild daneben den Namen Rosalba Carriera las, erinnerte sie sich an die Geschichte, deren Ende sie nicht gehört hatte. Doch die Großmutter hatte zu diesem Bild schon die nächste Geschichte parat.

Dies ist das Porträt der Tänzerin Barbarina. Ihr Leben war abenteuerlich wie ein Roman, randvoll mit Sensationen und Skandalen.

Erzählen Sie, Grand-maman! rief Tamara begeistert.

Die alte Dame setzte sich mit ihrer Enkelin auf eine mit rotem Samt bezogene kleine Bank vor dem Gemälde der Primaballerina Barbarina Caprini und hob im Ton einer orientalischen Märchenerzählerin an: Barbarina wurde 1821 in Parma geboren. Mit achtzehn Jahren tanzte sie zum erstenmal an der Pariser Oper, was schon damals der Traum aller Ballettheusen war. Sie feierte in Paris rauschende Erfolge, wurde nach London geholt und unterschrieb dort einen Vertrag, der sie an die Königliche Oper in Berlin verpflichtete. Als jedoch ein englischer Lord ihr einen Heiratsantrag machte, sagte sie nicht nein und reiste mit ihm nach Venedig. Der König von Preußen ließ den venezianischen Gesandten verhaften und verlangte von Venedig die Auslieferung der Tänzerin. Da wurde die arme Barbarina unter Bewachung an den preußischen Hof gebracht. Dort allerdings feierte man sie so begeistert, daß sie den englischen Lord schnell vergaß. Der Sohn des preußischen Kanzlers machte ihr auf offener Bühne einen Heiratsantrag, und Barbarina nahm an.

Die Großmutter lachte leise. Ich glaube, sie mochte Heiratsanträge einfach nicht ablehnen. Die Ehe wurde übrigens später in beiderseitigem Einverständnis geschieden. Barbarina zog sich auf ein schlesisches Gut zurück, wurde vom König in den Grafenstand erhoben und ist 1799 als Gräfin Campanini gestorben.

Was ist eigentlich so besonderes daran, in den Grafenstand erhoben zu werden? fragte Tamara nachdenklich.

Nun ja, erwiderte die Großmutter leichthin, dann denken die Menschen, man sei mehr wert. Wenn einer einen Grafentitel hat, halten alle ihn für reich und gebildet. Das nützt im Leben. Nun aber weiter, ma petite.

Wie alles auf dieser Reise prägte auch diese Bemerkung Tamaras weiteren Lebensweg, stets sollte sie nach der Achtung suchen, die man vermeintlich mittels eines Adelstitels erringen kann.

Später am Tag erfuhr Tamara, wie erfolgreich Rosalba Carriera geworden war: Sie hatte einen ganzen Stab von Helferinnen beschäftigt, darunter auch ihre beiden Schwestern.

Sie war keine Schönheit, sagte die Großmutter während der Abendmahlzeit, aber umgeben von einem Schwarm von Verehrern. Im Gegensatz zu Barbarina war Rosalba Carriera mit ihrem Jawort sehr geizig. Ein erfolgloser Bewerber soll gesagt haben, es müsse schon ein Raffael oder Reni wiederauferstehen, um bei ihr Gnade zu finden.

Tamara, die davon überzeugt war, auch keine Schönheit zu sein und nie eine zu werden, wurde sehr ärgerlich, als sie hörte, daß Rosalba Carrieras Leben tragisch geendet hatte, daß ein Augenleiden sie zwang, die Arbeit aufzugeben, daß sie schließlich vollkommen erblindet war. Und daß sie gar nach dem Tod ihrer Lieblingsschwester Giovanna verrückt geworden war, fand Tamara äußerst ungerecht. Am besten ist es, bemerkte sie nachdenklich, man stirbt, bevor man alt wird.

Die Großmutter lächelte und schwieg.

Als in Venedig Dauerregen einsetzte, reisten die alte Frau und das junge Mädchen weiter nach Rom und später nach Florenz. Tamara lauschte den Vorträgen der Großmutter über Kirchen, Gemälde, Architektur, über Modellierung von Licht und Schatten, über Perspektive, Farbmischung und Farbenherkunft. Venedig aber und das Schicksal der Frauen, von denen sie in der stinkenden Stadt gehört hatte, waren tief in ihr Herz gegraben.

7

Tamara war schon einige Male verliebt gewesen. Mit acht Jahren in Sergej, einen jungen russischen Offizier, der ihrer Mutter den Hof gemacht hatte. Und mit fünf Jahren in Juri, einen Freund ihres Bruders, aber nur so lange, wie er sich standhaft geweigert hatte, Mitglied ihrer Bande zu werden. Kaum hatte er klein beigegeben, erlosch das heiße Gefühl in ihr, das sie für Liebe gehalten hatte.

Was sie nun erlebte, unterschied sich vollständig von allem, was sie bisher mit Vertretern des männlichen Geschlechts erlebt hatte. Jean-Pierre, der junge Franzose, war achtzehn Jahre alt, und er interessierte sich nicht für Tamaras Mutter oder Stanzyk, sondern ausschließlich für Tamara selbst.

Er war ihr am Strand aufgefallen, weil er Steine sammelte, wie sie noch nie jemanden hatte Steine sammeln sehen. Er schaute lange, hob einen auf, betrachtete ihn von nahem, strich mit den Fingern über die Oberfläche, wog ihn in der Hand. Die allermeisten warf er wieder fort; wenn er aber einen für gut befunden hatte, legte er ihn wie eine gepflückte Blume sorgfältig in den Korb, den er bei sich trug.

Tamara, die in Monte Carlo auf sich selbst gestellt war, da ihre Großmutter, eine leidenschaftliche Spielerin, ihre Zeit im Casino verbrachte, wo Kindern der Zutritt verboten war, lungerte oft am Strand herum. Mehrere Tage hintereinander beobachtete sie den fremden jungen Mann. Anfangs empfand sie eine ihr gänzlich unbekannte Scheu, Respekt vor so etwas wie einem fremden Tier, von dem sie nicht wußte, ob es gestört werden durfte. Doch ganz allmählich wagte sie sich dichter heran, obwohl die Großmutter ihr eingeschärft hatte, die Nähe männlicher Wesen zu meiden.

Schließlich stellte Tamara sich direkt neben ihn und fragte rundheraus: Qu'est-ce que vous faites alors avec ces cailloux-là? Sie sprach französisch mit einem drolligen polnischen Akzent, der bei männlichen wie weiblichen Franzosen immer wieder für Heiterkeit sorgte.

Der junge Mann fragte amüsiert: Wenn ich dir sage, was ich mit den Steinen mache, sagst du mir dann, was du hier treibst?

So begann ihre Freundschaft. Tamara wies weit von sich, daß es irgend etwas anderes als Freundschaft sein könnte, auch wenn die Großmutter sie oft mit ihrem «Liebsten» neckte. Allerdings hatte sie zunächst ein Donnerwetter über Tamara losgelassen, sich den jungen Mann vorgeknöpft, ihn zum Essen eingeladen und ihm dann erst ihre Enkelin anvertraut.

Seitdem streiften Tamara und Jean-Pierre Tag für Tag gemeinsam über den Strand, um Steine zu sammeln; danach aßen sie zu Mittag im Hotel Exzelsior, wo die Großmutter die Zeche bezahlte, und verbrachten den ganzen Nachmittag und Abend damit, die Steine zu bemalen. Jean-Pierre lebte in Monte Carlo, und er nannte sich Maler. Er lehrte Tamara, sauber und zierlich Veilchen, Lilien, Mimosen auf die Steine zu bringen. Sie benutzten Wasserfarben, und er schrieb ganz am Schluß in kühner Schrift *Monte Carlo* unter die Blumen. Dieser Schriftzug war sein Stempel, die Ausführung eine heilige Handlung, der Tamara nur staunend und in gebührender Entfernung beiwohnen durfte; es war ihr streng verwehrt, die Steine selbst zu beschriften.

Sie verrichteten ihr Werk auf einem großen Felsen, der auch ihr morgendlicher Treffpunkt war. Jean-Pierre erzählte Tamara nur zögernd, daß er die Steine bemale, um sie an Touristen zu verkaufen, und als sie ihn fragte, wofür er das Geld brauche, erwiderte er mit verschlossener Miene: Für dies und das.

Eines Morgens sagte die Großmutter: Nun, mein Kind, das Ende unserer Reise naht; du solltest dir noch deine Frühjahrsgarderobe kaufen. Anschließend mußt du nach Lausanne, und ich möchte, daß du in jeder Hinsicht strahlend reist.

Die Andeutung von Abschied erreichte Tamara nicht, sie hörte nur, sie solle sich ihre Frühjahrsgarderobe kaufen, und hüpfte vor Freude in der Hotelsuite herum. Als sie Jean-Pierre bat, sie beim Einkauf zu begleiten, wehrte er zunächst heftig ab, erschien dann aber völlig fremd in einem dunklen, etwas zu kleinen Anzug und in schwarzen Schuhen, die Tamara besonders befremdeten; bisher hatte sie ihn nur barfuß gesehen. So führte er sie sehr beklommen in die Straße, wo ein luxuriöses Geschäft neben dem anderen lag.

Tamara, entschlossen, jedem Modehaus der Straße einen Besuch abzustatten, öffnete energisch die erste Tür, begrüßte laut und vernehmlich die Verkäuferin und bat, die Frühjahrsgarderobe gezeigt zu bekommen. Schüchtern hielt Jean-Pierre sich hinter ihr.

Nachdem sie gefragt hatte, an wen die Rechnung gehen solle, überhäufte die Verkäuferin Tamara mit Kleidern in Pastellfarben, bugsierte Jean-Pierre in den mit hellblauem Brokat tapezierten Spiegelraum und entfernte sich erst, als Tamara verkündete, sie sei bereits in der Lage, sich allein anzukleiden. Jean-Pierre stand, verlegen und auf seine blankgeputzten Schuhe starrend, neben der Ankleidekabine, war aber dennoch in der Lage, den Herrn zu beobachten, der auf die Dame in der Nachbarumkleide wartete. Die Beine übergeschlagen, die Arme lässig über die Lehne des Sessels, der offenbar eigens für wartende Männer im Spiegelraum stand, paffte er eine Zigarre, wobei das Vorbereiten der Zigarre ebensoviel Zeit in Anspruch nahm wie das Umkleiden seiner Frau.

Bevor sie die nächste Boutique betraten, suchte Jean-Pierre eine Bar tabac auf, kaufte sich eine dicke Kuba-Zigarre und zahlte generös, als sei das sein täglich Brot.

Im Laden nahm er auf dem Sessel Platz, der neben der Spiegelwand stand, zückte seine Zigarre, roch daran, leckte sie, zog sein Taschenmesser heraus, schnitt eine Ecke hinein, ebenso sauber und akkurat, wie er Veilchenbilder malte, und entzündete sie schließlich mit den eben erstandenen Streichhölzern.

Tamara, viel mehr von diesem Männer-Ritual fasziniert als von den Kleidern, die die Verkäuferin ihr zum Anprobieren darbot, linste durch eine Spalte zwischen Vorhang und Wand, um ja nichts zu verpassen.

Beiden gefiel auch in diesem Laden nichts. Die Kleider waren zu kindlich, zu albern, zu belanglos, wie Jean-Pierre sagte, und damit traf er Tamaras Gefühle genau. Im dritten Geschäft klopfte Jean-Pierre ungeduldig mit der Fußspitze auf den Teppich, bis ihm ein Sessel herangeschoben wurde, und im sechsten verschmähte er den Sessel und lehnte sich, lässig schmauchend, an eine Säule.

Schließlich kehrte Tamara mit einem roten Prinzeßmantel und einem extravaganten breitkrempigen schwarzen Hut zu ihrer Großmutter zurück. Beides hatte die uneingeschränkte Bewunderung Jean-Pierres gefunden, der diese Garderobe für einer Dame von Welt gemäß hielt. Daß Tamara erst dreizehn war, hatten beide für unwesentlich erachtet.

Tamaras Großmutter beglich die Rechnung, die der Bote der Boutique vorlegte, und lächelte gerührt, als Tamara für sie eine Modenschau veranstaltete. Da waren heitere zarte Kleidchen, ein Cocktailkleid aus schwarzer Spitze, das Tamaras schwellende Figur aufreizend zur Geltung brachte, und eben der rote Mantel und der elegante schwarze Hut.

Bald wirst du eine Frau, mein Kleines, murmelte sie, und du wirst eine Göttin sein.

Tamara warf ihre bis zur Taille reichenden blonden Locken zurück, sah die Großmutter aus großen verträumten blauen Augen staunend an und fragte: Bald?

Die Großmutter schmunzelte. In meinem Alter, meine Süße, sind die Jahre wie nichts. Ich schwöre dir, in drei Jahren bist du eine Frau, die weiß, was sie will, und kriegt, was sie will.

8

Nun heiratete sie also Tadeusz Lempicki. Das war der, den sie wollte, und sie heiratete ihn genau so, wie sie es wollte.

Ob sie Tadeusz gekauft, erobert oder ertrotzt hatte, war nicht eindeutig zu bestimmen; fest stand, daß nicht Tadeusz um ihre Hand angehalten hatte, sondern sie um die seine. Tamara wollte ihn, seit sie ihn im Alter von fünfzehn Jahren das erstemal gesehen hatte, nun, mit achtzehn Jahren, bekam sie ihn sozusagen von ihrem Onkel geschenkt.

Mehrere Umstände hatten zu dieser Eheschließung beigetragen. Zum einen der, daß Tamaras Vater in den vergangenen Jahren irgendwie verlorengegangen war, auf welche Weise, war und blieb Tamara unklar. Jedenfalls war er fort gewesen, als Tamara aus Monte Carlo zurückkehrte. Eine Tatsache übrigens, die Malvina einen Vorwand lieferte, Tamara das Tragen des roten Mantels zu verbieten. Die Mutter kleidete sich eine Weile in Schwarz, ansonsten schwieg sie sich über den Verbleib des Vaters aus. Tamara würde sich bis an ihr Lebensende jede Frage nach ihrem Vater verbieten.

Als weitere Folge seines Verschwindens konnte gesehen werden, daß Malvina sich neu verliebte, Tamara daraufhin nach St. Petersburg reiste und – nun folgt der zweite Umstand, ohne den die Hochzeit vielleicht nie zustande gekommen wäre – durch den Ausbruch des Krieges, der zum Weltkrieg ausufern sollte, dort festgehalten wurde. So verging ein Jahr, in dem aus dem Kind eine Frau wurde.

Der Bankier war erfahren genug und mit den Zeitläuften so intim vertraut, daß er jede über seine eigene Familie hinausgehende Verantwortung als Beeinträchtigung empfand, kurz: Er mußte sich Tamaras auf eine irgendwie annehmbare Weise entledigen.

Nach Polen konnte er sie nicht zurückschicken, soviel stand fest. In Polen tobten blutige Machtkämpfe zwischen Russen, Litauern, Polen und Deutschen, bei denen mal die eine, mal die andere Partei siegte. Sogar eine polnische Monarchie war kurzfristig gegründet worden, nun aber sah es so aus, daß die Deutschen gefährlich näher rückten. Angeblich gab es Flüchtlingsströme, die Informationen sickerten nur spärlich durch, man wußte nicht einmal, was aus Tamaras Mutter und Großmutter geworden war.

Als größtes Problem empfand der Bankier, daß Tamara keine anständige Mitgift besaß. Selbst wenn nicht Krieg gewesen wäre, hätte Malvina ihrer Tochter kaum etwas mitgeben können. Sie hatte das Vermögen ihres Gatten in den vergangenen Jahren für Feste und Reisen und Kleider zum Fenster hinausgeworfen, und es war ein Segen, daß sie sich durch eine neuerliche Eheschließung vor dem Ruin gerettet hatte. Aber sie war nicht hier, Polen war verloren, Tamara mußte anständig aus dem Haus geschafft werden. Was also tun?

Als er Tamara seufzend nach ihren Zukunftsvorstellungen fragte, antwortete sie trotzig: Ich kann ja Bankier werden. Er mußte an sich halten, um sie nicht zu schütteln, da lenkte sie ein: Du willst, daß ich heirate, nicht wahr? Es gibt aber nur einen, der für mich in Frage kommt, und das ist Tadeusz Lempicki.

Dem Onkel stieg Zornesröte ins Gesicht. Ein Hungerleider, ein Nichtsnutz, so einen Galan kann sich die Zarin leisten, nicht du.

Den Vergleich mit der Zarin kannte Tamara bereits; sie erwiderte kühl: Dann muß ich wohl doch Bankier werden. Darauf lüpfte sie ihren Rock und segelte aus dem Zimmer, nicht ohne noch über die Schulter zurückzurufen: Du willst mich bloß loswerden wie alle anderen auch. Gebt mich doch ins Waisenhaus! Da kommen alle hin, die keiner will.

Tante Stefa, alarmiert durch Tamaras lautes Schluchzen, warf ihrem Mann einen vorwurfsvollen Blick zu und sagte in einem Ton, der eindeutig zu erkennen gab, was sie von gefühllosen Männern im allgemeinen und von dem ihren im besonderen hielt: Junge Mädchen haben eine zarte Seele, mein Lieber!

Der Bankier schwieg.

Einen Tag später suchte er Tadeusz Lempicki auf. Die Worte, die er an diesen richtete, bekam Tamara während ihrer Ehejahre etliche Male vor kleinem und großem Publikum von ihrem Gatten zu hören, anfangs kolportierte er sie zur Belustigung, später, um seine Frau zu verletzen.

Hören Sie, sagte der Onkel, ich will meine Karten offen auf

den Tisch legen. Sie sind ein weltgewandter Mann, doch Sie haben kein Vermögen. Ich habe eine Nichte, Polin, die ich verheiraten möchte. Wenn Sie einwilligen und sie zur Frau nehmen, gebe ich ihr eine Aussteuer. Übrigens kennen Sie sie bereits.

Tadeusz Lempicki war ein schöner, heiterer Mann, der sich gern gut kleidete und es genoß, wenn die Frauen um ihn warben. Er war in dem Bewußtsein aufgewachsen, daß die Lempickis etwas Besonderes seien, daß die schönen Dinge das seien, wofür es sich zu leben lohnte, und daß die schönen Dinge zu erkennen eben das sei, was einen vornehmen Menschen auszeichne. Er liebte schöne Musik, schöne Kleidung, schöne Frauen, schöne Häuser, er liebte schöne Malerei, und er liebte es, wenn er als Teil von allem Schönen gesehen und bewundert wurde.

Seine Braut war schön. Viel schöner, als er erwartet hatte. Ihre Schleppe reichte vom Altar bis zum Kirchenportal; Tamara hatte es bei der Schneiderin so angeordnet. Die Ritter-von-Malta-Kapelle war schön, und die Hochzeitsgesellschaft war eine glanzvolle Ansammlung der Reichen und Vornehmen und Schönen Petrograds.

Der Champagner floß, Kaviar wurde kiloweise verspeist. Die Gäste lachten, tranken, tanzten bis zum opulenten Frühstück am nächsten Morgen. Tamara war zum erstenmal in ihrem Leben der umschwärmte Mittelpunkt eines Balles, das erstemal wurde sie von vielen Männern als Frau wahrgenommen und umworben. Früher war sie die eigenwillige dicke Tochter der umschwärmten Mutter gewesen, dann der eigenwillige dicke Backfisch, Schützling der strahlenden Tante Stefa. Jetzt aber war sie eine Frau.

Die Liebe zu Tadeusz, so jubelte sie innerlich, hatte sie zur Frau gemacht, die erstmals die ganze Kraft ihres Willens und ihrer Kreativität auf ein lohnendes Ziel warf. Alle bisherigen Ziele, so schien es ihr jetzt, waren kaum bedeutsamer gewesen als das, möglichst viele Petits fours zu ergattern.

Neugierig und ungeduldig erwartete sie, in der Hochzeitsnacht gänzlich ins Frausein eingeweiht zu werden. Sie war vollkommen bereit dazu. Vorher allerdings tanzte sie. Mit Tadeusz, der erst in dieser Nacht wahrzunehmen schien, welcher Vogel ihm da zugeflogen war. Mit dem Bankier und anderen Männern seines Alters. Mit den jungen Offizieren, die auf Heimaturlaub waren und kein Wort über den Krieg verloren, wie es auch sonst niemand tat.

Und sie tanzte mit einem Mann, der sich ihr vorstellte als Prinz von Siam, gekommen, um ihr die Herrlichkeiten des Morgenlandes zu Füßen zu legen. Nun ja, sie fand ihn romantisch und ein wenig verrückt und vergaß seinen Namen, kaum daß er sich vorgestellt hatte. Sie nannte ihn Prinz, auch als sie später erfuhr, daß er Botschafter war. Er war so vollkommen anders als Tadeusz, daß sie beinahe erschrak, als er so dicht vor ihr stand, daß sie die Poren in seinem Gesicht erkennen konnte. Dieser Mann war nicht schön. Er hatte ein breites Gesicht, einen gedrungenen Körper und kurze stämmige Beine. Aber aus seinen Augen leuchtete eine solche Kraft, daß Tamara, vom Fest und vom Alkohol berauscht, hellwach wurde.

Als er seine Hand auf ihren Rücken legte und sie im Tanz durch den Saal schwenkte, da empfand sie völlig unbekannte Regungen. Ihr wurde seltsam flau in den Beinen, dabei wäre sie dem Mann am liebsten davongelaufen. Ihr blieb nichts anderes übrig, als sich seiner Führung hinzugeben. Ohne den Halt seiner Hände hätte sie sich verloren gefühlt. Die Kapelle spielte mehrere Tänze hintereinander, und Tamara wagte nicht, sich zurückzuziehen. Sie tanzten, bis die Kapelle das Signal zur Pause gab. Der Prinz schwieg, und Tamara schwieg auch.

Sie ersoff in einem Wirrwarr widerstreitender Gefühle, begriff nicht, was geschah, aber es machte ihr angst und Lust zugleich. Sie sehnte sich danach, daß der Mann sie etwas fragte oder etwas von sich erzählte, und war zugleich wütend auf ihn, weil er sie nur schweigend, fast desinteressiert festhielt.

Sie hatte mehr Angst vor diesem Mann als davor, in wenigen Stunden ihre Jungfräulichkeit zu verlieren. Und seltsamerweise spürte sie, wie ihre Brustspitzen sich aufrichteten, als wären sie daran interessiert, sich den Prinzen genauer anzuschauen. Das hatte sie noch nie erlebt.

Als der Prinz sie zu ihrem Platz neben dem Bräutigam zurückführte, sah er sie aus seinen geheimnisvollen schwarzen Augen an und sagte: Ich würde mich freuen, Ihnen noch einmal zu begegnen. Vielleicht nach der Hochzeitsreise.

Und Tamara, die selten eine Antwort schuldig blieb, lächelte verwirrt und schwieg.

Die Hochzeit war ein glanzvolles Ereignis, gänzlich unbeeinträchtigt dadurch, daß an die zehn Millionen russischer Frauen um ihre Männer oder Söhne trauerten. Die Soldaten, die vor zwei Jahren begeistert in den Krieg gezogen waren, waren fast alle tot. Selbst diejenigen waren schon tot, die die ersten ersetzt hatten. Die Kinder und die alten Männer, die jetzt in das Schlachten geschickt worden waren, stellten bereits die dritte Garnitur. Die wenigsten waren Soldaten, und sie hatten auch keine Lust, Soldaten zu sein. Neuerdings munkelte man immer häufiger von Deserteuren. Ganze Regimenter ergaben sich angeblich – immer mehr Offiziere weigerten sich, mit diesen Soldaten unter diesen Bedingungen in den Kampf zu ziehen, und führten sie sogar in die Gefangenschaft an.

Gerade hatte Zar Nikolaus II. die Regierungsgewalt in die Hände seiner halbirren Frau Alexandra gelegt, weil er zeigen wollte, daß wenigstens er Mut und Kampfeswillen besaß. Er wollte an die Front ziehen und selbst die Leitung seiner Truppen übernehmen. Alexandra überließ das Regieren dem Mönch Rasputin, über dessen Ausschweifungen aller Art die aberwitzigsten Gerüchte kursierten. Im Jahr von Tamaras Eheschließung standen mehr als fünfzehn Millionen Russen unter Waffen, die Mobilmachung hatte die Wirtschaft des Landes ruiniert, die Bauern konnten ihre Erzeugnisse nicht mehr exportieren und weigerten sich, sie auf dem freien Markt zu verkaufen; der Rubel war praktisch wertlos geworden, und es gab kaum eine Möglichkeit zum Tauschhandel. Das Eisenbahnnetz war zusammengebrochen, und so gelangten die ohnehin knappen Versorgungsgüter weder an die Front noch in die Städte. Industriezentren – auch Petrograd – waren vom Hunger bedroht.

Doch selbst die Männer redeten während Tamaras Hochzeitsfest so gut wie gar nicht über den Krieg. Es gelang Tante Stefa und dem Bankier, den Krieg weitestgehend außen vor zu halten. Er mischte sich nur insoweit in das Fest ein, als manche Petrograder nicht geladen waren, weil ihnen angesichts ihrer Familientrauer keine fröhliche Feier zugemutet werden sollte, und als die Brautleute in der Wahl eines Ziels für die Hochzeitsreise eingeschränkt waren. Gegen Mitternacht brachen sie zu einem kleinen Hotel außerhalb Petrograds auf, das, umgeben von Wald, unmittelbar an einem idyllischen See gelegen war.

Tadeusz Lempicki war ein erfahrener und einfühlsamer Liebhaber. Es interessierte ihn nicht sonderlich, daß er eine Jungfrau geheiratet hatte; wichtiger war ihm, aus dem unerfahrenen Mädchen eine raffinierte Geliebte zu machen, die ihm annähernd jene Wonnen bereiten konnte, die er aus seinen Liebschaften mit den Schönen Petrograds gewöhnt war. Nach der ersten Nacht war Tamara erleichtert und ziemlich sicher, daß alles Folgende besser sein würde. Und wirklich, bereits nach einer Woche, die sie damit verbrachten, Hand in Hand um den See zu spazieren, deftig zu essen, Champagner zu trinken, vor allem aber sich zu lieben, war Tamara überzeugt davon, etwas entdeckt zu haben, worauf sie nie mehr verzichten wollte.

Die Hochzeitsreise dauerte zwei Wochen.

Als Tante Stefa und der Bankier sie anschließend in der Wohnung empfingen, die von Tamaras Mitgift gekauft worden war, musterten sie die junge Frau erstaunt, zwinkerten einander dann aber einvernehmlich zu. Wie durch ein Wunder hatte Tamara in den beiden Wochen ihren Babyspeck verloren.

Verheiratet zu sein bekommt dir gut, Kleines, bemerkte der Bankier und lächelte Lempicki anerkennend zu.

Ja, bestätigte Tante Stefa. Du bist binnen zwei Wochen eine ungewöhnliche Schönheit geworden, liebe Tamara. Es klang ehrlich und ein wenig neidisch.

Wieder in Petrograd, setzte das Paar das Feiern fort. Auf einem der Feste traf Tamara den Prinzen von Siam wieder. Er tanzte abermals mit ihr, und Tamara, die mit ihren neugierigen und eigenwilligen Brustspitzen inzwischen besser bekannt war, spürte wieder und nun mit etwas weniger Verwirrung, wie diese sich dem Prinzen entgegenreckten. Er lud sie für den nächsten Tag zum Tee in sein Hotel ein. Tamara schwieg, machte sich aber zur rechten Zeit auf den Weg und folgte dem Prinzen willig und ängstlich in seine Suite.

Als sie das Hotel am Abend verließ, war sie der Wölfin in sich begegnet.

9

Der Zar war abgesetzt. Die Minister wurden verhaftet und im Taurischen Palais unter Bewachung gestellt. In den Straßen patrouillierten Volksmilizen, die neue Staatspolizei. In der Duma wurde das Porträt des Zaren entfernt, die Adler im Wappen wurden abgerissen und wütend auf das Eis des Fontanka-Kanals geworfen. Als wollten sie die Vergangenheit auslöschen, entfernten die Sieger in rasender Eile alle dazugehörigen Symbole. Der Justizpalast wurde in Flammen gesetzt, die Häuser vieler Adliger und zarenfreundlicher Bürgerlicher wurden geplündert, der Pomp genüßlich zerstört. Auf dem Kai des Katherinen-Kanals wurden die Polizeiarchive verbrannt.

Demonstrationen über Demonstrationen bewegten sich in Richtung Duma: Kadetten in wohlgeordneten Reihen; Frauen, ausgemergelte und dennoch leidenschaftliche Gesichter über dunkler, ärmlicher Kleidung, hielten Transparente mit der Aufschrift *Es leben die Freiheitskämpferinnen!*; Offiziersanwärter ritten würdevoll im Schritt. Vor der Duma trafen sie zusammen und forderten mit lauter Stimme die Absetzung des Zaren. Sogar die Kinder demonstrierten. Es war kalt.

Ende Februar 1917 hatte Petrograd nach zweieinhalb Kriegsjahren wieder den Namen St. Petersburg angenommen, ebenso wie das Volk sich ganz allmählich wieder an sein Mißtrauen gegenüber dem Zaren erinnerte. Niemand glaubte mehr an die Farce der Duma. Der Zar hatte sie seit 1905 so viele Male einfach aufgelöst, wenn ihre Entscheidungen ihm nicht behagten, daß das angebliche Parlament nur noch als Zielscheibe des Spottes diente – ähnlich dem Zaren selbst. Seine Generäle und er hatten mit ihren militärischen Fehlentscheidungen Millionen Russen in den Tod getrieben. Zudem mißtraut ein hungerndes Volk seinen Herrschern geradezu gesetzmäßig. Ein leerer Magen provoziert Mißtrauen gegen leere Versprechungen.

Am Freitag, dem 9. März, formierten sich abermals Demonstrationszüge. *Wir wollen Brot!* skandierten die Massen. Schließlich plünderten sie die Bäckereien. Diesmal allerdings blieb das

Volk nicht in blinder Wut stecken. Ein Generalstreik wurde ausgerufen, Versammlungen wurden improvisiert, zum erstenmal hörte man die während der letzten Jahre im verborgenen gesungenen revolutionären Lieder in der Öffentlichkeit. Am Sonntag erfuhren die Bürger durch Plakate – die Zeitungen hatten einstweilen ihr Erscheinen eingestellt –, daß die Duma aufgelöst sei. Die Nationalversammlung lehnte das Verdikt des Zaren allerdings ab und entschloß sich zum Widerstand. Kurz nach 23 Uhr erging der Befehl, die Straßen zu räumen, das Volk aber, voller Hunger und Wut, ließ sich die Straße nicht verbieten. So begann eine Straßenschlacht, die mehr oder weniger heftig bis Donnerstag, den 16., andauerte.

Die zaristische Regierung rechnete fest mit der Treue der Armee. Doch schon in den ersten Tagen der Wirren zeigte sich, daß zwischen den einander gegenüberstehenden Parteien keine Feindseligkeit herrschte. Die Soldaten verweigerten den Befehl, und ein Regiment der Petersburger Garnison nach dem anderen ging auf die Seite der Revolution über.

Nur die Polizeitruppen stützten den schwankenden Thron bis zuletzt; und sie taten dies mit erbitterter Brutalität. Aus Mansarden, von Dächern herab, aus allen möglichen Verstecken heraus schossen sie mit Maschinengewehren in die Menschenmenge.

Am 13. März wurde es etwas ruhiger in Petersburg. Die Duma wurde zum Sitz eines in aller Eile konstituierten Exekutivausschusses, in dem die erfahrensten Männer aller parlamentarischen Fraktionen zusammenkamen. Der erste Politiker, der von den Soldaten begrüßt wurde, war der Abgeordnete der Arbeiterpartei, Kerenski, ab sofort Justizminister in der Regierung des Prinzen Lwow.

Die neue Regierung hatte sich zum Ziel gesetzt, die Deutschen zu besiegen. Dafür verlangte sie vom Zaren «die einzig mögliche Entscheidung...». In der Nacht vom 16. zum 17. März unterzeichnete Nikolaus II. in Pskow, dem Hauptquartier der Armee, die Abdankungsurkunde.

Tamara erlebte die März-Revolution wie eine nicht standesgemäße Kirmes, von der sie sich fernhielt. Tadeusz empfand tiefe Verachtung für die Revolutionäre. Für ihn waren sie die Feinde schlechthin. Sie wollten Gleichheit, doch Tadeusz' ganzes

Selbstverständnis war darauf gegründet, besonders zu sein. Sein Gefühl für sich selbst beruhte auf dem Schönen, mit dem er sich umgab, und nun kamen die Bolschewiki und verkündeten, nur der Inhalt zähle.

Sie verteufelten Leute wie Tadeusz als Schmarotzer und verkündeten allen Ernstes, der Arbeiter solle die Früchte seiner Arbeit auch ernten. Und zwar nur der, der arbeite. Tadeusz fühlte sich in seiner Existenz angegriffen.

Am 5. April begruben die Revolutionäre ihre Opfer und ihre Helden. Fünfzehn Stunden lang zogen eine Million Menschen, Männer, Frauen und Kinder, ein Drittel der Bevölkerung, mit ernster Miene durch die Stadt. Sie begleiteten die Toten des März zu ihrer letzten Ruhestätte.

In diesen endlosen Trauerzügen mit Fahnen, Inschriften und Standarten wurden die Särge selbst zum Symbol. Mit rotem Stoff bedeckt, rot wie Blut, kündeten sie vom Sturz des Zaren und der Geburt einer neuen Welt. Choräle, Gebete und Lieder erklangen, meist jedoch übertönt von der Marseillaise. An den offenen Gräbern zogen Arbeiter, Studenten, Soldaten der Petersburger Garnison und von der Front, aber auch Bürgerliche und selbst Adlige vorbei.

Tadeusz hatte Tamara verboten, die Wohnung zu verlassen. Er selbst war wie so oft verschwunden, ohne daß sie wußte, wohin. Hinter der Gardine verborgen, belauerte sie den Zug durch die Stadt. Die Straßen hallten von den rhythmischen Schritten wider. In Achtzehnerreihen, Arm in Arm, marschierten die Menschen. Immer wieder ertönte: Es lebe die Freiheit! Es lebe die demokratische Republik! Es lebe die konstituierende Versammlung! Es lebe das allgemeine Stimmrecht! Schlaft in Frieden, Kämpfer der Freiheit! Ihr habt ewigen Frieden und ewigen Ruhm verdient! Die Freiheit Rußlands ist im Blut geboren!

Die Arme vor der Brust verschränkt, fröstelte Tamara. Was ging hier vor? Sie verstand es nicht. Offensichtlich war nur, daß sehr viele Menschen gemeinsam für etwas eintraten, vor dem sie sich verstecken mußte. Sie fühlte sich sehr allein.

Wenige Abende zuvor während einer Gesellschaft im Hause des Bankiers hatte Tadeusz sich wieder einmal der Männergruppe angeschlossen. Dort hatte er eine Zigarre geschmaucht, sein Cognacglas geschwenkt und vehement über Politik diskutiert. Er war von den anderen Männern nicht ernst genommen worden. Daran dachte Tamara jetzt, und sie fragte sich, wo er stecken mochte, da die Männer, um deren Anerkennung er buhlte, ihn unmöglich zu einer ihrer verschwiegenen Zusammenkünfte eingeladen haben konnten.

Im April kam Lenin in Petersburg an. Die Unruhe unter den Männern im Salon wuchs. Lenin hatte bereits vom Ausland aus gefordert, Rußland müsse den Krieg beenden, keine Kriegskredite mehr bewilligen, die Arbeiter sollten sich an der Front und im Land verbrüdern. Ein bolschewistischer Soldat stellte sich auf den Balkon der Duma und rief: Warum Krieg führen? Die Offensive bedeutet den Tod. Was nützen dann Land und Freiheit? Und Kerenski sagte öffentlich: Soldat, kämpfe nicht! Im Krieg wirst du nur unnötig verletzt oder gar getötet, dabei brauchst du nur nach Hause zu gehen und das Land der Reichen zu nehmen!

Tadeusz und Tamara besaßen kein Land. Aber sie gehörten zu den Reichen. Im Juli, nachdem die Bolschewiken einen ersten Staatsstreich versucht hatten, wurden die Gespräche der Männer im Salon leiser und verbissener; Tadeusz hingegen machte noch lauter deutlich, wie leidenschaftlich er die Revolution haßte und wie ernsthaft ihm daran gelegen war, die hergelaufenen Emigranten aus dem Land zu vertreiben. Allmählich wurde er in die vertrauten Männergespräche einbezogen, und schließlich luden ihn einige Herren zu anderen Zusammenkünften ein, bei denen man «ungestört» einige Dinge erörtern könnte.

Tamara, einerseits bezaubert davon, daß aus ihrem Spielgefährten ein richtiger Mann zu werden schien, einer, der im dunklen Anzug, Zigarre rauchend, Cognac und Mokka trinkend wichtige Gespräche führte, war andererseits verärgert, daß nun wieder etwas anderes wichtiger war als sie selbst. In der Folge verführte sie ihren Tadeusz mit mehr Phantasie als zuvor. Sie hatte in ihrer jungen Ehe einige Spiele gelernt, mit denen sie Tadeusz von allem anderen weglocken konnte. Wenn er wieder fortgehen wollte, probierte sie aus, mit welchem Trick sie ihn zurückhalten konnte, immer häufiger allerdings schimpfte sie auf die langweilige Politik.

In St. Petersburg wurde es zunehmend unheimlich.

Angeblich hatten Lenin und Trotzki öffentlich angekündigt,

sie würden am 7. November einen Staatsstreich unternehmen. Und dann, am Abend des 7. November, erschien der Bankier plötzlich bei Tamara und Tadeusz, blaß und außer Atem, und sagte: Trotzki hat den Sieg erklärt! und rannte wieder fort.

Alle lebenswichtigen Zentren waren nach und nach in die Hand der Aufständischen gefallen: die Bahnhöfe, die Festung Peter und Paul, die Staatsbank, die Druckereien der bürgerlichen Presse, das Telegraphenamt. Binnen weniger Stunden hatte sich die Stadt in ein Niemandsland verwandelt. Es gab keine Nachrichtenverbindungen mehr, keine Verteidigung, keine Goldreserven. Die Kapitulation war ohne jeden Widerstand erfolgt.

Vom folgenden Tag an bereiteten der Bankier und Tante Stefa ihre Abreise vor.

Tadeusz blieb hartnäckig dabei, die Revolution bekämpfen zu wollen, erstaunlich ernsthaft und beharrlich. Tamara fühlte einen Stachel in der Brust, der sie mehr belästigte, als sie ihm zugestand. Ihr war wohl bewußt, unter welchen Bedingungen Tadeusz ihr Mann geworden war. Sicher, er war so etwas wie das Sinnbild einer gewonnenen Schlacht, sicher, es hatte sie überaus befriedigt, den Mann, den sie wollte, auch geheiratet zu haben, Siegerin unter mindestens hundert schöneren, erfahreneren und raffinierteren Anwärterinnen zu sein. Siegerin? Nun, sie hatte diesen Sieg bisher auf ihre Weise definiert. Es war kein Sieg im Wettbewerb um den romantischsten Liebhaber gewesen. Romantisch wäre gewesen, wenn Tadeusz sich auf dem Maskenball in sie verliebt und heimliche Zusammenkünfte mit ihr arrangiert hätte. Eine Romanze hätte sie mit ihm erlebt, wenn er aus der Begegnung mit ihr erschüttert hervorgegangen wäre, aufgerüttelt in seinem ganzen Wesen; wenn er sich nur aus verzehrender Liebe zu ihr der Gruppe der schwarzgekleideten Männer zugesellt hätte, wenn er ein ernsthafter Mann geworden wäre, nur um ihrem Onkel zu beweisen, daß er ihm getrost seine Nichte zur Frau geben konnte.

Nein, eine Romanze hatte sie mit Tadeusz nicht erlebt. Er hatte, durchaus erfreut über das entwicklungswillige Spätzchen, das ihm zugeflogen war, die Mitgift genommen und sein bisheriges Leben existentiell abgesichert weitergeführt.

Aufgerüttelt worden war er nicht durch irgendwelche Gefühle für Tamara, so gelehrig sie sich in der Liebe auch anstellte, nein, aufgerüttelt worden war er durch Lenin und die roten Garden.

Tamara kam nicht auf die Idee, daß Tadeusz Lempicki vielleicht überhaupt nicht durch die Liebe erschüttert werden konnte. Sie war viel zu unerfahren und zu oberflächlich, um wahrzunehmen, wie wenig Tiefe Tadeusz besaß und wie große Angst er hatte, den Halt zu verlieren, den er an den schönen Dingen des Lebens fand.

Tamara nahm an, daß ihr selbst irgendein Mangel anhaftete. Hätte sie diesen Mangel nicht, hätte Tadeusz sich für sie entflammt, wäre er um ihretwillen ein anderer geworden. Sie beklagte sich, wenn er fortging, und zugleich lebte sie für die Augenblicke, in denen sie zusammen waren.

Die Revolution, der Krieg, die von alldem ausgehende Bedrohung waren für Tamara ein Nebenschauplatz, für sie zählte allein ihre ganz persönliche Schlacht: Sie wollte das Herz ihres Tadeusz erobern.

10

Tamara hatte sich innerhalb eines Ehejahres zu einer aparten Schönheit entwickelt; selbst Tadeusz hatte das bemerkt. Er wußte wenig von Tamara, weniger noch als sie selbst, aber er hatte begriffen, daß er eine «heiße Kartoffel» geheiratet hatte. Und er wußte, daß seine Frau, sobald die Mitgift aufgebraucht war – und bis dahin war es nicht mehr lang –, Ansprüche stellen würde, die er, so war sie es von den Männern ihres Standes gewohnt, zu befriedigen hatte. Er hatte gehofft, seine Eleganz und Weltgewandtheit in einem politischen Amt zu Ansehen und Reichtum machen und damit auch Tamara einen Rahmen bieten zu können, der ihr entsprach. Diese Hoffnung war im Begriff, zerschlagen zu werden, doch Tadeusz wehrte sich mit der ganzen Kraft seines Standesdünkels dagegen, das zu akzeptieren.

Tante Stefa und der Bankier waren bereit gewesen, den Realitäten ins Gesicht zu blicken. Sie waren geflohen. Man hatte es nicht so genannt, aber es gab keinen Zweifel. Tante Stefa hatte ihren Schmuck völlig unprätentiös in Geschirrhandtücher gewickelt und diese in zwei Hutschachteln gesteckt, die sie fest in beiden Händen hielt, als sie ihr Haus verließen. Der Bankier hatte während der vergangenen Monate ohnehin sein gesamtes Vermögen außer Landes geschafft. Sie hatten wenige Koffer gepackt und waren auf eine «kleine Reise» nach Schweden gegangen. Sie hatten für die «kleine Reise» nicht einmal das Personal entlassen, viel zu ängstlich vor einer Denunziation und ohnehin sicher, daß es nicht die geringste Möglichkeit gab, das Haus vor einer Plünderung zu schützen.

Unter Tränen hatte Tante Stefa ihre Nichte und deren Mann beschworen, sie zu begleiten, und als Tadeusz sich erstaunlich mannhaft weigerte, hatte sie sich am Tag der Abreise betont beiläufig von den beiden verabschiedet.

Tadeusz hielt hartnäckig an der Idee fest, Botschafter oder sogar Minister einer Regierung zu werden, die sich nach der Niederschlagung der verhaßten Roten etablieren würde. Ein glanzvoller Posten, so versicherten ihm die Herren, für die er sich und Tamara täglich in Lebensgefahr brachte, sei für ihn reserviert. Allerdings wollte Tadeusz auch nicht wahrhaben, wie gefährlich ihre kleinen Botengänge tatsächlich waren. Der Bankier und Tante Stefa hatten sie beschworen, die Finger davon zu lassen. Sie hatten zur Warnung schreckliche Bilder von Verschleppten und standrechtlich Erschossenen an die Wand gemalt, aber daß irgend jemand es wagen könnte, sie zu töten, wollte weder Tadeusz noch Tamara in den Kopf. Sie waren es gewöhnt, ehrerbietig gegrüßt zu werden. Und sie konnten das augenblickliche Desaster nur als temporären Ausrutscher der Geschichte ansehen. Tamara sah sich schon in prunkvollen Roben auf internationalem Parkett schweben, mit ausländischen Prinzen tanzen, die umschwärmte Gattin eines brillanten Mannes. Da klopfte es gegen Mitternacht hart gegen die Tür ihres Appartements.

Sie waren gerade ins Bett gegangen und wollten sich noch an ein kleines müdes Liebesspiel begeben, einen Schlummertrunk sozusagen. Tamara kicherte, weil sie den Zeitpunkt für einen unangemeldeten Besuch sehr eigenwillig fand; sie warf sich ein

Negligé über, das dem Besucher sofort und eindeutig zeigen würde, in welche Situation er hineingeplatzt war, und öffnete mit einem koketten Lächeln die Tür. Vor ihr standen vier ernst blickende Soldaten. Tamara erschrak nicht. Sie erschrak auch nicht, als die vier etwas verlegen erklärten, sie hätten den Auftrag, Tadeusz Lempicki abzuholen. Gegen ihn bestehe begründeter Verdacht auf konterrevolutionäre Konspiration.

Ja und? fragte Tamara schnippisch. Das ist doch wohl kein Grund, ihn mitzunehmen. Ich brauche ihn gerade.

Die Männer hielten sich mit ihr nicht auf. Sie ließen Lempicki gerade genug Zeit, sich anzuziehen, und führten ihn ab. Das letzte, was Tamara von ihrem Mann sah, war die unwirsche Bewegung, mit der er sich der Hände der Soldaten entledigte. Sie wußte, daß diese Bewegung von den Worten begleitet war: Rühren Sie mich nicht an!

Ihr Herz zog sich zusammen. Für einen kleinen Moment verlor sie das sichere Gefühl, daß seine Freunde stärker waren als diese Leute. Doch schon im nächsten Augenblick glaubte sie wieder an die Kraft von Lempickis Freunden. Sie würden dafür sorgen, daß er in wenigen Tagen wieder in Tamaras Armen läge.

Aber die Freunde verschwanden einer nach dem anderen. Ebenso schwand die Sicherheit, die verhaßte Revolution durch den Geldtransfer ins Ausland lahmlegen zu können.

Tamara suchte in den Tagen nach der Verhaftung all die Freunde auf, die ihr und Tadeusz großartige Versprechungen gemacht hatten. Sie wurde nicht einmal in die Wohnungen gelassen. Nackte Angst schlug ihr entgegen.

Bitte kommen Sie nicht wieder, hieß es knapp, nachdem sie schnell hinter die Eingangstür gezogen und mit der Auskunft abgefertigt worden war, man könne nichts für Tadeusz tun. Diejenigen, die sich überhaupt etwas Zeit für sie nahmen, empfahlen ihr dringlich, sofort zu verschwinden. Ihrer Tante Stefa zu folgen, zu fliehen, solange sie noch Gelegenheit dazu habe.

Tamara wurde wütend. Sie liebte ihren Mann. Sie hatte ihn sich mühsam erkämpft. Und nun sollte sie ihn hier in einem Gefangenenlager verschwinden lassen?

Die Frau eines Rechtsanwalts, die kreidebleich und mit fiebrig glänzenden Augen zwischen ihren gepackten Koffern saß und nur noch auf ihren Mann wartete, der in den nächsten Minuten von einer letzten «Tätigkeit» zurückkehren sollte, sagte: Mädchen, verschwinde! Deinen Kerl siehst du nie wieder. Wen die Tscheka erwischt, der ist weg.

Und wenn deiner jetzt nicht kommt? fragte Tamara.

Die Frau sah auf die Uhr: Noch zehn Minuten, dann fahre ich ohne ihn, so ist es verabredet. Ich nehme dich mit, wenn du willst. Du bist noch so jung.

Tamara schaute sie voller Verachtung an. Das also ist es, was ihr unter Treue und Zusammenhalt verstanden habt, zischte sie. Vielen Dank für die Lektion. Ich bin wirklich noch jung.

Das war ihr letzter Versuch, sich auf diese Weise Hilfe zu holen. Von nun an mußte sie es anders anstellen, sie wußte nur noch nicht, wie.

Einige Tage lang schlenderte sie ziellos durch die Straßen, und es fiel ihr wie Schuppen von den Augen. Jetzt nahm sie wahr, wie die Stadt wirklich aussah. Sie konnte es nicht fassen. Was war geschehen? Sie sah tote Fabriken, die wegen Mangels an Rohstoffen und Kapital die Produktion eingestellt hatten. Sie sah die herumlungernden Arbeiter, die vor die Tür gesetzt worden waren, wütend auf jeden, der nicht hungerte. Sie sah die Kinder auf der Fontanka-Brücke, verfroren, mit hilfloser Miene und nackten Füßen, auf dem Kopf eine abgelegte Soldatenmütze. Und sie sah, wie in den Geschäften der Hausrat aus verlassenen Bürgerwohnungen verkauft wurde. Das Brot wurde knapp, die Hungersnot kroch näher.

Tamara erinnerte sich an ein Märchen, das Josefa ihr einst erzählt hatte. Es handelte von einer Prinzessin, die es immer gut gehabt hatte und dann an einen armen Mann verheiratet worden war. Und erst als sie erkannte, was Armut und schwere Arbeit bedeuteten, erkannte sie auch, wie reich und hochnäsig sie gewesen war. Erst als sie es verloren hatte, erkannte sie, was sie besessen hatte. Tamara lernte nun, was Einsamkeit bedeutete, und sie lernte, was es hieß zu hungern. Zum erstenmal begegnete sie diesen Gefühlen: Hunger tat weh. Einsamkeit tat auch weh.

Sie erwachte morgens früh allein in ihrem Bett, und das einzige, was sie ihrem Hunger und ihrer Hilflosigkeit entgegensetzen konnte, waren Trotz und Wut. Wütend kleidete sie sich an – durch wenige Zusammenstöße während ihrer ersten einsamen Wanderungen durch St. Petersburg so klug geworden, für eine unauffällige und möglichst ärmliche Erscheinung zu sorgen. Sobald sie aus der Wohnung trat, war sie umgeben von Dreck, Gewalt und Armut.

Sie ging zur kleinen Halbinsel in der Newa, zur Peter-und-Paul-Festung, die auch jetzt wieder als Gefängnis diente.

Vor den Steintoren standen zwei Rotarmisten. Tamara näherte sich vorsichtig. Die beiden warfen ihr einen aufmerksamen Blick zu; sie waren sehr jung. Als Tamara stehenblieb, kehrtmachte und langsam wieder davonschritt, geschah nichts. Sie spürte die Blicke der beiden im Rücken, unsicher, was sie tun würde, wenn einer der beiden jetzt «Halt!» riefe. Betont langsam schlenderte sie an der Newa entlang.

Täglich fand sie sich dort wieder ein, studierte, auf welche Weise und von welchen Männern in welchem Wechsel das Gefängnis bewacht wurde. Sie wollte es bei einem versuchen, der nicht ganz so steinern wirkte wie die anderen, nicht ganz so unzugänglich.

Einen gab es, einen sehr jungen mit blauen Augen und einem klaren Gesicht. Sie erkannte schnell, daß er aus besserem Hause kam, und immer, wenn er Wache hatte, lächelte sie ihm zu. Nach einer Woche, sie hoffte, daß die Wachen bereits über sie gesprochen und sie als Verrückte, Hure oder auch beides, auf jeden Fall aber als harmlos und ungefährlich eingeschätzt hatten, näherte sie sich dem Jungen mit den blauen Augen und fragte ihn geradeheraus, ob er ihr einen Gefallen tun könne. Er reagierte höflich. Erleichtert stellte sie fest, daß sie sich nicht getäuscht hatte.

Sein Kumpan knurrte wütend, wieso Towarisch Stanis, so nannte er ihn, mit einem Dämchen verhandle, noch dazu an einem Ort, wo Dämchen nichts zu suchen hätten. Scher dich fort! fuhr er Tamara an, die ängstlich und flehend den Jungen namens Stanis anschaute.

Ich wollte Ihnen keine Schwierigkeiten bereiten, verzeihen Sie bitte! sagte sie, während sie sich ein paar Schritte zurückzog. Verzeihen Sie bitte, ich weiß nicht... fügte sie hinzu und ließ wohlweislich offen, was sie nicht wußte. Es konnte auch heißen: Ich wußte nicht, daß du so ein jämmerlicher Feigling bist, der seine gute Erziehung vergessen hat und vor einem ungewaschenen Proleten kneift, der nicht einmal seine Muttersprache anständig beherrscht.

Und genau so schien der junge Soldat es verstanden zu haben. Er wies seinen Kumpan zurecht, indem er streng von sich gab: Soviel ich weiß, hat Towarisch Lenin nie gesagt, daß die Revolution jungen Damen gegenüber mit ruppigen Umgangsformen verteidigt werden soll. Und als der andere auffahren wollte, fügte er belehrend hinzu: Ganz im Gegenteil sagte Towarisch Lenin aber, daß die Revolution notwendig ist, damit der russische Arbeiter, ebenso wie das ganze russische Volk endlich Besitz ergreifen kann von allem, was ihm zusteht, sich endlich aus dem Dreck erheben und die Kultur aneignen kann, die ihm bisher vorenthalten worden ist. Und zur Kultur gehört auch Höflichkeit, Towarisch.

Da senkte der Dunkelhaarige, unter dessen Fingernägeln Dreck klebte, wie Tamara angewidert bemerkte, den Blick, den er bis eben dreist auf ihre Brüste gerichtet hatte, und murmelte: Zuerst mal will ich, daß die da mir das ganze Fressen wiedergibt, was sie in ihren vornehmen Hals gesteckt hat. Jetzt sah er Tamara herausfordernd in die Augen und fuhr laut und bitter fort: Die haben gefressen und gefressen und haben nichts rausgerückt – und meine Mutter ist verhungert. Weil sie alles meinem kleinen Bruder gegeben hat. Für zwei hat es nicht gereicht. Nun schrie er fast: Na, Dämchen, wo ist deine Mutter? Auch verhungert wie meine, die ich grad gestern beerdigt hab, einfach so, 'n Loch geschaufelt und rein mit ihr, weg ist sie – wo ist deine Mutter?

Tamara näherte sich vorsichtig, als habe sie ein wildes Tier vor sich. Dies war ein Kampf zwischen ihr und dem Dunklen, und dieser Kampf wurde um das Herz des Blonden geführt, um dessen Mitgefühl und Parteilichkeit.

Meine Mutter, sagte sie kühl und schlicht, habe ich schon seit drei Jahren nicht mehr gesehen. So lange ist Warschau nämlich belagert. Wie es ihr geht, weiß ich nicht. Wie es meiner kleinen Schwester geht, weiß ich ebensowenig. Ich weiß nur, daß mein Bruder und mein Vater gegen die Deutschen kämpfen. Das weiß ich!

Daß es nicht ihr richtiger Vater war, ging die beiden nichts an, und auch nicht, daß sie ihn noch nie hatte leiden können. Alles andere war natürlich gelogen. Die Beziehungen des Bankiers hatten völlig ausgereicht, um den Kontakt zur Mutter nach anfänglicher Unsicherheit bei Ausbruch des Krieges bald wieder herzustellen. Sie wußte allerdings nicht, ob es ihrer Mutter, Adrienne und Stanzyk gelungen war, aus Polen zu fliehen, um sich mit Tante Stefa zusammenzutun, die inzwischen in Schweden angekommen sein mußte.

Tamara machte eine kurze Pause und registrierte zufrieden, wie der Dunkle sich unbehaglich durch den dichten Haarschopf strich. Nun schaute sie den Blonden an, als erinnerte sie sich erst jetzt wieder an ihn, und fügte, ohne allerdings die geringste Weinerlichkeit in ihrer Stimme zuzulassen, hinzu: Wie es meiner sechzehnjährigen Schwester geht, weiß ich auch nicht. Ich weiß nicht, wer von meiner Familie noch lebt.

Sind Sie ganz allein in Petrograd, Towarisch Bürgerin? fragte der Blonde teilnahmsvoll.

Ja, erwiderte Tamara schlicht.

Und der Blonde warf dem Dunklen hin: Da siehst du, wie tapfer sie ist, keine Träne, keine Sentimentalitäten, bei so einem schweren Schicksal!

Der Dunkle, dessen Stimme brüchig geworden war, als er über den Tod seiner Mutter geredet hatte, schluckte und schwieg. Nach einer Weile murmelte er: Was macht sie denn hier? Soll doch zu Hause bleiben, statt uns alles wegzufressen.

Nun war Tamaras Augenblick gekommen. Süßlich fragte sie: Sehe ich eigentlich so übermäßig gemästet aus, Towarisch? Eigentlich dachte ich, man sähe mir an, daß ich niemandem etwas weggefressen habe. Sie betonte das Wort *fressen* abfällig, um klarzustellen, wie wenig sie von dieser Art Sprache hielt. Und um auf Ihre Frage zu antworten: Ich habe einen Bürger Petrograds geheiratet, Towarisch. Deshalb bin ich hier.

Nun wandte sie sich wieder an den Blonden und legte alles Gefühl in ihre Stimme; sie verschlang die Hände ineinander und streckte sie ihm flehend entgegen. Mein Mann ist vor einer Woche von der Tscheka abgeholt worden. Ich weiß nicht warum, wir hatten mit Politik nichts zu tun. Gar nichts!

Schlimm genug, fuhr der Dunkle dazwischen.

Ja, sagte Tamara demütig, das sehe ich ein, aber man wird doch nicht ins Gefängnis geworfen, weil man sich von der Politik abstinent gehalten hat? Wenn ja – sie reichte den beiden ihre gekreuzten Hände –, dann könnt ihr mich auch einlochen.

Das vulgäre Wort *einlochen* klang so drollig kindlich aus ihrem Mund, daß der Blonde unwillkürlich lächelte.
Wie heißt dein Mann? fragte er.
Tadeusz Lempicki.
Gut, komm in zwei Tagen um die gleiche Zeit wieder, dann sage ich dir, ob er hier bei uns «eingelocht» ist. Er lächelte sie an. Wenn er hier ist, das verspreche ich dir, dann weißt du es in zwei Tagen.
Tamara lächelte dankbar zurück.
Er salutierte und sagte streng: Bis dann, Towarisch Bürgerin.

Tadeusz war nicht in der Peter-und-Paul-Festung und auch nicht im nächsten Gefängnis, dessen Adresse ihr der wohlerzogene Blonde nebst der Auskunft, ihr Mann sei in den Gefangenenlisten nicht aufgeführt, gegeben hatte. Sie fand überall junge Männer, die es für ihre revolutionäre Pflicht hielten, ihr zu helfen, aber keiner erwischte auch nur einen Zipfel von Tadeusz Lempicki.
Schließlich stieß sie auf einen gutmütigen alten Rotarmisten, der sich ihrer annahm und sagte: Meine Tochter, selbst wenn du ihn irgendwo findest, das nützt dir nichts. Du allein kriegst ihn nicht raus, da kannst du noch so nett mit dem Arsch wackeln. Und wenn du einen der jungen Kerle hier unter den Rock läßt, der holt dir deinen Lempicki oder wie er heißt auch nicht raus.
Und auf Tamaras zaghafte Frage, was sie denn tun solle, sagte er, er erlebe manchmal, wie Gefangene ganz plötzlich und grundlos – denn sie hätten wirklich was auf dem Kerbholz – freigelassen würden. Es müsse irgendwelche Wege geben, wie man so etwas bewerkstelligen könne. An ihrer Stelle würde er in die Botschaft von einem Land gehen, in das sie und ihr Mann dann verschwinden könnten.
Denn, Djevuschka, sagte er mit listigem Lächeln, daß er gar nichts auf dem Kerbholz hat, kannst du einem erzählen, der weniger erlebt hat als ich. Ich weiß, wie viele wir laufenlassen müssen. Wir haben gar nicht genug Leute, um alle einzusperren, die gegen uns konspirieren. Mädelchen, Mädelchen, sagte er und schüttelte sie zum Abschied an den Schultern, hoffentlich lohnt dein Kerl die Mühe.

II

Und so lernte Tamara, in Botschaften fremder Länder als Bittstellerin tätig zu sein. Es war eine schwere Lehre für sie. Ihre Überheblichkeit, ihre unerschütterliche Sicherheit, im Recht zu sein, waren schlechte Wegbereiter. So wurde sie zumeist schon in den Vorzimmern abgewiesen. Wir können auch nichts tun, lautete die stereotype Antwort, wir können nicht einmal unsere eigenen Leute retten, wenn sie erst mal in den Gefängnissen verschwunden sind.
Die französischen Diplomaten hatten alle Hände voll zu tun, die Franzosen zu schützen, die in die Botschaft geflohen waren. In der italienischen Botschaft wurden Koffer gepackt und die Abreise vorbereitet. Überall riet man Tamara, so schnell wie möglich zu verschwinden. Bald wird es zu spät sein, junge Dame, seien Sie vernünftig.
Immer wieder kam Tamara das Märchen von der hoffärtigen Prinzessin in den Sinn, die von ihrem als armer Köhler verkleideten königlichen Gatten als Verkäuferin auf den Markt geschickt wird, damit sie Demut lernt. Sie hatte dieses Märchen gehaßt. Josefa hatte es ihr erzählt, um sie kleinzukriegen, um ein gehorsames Mädchen aus ihr zu machen. Und nun war es, als sollte Josefa nachträglich recht behalten: Tamara wurde kleingemacht, täglich kleiner. Das Leben in Petrograd war wie ein Leben in der Fremde, es kam ihr so vor, als beherrsche sie nicht einmal mehr die Sprache, in der sie sich verständigen müßte, um am Leben zu bleiben.
So kam sie nach drei Wochen Einsamkeit in die schwedische Botschaft. Es war später Vormittag. Sie hatte aus ihren vielen negativen Erfahrungen mit Vorzimmerdamen eine Theorie entwickelt: Man durfte nicht kurz vor dem Essen kommen, dann knurrte den Botschaftsangestellten der Magen, und sie hatten nichts Eiligeres zu tun, als Bittsteller abzuwimmeln. Man durfte aber auch nicht zu kurz nach dem Essen kommen, dann waren sie schläfrig und wollten nicht nachdenken. Ebensowenig durfte man zu spät am Nachmittag kommen, dann dachten sie ans Nachhausegehen,

und zu früh am Morgen waren sie schlecht gelaunt. Am günstigsten, so hatte Tamara herausgefunden, war die Zeit zwischen zehn und elf Uhr. Dann war der Betrieb schon angelaufen, die Angestellten waren wach, aber noch nicht zu hungrig.

Sie öffnete vorsichtig eine Tür mit der Aufschrift «Konsulat von Schweden»; dahinter lag eine weitläufige Wohnung, die mit Stoffen in zarten Farben tapeziert war, hohe, mit Stuck verzierte Decken aufwies und Tamara schmerzlich an die nun der Plünderung preisgegebene Wohnung der Tante Stefa erinnerte. Die Wohnung war leer, unheimlich leer. Genauso unheimlich, stellte sie sich vor, war es jetzt wohl im früheren Domizil der Tante oder in den Häusern ihrer geflohenen Freunde. Sie fürchtete, daß plötzlich eine Horde wildgewordener Plünderer auftauchen würde.

Sie schlich auf Zehenspitzen durch den Flur, öffnete vorsichtig eine Tür nach der anderen und schaute in lauter verlassene Zimmer. Sie zitterte und schalt sich deshalb. Dumme Pute! Was soll dir geschehen? Es half nichts.

Hallo, ist hier jemand? Sie hörte ihre eigene Stimme, wie sie angstvoll durch den hohen, langen Flur hallte.

Keine Antwort. Sie ging auf eine letzte Tür am Ende des Flurs zu. Vorsichtig drückte sie die Klinke hinunter und erschrak fürchterlich. Direkt vor ihr steckte ein lebloser Kopf auf einem Sessel. Sie war sich nun ganz sicher, daß hier ein schreckliches Verbrechen stattgefunden hatte. Todesangst überfiel sie. Sie hatte nicht gewußt, daß man derartige Angst empfinden konnte. Wie angewurzelt blieb sie stehen, unfähig, sich zu bewegen.

Da hörte sie eine unwillige Stimme aus der Tiefe des Sessels brummen: Da ist jemand. Was ist los?

Vielleicht lag es daran, daß Tamara so lange nichts gegessen hatte, vielleicht daran, daß sie so völlig vereinsamt war, vielleicht daran, daß sie nun zum erstenmal das Gefühl hatte, verloren zu haben, vielleicht kam auch alles zusammen – auf jeden Fall wurde sie von Panik überwältigt wie von einer riesigen Flutwelle. Vor ihr spielte sich eine schauerliche Bildfolge ab: Der tote Kopf wurde von zwei breiten Schultern in die Höhe gehoben; der Weg in die Höhe schien Tamara endlos.

Da drehte sich der unheimliche Körper um – und entpuppte sich als lebendiger Mann. Sein Kopf saß anatomisch völlig korrekt auf einem kurzen, kräftigen Hals, der in zwei breite Schultern überging. Tamara starrte immer noch entsetzt auf den Hals, als erwarte sie, dort eine frische rote Naht zu entdecken.

Der Mann machte auf schier endlosen Beinen einige Schritte auf sie zu, faßte sie vorsichtig an der Schulter und sagte freundlich: Ich beiße nicht, kommen Sie herein.

Tamara war außerstande, ein vernünftiges Wort von sich zu geben. Als gehörten ihre Beine und Füße nicht zu ihr, stolperte sie auf den Stuhl zu, den der lange Blonde ihr zurechtrückte. Erst als sie saß, nahm auch er wieder auf seinem Sessel Platz. In dem Augenblick entdeckte Tamara, daß seine beiden obersten Hosenknöpfe offenstanden. Und seltsamerweise gewann sie dank dieser Beobachtung ihre Fassung zurück.

Der Mann, durch ihren Blick aufmerksam geworden, fingerte hastig an den Knöpfen herum, während er sich errötend entschuldigte. Er habe gerade eben gespeist, Frühstück und Mittag zugleich, das sei ungesund, er wisse es, aber er liebe nun einmal diese Art, ausgehungert über etwas herzufallen. Er musterte Tamaras Beine und murmelte: Es gibt auch nach einer Revolution immer noch einiges, über das herzufallen sich lohnt; ich für meinen Teil begnüge mich mit einem zu späten Frühstück, das mich sättigt, bis ich am Abend wieder diesen Hunger verspüre, der mich zum Freßnapf treibt.

Wie eine Katze, bemerkte Tamara lächelnd. Ihr Blick streifte die beiseite geschobene Mahlzeit, blieb aber zum Glück nicht daran hängen, denn sonst wäre sie wahrscheinlich von genau jenem animalischen Hunger überwältigt worden und hätte ihr Ziel aus den Augen verloren. In dem Augenblick, als sie an den Grund ihres Besuches dachte, fragte der Mann sie nach ihrem Anliegen.

Ich suche den schwedischen Konsul, sagte sie.

Er erhob sich, rückte seinen Hosenbund zurecht, griff nach seinem Jackett, das nachlässig über der Armlehne des Sessels lag, fischte einen Schlips aus dem Jackettärmel und brachte sich in Fasson. Aufmerksam verfolgte Tamara die Ankleidezeremonie unter leicht geschlossenen Lidern hervor. Sie hatte den Kopf zur linken Seite geneigt und blickte so zu dem Mann auf, während sie ihn zugleich von oben herab musterte – ein Blick, den sie nicht einstudiert hatte, er war ihr irgendwie zugeflogen. Sie wußte aber bereits, welch herausfordernde Wirkung er auf Männer hatte.

Der Mann hatte dicke Haare, strohig und von einem verblichenen Blond, als sei er gerade wochenlang mit Sonne und Salzwasser in Berührung gewesen. Er hatte die Haare glatt nach hinten gekämmt, nun aber, da er sich ruckartig bewegte, fiel ihm eine dicke Strähne ins Gesicht, die er mit geübten Fingern zurückstrich. Er schloß einen Knopf seiner Jacke, glättete seinen Anzug noch einmal mit wenigen energischen Handbewegungen und verbeugte sich grinsend vor Tamara.

Wenn ich mich bitte vorstellen darf: Konsul von Schweden. Bitte verzeihen Sie, ich habe mich wie ein Flegel benommen. Da brach Tamara in Tränen aus, worüber sie mehr noch erschrak als darüber, daß sie einfach nicht in der Lage war, ihren Blick zu beherrschen, der, wie von einem bösen Geist getrieben, immer wieder zu dem Teewagen huschte, auf dem opulente Essensreste lagen und ihre Sinne mit einem Geruchsgemisch von Braten, Kaviar, Zitrone, Kaffee, Tee, Kohlrabi, Zwiebel, Essig, Öl verwirrten.

Der Konsul zog ein champagnerfarbenes Taschentuch aus der Jackettasche und reichte es Tamara, die trotz aller Verwirrung die auf das Taschentuch gestickten Initialen MB wahrnahm.

Ach, wer wird denn? Na, wo drückt der Schuh? stammelte der Konsul gerührt und hilflos.

Tamara schluckte und rang um Fassung, während sie wie unter Zwang wieder zum Teewagen schielte. Der Konsul folgte ihrem Blick und erhob sich ruckartig, offenbar erleichtert, irgend etwas tun zu können. Er eilte aus dem Zimmer, rief mehrmals einen Namen, kehrte mit einer Teetasse und einem Teller zurück und stellte beides vor Tamara auf den Schreibtisch.

Er zog den Teewagen näher und knurrte mißmutig: Diese Nina, ich werde sie entlassen, sie ist mehr bei ihrer obskuren Oma als hier, na ja, Großmutter, wahrscheinlich hat sie keine Eierstockentzündung, die Großmama, sondern entzündete Eier, weil die gute Nina eben einfach zu häufig nicht arbeitet und zuviel mit dem couple of eggs beschäftigt ist.

Tamara schaute auf seine großen Hände, die flink und geschickt das abgenagte Chaos auf dem Teewagen in ein appetitanregendes Stilleben verwandelten.

Spielen Sie Klavier? fragte sie, während sie die letzten Tränen sorgfältig fortwischte. Wie unvorteilhaft, dachte sie ärgerlich, mit einem von Schminke und Tränen verschmierten Gesicht vor ihm zu sitzen.

Er war wie versunken in seine Aufräumarbeit und das Schimpfen über die abwesende Nina. Statt ihre Frage zu beantworten, fragte er selbst: Tee? Und als sie nickte, ließ er Sud von dunklem Gelbbraun aus einem kleinen goldverzierten Kännchen in die Tassen fließen, fügte heißes Wasser aus dem bereitstehenden Samovar hinzu und schöpfte mit einem verschnörkelten Silberlöffel aus einem schlichten Glasbehälter ohne Aufschrift rote Marmelade. Die rührte er in den Tee und erklärte: Hagebutte, von Ninas verdammter Großmutter, was Besseres gibt es nicht, müssen Sie kosten!

Tamara nippte an dem Tee und spürte die wärmende und belebende Wirkung sofort. Die Hagebuttenmarmelade war in der Tat köstlich, sie verlieh dem Getränk ein leicht säuerliches und zugleich unaufdringlich süßes Aroma. Als der Konsul sie jedoch aufforderte, sich an den Speisen gütlich zu tun, lehnte sie ab.

Ach, bitte, insistierte er, das ist eigentlich für Nina, meine Angestellte, aber Nina ... er verzog sein Gesicht wieder zu diesem jungenhaften Grinsen ... nun, sie hat eine kranke Großmutter zu versorgen – und da diese mich mit einmaligen Konfitüren besticht, drücke ich täglich um die Mittagszeit beide Augen zu. Allerdings gibt es Tage, wie heute, da beginnt die verlängerte Mittagspause am Vormittag und endet offenbar nie. Ich habe Ahnungen ... Ahnungen ... tja, sie weisen in eine andere Richtung als zu der Konfitürenkünstlerin. Bitte tun Sie mir den Gefallen und helfen Sie mir, Nina zu bestrafen, indem Sie ihre Portion verputzen.

Tamara bedankte sich höflich, lächelte und sagte, er würde ihr genügend Freundlichkeit erweisen, wenn er ihr die Zeit schenke, ihrer Geschichte zu lauschen und sich ihrer zu erbarmen.

Gut, ich höre, sagte der blonde Konsul feierlich, bot Tamara eine Zigarette an, die sie verschämt ablehnte, entzündete die seine, lehnte sich in seinem Sessel zurück und blickte Tamara unablässig an, während sie ihm die Geschichte ihrer Odyssee erzählte, von der Nacht der Verhaftung bis zu dem Augenblick, da sie die Tür zu seinem Zimmer geöffnet hatte.

Es tat gut zu sprechen. Und es tat besonders gut zu spüren – und auch zu sehen –, daß da einer war, der wirklich zuhörte.

Nun wollen Sie, daß ich Ihnen helfe, Ihren Mann aus dem Gefängnis zu holen, sagte er, als sie geendet hatte, und sein Lächeln sah aus, als ob er zugleich auftaue und vereise.

Tamara, die, während sie erzählt hatte, irgendwie gewachsen war, spürte, wie sie zu einem Nichts schrumpfte, für das es keine Zukunft gab.

In diesem Augenblick vernahm sie, wie die Eingangstür knallte, als werde sie von einem kräftigen, ungebärdigen Menschen zugeworfen. Gleich darauf rief eine fröhliche junge Frauenstimme in russischer Sprache durch den Flur: Towarisch Konsul, ich bin zurück. Wenn Sie etwas brauchen, rufen Sie mich! Dann klackte eine zweite Tür, und es war wieder still.

Towarisch Konsul, da hören Sie es, sagte der Mann mit seinem Lausbubengrinsen. Ich habe meine Landsmänninnen entlassen, sobald ich merkte, daß das hier gefährlich wird, klärte er Tamara auf. Und dann habe ich mir Ninotschka geholt, eine begeisterte Bolschewikin mit einer Oma, deren Eier entzündet sind. Er zwinkerte Tamara zu: Vielleicht ist das unsere Rettung. Wollen sehen. Kommen Sie bitte morgen um die gleiche Zeit wieder, sagte er und erhob sich.

Zum Abschied küßte er Tamara die Hand.

12

Der Tisch war in die Mitte des Raumes geschoben. Tamara gestattete sich keinen Blick. Allein der Duft der Speisen reizte ihren Magen so stark, daß er sich in ein reißendes Raubtier verwandelte. Ihre Gedärme gerieten in eine ringende und schlingende Bewegung, gleich würde ihr Bauch sie durch ein unbeherrschbar gieriges Knurren verraten. Tamara sprach im strengen Ton ihrer sanften Mutter zu sich selbst: Du benimmst dich anständig! Wenn du dich nicht benimmst, fliegst du raus!

Sie trug ein taubenblaues Seidenkostüm, in dessen tiefem Ausschnitt die Spitzenkante eines champagnerfarbenen seidenen Unterhemdes zum Schein die Brust verbarg, tatsächlich aber den Blick auf die Wölbung des Brustansatzes lenkte. Zum erstenmal seit Tadeusz' Verhaftung hatte sie sich wieder elegant gekleidet.

Auch der Konsul wirkte weniger verknittert als bei ihrer letzten Begegnung. Sein Schlips lag sauber geknotet auf der hellblauen Hemdbrust, der azurblaue Anzug glänzte seidig. Wie nach einer Modezeitschrift passend gekleidet, dachte Tamara spöttisch, aber zufrieden.

Der Konsul forderte sie mit einer ausladenden Handbewegung auf, Platz zu nehmen. Sie wehrte bescheiden ab. Natürlich wußte sie, daß er das Ganze für sie arrangiert hatte, und sie war auch bereit, sich darauf einzulassen, auf das Essen wie auf den Preis. Das Geplänkel aber, das Zaudern und Abwehren, war Teil des Spiels.

Sie erwarten Besuch, sagte sie. Ich will Sie nicht aufhalten.

Ja, ich erwarte Besuch, erwiderte der Konsul und rückte seinen Sessel für sie an einen kleinen Tisch. Eine tapfere junge Frau, die es gewagt hat, ganz allein im sterbenden Petersburg auszuharren, nur weil sie ihrem eingesperrten Mann treu ist. Dieses Essen möchte ich meinem heroischen und noch dazu sehr schönen Besuch widmen, und ich möchte beginnen mit einem Toast auf die Liebe, denn es ist die Liebe, die uns zusammengeführt hat.

Er reichte Tamara ein geschmackloses billiges Champagnerglas, bemerkte beiläufig, das Kristall sei bereits nach Schweden gebracht worden, öffnete das Fenster und nahm aus einem Holzkasten, der mit festem Tau draußen ans Fensterbrett gezurrt war, eine Flasche Champagner. Er ließ den Korken von der Flasche knallen und füllte die Gläser mit der perlenden Flüssigkeit. Schon die Farbe des Getränks verriet, wie edel es war.

Auf die Liebe, sagte er, und Tamara antwortete leise: Auf die Liebe. Während sie tranken, senkte Tamara die Lider, hielt aber seinem Blick stand.

Seit Wochen hatte sie kaum etwas gegessen. Brot war rationiert, Fleisch gab es schon lange nicht mehr. Sie hatte öffentliche Kantinen aufgesucht, wenn der Hunger sie allzusehr gequält hatte, und ansonsten hatte sie sich von Tee und Biskuits ernährt, von denen sie Unmengen vorrätig hatte. Infolge ihrer Naschsucht hatte sie während der vergangenen Jahre Leckereien zuhauf geschenkt bekommen und die Sorten, die sie weniger verführerisch fand, achtlos beiseite gelegt.

Es war, als flösse der Champagner geradewegs in ihr Blut. Er prickelte durch ihren Hals, durch die Brust, wärmte ihren Bauch und bewirkte, daß sie ihre Beine spürte. Sie trank das Glas leer und berauschte sich an dem Gefühl, wie der Champagner ihre Kehle hinunterperlte, es war ein leichtes Kitzeln, das sich über die Brust bis in den Bauch fortsetzte. Sie wischte die Etikette mit einem kindlich übermütigen Lachen beiseite und streckte dem Konsul fordernd ihr Glas hin: Mehr!

Jetzt wird erst ein wenig gegessen, erwiderte er in väterlichem Ton.

Tamara maulte ein wenig. Sie wußte, wie bezaubernd ihr Gesicht wirkte, wenn sie ihre vollen Lippen zu einem Schmollen verzog. Unwiderstehlich! hatte Tadeusz zu diesen geschürzten Lippen gesagt.

Aber der Konsul blieb hart. Wir essen und trinken jetzt, Madame, sagte er, bis Sie mir Ihre ganze Geschichte erzählt haben. Ich möchte alles über Sie und Ihren Gatten wissen, das wird mir helfen, Ihren Mann ausfindig zu machen.

Tamara trank das zweite Glas Champagner in winzigen Schlucken, während er kleine runde Scheiben Knäckebrot mit Kaviar bedeckte, Zitrone darüberträufelte und in ihre Hand legte. Er entschuldigte sich, weil er ihr kein frisches Brot anbieten konnte. Es sei in ganz Petersburg keins aufzutreiben gewesen. Tamara verkniff sich die Frage, wie er all die anderen Leckereien ergaunert habe, da sagte er schon: Meine Frau hat seit Jahren eine Speisekammer, so voll, als wolle sie die Arche Noah ausrüsten. Ich habe sie immer ausgelacht, nun aber profitiere ich von ihrer Sucht, alles im Übermaß zu horten.

Den Kaviar haben Sie gehortet? fragte Tamara schmunzelnd.

Er bedeckte sein Gesicht mit diesen großen Händen, die sofort wieder ihre Aufmerksamkeit auf sich zogen. Ertappt, sagte er, hob die Hände wie zu einem Schuldbekenntnis und zeigte ihr sein jungenhaftes Grinsen. Nein, den Kaviar beziehe ich aus geheimen Quellen, täglich frisch. Madame, ich habe schon anderen geholfen. Er griff nach ihrer Hand und hauchte einen Kuß darüber, hob den Kopf und schaute sie von unten herauf an. Und,

Madame, alle bieten mir für meine Auslagen, und natürlich aus Dankbarkeit, irgendeine Récompense.

Tamara hob ihr Glas, blickte sinnierend hinein und richtete ihre Worte mehr an den Champagner als an den Konsul: Wer täte das nicht, Monsieur...

Er löste sich aus seiner unterwürfigen Haltung und begann allerlei kleine Köstlichkeiten auf ihren Teller zu häufen. Nun ja, sagte er, nicht daß Sie denken, ich forderte jemals etwas. Fast alles, was wir hier speisen, ist mir von irgendwem geschenkt worden. Manchen überlasse ich ein paar Zutaten aus der Speisekammer meiner Frau, und sie bereiten daraus die unglaublichsten Dinge zu, manche plündern aber auch ihre eigene Speisekammer. Ich habe den Eindruck, nicht nur meine Frau stand unter so einem Zwang. Alle schenken mir etwas für meine Dienste. Ich habe nie um etwas gebeten.

Tamara hatte begriffen. Sie pickte ihre Gabel in eine sauer eingelegte Gurke, die von Dill bedeckt war, und ließ ihre Zunge um das Ende kreisen, leicht und wie unbeabsichtigt.

Wie köstlich Gurken schmecken können..., sagte sie schwärmerisch, und er erwiderte: Sie sind nach einem ganz besonderen Rezept zubereitet...

Dann erzählte sie ihm von all den Keksen und Bonbons und kleinen Kuchen, die sie gehortet und von denen sie sich während der letzten Wochen ernährt hatte. Er schlug ihr einen Tauschhandel vor. Bonbons gegen Gurken, und Tamara stimmte ernsthaft zu. Ihr wurde immer leichter. Das düstere Petersburg mit den verdreckten, plumpen Menschen, dem Schlamm und dem Elend lag weit fort. Ebenso Tadeusz.

Und mit Ihrer Frau essen Sie abends noch einmal so köstlich? erkundigte sie sich schläfrig.

Meine Frau ist in Schweden, erwiderte er trocken. Mit den anderen Botschaftsangehörigen heimgereist, als man noch einigermaßen wegkam. Und Sie, meine Liebe, sollten auch fahren, solange es noch irgend möglich ist. Ich versichere Ihnen, das wird nicht mehr lange der Fall sein.

Tamara warf ihm einen kurzen Blick zu und erwiderte bissig: Wir hätten nicht nur auf die Liebe, sondern auch auf den Mut trinken sollen. Daß ich verschwinden soll, abhauen, das haben mir vor Ihnen Hunderte gesagt, allen voran meine Tante Stefa.

Bisher ist nichts geschehen, das mich dazu bewegen könnte, Ihnen mehr Gehör zu schenken als all den anderen, die mir diesen Vorschlag gemacht haben. Damit fangen Sie jetzt an, nachdem Sie mich so wunderbar betrunken gemacht haben.

Tante Stefa? hakte der Konsul nach. Von der habe ich noch gar nichts gehört.

Tamara griff den Faden, den er ihr zuwarf, behende auf und schilderte ihre Tante in leuchtenden Farben. Während sie ihm vom Leben, von der Schönheit und Gewandtheit Stefas erzählte, musterte sie den Mann, der ihr gegenübersaß und dessen Blick zärtlich auf ihr ruhte. Wie alt mochte er sein? Er gefiel ihr. Ein markantes Gesicht mit klaren Konturen. Eine schmale Oberlippe, der sich die Spitze seiner Hakennase entgegenneigte. Gerade buschige Augenbrauen über tiefliegenden grauen Augen. Volle, nach hinten gekämmte Haare von diesem seltsamen Blond, das wirkte, als sei es von der Sonne gebleicht. Der ganze Mann blond, selbst die Haare auf seinen kräftigen und zugleich sehr feinen Händen. Ein Wikinger.

Segeln Sie? unterbrach sie unvermittelt den Bericht über ihre Familie. Der Konsul reagierte geradezu beglückt. Daß sie ihn das frage, zeige, wie sensibel sie ihn wahrnehme. Ja, er stamme aus einer alten Reederfamilie und habe früh schon von seinem Vater das Segeln gelernt. Nun war es an ihm zu erzählen. Und an Tamara, zu reagieren, nachzufragen oder ihm allein durch ihre Körperhaltung und die Wärme der Augen zu zeigen, wie sehr sie sich für das interessierte, was er zu erzählen hatte.

So verstrichen einige Stunden.

Schließlich bat der Konsul Tamara, ihn in die Konsulatsküche zu begleiten, wo er eigenhändig und fachmännisch einen betörend exotisch duftenden Mokka zubereitete. Das schwarze heiße Gebräu ließ Tamara allmählich aus ihrer Berauschtheit auftauchen. Als er sie nun nach Polen ausfragen wollte, erhob sie sich und beendete den Besuch. Er gab sich viel Mühe, sie zurückzuhalten, aber sie blieb fest.

Ich habe Ihnen Stunden Ihrer wertvollen Zeit gestohlen, sagte sie und legte Dankbarkeit in ihren Blick. Nun habe ich nur noch eine Frage: Soll ich ab morgen meinen Gang durch die Konsulate fortsetzen, oder soll ich meine Angelegenheit allein in Ihre Hände legen?

Er griff nach ihren Händen, hielt sie zwischen den seinen und schaute sie an, schweigend, als habe er die Frage vergessen. Dann wiegte er bedenklich den Kopf.
Schauen Sie übermorgen wieder herein, dann weiß ich vielleicht mehr.
Wann?
Später als heute. Am Abend. So habe ich zwei Tage Zeit, mich darum zu kümmern.

13

Am folgenden Tag wurde sie von quälendem Hunger geweckt. Zuerst erschrak sie und dachte, sie sei vielleicht krank, dann wurde sie wütend auf ihren aufsässigen Körper. Wieso hatte er sich während der vergangenen Wochen lammfromm ans Hungern gewöhnt und rebellierte nun, da er einmal anständig gefüttert worden war?

Tamara erinnerte sich an die erste Zeit nach Tadeusz' Verhaftung. Ihr Körper hatte geschmerzt vor Sehnsucht nach seiner Nähe, seinen Händen, seiner Haut. Ihr Geschlecht hatte gebrannt vor ohnmächtigem Verlangen. So war es in den ersten Tagen gewesen. Während der Nächte hätte sie wie eine läufige Hündin auf die Straße hinauslaufen mögen, schreien: Wer will mich, wer nimmt mich? Sich dem Erstbesten in die Arme werfen, Hauptsache Mann. Sie hatte versucht, sich selbst die Befriedigung, den Frieden zu geben, den sie seit ihrer Hochzeit täglich durch Tadeusz empfangen hatte, aber die Selbstbefriedigung hatte sie traurig gemacht. Allmählich war ihre Lust versiegt. Wie ein Brunnen, aus dem nicht mehr geschöpft wird. Genauso war es mit dem Hunger gewesen. Manchmal hatte er sich noch als dumpfer Druck bemerkbar gemacht, der aus einer Taubheit aufstieg, aber die Taubheit überwog.

Nun überfiel der Hunger sie wieder. Und seltsamerweise war

er gepaart mit sexueller Begierde. Tamara schminkte ihre Lippen granatrot, zog ein Kleid über, das ebenso aufreizend wie schlicht war, und tigerte ziellos durch die Straßen Petrograds. Sie beantwortete die Blicke der Männer mit dem ihren, der leicht verhangen und dadurch um so vielversprechender war. Trotzdem wagte keiner, sich ihr zu nähern.

Irgendwann stand sie vor dem schwedischen Konsulat. Ihr ganzer Körper kribbelte, und ihr Magen schrie danach, gefüllt zu werden. Sie verlor das Zeitgefühl, während sie dort auf und ab wanderte, es erschien ihr wie ein endloser Kampf.

Als ihre Füße schmerzten und der Hunger sich in einen schweren Kloß verwandelt hatte, der ihr die Tränen in die Augen trieb, gab sie sich einen Ruck und eilte zurück zu ihrer Wohnung. Während sie die Tür aufschloß, dachte sie bitter: Ich habe ihn mir kaufen lassen, und ich lasse ihn mir nicht einfach wieder wegnehmen. Da, ungerufen und unerwartet, erschien der siamesische Prinz vor ihrem inneren Auge. Sie erschrak ein wenig, daß sie sich ausgerechnet jetzt an die Stunden mit dem Mann erinnerte, der wie eine Dreingabe zur Hochzeit gewesen war, ein Geschenk. Damals hatte sie sich kein bißchen gegen ihren Wunsch gewehrt, den Prinzen als Liebhaber kennenzulernen. Es war fast so gewesen, als hätte sie es auch im Interesse von Tadeusz getan, gewissermaßen als Teil ihrer Ausbildung zur befriedigenden Liebhaberin. Nun aber, da sie ihre Gier nach dem Schweden spürte, empfand sie sich als Verräterin.

Sie wanderte mit langen Schritten in der Wohnung umher, argumentierte gegen sich selbst, hin- und hergerissen zwischen dem einen Extrem und dem anderen. Mal schalt sie sich, weil sie ihren eingesperrten Mann mit ihrem Hunger auf Essen und Zärtlichkeit und Leidenschaft und ein warmes Zimmer verriet, dann wieder schalt sie sich wegen ihrer Zimperlichkeit. Sie hatte beschlossen, sich ihren Mann nicht einfach wegnehmen zu lassen von irgendwelchen hergelaufenen Proleten, die meinten, sie würden glücklicher, wenn sie nicht mehr allein arm und häßlich und dumm wären; die verlangten, daß das ganze Land ihr Schicksal teilte. Aber dieser Entschluß bedeutete doch nicht, daß sie sich selbst die häßliche Fratze der Armut aufsetzte! Warum sollte sie sich nicht in das warme Bett des Schweden legen, nachdem sie an seinem Tisch ihren Bauch gefüllt hatte?

Und im übrigen, sagte sie laut und spürte dabei, wie ausgesetzt und verloren sie in dieser Wohnung war – keiner würde sie schützen, wenn rote Horden bei ihr einbrächen und über sie herfielen –, und im übrigen nütze ich damit nur Tadeusz. Eine kleine Récompense...

Sie kämpfte darum, ihren klaren Verstand wiederzugewinnen, beteuerte sich, es seien der Hunger, die Einsamkeit, die Verzweiflung, die sie dorthin trieben, wo sie sich geborgen fühlen könnte, zu Champagner und Kaviar, zu Kerzen – und zu warmer Haut und zärtlichen Augen.

Sie wollte sich auf keinen Fall eingestehen, daß es der Mann war, zu dem sie sich hingezogen fühlte, der große Segler mit der Hakennase. So kämpfte sie bis in den Abend hinein gegen sich selbst, bis sie schließlich erschöpft aufs Bett fiel. In der Nacht schrak sie hoch, ihr Herz raste, und sie fühlte sich bedroht, als stünden die roten Horden schon in der Wohnung. Sie tappte in den Flur, vergewisserte sich, daß der Balken, mit dem sie die Wohnungstür gesichert hatte, unberührt war, und hüpfte auf eiskalten Füßen zurück in ihr Bett. Die Lampe anzuzünden, wagte sie nicht. Man hätte das Licht von der Straße aus sehen können, und außerdem hatte sie während der letzten Wochen gelernt zu sparen.

Sie lag lange wach, wälzte sich von einer Seite auf die andere, versuchte die Gedanken fortzuscheuchen, legte die Hände auf ihren – vor Hunger, wie sie sich beteuerte – schmerzenden Bauch, aber es half alles nichts. Schließlich stoppte sie das Gedankenkarussell mit einem Entschluß. In der Minute darauf war sie eingeschlafen.

Am nächsten Morgen blieb sie nach dem Aufwachen lange in ihrem warmen Bett liegen. Sie wußte, sie hatte viel Zeit, ihren Entschluß in die Tat umzusetzen. Auf dieses Ziel richtete sie von nun an all ihre Gedanken.

Gegen Mittag stand sie auf und veranstaltete in ihrer kalten Wohnung eine Waschzeremonie, wie sie es seit Tadeusz' Verhaftung nicht mehr getan hatte. Zwei Stunden lang war sie mit dem Vorbereiten des Wassers, dem Füllen der großen Zinkschüssel, dem Baden und Reinigen ihres Körpers und ihrer Haare, dem Ölen und Pudern ihrer Haut und dem anschließenden Säubern des Zimmers beschäftigt. Schließlich räumte sie ihre Wohnung auf, als erwarte sie hohen Besuch.

Sie schminkte und frisierte sich sorgsam und raffiniert, dann packte sie eine kleine Tasche und zog das blaue Kostüm an, das sie auch bei ihrem letzten Besuch im Konsulat getragen hatte. Diesmal ließ sie das Spitzenhemd weg.

Als sie die Tür hinter sich schloß, machte sie sich keine Gedanken darüber, ob es für immer war oder ob sie noch einmal zurückkehren würde: Es ist, wie es ist, sagte sie vor sich hin, ich habe keine Wahl.

Sie traf genau zur verabredeten Zeit im Konsulat ein; sich zu verspäten wäre ihr nicht in den Sinn gekommen, früher zu erscheinen verbot ihr der Stolz. Das Konsulat war wie immer geöffnet und verwaist. Ohne zu zögern, betrat sie den Flur, durchmaß ihn mit wenigen langen Schritten und öffnete die Tür zum Konsulatszimmer. Wie beim ersten Mal sah es aus, als schwebe der Kopf über dem Sessel. Wie beim ersten Mal hämmerte ihr Herz.

Da bin ich, sagte sie.

14

Während der ersten Nacht, die sie mit dem Konsul verbrachte, begriff Tamara, wie naiv sie immer noch war. Daran hatte offenbar auch die kurze Begegnung mit dem siamesischen Prinzen nichts ändern können.

Bisher hatte sie den reichen Erfahrungsschatz ihres Gatten als sichere Voraussetzung für eine gute Liebesschule angesehen. Schließlich hatte Tadeusz Lempicki sie zu seiner Frau gemacht, und schließlich hatten Tadeusz und sie ihre Zeit mit wenig anderem zugebracht als damit, Feste zu feiern und sich im Bett zu vergnügen. Jetzt schwand ihre Achtung vor dem Liebhaber Tadeusz dahin. Sie begriff: Er hatte sie abgerichtet, das passende Tierchen für seinen Schoß aus ihr gemacht.

Nun begegnete sie einem Mann, der ihre Hände festhielt, als

sie die Kleider abwerfen und ihm ihren nackten Körper offen darbieten wollte.

Nicht so schnell, murmelte er mit einem Blick, der sie aufzufressen schien und ihr angst machte. So hatte Tadeusz sie nie angeschaut.

Der Konsul entkleidete Tamara, als sei sie eine seltene Kostbarkeit, die er bis ins kleinste Detail genießen wollte. Tamara wurde heiß vor Scham, noch nie hatte sie sich so preisgegeben gefühlt wie jetzt, da er ihre Kostümjacke Knopf für Knopf öffnete, so langsam, daß sie meinte, es vergingen Stunden zwischen einem Knopf und dem nächsten. Zentimeter für Zentimeter ertastete er ihre Haut, schaute sie an, beschnüffelte sie. Als er schließlich zu ihren Mamillen vorgedrungen war, ihre Brüste berührte, die seit der Hochzeit ebenso wie ihr ganzer Körper zart und mädchenhaft geworden waren, begann Tamara von Kopf bis Fuß zu vibrieren. Sie versuchte, das Zittern zu unterdrücken, aber es war, als habe sie jede Kontrolle über ihren Körper verloren. Es war entsetzlich unheimlich.

Das unheimlichste an dieser Begegnung war jedoch, daß der Mann ihren Körper zwar mit Augen, Händen, Lippen und Worten liebkoste, ja, anbetete, als wäre sie eine Göttin, daß er aber verhinderte, daß sie sich an ihm zu schaffen machte.

Er war vollkommen anders als Tadeusz. Tamara fühlte sich wie ein kleines Mädchen, hilflos und überwältigt von einer männlichen Lust, die sich nur an ihr entfachte, an ihrem Geruch, ihrer Haut, ihrem Zittern – das ihm unglaubliche Genugtuung zu verschaffen schien –, am Wachsen ihrer Mamillen unter seinen Berührungen, am Anschwellen ihrer Vulva unter seinem Mund. Der Mann war wenig interessiert an jenen Fingerfertigkeiten, in denen sie von Tadeusz so umfassend ausgebildet worden war. Der blonde Segler benötigte keine zusätzliche Stimulation, er ergötzte sich an Tamara, die zum erstenmal in ihrem Leben mit einem Menschen zu tun hatte, der sie durch sein Entzücken und sein Begehren überwältigte.

Seine Macht über sie blieb nicht auf die Nacht beschränkt. Es konnte geschehen, daß Tamaras Körper von dem eigentümlichen Vibrieren befallen wurde, wenn der Konsul irgendwann am Tag hinter sie trat und seine Hände auf ihren Bauch oder ihre Brüste legte. So von Brust und Bauch des großen Mannes gewärmt, spürte Tamara eine schreckliche Wehrlosigkeit in sich aufsteigen. Sie mußte die Augen schließen, ihre Gedanken überschlugen sich, und von den Beinen her kommend ergriff das Zittern von ihr Besitz. Sie sprachen nicht darüber, aber Tamara machte das angst. Sie fürchtete die Macht, die dieser Mann über sie hatte.

Unheimlich war ihr auch, daß sie sich nach seinen Augen, seinen Händen, seinem Mund sehnte, sobald er aus ihrer Nähe verschwand. Sie beteuerte sich hundertmal am Tag, daß sie nur zur Récompense mit ihm ins Bett ging. Er leistete ihr den Dienst, Tadeusz zu befreien, sie leistete ihm den Dienst, ihn sexuell zu befriedigen.

Die Wonne allerdings, die es ihr bereitete, mit ihrer Nase in seine Achselhöhle zu kriechen, wo weiche blonde Locken wucherten, oder die Lust, die sie empfand, wenn sie ihr Geschlecht – das sich dabei wie von allein öffnete – an seinem rieb, das alles versuchte sie vor sich selbst lächerlich zu machen, indem sie sich einredete, sie habe nun einmal Hunger gelitten und der Konsul gebe ihr anständig zu essen. Wahrscheinlich mische er irgend etwas ins Essen.

Die beiden waren fast ununterbrochen zusammen. Der Konsul stellte sie als seine Sekretärin vor, wenn er mit irgendwelchen Leuten verhandelte, die über Einfluß und Macht verfügten. So viel Macht, daß es ihnen vielleicht sogar möglich war, Tadeusz' Freilassung zu bewirken. Es tat Tamara gut, von ihm ins Vertrauen gezogen zu werden. Sie durfte während der Unterredungen nur Französisch sprechen; er stellte sie augenzwinkernd als seine Sekretärin vor, und die Bolschewiki mit dem soldatischen Gehabe schienen allesamt Verständnis für den von seiner Frau getrennten Konsul zu haben, der sich in den Wirren der Revolution von einer französischen Geliebten die Protokolle tippen und alle sonstigen Sekretariatsarbeiten verrichten ließ.

Nina, die dralle Kommunistin, die, wenn sie von ihrer kranken Großmutter kam, nach Sperma roch, hatte nichts gegen eine «Kollegin» einzuwenden; sie weilte nur noch wenige Stunden täglich im Konsulat: um zu essen und um den Konsul mit Marmelade und Gurken aus der Speisekammer der Großmutter zu versorgen.

Während der Verhandlungen mit den Bolschewiki erfuhr

Tamara, daß Tadeusz wegen des Verdachts auf Kontakt mit der zaristischen Geheimpolizei verhaftet worden war. Und sie erfuhr, daß man sich über ihre «konterrevolutionäre» Rolle ebenfalls Gedanken gemacht hatte, aber davon ausging, daß sie geflohen sei.

An den Hausmauern jener Viertel, in denen die Großbürger zu Hause gewesen waren, stand schon seit langem «Fuyez!» zu lesen und «Laßt alles stehen und liegen! Rennt um euer Leben!» Der Konsul beschwor Tamara, ihre Mutprobe nicht länger auszudehnen. Inzwischen hatte er in Erfahrung gebracht, daß Tante Stefa und der Bankier sich, ebenso wie viele Bekannte Tamaras, in Kopenhagen niedergelassen hatten.

Du mußt fliehen! flehte er sie an. Es ist zu gefährlich für dich. Wenn sie entdecken, wer du bist, wirst du verhaftet. Sobald dein Tadeusz auch nur andeutet, daß du beteiligt warst, stehst du auf ihren Listen. Und du kannst sicher sein, daß schon Stärkere als er gesungen haben.

Tamara erwiderte von oben herab, er könne gar nicht wissen, wie stark Tadeusz sei, und einen Augenblick lang schien es so, als wollte der Konsul ihr eine Ohrfeige geben. Aber im Nu weiteten sich seine vor Wut verengten Augen wieder, und er sah sie fasziniert an.

Tamara, ich bin neidisch auf ihn, du stehst ihm verdammt mutig zur Seite. Aber, Liebes, die Bolschewiki können sich keinen Sinn für romantische Frauen leisten.

Er schlug ihr vor, die Angelegenheit allein in seine Hände zu legen.

Bitte vertrau mir, sagte er, ich werde weiter verhandeln, um diesen Lempicki rauszuholen, auch wenn mir nichts lieber wäre, als wenn er im Gefängnis verfaulte und verschimmelte, seine Eier zuerst.

Tamara wußte, daß sie ihm vertrauen konnte. Sie hatte miterlebt, wie zäh er verhandelte, um Tadeusz zu befreien. Dennoch ließ sie sich auf seine Vorschläge nicht ein. Insgeheim allerdings wurde sie von der Ahnung bedrängt, daß es ihr vielleicht gar nicht um Tadeusz ging. Daß sie nach dem blonden Segler süchtig geworden war.

Schließlich befahl er ihr, ihn am nächsten Tag nach Finnland zu begleiten. Es sei zu gefährlich für sie, allein in Petrograd zu bleiben, und er müsse für ein paar Tage nach Helsinki. Sie vermieden beide das Wort Flucht.

Tamara nahm nur ihre Handtasche mit. Sie zog das Kostüm an, das sie während der letzten Wochen ständig getragen hatte – wenn sie nicht in einem Hemd des Konsuls herumgelaufen war. Es war einfach zu gefährlich gewesen, noch einmal in ihre Wohnung zurückzukehren.

So stiegen sie in den Zug, der zur finnischen Grenze fuhr, der schwedische Konsul und seine französische Sekretärin. Sie sprach perfekt Französisch, darauf konnte sie sich verlassen, und die Soldaten, die ihren gefälschten Paß prüfen würden, verfügten sicherlich nicht über eine so feine Kenntnis der französischen Sprache, daß sie Tamaras polnischen Akzent heraushören konnten.

Davor, daß ihr aus Versehen ein russisches oder gar polnisches Wort über die Lippen kommen könnte, fürchtete Tamara sich nicht. Der Konsul und sie hatten genügend Übung darin, als schwedisch-französische Allianz aufzutreten. Ihr graute davor, irgendwie erkannt zu werden. Sie hatte auf so vielen Festen mit so vielen Männern gelacht, getanzt, geflirtet, daß sie nicht mehr wußte, wie viele es waren. Und sie hatte während ihrer Bittgänge zu den Gefängnissen und Gefangenenlagern die Erfahrung gemacht, daß es auch manche Söhne aus besserem Hause gab, die bei den Bolschewiki ihre höhere Bestimmung gefunden hatten. Wenn so einer sie nun mit dem französischen Paß entdeckte, war sie entlarvt.

Sie wahrte ihr glattes, geheimnisvolles Gesicht, gab sich keine Mühe, dem Rat des Konsuls entsprechend französisch fröhlich und charmant zu wirken und etwaige Rotarmisten zu betören. Sie wußte genau: Sobald sie ein Lächeln versuchte, würde jeder sehen, wie elend ihr zumute war. Lieber verbarg sie ihre Gefühle hinter einer Maske von Kühle und Arroganz.

Der Zug holperte aus dem Bahnhof. Petrograd verabschiedete sich als matschige dunkelgraue Masse von ihr. Sie fuhren durch endlose Wälder. Der Schnee auf kahlen Flächen und Baumkronen hüllte die Landschaft in ein unwirkliches Licht.

Tamara und der Konsul schwiegen. Bei ihnen im Abteil saßen zwei alte Männer, die Tamara unaufhörlich anstarrten; wie Wiederkäuer bewegten sie ihren Kiefer, ohne sich zuvor etwas Eßbares in den Mund geschoben zu haben. Der Konsul versuchte, Tamaras Blick einzufangen. Er lächelte ihr aufmunternd zu, aber sie ließ das Lächeln unbewegten Gesichts an sich abgleiten, als wäre er ihr unbekannt.

Sie mußte entsetzlich aufpassen, daß die Angst sie nicht überwältigte. Im Pensionat hatte sie einmal erlebt, wie ein Mädchen von Panik angefallen worden war. Sie war wie ein Wolf jaulend durch den Flur gerannt, auf der Flucht vor jedem, der sich ihr irgendwie nähern wollte. Sie hatte um sich geschlagen, gebissen, getreten, hatte Schaum vor dem Mund gehabt und schließlich auch Blut auf der Stirn, nachdem sie diese wieder und wieder gegen die Wand geschlagen hatte. Und dann, als die Direktorin, aufrecht und streng wie immer, sie trotz der Schläge und Bisse gepackt hatte, um sie in ihr Zimmer abzuführen, hatte sie fürchterlich zu zittern begonnen. Irgendwann war Liane – Tamara konnte sich noch genau an sie erinnern, denn sie hatte genauso ausgesehen, wie sie hieß, lang, schmiegsam und anmutig – zusammengefallen wie ein Sack und ohnmächtig auf dem gefliesten Boden liegengeblieben. Auf Anordnung der Direktorin hatten einige Mitschülerinnen sie auf eine Bahre verfrachtet und ins Direktorenzimmer getragen.

Was aus Liane geworden war, hatte Tamara vergessen. Dieser Anfall allerdings war tief in ihrem Gedächtnis verankert, und sie hatte große Angst davor, daß ihr jemals etwas so Unwürdiges passieren könnte.

Nun, da sie hinausschaute auf die Landschaft, die allmählich weiter wurde, Schnee bis zum Horizont, spürte sie, wie die Angst in ihr hochkroch, immer höher und immer besitzergreifender. Nicht mehr lange, und sie würde der Angst erliegen, alles tun, was die Angst ihr befahl. Sie wußte nicht, was das sein würde, aber sie wußte genau, daß es das Ende wäre.

Kurz vor der Grenze, die beiden alten Männer hatten das Abteil inzwischen verlassen, füllte sich der Zug mit bewaffneten Rotarmisten. Ein kleiner Kräftiger mit mongolischen Zügen verlangte Tamaras Paß.

Tamara rührte sich nicht, starr vor Angst und fest überzeugt, daß ihr Zittern sie verraten würde. Der Konsul sah sie prüfend an und übersetzte in sachlichem Ton die Aufforderung des Rotarmisten ins Französische. Vollkommen überrascht nahm Tamara wahr, wie sie nach ihrer Tasche griff, den Paß herauszog, ihn mit ruhigen Händen weiterreichte und dem Soldaten ein reizendes, ein klein wenig schüchternes Lächeln schenkte. Wenig später gab der Rotarmist ihr den Paß zurück und wünschte ihr eine angenehme Reise. Ebenso sachlich wie zuvor übersetzte der Konsul, und Tamara bedankte sich ebenso freundlich wie zuvor.

Den Weg über die Grenze mußten sie zu Fuß machen, unter den aufmerksamen Blicken der patrouillierenden bolschewistischen Soldaten. Tamara, von ihrer Panik nahezu vollständig aufgefressen, setzte ruhig einen Fuß vor den anderen.

Als sie von den finnischen Grenzsoldaten in Empfang genommen wurden, begannen ihre Zähne aufeinanderzuschlagen, bis ihr Kopf schmerzte. Der Konsul hielt sie in den Armen, und Tamara, die meinte, nie wieder ohne Stütze auf ihren Füßen stehen zu können, wurde von Schluchzern geschüttelt. Sie konnte sich nicht erinnern, jemals so geweint zu haben.

15

Es ist, wie es ist, wir haben keine Wahl! Mit diesen Worten hatte Tamara sich vom Konsul verabschiedet, hatte sich umgedreht und kein einziges Mal zurückgeblickt. Sobald sich in den folgenden Tagen ein Gefühl von Sehnsucht nach dem Konsul in ihr regte, verbot sie es sich in jenem strengen Ton, den sie sich selbst gegenüber während ihrer einsamen Wochen in Petrograd anzuschlagen gelernt hatte.

Die mühsame, vom Konsul exakt geplante und geebnete Reise nach Kopenhagen per Auto, Schiff und Bahn verbrachte Tamara in einer seltsamen Betäubung. Nichts nahm sie wahr außer dem inneren Kampf gegen die Sehnsucht nach dem blonden Segler.

In Kopenhagen wurde Tamara von einer fröhlichen Exilkolonie mit offenen Armen empfangen. Tante Stefa war dort und der

Bankier. Tamaras Mutter weinte, als sie ihre Tochter sah, und wiederholte mehrmals den Satz: Wie dünn du geworden bist! Ansonsten aber flatterte Malvina heiter wie ein Vögelchen im Frühling durch die Flure des Hotels, in dem die Familie untergekommen war. Ihre Heiterkeit wirkte ungetrübt, obgleich sie nichts wußte über das Schicksal ihres Mannes und ihres Sohnes, die sie während der Wirren der Flucht aus den Augen verloren hatte. Tamaras Schwester Adrienne hatte sich zu einer beeindruckend selbstbewußten jungen Frau entwickelt, die ihrer Tante Franca sehr ähnelte. Das kleine Hotel war voll von Exilanten aus Warschau und Petrograd, die Tamara von früher her kannte. Was aber war aus Madame Decler geworden? Tamara wagte nicht, danach zu fragen. Und so verschwand die Großmutter aus ihrem Leben, ebenso wie es mit ihrem Vater geschehen war und mit ihrem Bruder und Stiefvater geschehen sollte. Sie waren fort; man sprach nicht mehr über sie. Es ist, wie es ist, sagte sich Tamara, ich kann doch nichts ändern.

Schnell hatte sie die deprimierenden Bilder von Petrograd verdrängt, und mit strenger Stimme schob sie die Erinnerung an die Angst und Ohnmacht fort, die sie während der letzten Wochen durchlitten hatte.

Hier in Kopenhagen, wo die Exilanten am wärmenden Ofen zusammenhockten, aßen, tranken, plauderten und über die Kommunisten Witze machten, schien die Welt friedlich und genau in der richtigen Ordnung. Die Armut, die Revolution, das Versagen der zaristischen Herrschaft, das alles verblich von Tag zu Tag mehr in Tamaras Gedächtnis, bis es so hell war wie unbeschriebene Seiten in einem Lebensbuch. In diesem Lebensbuch gab es die leuchtenden Farben der unbeschwerten Jahre in Petrograd oder Warschau, der Reisen, der Feste, des Luxus und der Liebe. Nun hatte man sich zufällig in Kopenhagen getroffen. Hübsche kleine Stadt!

Auch an den Konsul dachte Tamara kaum mehr. Manchmal erschien er ihr im Traum, und sie erwachte mit einer Hand zwischen den Beinen, aber solche Träume hatte sie bereits beim Frühstück vergessen.

Wo bleibt Tadeusz? wurde sie immer wieder gefragt. In der Frage schwang ein irritierter Unterton mit. Keiner hielt es für möglich, daß die Bolschewiki es ernsthaft wagten, einen der

Ihren so lange festzuhalten. Tamara beteuerte, er werde bald zu ihnen stoßen. Der Konsul habe versprochen, seinen Einfluß geltend zu machen. Er werde ihn aus dem Gefängnis holen, ihm einen schwedischen Paß besorgen und ihn nach Kopenhagen schicken. Dorthin, wo seine Frau auf ihn wartete wie auf etwas, das ihr rechtmäßig zustand.

Ihre Angst, es könnte Tadeusz nicht gelingen, über die Grenze zu kommen, verschwieg sie. Und wenn die Angst zu laut wurde, sprach sie mit ihrer strengen inneren Stimme zu sich selbst. Schließlich spürte sie nur noch Sicherheit: Es würde nur noch wenige Tage dauern, bis Tadeusz an ihre Tür klopfte.

Die Männer der Exilgruppe, wie früher Zigarre schmauchend und Cognac trinkend, politisierten nun beim Kaminfeuer in Anwesenheit der Frauen, von denen sich manche sogar einmischten; das war neu. Täglich wurde spekuliert, wann die bolschewistische Herrschaft zusammenbrechen würde. Man hörte, daß es der Zarenfamilie in ihrem Hausarrest in Jekaterinenburg gut gehe, man besprach, wie nach der Kapitulation der Bolschewiki regiert werden sollte. Man hoffte, die Roten würden bald zu der Einsicht gelangen, daß sie unfähig waren, über das große Rußland zu herrschen. Über eines waren die Exilanten sich vollkommen einig: Künftig würde die Zarenfamilie das Großbürgertum und den gebildeten Adel stärker in die Regierungsmacht einbeziehen müssen. Man sah den Männern in den Sesseln an, wie hoffnungsfroh sie waren und in gewisser Weise sogar dankbar dafür, daß die Bolschewiki den Niedergang der Zarenherrschaft deutlich gemacht hatten.

Und die Lage entwickelte sich günstig: Die Entente hatte sich geweigert, die bolschewistische Regierung anzuerkennen. Seit die Bolschewiki und die Deutschen in Brest-Litowsk den separaten Friedensvertrag geschlossen hatten, schickte die Entente zur Unterstützung der «Weißen», also derjenigen Truppen, die im Bürgerkrieg gegen die «Roten» kämpften, Soldaten nach Rußland. Lenin war vollkommen isoliert.

Es empörte die Exilanten natürlich, welchen Preis Trotzki für den Frieden von Brest-Litowsk gezahlt hatte. Die Krim, genau der Teil Rußlands, den sie so liebten, all die Bäder und Kurorte, die ihre zweite Heimat gewesen waren, hatte er verschenkt. Trotzdem zweifelten sie nicht daran, daß ihre Zeit nahe war. Das

Land war ausgeblutet vom Krieg. Die Roten, arme Bauern, Arbeiter und die niederen Soldaten, waren noch ausgemergelter als die Weißen, deren Vorratskammern vor Kriegsausbruch gefüllt worden waren. Und natürlich waren die Versprechungen, die die Bolschewiki ihren Anhängern gemacht hatten, lächerliche Propagandalügen. Wie sollte der kleine Bauer den Überblick über die unendliche Weite der russischen Felder gewinnen und die Landwirtschaft lenken? Wie sollte der Fabrikarbeiter die schwierigen Aufgaben eines Ministers bewältigen? Wie sollte auch nur etwas so Kleines wie ein Postamt von einem ehemaligen Briefträger geleitet werden? Das alles war von vornherein zum Scheitern verurteilt.

Die Exilanten gaben der bolschewistischen Regierung noch eine Frist von wenigen Wochen. Anschließend würde man ein Weilchen abwarten und dann zurückkehren.

Da klopfte es eines Morgens an Tamaras Zimmertür in dem kleinen Hotel. Tamara, die hier ihre Angewohnheit wiederaufgenommen hatte, lange zu schlafen und den Tag mit einer heißen Schokolade und Modejournalen im Bett zu beginnen, rief lässig: Komm rein! in der Erwartung, daß ihre Schwester sich wie so oft zu ihr gesellen, mit ihr gemeinsam die Bilder betrachten und dabei über Gott und die Welt tratschen wollte.

Doch in der geöffneten Tür stand ein Mann.

Tadeusz! schrie Tamara und flog zu ihm.

Bevor er sie an sich drückte, hielt er sie an den Schultern auf Abstand, schaute ihr ins Gesicht und fragte streng: Wen hast du erwartet?

Was? Wen? Was soll das? schrie Tamara fröhlich. Das spielt doch keine Rolle! Komm, küß mich!

16

Tadeusz war nicht nur abgemagert, er war ganz und gar verändert.

Am Abend nach seiner Ankunft bereitete ihm die kleine Exilkolonie einen triumphalen Empfang. Er wurde von Arm zu Arm gereicht, feuchte Lippen drückten sich auf seine frisch rasierten blassen Wangen, ja, selbst die Bärte der Männer waren feucht. Sie schämten sich ihrer Tränen nicht. Am Kamin bei Wein und Cognac und Zigarren forderten sie ihn auf zu erzählen, wie es ihm ergangen war. Glänzende, mitfühlende ebenso wie liebevolle, zärtliche, kampflustige oder neugierige Blicke streiften den Geretteten.

Was sich daraufhin abspielte, ließ Tamara für einen Augenblick daran zweifeln, daß es wirklich Tadeusz war, der ihr geschickt worden war. Einen Moment lang hatte sie das Gefühl, genarrt worden zu sein, an der Nase herumgeführt von Gott weiß wem, vielleicht dem Konsul, der ihr einen Schauspieler geschickt hatte, einen, der Tadeusz entfernt ähnelte, aber in seine Rolle nicht anständig eingewiesen worden war. Tadeusz hatte jede, aber auch wirklich jede Gelegenheit wahrgenommen, sich in Szene zu setzen. Er hatte es geliebt, seine Person ins Zentrum einer spannenden Geschichte zu setzen, er hatte betörend charmant erzählt. Der echte Tadeusz war ein guter Schauspieler gewesen, einer, der zur rechten Zeit effektvolle Pausen einlegen konnte, der die Pointe einer Geschichte mit Gestik, Mimik und Wort aufs geschickteste einfädelte. Der echte Tadeusz hatte sich immer aus der Affäre ziehen können, er hatte auch dann noch lange und bezaubernd geredet, wenn er überhaupt nichts mehr zu sagen hatte. Dieser Mann aber, der zu ihr und ihresgleichen heimgekehrt war, nahm einen viel zu großen Schluck aus seinem Weinglas, griff viel zu plump nach Tamaras Knie und sagte brüsk: Laßt mich in Ruhe damit, ich will davon nichts mehr wissen!

Die heitere Runde erstarrte in einem kurzen peinlichen Schweigen, das Malvina brach, indem sie bemüht mitfühlend von sich gab: Das Essen war bestimmt grauslich, nicht wahr?

Tadeusz warf ihr einen vernichtenden Blick zu, dann starrte er auf Tamaras Knie, und nachdem ihm drei weitere Fragen dieser Art gestellt worden waren, erhob er sich und sagte: Entschuldigt, ich habe meine Frau fast zwei Monate nicht gesehen, ich möchte mich jetzt mit ihr zurückziehen.

Tamara kicherte nervös und dachte: Zumindest hat er nicht gesagt, er will mit mir ins Bett, ein Rest von Benimm ist ihm vielleicht geblieben.

Sie erwartete, daß Tadeusz über sie herfallen würde, ausgehungert und in der rüden Manier, die er wohl von den Roten gelernt hatte. Schaudernd freute sie sich darauf. Doch es geschah nichts dergleichen. Tadeusz berührte sie zart und vorsichtig, als wäre sie ein ehrfurchtgebietendes Wesen.

Zu ihrer Verwunderung liebte er sie im Dunkeln, als schäme er sich seiner enormen Erektion. Diese söhnte Tamara ein wenig aus mit dem stummen und behutsamen Liebhaber, der auch ihr ein Gefühl von Befangenheit vermittelte. Sie dachte an die Momente der Ekstase, die sie mit dem Konsul erlebt hatte. Und die Erinnerung an den Konsul vor Augen, erlebte sie die erste Liebesnacht mit ihrem Mann nach fast zwei Monaten, während deren sie für ihn ihr Leben aufs Spiel gesetzt hatte.

Die Nächte waren es nicht, die ihr Tadeusz verleideten, es waren die Tage. Er war düster, uncharmant und auf eine Weise eigenbrötlerisch, die sie an ihm noch nie erlebt hatte. Tante Stefa, der Bankier, Malvina und Adrienne gaben es einfach auf, ihn nach seinen Gefängniserfahrungen zu befragen. Sie versuchten nicht mehr, ihn mit Witzen über die Bolschewiki aufzuheitern, nachdem er einige Male, statt zu lachen, mit den Schultern gezuckt und mit eisig arroganter Miene an seiner Zigarette gezogen hatte. Tamara aber versuchte immer wieder, sein abweisendes, verschlossenes Auftreten zu ignorieren und ihn zu irgendeiner Gefühlsäußerung zu bewegen. Vergeblich. Nachts blieben ihr seine Gefühle nicht verborgen, nachts spürte sie seine Kraft und auch, daß etwas mit ihm geschehen war, das ihn aggressiv und sehnsüchtig zugleich machte, tagsüber aber langweilte er sie.

Er verbrachte die Tage zumeist auf dem Bett liegend. Am Abend verübelte er ihr, daß sie sich mit den anderen zusammenfand, schützte Kopfschmerzen vor und blieb im Bett, wo er sie vorwurfsvoll empfing, wenn sie, aufgeheitert durch Alkohol, angeregte Gespräche und Witze über die Bolschewiki, vom Kaminfeuer zu ihm zurückkehrte. Tagsüber beschränkte er sich darauf, ziellos in Zeitschriften zu blättern oder rauchend mit leeren Augen aus dem Fenster zu starren, selbst wenn sie sich neben ihn legte; er liebte sie nur nachts, wenn es dunkel war. Er langweilte sie. Zugleich nagte das schlechte Gewissen an ihr. Was wußte er von dem schwedischen Konsul? Welcher Grund war ihm für seine Freilassung genannt worden?

Sie sprachen nie über die Umstände seiner Befreiung, ebensowenig wie sie über die Umstände seiner Gefangenschaft sprachen. Und er erkundigte sich nicht, wie es ihr ohne ihn in Petrograd ergangen war.

Ich habe nicht nur gewartet, sagte sie einmal trotzig, ich habe um dich gekämpft. Alle haben mir geraten zu verschwinden, aber ich bin geblieben. Deinetwegen. Ohne dich gab es für mich kein Leben mehr.

Soll ich jetzt danke sagen, oder was erwartest du? erwiderte er mit einem gequälten Gesichtsausdruck.

Da schluckte Tamara, drehte sich um und wechselte das Thema. Nein, er sollte sich nicht bedanken. Nein, sie erwartete nichts. Er hatte sich im übrigen auch nie für den Hochzeitspreis bedanken sollen; nun war die Mitgift ohnehin flöten.

Tamara mußte sich immer angestrengter zwingen, Gedanken fortzuschieben, die ihr die Laune verdarben. Manche schlichen sich trotzdem in ihren Kopf: Tat es ihm leid, daß er sie geheiratet hatte, nun, da sie ihm keinen finanziellen Nutzen mehr brachte? Hatte er von dem Konsul gehört und verachtete sie nun, wußte aber nicht, wie er sich ihrer entledigen konnte?

Selbstzweifel quälten Tamara. Sie gab es auf, dagegen anzukämpfen. Allmählich fühlte sie sich klein und nichtswürdig.

Ihre Schwester, der ihre Nöte offenbar nicht entgingen, schlug eines Vormittags vor, sie sollten einen Bummel durch Kopenhagen unternehmen. Tamara willigte ein, froh, Tadeusz' Nähe zu entkommen.

Kaum waren sie aus dem Taxi gestiegen und standen vor einem Café, wo sie sich, wie sie kichernd beschlossen hatten, erst einmal mit heißer Schokolade stärken wollten, als Tamara einen Blick zurückwarf und vor Schreck wie gelähmt stehenblieb. Adrienne sah sie besorgt an. Tamara wies auf einen Mann, dem gerade ein blau-gold livrierter Chauffeur die hintere Tür eines Autos aufhielt.

Adrienne lächelte verstehend. Tamara starrte weiter zu dem Mann hinüber. Nun stieg er in das Auto ein. Adrienne wollte Tamara in das Café schieben, die aber machte sich steif und wies noch einmal zu dem Mann. Der Chauffeur schlug die Tür zu und ging um das Auto herum.

Bitte, flüsterte Tamara, geh hin und sag, er soll herschauen. Mach schnell!

Adrienne zuckte verständnislos die Schultern, tat aber, worum Tamara sie gebeten hatte. Lässig schlenderte sie zu dem Wagen.

Tamara preßte die Hände ineinander und sah ihr nach. Gerade als Adrienne bei dem Auto angelangt war, setzte es sich in Bewegung.

Adrienne klopfte gegen die Scheibe. Der Mann beugte sich vor, der Wagen hielt. Der Chauffeur stieg aus und ging zu Adrienne. Sie wies auf den Mann. Da öffnete sich die hintere Tür, der Mann stieg aus und verbeugte sich vor Adrienne. Er lauschte ihren Worten und schaute dann zu Tamara.

Einige Sekunden lang sahen die beiden einander unbewegt in die Augen, dann setzte der Mann sich in Bewegung, stürmte auf seinen kurzen kräftigen Beinen zu Tamara und bremste kurz vor ihr ab, um ihr beide Arme entgegenzustrecken und atemlos die Worte hervorzustoßen: Tamara, welch unverhofftes Glück!

Es war der Prinz von Siam.

Ja, erwiderte Tamara, und für einen Moment verlor sie ihre glatte kühle Maske, ja, wirklich, unverhofft... Aus weit aufgerissenen Augen schaute sie ihn an, und ihre Stimme klang auf eine kindliche Weise erleichtert und erstaunt.

Dann löste sie sich aus dem Sog der blitzenden schwarzen Augen, indem sie wie ein Hund kurz den Kopf schüttelte, und wandte sich ihrer Schwester zu, die diskret etwas beiseite getreten war.

Der Prinz lächelte charmant, als Tamara ihm ihre Schwester vorstellte: Darf ich Sie bitten, mir das Vergnügen zu bereiten, bei einer Tasse Tee das Wiedersehen zu feiern?

Lieber heiße Schokolade, kicherte Adrienne und blinzelte Tamara zu, das erinnert uns an unser Bett. Tamara errötete und zischte, Adrienne solle sich gefälligst benehmen.

Von nun an trafen sich der Prinz und Tamara täglich. Immer wieder lud er sie zu einem zweiten Frühstück in dasselbe Café ein. Tamara lebte nur noch für diese zwei Stunden am Tag. Der Prinz begeisterte sie. Er wußte so viel von der Welt zu erzählen, es gab kaum ein Land, das er nicht schon bereist hatte. Er erzählte ihr von einer Fahrt über den Amazonas, bei der er sich mit einem Krokodil angefreundet hatte; von Amerika, wo es keinen Zaren und keinen Kaiser gab; er erzählte ihr von so unterschiedlichen Verhältnissen auf der Welt, daß ihr die Zustände in Rußland gar nicht mehr so entsetzlich und absonderlich erschienen. Nach dem Frühstück verabschiedete sich Tamara, ließ sich einen Handkuß geben und verschwand.

Zwei Wochen lang fand die einzige Berührung zwischen ihnen in Form von Blicken statt, die sich für Minuten ineinander versenkten und eine erregendere Intimität zwischen ihnen herstellten, als sie zwischen Tamara und Tadeusz entstand, wenn sie miteinander im Dunkeln Liebe machten.

Tamara war verwirrt. Warum kam er ihr nicht näher? Immerhin hatten sie schon miteinander Sex gehabt, und soweit sie sich erinnerte, war der Prinz sehr begierig gewesen. Wieso schaute er sie an, bis sie zwischen den Beinen schwamm, und schlug keinen Ortswechsel vor? Warum blieb er dabei, sie anzuschauen, bis sie den Verstand zu verlieren befürchtete? Warum griff er nicht endlich zu?

Tamara erinnerte sich an das wilde Tier, das in jener Nacht mit dem Prinzen wie aus einer tiefen Höhle in ihr hervorgekrochen war und ein lautes Heulen angestimmt hatte: die Wölfin, die den Mond anheult, weil sie glücklich ist oder traurig, satt oder hungrig, lüstern oder befriedigt, wer weiß das schon, vielleicht nicht einmal sie selbst. Tatsache allerdings ist, daß gezähmten Wesen das Blut in den Adern gefriert, wenn sie das Heulen hören. Je zahmer sie sind, desto mehr erschrecken sie.

Der Prinz war keinesfalls erschrocken.

Und nun kroch die Wölfin in Tamara wieder hervor, sie robbte näher, schleifte die Hinterbeine hinter sich her, vorsichtig, fast krank in dem Gefühl, die Orientierung zu verlieren, in zitternder Konzentration.

Wenn er nicht über sie herfiel, würde sie es tun, dessen wurde sie sich von Tag zu Tag deutlicher gewiß.

Tadeusz schien nichts zu merken. Wenn Tamara gegen Mittag heimkehrte, lag er zumeist im Bett und starrte hinaus auf die vorbeiziehenden Wolken. Er ödete Tamara an. Und zugleich war sie froh, daß es ihn gab. Er war ein sicherer Orientierungspunkt.

Tamara wurde wütend auf den Prinzen, nahm sich vor, ihn warten zu lassen, ihn ganz und gar sitzenzulassen, sollte er sein zweites Frühstück doch allein verzehren! Aber kaum war es an der Zeit, saß sie auf ihrem Caféstuhl, in Erregung versetzt von einer Kraft, die ihr unheimlich war und sie zugleich anzog.

Nach einem Monat kultivierter Gespräche und tiefer Blicke führte der Prinz Tamara nicht zu einem Taxi. Wie selbstverständlich ging er mit ihr zu seinem Auto und gab seinem Chauffeur die Anweisung, zu seinem Hotel zu fahren. Als sie dort aus dem Wagen stieg, berührte er sie leicht an der Schulter. Ihr war, als träfe sie ein elektrischer Schlag. Sie sah ihn erschrocken an und blickte in Augen, die schwarz waren vor Begehren. Er führte sie in sein Zimmer, und sie fiel in seine Arme.

Und die Wölfin heulte wieder.

17

An diesem Tag mußte ihr Gatte sein Mittagessen allein verzehren. Tamara kehrte erst gegen Mitternacht ins Hotel zurück. Sie war zwanzig Jahre alt und seit zwei Jahren verheiratet, als sie ihren Mann zum erstenmal bewußt belog. Sie tat es kühl, gekonnt, von oben herab und ohne das leiseste schlechte Gewissen.

Die Liaison mit dem schwedischen Konsul hatte sie moralisch ganz anders belastet. Die hatte sie als Schwäche, in gewisser

Weise als Verrat empfunden, denn da hatte Tadeusz sich nicht wehren können. Jetzt aber war seine Anwesenheit eine solche Enttäuschung, daß er, wie Tamara ihrer Schwester Adrienne anvertraute, «selbst schuld» hatte, ja, eigentlich hatte er sie in die Arme des Prinzen getrieben. Hätte er gehalten, was sie sich von ihm versprochen hatte, wäre sie nicht zu einem anderen gegangen. So aber mußte sie es tun, wollte sie nicht absterben und wie Tadeusz als leere Hülle herumlaufen.

Die mit Tamaras Familie bekannten russischen und polnischen Emigranten bildeten eine verschworene Gemeinschaft in Kopenhagen. Der Prinz von Siam war in den ehemals Petrograder Kreisen bekannt. Bald hatte sich die Liaison herumgesprochen.

Tadeusz wurde von niemandem eingeweiht. Er hatte sich allgemein unbeliebt gemacht. Seine stete schlechte Laune, seine abweisende Miene, wenn über die Bolschewiki Witze gerissen wurden, seine mürrische Verweigerung, am gesellschaftlichen Leben der Exilanten teilzunehmen, all das hatte die Schadenfreude zur Folge, mit der ihm Tamaras Seitensprung gegönnt wurde. Doch die Enklave der Exilanten schwieg nicht nur; es wurde oft in Tadeusz' Gegenwart süffisant auf Tamaras verblüffendes Aufblühen angespielt.

Den ersten Schub gab es während der Hochzeitsreise, sagte Tante Stefa kichernd zu ihrer Schwester, während Tadeusz in Hörweite stand, du hättest sie damals sehen sollen: Innerhalb von zwei Wochen wurde ein Schwan aus dem häßlichen Entlein. Und der zweite Schub hat jetzt eingesetzt. Der Schwan hat offenbar den Teich gefunden, der ihm durch ein tägliches Bad betörende Schönheit schenkt.

Malvina kicherte ebenfalls. Schade, daß der Teich nicht uns allen zugänglich ist.

Die Schwestern zwinkerten einander anzüglich zu. Offenbar gönnte man Tadeusz die Ignoranz der Unschuld nicht.

Er wurde immer mißmutiger und nörgelte unablässig an Tamara herum. Was sie auch tat, er zeigte ihr, für wie dumm und ungebildet er sie hielt. Er kritisierte vor Publikum ihr Benehmen, machte sich lustig über ihre politische Naivität und über ihr beschränktes Wissen.

Kleider, Hüte, Schminke, das ist alles, was dich interessiert, sagte er abfällig, ich kann kaum glauben, daß du Polin bist. Man hört doch von den Polinnen, daß sie so klug und gelehrt sein sollen. Du bist die Ausnahme.

Oder er schlug ihr grob auf den Hintern und animierte die umstehenden Männer zu obszönem Lachen, indem er sagte: Meine Gänseliesel ist selbst wie eine Gans, zumindest wackelt sie ebenso mit dem Sterz.

Tamara, die sich neben Tadeusz seit jeher dumm und häßlich vorgekommen war, setzte ihre glatte Maske auf, damit niemand sah, wie sehr sie sich gedemütigt fühlte.

Im Mai – in Kopenhagen fegte noch ein rauher Wind durch die Straßen – lud der Prinz sie ein, ihn für einen Monat nach London zu begleiten.

Der Mai, sagte er mit seiner tief aus dem Bauch rollenden Stimme, die allein schon Tamara die Hitze ins Geschlecht trieb, ist der Monat, in dem Liebende reisen müssen, irgendwohin, wo sie den Himmel auf Erden erleben können.

Ich erlebe ihn hier schon, dachte Tamara. Sie gestand es ihm aber nicht, das hätte ihm zu viel Macht über sie eingeräumt.

Sie lagen auf dem breiten Himmelbett in seiner Hotelsuite, und er fuhr unermüdlich mit einem Fächer aus Straußenfedern über Tamaras nackte Brust, über ihren Bauch, ihre Beine bis hinunter zu den Zehen. Tamaras Körper kribbelte und verlangte nach ihm, aber er ließ sich Zeit. Sie wußte es inzwischen: Er ließ sich Zeit, bis sie rasend war vor Lust. Dann erst brachte er sein eigenes Geschlecht ins Spiel. Obwohl sie sicher sein konnte, befriedigt zu werden, war sie immer wieder wehrlos dem Gefühl ausgeliefert, von ihm bis an den Rand der Verrücktheit getrieben zu werden.

Der König, sagte er, mein König, der mein bester Freund ist, veranstaltet im Mai einen Ball in London. Willst du mich begleiten?

Tamara, leicht benebelt von Lust und Champagner, stimmte zu.

Als sie allerdings am nächsten Morgen in ihrem Hotelbett erwachte und das zornige Gesicht ihres Mannes sah, der sie fragte, wo sie sich in der Nacht herumgetrieben habe, bekam sie Angst vor den Folgen ihres Versprechens.

Der Prinz fragte nie nach ihrem Mann. Für ihn galt allein Tamaras Entscheidung.

Der König von Siam hatte dem Prinzen seine Yacht samt Besatzung geschickt. So kämen sie sicher und behaglich nach London. Tamara brauche sich keine Sorgen zu machen, sagte der Prinz fürsorglich, als er sah, mit welch skeptischem Blick sie die prächtige Hochseeyacht bedachte. Im Mai sei eine solche Überfahrt gemütlich.

Tamara sorgte sich aber wegen ganz anderer Dinge. Sie verriet dem Prinzen mit keiner Silbe, daß sie ihren Mann noch nicht über ihre Pläne informiert hatte.

Am Montag nachmittag wollten sie an Bord gehen. Die Reise würde einige Tage dauern. Tamara freute sich sehr darauf, zugleich aber empfand sie das ganze Vorhaben als unwirklich.

Am Montag morgen erwachte sie mit einem mulmigen Gefühl. Tadeusz schlief noch, als sie begann, ihren Koffer zu packen. Der Prinz hatte gesagt, sie solle nicht zuviel Kleidung mitnehmen, er werde ihr in London ein Ballkleid kaufen und auch alles andere Nötige.

Als Tadeusz die Augen aufschlug, saß Tamara in einem Nachthemd aus unschuldigem weißem Leinen neben ihm, rührte in ihrer Schokolade und bot ihm den Kaffee an, der auf dem Tablett stand, das sie aus der Hotelküche geholt hatte. Während des Frühstücks schwiegen sie, danach liebte Tamara Tadeusz ein wenig. Als sie schließlich aufstanden, entdeckte Tadeusz den Koffer und fragte, wem er gehöre.

Tamara erwiderte leichthin: Mir. Ich fahre heute abend mit dem Prinzen von Siam nach London.

Tadeusz starrte Tamara einen Moment lang wie gelähmt an – dann verbot er ihr die Reise. Das tust du nicht, sagte er, und in seinen Augen flackerte Wut. Er warf den Koffer aufs Bett und zerrte daran, bis er sich öffnete und die Kleider hervorquollen.

Tamara stand steif an der Tür. Sie würde nicht betteln, das wußte sie.

Tadeusz wühlte in den Kleidern, zog dasjenige heraus, das er ihr nach der Hochzeitsreise geschenkt hatte und in dem er sie besonders gern sah, und zerriß es der Länge nach in zwei Teile. Du fährst dort nicht hin! sagte er schneidend. Ich könnte gefährlich werden.

Tamara spürte, wie ihre Knie zitterten. Ihr Gesicht war zu einer kalkweißen Maske vereist. Sie sagte nichts.

Tadeusz ließ sie nicht aus den Augen. Den ganzen Tag über blieb er an ihrer Seite.

Als Tamara am Nachmittag das verabredete Hupen vor der Tür hörte, erhob sie sich von dem Sessel, auf dem sie den Nachmittagstee eingenommen hatte, und entfernte sich Richtung Toilette. Ihre Handtasche ließ sie neben Tadeusz stehen, der seine Hand wie absichtslos an dem Henkel spielen ließ. Sie trug das Kostüm, in dem sie auch aus Petrograd geflohen war. Ihr Paß steckte zwischen Rock und Strumpfgürtel.

Draußen stieg sie ruhig in den wartenden Wagen und sagte: Du wirst mich in London völlig neu einkleiden müssen.

Mit Vergnügen, erwiderte der Prinz.

Tamara war an Luxus gewöhnt. Das, was sie in London erlebte, war jedoch wie ein Märchen aus Tausendundeiner Nacht. Widerstandslos gab sie sich den überwältigenden Eindrücken wie auch dem Prinzen hin.

Als sie nach Kopenhagen zurückkehrte, war ihr bereits auf dem Schiff, als wäre sie nicht wirklich fort gewesen. Alles erschien ihr unwirklich, phantastisch, eine andere Welt.

Es war später Vormittag, als Tamara nach einem Monat Abwesenheit auf Zehenspitzen in ihr Hotelzimmer schlich. Im Bett neben Tadeusz lag eine ihr unbekannte blonde Frau.

Tamara begab sich zur Hotelküche, begrüßte fröhlich die Bedienstete und bestellte ein Frühstück für drei Personen. Sie weckte Tadeusz mit einem Kuß und rief dann laut: Frühstück, aufstehen!

Die blonde Frau fuhr hoch, stieß einen Schrei aus, der sich anhörte, als gurgele sie mit ihrer Spucke, sprang aus dem Bett, schlüpfte in ein blaues, eng anliegendes Sommerkleid und billige goldene Riemchenschuhe und rannte aus dem Zimmer.

Nun sind wir wohl quitt, sagte Tamara munter und bot Tadeusz ein Hörnchen an, das sie, wie er es liebte, in den Kaffee getunkt hatte.

18

Später sollte Tamara denken, sie habe sich geirrt. In dem Augenblick aber, als bekannt wurde, daß die Bolschewiki die Zarenfamilie erschossen hatten, war sie ganz sicher, in Tadeusz' Augen ein triumphierendes Aufflackern bemerkt zu haben.

Nun geriet die Exilgruppe in Aufruhr. Mit einer baldigen Rückkehr war nicht mehr zu rechnen. Jeder, der jetzt noch Scherze über die Bolschewiki machte, wurde ernsten Blickes zurechtgewiesen. Die Sache war zu makaber, als daß man weiterhin darüber hätte lachen dürfen.

Malvina wurde von der Nachricht in Panik versetzt. Stundenlang rannte sie bald hierhin, bald dorthin, als suche sie verzweifelt den Ausweg aus einem Labyrinth. Fragte jemand sie nach ihrem Ziel, hielt sie inne und stierte den Frager mit glasigen Augen an. Dann setzte sie sich wieder in Bewegung.

Tante Stefa, deren Mann und Söhne bereits vor einem Monat – als die ersten Todesurteile der Bolschewiki bekannt wurden – nach Paris abgereist waren, um sich dort um die Geschäfte zu kümmern, beobachtete ihre Schwester einige Tage lang schweigend und ging schließlich schnurstracks auf sie zu. Sie packte Malvina bei den Schultern und schüttelte sie wütend. Malvina leistete keinen Widerstand. Wie eine Stoffpuppe schaukelte sie vor und zurück, ihr Kopf wackelte, als sei er nur unzureichend am Körper befestigt. Das machte Stefa noch wütender. Sie rüttelte ihre Schwester und stieß sie schließlich angewidert fort. Malvina knallte rücklings gegen die Wand des Aufenthaltsraums, ein hoher Ton dröhnte, als ihr Kopf dagegenschlug.

Stefa stürzte hinterher und versuchte, die Schwester in die Arme zu schließen. Doch Malvina machte sich steif und stierte weiterhin ins Nichts.

Da brach Stefa in wildes Schluchzen aus. Keinen Tag länger bleibe ich hier, brüllte sie und rannte nun ihrerseits ziellos im Zimmer umher. Schließlich pflanzte sie sich vor ihrer Schwester auf und verkündete: Mit dem nächsten Schiff fahre ich nach Paris. Du kannst mitkommen oder hierbleiben. Ich fahre.

Ich will sowieso nie wieder nach Petrograd. Was soll ich da noch?

Sie sprach aus, was Tamara gedacht hatte. Und wie sich zeigte, nicht nur sie. Malvina weinte einen Abend und eine Nacht lang um ihren Sohn Stanzyk und ihren zweiten Mann, von denen sie nicht wußte, ob sie noch lebten. Ihre Schwestern Franca und Eugenia trösteten sie. Stefa war unterdessen zum Hafen gefahren, um die Abreise vorzubereiten.

Tamara hockte verlassen auf einem Stuhl in der Ecke des Raumes und weinte vor sich hin. In bunter Folge schossen ihr Bilder von ihrer Großmutter und ihrem Bruder durch den Kopf – und vom Prinzen von Siam. Auch er war fort, vor einem Monat endgültig nach London abgereist. Er hatte sie eingeladen, ihn zu begleiten, aber sie hatte abgelehnt. Meine Familie ist die Heimat, die mir noch geblieben ist, hatte sie unter Tränen verkündet und das Hotel des Prinzen nach einer letzten Liebesnacht verlassen.

Tante Stefa schlug vor, die frühestmögliche Abfahrt zu wählen: mit dem Schiff bis Oslo und von dort aus mit dem nächsten großen Dampfer nach Le Havre. Eugenia, Franca und Malvina erklärten sich einverstanden; Malvina, genesen von ihrer Verwirrung, bereitete sich sofort geschäftig auf die Abreise vor.

Als Tamara nach ihren Koffern griff, stellte Tadeusz sich ihr in den Weg. Ich bin kein Schoßhündchen, knurrte er, und über Oslo fahre ich schon gar nicht. Außerdem entscheide ich selbst, wann ich wohin reise und wo ich leben will. Die Hektik der aufgescheuchten Hühner gefällt mir nicht – du mußt wissen, wen du geheiratet hast: mich oder die Weiber deiner Familie.

Heißt das, du kommst nicht mit? fragte Tamara fassungslos.

Genau das heißt es! erwiderte er feindselig und richtete sich dabei zu voller Größe auf.

Tamara schob trotzig das Kinn vor und drohte, allein zu fahren. Vor eine solche Wahl hatte der Prinz von Siam sie schon gestellt, und ihre Antwort war eindeutig gewesen.

Diesmal allerdings gewann Tadeusz. Tamara stellte erschrokken fest, daß sie unfähig war, ihn zu verlassen. Sie begriff es nicht. Er war die pure Enttäuschung! Sie war sich nicht einmal mehr sicher, ob sie ihn noch liebte. Und trotzdem war sie außerstande, sich von ihm zu trennen und ihre Mutter und deren Schwestern nach Paris zu begleiten. Obgleich sie nichts lieber getan hätte.

Vielleicht liebe ich ihn ja doch, überlegte sie und zweifelte an sich selbst.

Also verabschiedete sie die Mutter, die Schwester und die Tanten am Kai des Hafens von Kopenhagen. Die Gesichter der Frauen leuchteten vor Aufregung, Angst und Freude. Sie kicherten und zwitscherten wie Backfische, gaben Tamara gute Ratschläge wie alte Frauen und warfen den Matrosen kokette Blicke zu.

Dann waren sie fort. Tamara, die den bitteren Geschmack der Einsamkeit in Petrograd kennengelernt hatte, stellte überrascht fest, wie unerträglich ihr Kopenhagen erschien, seit ihre Familie abgereist war und sie «nur» mit Tadeusz zusammenlebte. Sie klammerte sich an ihn, ihre Liebesschwüre klangen verzweifelt. Die Nächte waren geprägt von Tamaras Berechnung. Sie wollte Tadeusz so glücklich machen, daß er nicht anders konnte, als einer Abreise nach Paris zuzustimmen.

Malvina hatte Tamara vor ihrem Aufbruch beiseite genommen und ihr in sachlichem Ton geraten, sich nicht zu sorgen. Tadeusz habe keine Wahl. Seine einzige Überlebenschance in Kopenhagen sei die, eine Arbeit anzunehmen. Das allerdings halte sie, Malvina, für ausgeschlossen. Abschließend hatte sie gesagt: Tadeusz' Stolz ist nun einmal seit deiner Liaison mit dem Prinzen von Siam verletzt, er braucht eine Genugtuung. Gönn sie ihm – dann reist ihr ab.

Nun aber, da Tamara die Tage neben einem Mann verbringen mußte, der einsam, leer und eingebildet war, schienen die beruhigenden Worte der Mutter wie aus einem anderen Leben zu stammen. Tamara war so mürbe, so erschöpft von all den Erfahrungen, die sie in den letzten Monaten gemacht hatte; sie hatte keine Kraft mehr, Tadeusz etwas entgegenzusetzen, und war nahe daran, ihren inneren Halt zu verlieren.

Täglich durchlebte sie aufs neue ein Wechselbad der Gefühle. Mal beschwor sie leidenschaftlich ihre Liebe zu Tadeusz, dann wieder haßte sie ihn. Mal hatte sie das überlegene Gefühl, ihn dorthin bewegen zu können, wo sie ihn haben wollte, kurz darauf stürzte sie ab in die Gewißheit, völlig in seiner Hand, seinen Launen ausgeliefert zu sein.

Ihr Geld wurde knapp. Tamara forderte ihren Mann auf, für neues zu sorgen. Er blickte sie erstaunt an. Hast du keinen

Schmuck mehr? fragte er. Sie schüttelte trotzig den Kopf. Nein. Tamara log. Einiges von dem, was sie auf der Flucht aus Petrograd hatte retten können, hatte sie der Mutter anvertraut, der Rest schmolz erschreckend schnell dahin. Tamara fürchtete, daß eines Tages kein Geld mehr für die Überfahrt da sein würde.

Mürrisch machte Tadeusz sich einige Tage hintereinander auf den Weg, angeblich um eine Arbeit zu finden. Während seiner Abwesenheit suchte Tamara die Adresse am Hafen auf, die Tante Stefa ihr hinterlassen hatte. Dort erfuhr man, welche Schiffe nach Belgien oder Frankreich ablegten.

Eine Woche lang zitterte sie allabendlich vor Angst, Tadeusz könnte ihr mitteilen, er habe eine gute, leichte Arbeit als Rechtsanwalt gefunden. Doch wenn er kam, roch er nach Zigaretten, Alkohol und Frauen. Tamara verkniff sich die Frage, ob er den Tag im Puff verbracht habe. Wenn er schlief, durchstöberte sie seine Taschen, in denen er lose sein Geld mit sich herumschleppte. Er verbrauchte viel, sie war es zufrieden. So konnte er nicht mehr lange durchhalten.

Nach fünf Tagen forderte er Geld von ihr, und sie erwiderte in stillem Triumph, das Geld sei leider alle. Tadeusz erblaßte. Und nun? fragte er.

Und nun? fragte sie zurück.

Also ab nach Paris! sagte er leichthin.

Tamara hatte sich eigentlich vorgenommen, ihn mit der Frage auf die Folter zu spannen, wovon sie das Hotel und die Überfahrt bezahlen sollten. Doch sie verlor kein Wort darüber.

Eine Woche später setzten sie von Kopenhagen nach Ostende über und fuhren von dort mit dem Zug weiter nach Paris. Tadeusz hatte die Reisevorbereitungen ihr überlassen. Während der Überfahrt stand er mürrisch an Deck und starrte auf das endlose graue Wasser.

Es war September, als Tamara und Tadeusz in Paris eintrafen. Beim Ablegen in Kopenhagen hatte Tamara in ihrem dünnen Mantel gefröstelt. Als sie in Paris aus der Bahn stiegen, atmete sie tief ein und seufzte vor Erleichterung.

In Paris war noch Sommer. Tamara ließ ihr Gesicht von der lauen Luft streicheln. Sie würde den ganzen Alptraum hinter sich lassen, dessen war sie gewiß.

19

Tadeusz weigerte sich noch auf dem Bahnhof, für die erste Zeit Tante Stefas Gastfreundschaft in Anspruch zu nehmen oder gar zu Tamaras Mutter zu ziehen, die – gemeinsam mit Adrienne – zwar etwas weniger schick wohnte als Stefa, aber dank der in Francs umgetauschten Smaragde ihrer Schwester doch recht gut untergekommen war, in einer kleinen Pension in der Rue Paul Saunière im vornehmsten Viertel von Paris, dem 16. Arrondissement, nahe dem Bois de Boulogne.

Starrköpfig bestand er nach der Begrüßungszeremonie darauf, sich sofort auf die Suche nach einer Bleibe zu machen. So ließ Tamara sich von der Mutter bei einem in zartem Porzellan kredenzten Tee den neuesten Klatsch erzählen, während Tadeusz, übermüdet und schlecht gelaunt, durch die Straßen von Paris stromerte, um eine Unterkunft für sich und seine Frau zu finden.

Es gelang ihm recht bald.

Tamaras Lippen wurden zu einem Strich, als Tadeusz sie in das Hotel führte. Der Flur bildete einen schmalen düsteren Schlauch, in dessen rechter Seite in einer Art Verschlag ein doggenähnlicher Concierge saß, der die Eintretenden aus dem Hinterhalt mit einem gekrächzten Bonjour! überfiel.

Tadeusz umarmte Tamara, wirbelte sie durch den winzigen Raum und warf sich mit ihr auf das Bett, das altersschwach ächzte. Mein Himmelsschlüsselchen, mein Augenstern, meine einzige Liebe, wir werden hier nicht alt werden. Wir wollen uns lieben, lachen, tanzen! Wir sind in Paris, meine Lotusblüte, in der Stadt der Liebe...

Tamara schloß die Augen und lauschte der Stimme, die sie so sehr liebte. Sie spürte seinen Atem an ihrem Ohr, sein heißer Mund glitt suchend über ihren Hals, verweilte in der weichen warmen Beuge zum Schlüsselbein und tastete sich langsam vor in Richtung ihrer Brüste. Wie lange hatte er sie nicht mehr mit seinen verrückten Koseworten bedacht! Aus dem Winkel ihres linken Auges stahl sich eine Träne, fand langsam einen Weg an den hohen Wangenknochen entlang und rollte schließlich in ihr Ohr. Das kitzelte, aber Tamara rührte sich nicht, um die Träne fortzuwischen. Sie lag ganz still; ihr Körper lauschte auf Tadeusz' Stimme, die Versprechungen flüsterte, auf seinen Mund, der bis zu dem sanft geschwungenen Tal zwischen ihren Brüsten vorgedrungen war, auf seine Hand, die sich langsam unter ihren Rock schob und genüßlich die Form ihrer Beine nachzeichnete.

Was zählte das schäbige Zimmer! Zum Leben zählte ganz etwas anderes. Die laue Luft, die hineinfluten würde, wenn sie das Fenster öffnete. Das Lachen der schönen Frauen in den Cafés und die Männeraugen, die dunkel wurden, wenn sie ein wenig zu lange auf Tamaras Mund, ihren Brüsten, ihren Beinen verweilten. Was zählte, war, daß sie hier vielleicht finden würde, wonach sie schon lange suchte; sie kannte nicht einmal den Namen dieses Etwas, sie nannte es Glück.

Am nächsten Tag bereits saß sie Hand in Hand mit Tadeusz auf der Terrasse des Café du Dôme, ihre Neugier gekonnt hinter einer glatten Maske aus Schönheit und Arroganz verborgen. Die Eintracht zwischen den beiden löste sich im Nu auf, doch Tamara merkte es nicht. Sie war hingerissen von dem Schauspiel, das sich ihr bot, mehr noch von den Frauen, die sich in atemberaubender Freizügigkeit bewegten, als von den Männern, die lebhaft und witzig intellektuelle Dispute ausfochten, in einer solchen Lautstärke, daß der Funke eines Themas schnell übergriff auf Gäste, die an entfernten Tischen saßen. Dann flammte lebhaftes Gespräch auf und ergriff im Nu die ganze Terrasse, auch Tamara, die zwar nichts sagte, aber durch ihre Mimik Teilnahme bekundete. Tadeusz hingegen zog sich zurück.

Einer aufmerksamen Frau wäre seine Irritation sicherlich nicht entgangen. Er rückte leicht vom Tisch ab, löste seine Hand aus der Tamaras, zündete sich eine Zigarette an und rauchte sie, als hätte er Sex mit ihr: vollkommen auf die Zigarette konzentriert, Mund, Auge, Nase, Hand, der ganze Mann davon absorbiert, die Zigarette zu vernaschen. Aber Tamara war keine aufmerksame Frau. Zumindest nicht aufmerksam für ihren Mann. Ebenso hingebungsvoll, wie Tadeusz rauchte, gab sie sich dem Leben auf der Terrasse hin. Nur so konnte es geschehen, daß Tadeusz' Ausbruch sie dermaßen verstörte.

Die Knöchel seiner Hand wurden weiß, so wütend drückte er

die Zigarette im Aschenbecher aus; er wühlte in seinen Taschen und warf die Sous auf den Teller, das harte helle Geräusch erst riß Tamara aus ihrer Versunkenheit. Sie blickte zu Tadeusz, hatte aber keine Zeit mehr zu begreifen, welche Veränderung mit ihm vorgegangen war. Er packte ihren Ellbogen, riß sie hoch und führte sie ab. Tamara spürte nicht, daß er ihr weh tat, so erstaunt war sie. Was ist los? fragte sie erschrocken.

Du bist ja lesbisch! zischte er zwischen zusammengepreßten Zähnen hervor. Du bist nicht nur eine Hure, du bist eine lesbische Hure!

Zwei junge Frauen kamen auf sie zu, ihr fröhliches Lachen erstarb, als sie etwa auf gleicher Höhe mit Tadeusz und Tamara waren. Forschend blickten sie Tamara ins Gesicht. Tamara erschrak noch heftiger. Hatte sie so die Contenance verloren, daß andere Frauen sie bereits mitleidig anschauten? Sie warf den Kopf in den Nacken, setzte ihre hochmütige Maske auf und schritt auf ihren langen schlanken Beinen selbstbewußt und aufrecht neben ihrem Mann her. Nicht sie wurde abgeführt, er hielt sich an ihrem Ellbogen fest.

Lesbisch? dachte sie, was meint er damit? Hure, das Wort kannte sie aus seinem Mund, aber lesbisch?

Mit dem Wort Hure hatte er sie zum erstenmal im Zusammenhang mit dem Prinzen von Siam beschimpft, es hatte keinen schlechten Beigeschmack. Einen Beigeschmack von Luxus und Lust. Gut, dann also Hure, hatte sie gedacht. Besser als Gänseliesel, die um die Gunst des hohen Herrn buhlt. Natürlich wußte sie, daß Tadeusz sie verunglimpfen wollte, aber es war nicht nur Trotz, mit dem sie sich gegen den Stachel der Beschimpfung wehrte, es war auch die Erfahrung der Emigrantin, die herausgefallen war aus allen Geborgenheit bietenden Zusammenhängen. Die kurze Zeit, die sie allein in Petrograd ums Überleben und um die Freilassung ihres Mannes gekämpft hatte, hatte sie unempfindlich gemacht gegen Vorwürfe oder Beschimpfungen, die irgendeiner Moral entsprangen, mehr noch als der Dünkel des Töchterchens aus reichem Hause, das ohne jedes Gefühl für Schuld oder Moral aus der Fülle der Speisen das Feinste wählt, während ringsumher die Menschen verhungern.

Lesbische Hure. Tadeusz machte sie neugierig.

Der gewaltsame Aufbruch vom Dôme hatte in ihr den starken

Drang entfacht, zu dem Ort zurückzukehren, zu dem Ort und dem Gefühl, aus dem er sie mit den Worten *lesbische Hure* gerissen hatte.

Von nun an suchte Tamara die Cafés auf Montparnasse täglich auf. Als es kühler wurde, zog sie sich mit den anderen ins Innere des Dôme, des Sélect, der Rotonde zurück. Nach kürzester Zeit gehörte sie dazu.

Und ohne sich dessen bewußt zu sein, verfolgte sie täglich die Fährte *lesbische Hure*. Sie tat es mit der Neugier und der Unerschrockenheit, die sie einst zur kindlichen Bandenanführerin gemacht hatten. Sie war viel naiver und unerfahrener, als sie aufgrund ihres blasierten Gehabes wirkte. Was sie wußte, war, daß Lesbierinnen Frauen liebten. Welche Frauen das aber waren, wie sie aussahen, woran man sie erkannte und wie sie einander liebten, war ihr schleierhaft. Sie kannte keine lesbische Frau, aber sie kannte eine Unmenge Frauen, die einander liebten. Diese Frauen lagen miteinander im Bett und tranken Kakao und kicherten und gaben einander Geheimnisse preis und blätterten in Modejournalen. Sie kämmten einander die Haare, kleideten sich gegenseitig an, betrachteten einander zärtlich, streichelten sich, ja, sie küßten einander häufig. Lesbisch? Nein, normal. So waren die Frauen, zwischen denen Tamara aufgewachsen war. Sie teilten alles miteinander. Mit den Männern hatten sie Sex. Gewissermaßen als Entschädigung dafür, daß die Männer das Geld verdienten. Von den Männern bekamen sie die Kinder. Weil das nun einmal zu einem Frauenleben gehörte.

Was war also das Besondere an der lesbischen Frauenliebe?

Tamara dachte nicht eigentlich darüber nach, wie sie überhaupt wenig nachdachte, sie nahm nur geschärft wahr. Verflochtene Frauenhände unter Cafétischen, Küsse, die über das hinausgingen, was Tamara zwischen Frauen vertraut war, Frauenblicke, so zärtlich und begehrend, wie Tamara sie nur von Männern erlebt hatte. Sie nahm all das wahr, aber sie blieb unberührt. Allein männliches Begehren trieb ihr Hitze in den Bauch, ließ sie spüren, daß sie eine Frau von Wert war.

Und sie brauchte diese Blicke, diese Bestätigung, immer dringender, denn Tadeusz hatte es sich anscheinend zum Lebenssinn gemacht, sie kleinzukriegen. Seine Zärtlichkeit war nach ihrem gemeinsamen Besuch des Dôme zwar noch von Zeit zu Zeit aufgeflackert, viel mehr Lust aber schien es ihm zu bereiten, Tamara zu beleidigen. Sobald sie zurückkehrte in ihr schäbiges Hotelzimmer, aus dem sie floh, sooft und so schnell sie nur konnte, beschimpfte er sie.

In der ersten Zeit erschrak Tamara jedesmal. Seine schneidende Stimme tat ihr weh, und sie glaubte ihm sogar. Wenn sie ihn bat, mit ihr gemeinsam das Hotel zu verlassen, ihre neuen Bekannten und deren Paris kennenzulernen, erklärte er kalt, wie entsetzlich er sich mit ihr langweile, wie öde alles sei, was sie von sich gebe, wie oberflächlich und ohne Sinn und Verstand.

Es gibt nur zwei Möglichkeiten, sagte er, entweder sind deine Freunde ebenso hohl wie du, dann störe ich nur, oder aber sie sind intelligent und interessant, dann verkehren sie mit dir nur, weil sie dich ficken wollen, und auch dann störe ich.

Tamara beteuerte, daß ihre Freunde wirklich intelligent seien, daß sie sie, Tamara, mochten und akzeptierten und daß Tadeusz bestimmt nicht stören würde. Seiner Überzeugung, daß sie dumm und oberflächlich sei, widersprach sie nicht. Sie glaubte ihm.

Allnächtlich trieb Tadeusz Sex mit ihr, nahm sie fast ohne Übergang von der Beschimpfung zum Kuß. Sie fühlte sich aufgerissen, gedemütigt und doch seltsam getröstet durch seine Nähe.

20

Tante Stefa half Tamara dabei, die Schmuckstücke zu verkaufen, die sie mit Hilfe des Konsuls über die Grenze geschmuggelt hatte. Es war nicht so einfach, in Paris durch das Versetzen von Schmuck Geld zu bekommen. Der Krieg war gerade vorbei, die Menschen ertranken in Sorgen und Lebensgier, aber Geld war knapp. Die Trödler und Antiquitätenhändler, vor allem aber die Juweliere verwiesen auf die schlechte Finanzlage des Landes, wenn sie ihre Preise machten. Auf die schlechte Finanzlage und auf die Schwemme russischer und polnischer Emigranten, die Säcke voll Schmuck mitgebracht hatten in der Hoffnung, in Paris das exklusive Leben weiterzuführen, aus dem die Bolschewiki sie vertrieben hatten.

Wäre Tamara allein losgezogen, hätte sie wahrscheinlich gerade mal Geld für einen Monat Leben herausgeschlagen, so aber erhielt sie zur vielfachen Menge Geldes gleich eine Lektion in Geschäftstüchtigkeit hinzu.

Tante Stefa erschien in einen Zobel gekleidet, unter dem sie ein smaragdgrünes Seidenkostüm trug, in dessen Ausschnitt die Wölbung ihrer üppigen Brüste mit einem Collier aus quadratischen Smaragden unterschiedlicher Größe darum wetteiferte, den Blick auf sich zu ziehen. Tamara hatte sich betont schlicht angezogen – in Erinnerung an die Petrograder Zeiten, in denen ihr, genau wie jetzt, nichts anderes übriggeblieben war, als sich zu ihrer Misere zu bekennen.

Aber Tantchen! rief sie aus, als Tante Stefa in ihr Hotelzimmer rauschte und es augenblicklich noch tausendfach schäbiger erscheinen ließ, als es ohnehin schon war. Tadeusz, der rauchend auf dem Bett lag, verzog mißbilligend das Gesicht, sagte aber nichts.

Wie, aber Tantchen? gab Stefa strahlend zurück. Wir sind doch verabredet.

Wie siehst du denn aus? fragte Tamara kichernd. Man könnte meinen, du wolltest die Kronjuwelen erwerben und nicht deiner armen Nichte helfen, ihren letzten Schmuck zu verkaufen. Keiner wird mir doch meine Bettelgeschichte glauben...

Welche Bettelgeschichte? fragte Tante Stefa befremdet.

Die Geschichte von der armen Frau, deren Versager von Mann nicht in der Lage ist, sie zu ernähren... knurrte Tadeusz.

Tante Stefa sah streng auf ihn herab. Tamara hob an zu sagen, daß es sich hierbei um keine Geschichte, sondern um die Wahrheit handle, da schnitt die Tante ihr mit einer kurzen Handbewegung das Wort ab.

Wir werden überhaupt keine Geschichte erzählen, sagte sie knapp und fügte dann mit verschmitztem Lächeln hinzu: Weder Geschichten noch die Wahrheit. Und während sie den häßlichen Kleiderschrank aus dunklem, fleckigem Holz öffnete, in dem

Tamaras Kleider hingen, und darin herumsuchte, bis sie schließlich triumphierend ein Kostüm aus champagnerfarbener Seide emporhob, erläuterte sie Tamara ihre Strategie. Kindchen, wir sind keine Bettlerinnen, Bettlerinnen tragen keinen Schmuck. Wir sind Frauen, mit denen Juweliere Geschäfte abschließen können. Geschäfte zu ihrem und zu unserem Nutzen. Mal verkaufen wir, mal kaufen wir. Was wir verkaufen, ist exquisit und gereicht jedem Juwelier in seinem Sortiment zur Ehre. Und was wir kaufen, wird von vielen anderen bewundert und bedeutet somit eine gute Investition für einen Juwelier. Durch uns bekommt er andere reiche Kunden. Juweliere haben kein Interesse an Bettlern, weder als Käufer noch als Verkäufer. Bettler sind wie welke Blätter, die, aufs Wasser geweht und mitgetrieben, keine Spur hinterlassen. Wir sind dicke, leuchtende Steine, die weithin Wellen schlagen und vom Grund her immer weiter leuchten. Sie lachte und strich wohlgefällig über die Wölbung ihrer Hüfte. Dick und leuchtend, mein Kind, so haben Juweliere ihre Geschäftspartnerinnen gern.

Tadeusz knurrte angewidert.

Tamara kleidete sich rasch um. Das Kostüm, das die Tante herausgesucht hatte, stammte aus London; der Prinz hatte es ihr geschenkt. Auf dem blusenartigen Oberteil wuchsen von der Hüfte bis zur Brust exotische Blüten in leuchtendem Orange zwischen smaragdgrünem Blattwerk. Der Rock war in schlichtem Champagner gehalten, nur am Saum mit einer breiten Bordüre vom gleichen Muster wie das Oberteil versehen. Am Halsausschnitt lag ein kleiner Pelzbesatz, ebenso am Ärmelabschluß. Dieser Ärmelabschluß hatte es Tamara besonders angetan, denn der Pelz fiel nicht auf die Hände, sondern war zehn Zentimeter oberhalb auf den Stoff genäht und gab sich so eindeutig als Zierde zu erkennen. Das Kostüm war von einer englischen Künstlerin von Hand bemalt worden: ein Einzelstück.

Tamara trug ihre blonden Haare kurz. Sie waren, mit einem Madonnenscheitel, glatt an den Kopf gekämmt und legten sich in einer leichten Welle über die Ohren. Tante Stefa gefiel diese Frisur nicht, sie beklagte auch jetzt wieder, daß Tamara ihre welligen Engelshaare abgeschnitten hatte.

Tadeusz knurrte abermals unwillig; es war nicht auszumachen, ob sein Ärger der Störung durch die schwatzende Tante galt oder ob ihm Tamaras Bekleidung nicht gefiel. In ihrem Hotelzimmer gab es keinen großen Spiegel.

Tamara sah verunsichert von ihrer Tante zu Tadeusz. Sehe ich unmöglich aus? fragte sie ihren Mann.

Unmöglich? Er blickte betont uninteressiert auf. Du siehst aus, als wolltest du zum Empfang des Prinzen von China gehen.

Die Anspielung trieb Tamara das Blut in die Wangen. Sie wandte sich ab, vorgeblich, um aus dem Fenster zu sehen. Es war ihr schrecklich, ihm oder irgendeinem anderen Menschen ihre Gefühle offen zu zeigen, vor allem das der Scham. Erröten war eine der schlimmsten Peinlichkeiten, die ihr widerfahren konnten. Mit dem Rücken zu Tadeusz, griff sie nach ihrer Puderdose, betrachtete sich prüfend in dem kleinen Spiegel und bestäubte ihre ohnehin blassen Wangen noch einmal mit dem Puder, der ihre edle Blässe betonte.

Die Tante trieb zur Eile. Als Tamara sich von ihrem Mann verabschiedete, bemerkte sie, daß er eine beige Flanellhose trug, dazu ein weißes Hemd, um dessen Kragen ein weißer Schlips mit zartbeigem Rombenmuster geschlungen war. Dazu hatte er schwarzweiße Dandyschuhe übergestreift. Es fehlte nur noch, daß er das schwarze Jackett anlegte, das über einem Bügel seitlich am Schrank hing, und er wäre wie fürs Spielcasino in Monte Carlo gekleidet gewesen. Verärgert verabschiedete sie sich von ihm; verärgert über ihn und seine undurchsichtigen Pläne und zugleich verärgert über sich selbst. Warum war ihr sein Aufzug nicht eher aufgefallen? Ich bin einfach zu langsam! schalt sie sich. So bleibt er immer Sieger.

Tante Stefa und Tamara besuchten einen der reichsten Juweliere von Paris. Er begrüßte Tante Stefa wie eine Jugendfreundin und stürzte sich begeistert mit der Lupe auf ihr Smaragdcollier, das sie daraufhin vom Hals löste mit der koketten Bemerkung, sie wolle sich nicht eines schnöden Tricks bedienen, um einen so charmanten Herrn wie ihn anzulocken. Der Juwelier kicherte geschmeichelt und gab, während er, die Lupe vors linke Auge geklemmt, die Kette Stein für Stein betrachtete, grunzende Laute der Begeisterung von sich. Tante Stefa, offenbar vertraut mit den Gepflogenheiten, lud Tamara ein, sich mit ihr an einen runden Tisch auf zierliche, mit rotem Samt gepolsterte Stühle zu setzen.

Sie griff nach Tamaras Täschchen, entnahm diesem den Schmuck und breitete ihn sorgfältig auf einem Samttuch aus, das der Juwelier ihr zuvorkommend reichte.

Wie eine Bäuerin auf dem Trödelmarkt in Warschau, schoß es Tamara durch den Kopf, und sie lächelte unvermittelt. Tante Stefa lächelte einvernehmlich zurück. Sie zog einen Ring von ihrem rechten kleinen Finger und legte ihn zu Tamaras Schmuck. Der Ring war aus Weißgold und mit einem ovalen rötlich-braunen Karneol verziert, so groß, daß er Tante Stefas kleinen Finger bis zum oberen Gelenk bedeckte.

Tamara, zunächst verwundert darüber, daß die Tante auch noch ihren Ring dazulegte, wurde im Verlauf der nächsten Stunde geradezu überwältigt von deren Verhandlungsgeschick. Stefa ließ sich vom Juwelier das Collier wieder umlegen, plauderte eine Weile fachkundig über Steine, Schliffe, Gold und Silberfassungen und ließ dabei angelegentlich Bemerkungen über die Schmuckstücke einfließen, die sie auf dem dunkelblauen Samttuch drapiert hatte. Auch der Juwelier richtete seinen Blick von Zeit zu Zeit auf die Steine und Schmuckstücke und wandte sich dann wieder allgemeinen Themen zu, wobei er Tante Stefas Karneolring aufnahm, gegen das Licht hielt, anerkennend grunzte und ihn wieder hinlegte.

Schließlich bedankte Tante Stefa sich für das reizende Gespräch und bat den Juwelier um eine Auskunft darüber, wem sie den Schmuck wohl anbieten könne. Sie sei sehr froh, daß sie ihn kennengelernt habe, so kurz, wie sie erst in Paris weile. Einen solchen Fachmann, dazu Liebhaber schönen Schmucks, wie auch sie eine Liebhaberin sei, in Paris zu kennen, das sei für sie als Vertriebene ein wahrer Segen. Sie bezeichnete sich nicht als Emigrantin oder Flüchtling, wie jene, die vor den Kommunisten geflohen waren, häufig genannt wurden. Vertrieben zu sein, so hatte Tante Stefa ihrer Nichte erklärt, appellierte an das Mitgefühl der anderen. Auf der Flucht waren auch Sträflinge.

Der Juwelier murmelte geschmeichelt: Nun, warum woanders suchen, wenn ich selbst doch da bin? Ich denke, ich könnte Ihnen behilflich sein. Wieder klemmte er die Lupe zwischen Braue und Tränensack des linken Auges und begutachtete den dargebotenen Schmuck Stück für Stück. Tante Stefa plauderte unterdessen unbefangen weiter und warf von Zeit zu Zeit Informationen zu den jeweiligen Geschmeiden ein, vor allem, wenn es sich um Stücke handelte, die noch von Tamaras Großmutter stammten. Wieder blieb der Blick des Juweliers bewundernd an Stefas Karneolring hängen.

Er stammt von einer Großfürstin, die Rasputin zuerst geliebt und dann nach Sibirien verstoßen hat, erläuterte Tante Stefa in einem Ton, der zwischen Vertraulichkeit und dem Widerstreben, eine solche Information preiszugeben, schwankte. Tamara sah ihre Tante erstaunt an, meinte sie doch, sich zu erinnern, daß der Onkel diesen Ring einmal aus Paris mitgebracht hatte. Der Juwelier zog neugierig seine buschigen Augenbrauen hoch. Die Lupe fiel herunter, und er fing sie geübt in der hohlen Hand auf.

Mon Dieu, Madame, sagte er bewundernd, welche Schicksale doch in Ihrem Schmuck stecken! Er streichelte den Karneol, der daraufhin verschmiert aussah.

O ja, bekräftigte die Tante, wir haben viel erlebt. Die Großfürstin schenkte mir den Ring, als ich sie, unter tausend Gefahren, einen Tag vor ihrem Abtransport noch einmal besuchte. Sie wußte, daß sie in den Tod ging, und wollte ihren Peinigern nicht auch noch den wertvollen Ring überlassen. Sie hätten sie sehen sollen, als der Zug sich am nächsten Morgen in Bewegung setzte. Zu Fuß von Petersburg nach Sibirien. Sie gab sich keiner Illusion hin: Auf dem Marsch noch würde sie sterben. Aber sie trug ihr Haupt hoch erhoben, und es sah geradezu majestätisch aus, als sie mir einen letzten Gruß zuwinkte.

Diesen Ring muß ich unbedingt haben! seufzte der Juwelier. Dann wies er auf einige andere Schmuckstücke. Und diese dazu. Die anderen sollten Sie behalten. Er sprach nun in Tamaras Richtung: Der Schmuck ist recht hübsch, besonders für eine so junge – an Stefas Adresse fügte er lächelnd hinzu: unbedarfte, um daraufhin den Satz in Tamaras Richtung zu beenden mit den Worten – hübsche Frau. Bedauernd fuhr er fort: Aber sie sind ohne materiellen Wert. Ich würde Ihnen nur wenig dafür bieten können.

Tante Stefa handelte einen Preis aus, der Tamara schwindlig machte. Beim Verabschieden, der Juwelier hielt schon den Türknauf in der Hand, um sie hinauszulassen, eilte Stefa noch einmal zu dem Schmuck zurück, hielt eine filigran verarbeitete Silberkette hoch, die einmal ihrer Mutter gehört hatte, und fragte den

Juwelier mit leiser Stimme, wieviel er von der Gesamtsumme abziehe, wenn sie diese doch behalte. Er nahm die Kette, legte sie in Stefas Hand und drückte diese zu.

Madame, murmelte er, es ist mir eine Ehre, Ihnen eine Freude zu bereiten. Kommen Sie bald wieder.

Tante Stefa errötete leicht. Tamara nahm es befremdet zur Kenntnis; es war ihr fast so peinlich, als wäre sie selbst errötet. Steif verabschiedete sie sich.

Tante Stefa führte ihre Nichte ins Café, anschließend schlenderten sie an der Seine entlang und stöberten bei den Bouquinistes; Tante Stefa flirtete mit den Verkäufern, übermütig wie ein junges Mädchen.

Als sie sich nach einem ausgezeichneten Diner in einem kleinen schlichten Restaurant auf Montmartre schließlich von Tamara verabschiedete, drückte sie ihr ein Viertel des beim Juwelier erhandelten Geldes in die Hand. Bitte, mein Kind, sagte sie, überlaß mir die Kette von der Großmutter, ich überlaß dir das Geld. Aber sprich nicht zu Tadeusz davon, er muß sich daran gewöhnen, daß er euren Unterhalt zu verdienen hat. Ich will nicht, daß er dein Geld zum Fenster hinauswirft.

Wie soll er das Geld verdienen, Tantchen? fragte Tamara verzweifelt. Er findet doch keine Arbeit.

Nun, zum Beispiel bei deinem Onkel in der Bank…

Beim Bankier? fragte Tamara zurück. Aber Tantchen, Sie wissen, daß der Bankier meinen Mann nicht ausstehen kann.

Tante Stefa antwortete leichthin: Ich weiß, meine Kleine, und ich glaube, ich kann deinen Mann auch nicht ausstehen, er ist einfach nicht mehr charmant. Aber wir lieben dich, der Bankier und ich, und da wird meinem Gatten nichts anderes übrigbleiben, als dafür zu sorgen, daß der uncharmante Tadeusz endlich aufhört, dir die Tage zu verdüstern. Sie lachte laut auf. Sonst wirst du am Ende noch genauso unleidlich wie er. Das wollen wir doch vermeiden.

Langsam spazierte Tamara zu ihrem Hotel zurück. Zwischen ihren Augenbrauen stand eine strenge Falte. Tadeusz müßte arbeiten gehen, ja, sicherlich, aber er würde es nicht tun. Er würde sich dafür zu schade sein, sie wußte es. Wie konnte sie ihn dazu bewegen, eine Arbeit anzunehmen?

Sie mußte einen Weg finden.

21

Als sie ins Hotelzimmer zurückkehrte, riß sie fröhlich die Tür auf, auf den Lippen den Satz: Geliebter, ich lade dich zu einem Nachtbummel ein.

Sie hatte geplant, Tadeusz aus seinem Trübsinn herauszulokken, hatte mit ihm feiern wollen, daß ihr Leben für die nächsten Wochen gesichert war. Sogar für die nächsten Monate mit dem Geld, das Tante Stefa behalten hatte, aber das war Tamaras Geheimnis.

Das Zimmer war dunkel und leer. Tadeusz' Jacke hing nicht mehr auf dem Bügel, nur das zerwühlte Bett zeugte noch von ihm. Prüfend legte Tamara ihre Hand darauf. Das Bett war kalt, Tadeusz offenbar schon eine Weile fort.

Eine dumpfe Angst beschlich sie. Im Dunkeln setzte sie sich aufs Bett und versuchte, die Angst zu verscheuchen. Vor dem Fenster lag die blaue Nacht, erhellt von der Stadt, die den Himmel über sich nie ganz dunkel werden ließ. Einen Monat war sie jetzt hier, einen Monat in einem Zuhause, in dem sie sich am wohlsten fühlte, wenn es dunkel wurde. Wenn die geschmacklosen Blümchenmuster der vergilbten Tapete ihre Farbe verloren, wenn der zerkratzte sargähnliche Schrank nicht mehr war als ein dunkler Schatten an der Wand, wenn das ganze Zimmer zurücktrat und die helle Stadt vor dem Fenster zum Zuhause wurde. Sie hatte die Stadt liebgewonnen. Das Hotelzimmer versuchte sie aus ihrem Blick, ja, aus ihrem Leben auszublenden. Und doch, wenn sie wie jetzt im Dunkel auf dem Bett saß, mußte sie sich eingestehen, daß ihr Zuhause in Paris ein winziges schäbiges Zimmer war, das ausgefüllt wurde von diesem düsteren schönen Mann. Auf dem Bett liegend, verfolgte er sie entweder mit den Augen und beschimpfte sie, oder er befahl ihr, zu ihm zu kommen und ihn zu befriedigen, oft ohne sich auch nur die Mühe zu machen, sich oder sie auszukleiden.

Oder aber er las Kriminalromane, eine Leidenschaft, die er erst in Paris entdeckt hatte. Wie sehr er dieses Zimmer ausfüllte, merkte sie erst jetzt, da es ohne ihn wie eine offene Wunde klaffte.

Wohin war er gegangen? Panik befiel Tamara. Sie sah sich in Petrograd in ihrer Wohnung; dort war Tadeusz verschwunden, ohne daß sie gewußt hatte, wann sie ihn jemals wiedersehen würde. Sie verlor das Gefühl für den Unterschied zwischen damals und heute, empfand nur noch ihre Verlorenheit. Die ganze Welt erschien ihr schäbig und leer wie dieses Zimmer, wenn es von Tadeusz verlassen war.

Sie wollte etwas tun, wie damals in Petrograd, Tadeusz suchen, durch die Straßen streunen, nur raus aus dem Zimmer, aber sie konnte nicht. Es war, als würde sie unaufhaltsam von einem Eisklotz umschlossen, der sie in sich begraben würde. Ihre ineinander verschränkten Hände waren eiskalt, sie fror, es kam ihr vor, als wären ihre Füße in der Kälte schon abgestorben, aber sie war wie gelähmt, unfähig, sich zu rühren.

Genauso saß sie noch vier Stunden später, als Tadeusz heimkehrte, betrunken. Grob rüttelte er sie an der Schulter, riß sie hoch und beschimpfte sie als läufige Straßenhündin, die sich nicht schämte, ihren Mann zu belügen und zu betrügen. Er kippte ihre Handtasche über dem Bett aus, bis der gesamte Inhalt darauf verstreut lag. Aufgeregt wühlte er darin herum, bis er alles Geld gefunden hatte, das Tamara von der Tante erhalten hatte. Er wedelte mit den Scheinen vor Tamaras Gesicht hin und her, sie kitzelten ihre Nase, schnitten in ihre Haut.

Da! brüllte er. Und da! Und da! Hure, Dirne, wie läßt du dich ficken? Von hinten, von vorn, im Arsch, im Mund, von zehn gleichzeitig oder von einem Hund, und ein alter impotenter Bock geilt sich am Zuschauen auf?

Tamaras Zähne schlugen aufeinander. Tadeusz, sagte sie ängstlich, laß dir doch erklären...

Erklären? Von dir elender Lügnerin darf man sich nichts erklären lassen, hier, hier ist der Beweis. Wo treibst du's? Hast du feste Freier, bist du im Bordell? Nein, sag bloß nichts, ich weiß, du bist eine von den ganz miesen, du hebst hinterm Bahndamm den Rock, im Klo... Er lachte hart auf, schlug ihr das Geld rechts und links an die Wangen und steckte es dann in seine Hosentasche. Wahrscheinlich hast du eine feste Kabine im Männerpissoir, die feine Dame in Seide, vom Prinzen von Siam eingekleidet... Los, komm her, jetzt bedien mich, hier bin ich der Prinz, wir können auch ins Klo gehen, los, komm...

Er packte sie am Handgelenk und zog sie hinter sich her zum Etagenklosett. Er schloß die Tür nicht ab, drehte Tamara so, daß jeder Eintretende sofort ihren nackten Hintern sehen mußte, und nahm sie im Stehen. Tamara empfand nichts. Es war, als hätte der Eisblock sie endgültig umschlossen.

Niemand öffnete die Tür. Als sie zu ihrem Zimmer zurückkehrte, schien ihr das Hotel unwirklich, ausgestorben, ein Ort aus einem Traum. Tadeusz zog sich aus, ordnete seine Kleidung säuberlich auf Bügel, fiel ins Bett und stieß schon im nächsten Augenblick laute, unregelmäßige Schnarcher aus.

Sie wagte es nicht, sich zu waschen, aus Angst, das Geräusch könnte Tadeusz aufwecken. Sie wagte auch nicht, das Zimmer zu verlassen. Also entkleidete sie sich, so leise sie nur konnte, hängte ebenso wie ihr Mann ihr zerknülltes Kostüm sorgfältig auf einen Bügel und legte sich neben ihn. Sie sah aus dem Fenster in den blauen Nachthimmel, lauschte Tadeusz' Schnarchen, und mit einemmal löste sich etwas in ihrer Brust, und sie wurde sehr traurig. Sie kuschelte sich dicht an Tadeusz' warmen Rücken, froh, daß sie nicht allein war.

22

Was bedeutete schon ein wenig Rauferei? Die einstige Chefin einer Kinderbande war Schlimmeres gewöhnt. Sie sah zwar aus wie die Prinzessin, die eine Erbse durch Stapel von Matratzen hindurch schmerzlich spürt, hinter der Fassade aber war sie zäh und konnte einen Stoß vertragen.

Am nächsten Morgen wachte sie früh auf. Alles tat ihr weh, und sie fühlte sich traurig und verloren. Und ein wenig schuldbewußt. Sie zürnte Tadeusz nicht im geringsten. Er hatte auf sie gewartet, er hatte Angst um sie gehabt, er hatte es in dem Zimmer nicht mehr ausgehalten, er kannte niemanden in Paris, hatte keine Freunde, war einsam und allein; er hatte ein schweres

Schicksal hinter sich, er war vor Eifersucht rasend gewesen. So sehr liebte er sie! Und er war ein Mann, ein temperamentvoller dazu. Männern mußte man vieles verzeihen.

Als sie in dieser Weise zu sich selber sprach, löste sich das traurige und verlorene Gefühl allmählich auf. Sie begann, den nackten Tadeusz wachzuküssen. Auch von seinem unwilligen Knurren ließ sie sich nicht beirren. Obwohl er die Decke fester um sich zurrte und mit einem leichten Schütteln seiner Schultern ein Stück von ihr abrückte, eroberte sie Millimeter für Millimeter seinen nackten Rücken, wanderte hinunter zu seinem Hintern und kam sich vor, als kämpfe sie wie einst um das Terrain der Küche. Es bereitete ihr Vergnügen, und die abwehrenden Laute, die er ausstieß, schreckten sie nicht.

Sein Körper zeigte deutlich, daß sie ihn erregte, auch wenn er nach wie vor widerstrebte. Nun schien ihr der Widerstand aber wie ein Spiel. Sie fühlte sich stark und mächtig, als sie ihn mit ihren Lippen, ihrer Zunge, ihren Händen so sehr erregte, daß er stöhnte.

Kurz bevor Tadeusz zum Höhepunkt kam, ächzte er, wie sehr er sie liebe und daß er jeden eigenhändig erwürgen werde, der es mit ihr treibe. Da glaubte Tamara für einen Moment zu wissen, daß ihn die Vorstellung von seiner Frau, wie sie in den Armen eines oder mehrerer anderer Männer lag, ganz besonders erregte.

Später dann in dem kleinen Café unweit des Hotels, bei Café crème und Croissants au chocolat, die in Butter gebacken waren und von denen Tamara ein Dutzend zum Frühstück essen konnte, kam sie auf das Geld zu sprechen, das Tadeusz ihr am Abend zuvor entwendet hatte. Sie gab sich unbefangen und lässig, obwohl ihr Magen sich so sehr zusammenkrampfte, daß ihr sogar der Appetit auf das delikate Frühstück verging.

Stell dir vor, sagte sie mit einem amüsierten Lachen, Tante Stefa hat den Juwelier vollkommen becirct.

Und sie erzählte Tadeusz die Geschichte vom Juwelier, wobei sie die Zahl der von Tante Stefa verkauften Stücke aufrundete, ihren eigenen Verkauf hingegen herunterspielte, um Tadeusz' Mißtrauen nicht zu wecken.

Tadeusz rauchte und sah sich im Café um, als interessiere ihn Tamaras Geschichte nicht. Schließlich warf er ihr einen kurzen prüfenden Blick zu und fragte, wieviel sie von dem Juwelier wirklich erhalten habe und wo sie den Rest verstecke.

Tamara spürte, wie Hitze ihr von der Brust in die Wangen schoß. Gleich würde sie erröten. Und alle im Café würden es sehen. Sie wurde wütend auf Tadeusz, weil er sie in eine solche Lage gebracht hatte.

Kühl blickte sie ihn an und bemerkte: Ich habe es in unserem Zimmer versteckt. Das Zimmer ist klein, das Geld nicht größer, spätestens in einer Woche hast du es gefunden, wenn du dir Mühe gibst.

Er zog gelangweilt an seiner Zigarette und antwortete nicht.

Sie wurde noch wütender. Wieso gelang es ihr nicht, seine Mauer zu durchbrechen? Sie zischte: Du schlägst zwei Fliegen mit einer Klappe, wenn du im Zimmer rumkriechst. Du hast endlich einmal etwas zu tun und lungerst nicht mehr nur auf meine und meiner Familie Kosten herum – und außerdem tust du etwas für deinen Körper, sonst könnte deine Potenz noch ebenso versagen wie alles andere.

Tadeusz warf die Zigarette auf den Boden. Er trat sie nicht aus. Tamara sah die glimmende Spitze und dachte ingrimmig: Sogar das wäre ihm noch zuviel Mühe.

Hoheitsvoll sagte sie: Du darfst übrigens in der Bank meines Onkels arbeiten.

Tadeusz starrte sie schweigend an.

Ja, fügte sie hinzu und spürte, wie sie die Kontrolle über sich verlor. Auch wenn du dort wahrscheinlich so wenig taugst wie sonst, aber sie tun mir den Gefallen. Sie wollen nicht, daß ich verhungere.

Tadeusz erhob sich. Hoch aufgerichtet stand er vor Tamara. Plötzlich hatte sie Angst, er könnte sie schlagen. Doch er lachte. Sag deinem Onkel, gab er leichthin von sich, daß du für ihn arbeiten willst, meinetwegen als Bankhure, ich bin Rechtsanwalt. Sollte er meinen juristischen Rat brauchen – ich stehe ihm zur Verfügung. Ciao, ma chérie, vielen Dank für den zauberhaften Morgen. Wir sehen uns.

Tadeusz griff nach seinem Mantel, warf ein Geldstück auf den Tisch und verschwand. Tamara spürte die Tränen hochsteigen. Sie redete sich im Ton ihrer Großmutter gut zu. Meine Kleine, sagte sie, das mußt du nicht so ernst nehmen. Männer sind seltsam. Du mußt sie gar nicht verstehen. Du bist eine schöne Frau. Viele Männer wollen dich. Du hast die Wahl. Dieser da, der jetzt gegangen ist, kann leicht ersetzt werden. Kein Problem. Und außerdem, beschwichtigte sie sich, kommt er wieder. Er ist ein bißchen weg, aber er kommt wieder.

Gut. So war es. Sie glaubte sich. Aber wie sollte sie die Zeit bis dahin ausfüllen? So ausfüllen, daß sie nicht erstickte vor Einsamkeit?

Fast mechanisch verließ sie das Café und machte sich auf zum Montparnasse. Sie mußte richtige Freunde finden. Freunde, die zu ihr gehörten. Zu denen sie flüchten konnte, wenn Tadeusz verschwand. Mit denen sie lachen konnte, wenn Tadeusz sie zum Weinen gebracht hatte. Sie brauchte nicht irgendwelche Bekannte, sondern Freunde, dazu besondere Freunde, Künstler, Denker, begabte, intelligente Menschen, in deren Nähe sie auftauen konnte, wenn sie neben Tadeusz vereist war. Je näher sie dem Montparnasse kam, desto beschwingter wurde ihr Schritt.

Von diesem Tag an verfolgte sie ihr Ziel klar und beharrlich, und bald schon gehörte sie zu den Künstlern auf Montparnasse, als sei sie selbst Künstlerin oder Modell. Dabei war sie nur eine Frau, die ausdauernd und zäh wie ein Fischer ein Netz knüpfte. In diesem Netz wollte sie niemanden fangen, sie wollte sich selbst darin retten, wenn sie unterzugehen drohte. Daß sie mit dem einen oder anderen ins Bett ging, schien ihr nur recht und billig. Die Modelle, die in den Cafés dazugehörten, schliefen doch auch mit den Künstlern. Und die Künstlerinnen machten keinen Hehl aus ihren Affären, sei es mit Vertreterinnen des eigenen Geschlechts, sei es mit Kollegen oder Mäzenen.

Die sexuellen Begegnungen glitten an Tamara ab, sie spürte nichts. Was jeweils zählte, war die neu geknüpfte Masche des Netzes. Deshalb fühlte sie sich von Tadeusz auch ganz zu Unrecht beschuldigt, wenn er einen Eifersuchtsanfall bekam, tobte, brüllte, sie schüttelte – und verschwand oder mehrere Tage nicht mit ihr sprach.

Dann schminkte Tamara ihr von Tränen gerötetes Gesicht vornehm blaß, kleidete sich elegant und marschierte aus ihrem heruntergekommenen Domizil zu ihrem zweiten Zuhause, dem Montparnasse. Dort setzte sie sich, kühl und unnahbar, zwischen ihre Freunde und taute allmählich auf, bis ihr schönes Gesicht, durch ein Lächeln verwandelt, plötzlich erstaunlich weich und kindlich aussah.

Zusätzliche Geborgenheit boten ihr Tante Stefa, ihre Mutter und Adrienne, die sich auf der École des Beaux Arts für ein Architekturstudium eingeschrieben hatte.

In Tante Stefas vornehmem Heim kam bald wieder der Kreis zusammen, der in St. Petersburg während des Krieges glänzende Feste gefeiert hatte. Waren es in St. Petersburg die Reichen gewesen, die den Ton angaben, so erschienen hier nach und nach immer mehr adlige Russen zu den Empfängen, den Cocktailfeiern, den Nachmittagstees. Tamara gehörte dazu, sie wurde artig hofiert, mußte nichts beweisen, nichts leisten, sie war ein anerkanntes Mitglied jener Kreise, die sich für die verstoßene Elite Rußlands hielten. Sie fühlte sich zu Hause, genoß die Zustimmung und Bewunderung, und ein wenig langweilte sie sich.

Wenn sie von einer der Gesellschaften bei Tante Stefa zurückkehrte, gleichgültig, ob sie diese mit Tadeusz oder ohne ihn besucht hatte, war sie es, die den Streit entfachte. Sie machte Tadeusz Vorwürfe, weil sie nichts anzuziehen hatte, weil sie nahe am Verhungern war und, vor allem, weil sie trotz seiner Versprechungen immer noch in diesem Rattenloch von Zimmer hauste.

Du bist ein Versager! zischte sie, sobald sie ihr Zimmer betraten. Jeder einzelne Mann, den ich heute begrüßt habe, sorgt besser für seine Frau als du. Oder sie bedauerte sich selbst, indem sie lamentierte: Aus diesen Kreisen komme ich, zu diesen Kreisen gehöre ich. Wo bin ich nur gestrandet? Was hast du aus mir gemacht? Eine Frau, die sich ihres Zuhauses, ihrer Kleidung und vor allem ihres Mannes schämen muß. Du bist ein Versager!

Tadeusz zuckte unter ihren Worten immer wieder kurz zusammen, das bemerkte sie, und es bereitete ihr ein Gefühl von Triumph. Dann aber erstarrte er und reagierte erst, wenn sie handgreiflich wurde und ihn schüttelte. Dann hielt er sie auf Abstand und versuchte, sich zu verteidigen. Dein Onkel kann mich nicht leiden, schrie er, wie kannst du von mir verlangen, unter seiner Knute zu schuften?

Genau, er kann dich nicht leiden, erwiderte sie schneidend. Warum wohl? Du bist ein Schmarotzer. Ein Nichtstuer. Mein Onkel hat dir viel Geld gegeben, damit du mich glücklich machst. Und was tust du? Sperrst mich in ein Loch voller Kellerasseln. Kein Wunder, daß er dich nicht leiden kann.

Tadeusz brüllte gleichzeitig: Damit ich dich glücklich mache? Keineswegs! Er gab mir Geld, damit ich dich heirate. Ohne Geld hätte ich dich nicht genommen. Keiner hätte dich genommen. Er wollte dich loswerden, deshalb ist er zu mir gekommen. Auf Knien ist er gekrochen und hat gesagt: Bitte, bitte nimm sie!

Jedes dieser Wortgefechte endete damit, daß sie, wild vor Wut, vor Scham und vor sexueller Gier, übereinander herfielen.

Ein Jahr nach ihrer Ankunft in Paris wohnten sie immer noch in dem Hotelzimmer. Verbraucht war das Geld, das ihnen durch den Verkauf von Tamaras Schmuck und Tante Stefas Karneolring zugefallen war.

Sie feierten den Jahrestag zu zweit in einem kleinen billigen Restaurant unweit des Montmartre. In dieser Nacht liebten sie sich zum erstenmal seit langer Zeit, ohne einander vorher zerfleischt zu haben. In den Wochen danach fühlte Tamara sich müde und elend, und sie beklagte sich bei Tadeusz, daß sie sich wohl in dem feuchten Zimmer eine schwere Krankheit zugezogen habe. Schließlich suchte sie einen Arzt auf.

23

Du wirst Vater! sagte sie vorwurfsvoll. Wie willst du dein Kind ernähren?

Er erbleichte. Wie bitte? Vater? Willst du behaupten, du seist schwanger? Von mir?

Tamara war tief gekränkt, weil er keine Freude zeigte. Sie hatte erwartet, daß er sie um die Taille fassen und herumwirbeln würde. Sie hatte sich vorgestellt, daß er sie vorsichtig zum Stuhl geleiten und fragen würde, ob er irgend etwas für sie besorgen solle, einen Kuchen vielleicht oder ein Glas Saft. Sie hatte sogar damit gerechnet, Tränen des Glücks in seinen Augen zu sehen.

Sie hatte gedacht, er würde nun endlich einsehen, daß er für seine kleine «Familie» sorgen müßte. Seine Kälte verletzte sie.

Tränen stiegen in ihr hoch, und diesmal wollte sie weinen. Tadeusz sollte ihr Unglück sehen. Ungehemmt ließ sie die Tränen fließen. Fahrig kramte sie ihre Habseligkeiten zusammen und schluchzte: Ich gehe. Ich bleibe keinen Augenblick länger bei dir. Ich gehe irgendwohin, und wenn es in die Seine ist.

Dann laß dein Ballkleid hier, bemerkte Tadeusz kühl, für die Seine brauchst du höchstens einen Badeanzug.

Nein, ein Leichenhemd, schluchzte sie. Und dein Kind wird mit mir sterben. Ich gehe.

Sie stürzte aus dem Zimmer, in der festen Überzeugung, Tadeusz werde sie nicht fortlassen, werde sie zurückholen, nachdem er um Verzeihung gebeten hätte.

Aber sie würde ihn lange darben lassen!

Sie stürmte die Treppen hinunter, auf die Straße – und horchte. Hinter ihr waren Schritte zu hören. Sie schlug den Weg nach links ein, in Richtung Seine. Die Schritte folgten. Sie beschleunigte ihren Gang. Sollte er sich ruhig anstrengen. Sollte er ruhig einmal ein wenig Kraft aufbringen. Die Schritte hinter ihr wurden schneller. Tamaras Wut wuchs. Ihre Tränen versiegten.

Sie bekam heftige Seitenstiche. Also verlangsamte sie ihren Schritt. Als ihr auch noch übel wurde, verfluchte sie die Schwangerschaft. Die Schritte kamen näher. Nun gut, dachte sie, einen Wettlauf mit Tadeusz verliere ich sowieso.

Nun war er auf gleicher Höhe. Neugierig blickte der Mann sie an, als er an ihr vorbeiging. Bonjour, Madame.

Es war der ekelhafte Typ aus dem ersten Stock, der sie immer anstarrte, als stelle er sich ihren Körper nackt vor. Vor Tamaras Augen flimmerte es.

Madame, ist Ihnen nicht gut?

Tamara sah, wie sein schmieriger schwarzer Schopf näher kam. Wenn er sich noch dichter an sie heranwagte, würde sie ihm ins Gesicht kotzen.

Nein, nein, wehrte sie ab, vielen Dank für Ihre Bemühungen. Mir geht es gut. Sie lächelte angestrengt. Mein Mann und ich sind im Café um die Ecke verabredet, und ich bin ein wenig spät dran, log sie, deshalb bin ich wohl schneller gelaufen, als mir guttat.

Soll ich Sie hinbringen? fragte der Mann beflissen.

Oh, nein, Monsieur, vielen Dank! erwiderte sie schnell und entließ ihn mit einem hoheitsvollen Nicken. Au revoir, Monsieur!

Zögernd verabschiedete er sich.

Tamara riß sich zusammen. Die paar Schritte wirst du wohl noch schaffen, sagte sie in strengem Gouvernantenton zu sich selbst und schritt hoch aufgerichtet bis zur nächsten Straßenecke, wo sie links abbiegen und so dem prüfenden Blick des Mannes, der sich von Zeit zu Zeit umdrehte, entfliehen konnte.

Als sie endlich außer Sichtweite war, lehnte sie sich schweißgebadet an die nächste Hauswand. Ihre ganze Aufmerksamkeit war darauf gerichtet, den Brechreiz zu überwinden. Sich hier zu übergeben, hätte sie als entsetzliche Demütigung empfunden.

Tadeusz kam nicht. Sie mußte es sich eingestehen. Er hatte sie gehen lassen. In die Seine oder sonstwohin. Sie hatte zu hoch gepokert. Er hatte gewonnen.

In dumpfer Enttäuschung stieß sie sich von der Hauswand ab und lenkte ihre Schritte langsam in Richtung des Cafés, das sie dem Nachbarn genannt hatte. Sie bestellte einen Absinth. Das Getränk brannte auf ihren Schleimhäuten, rann heiß durch ihre Kehle und machte sich warm in ihrem Magen breit. Endlich spürte sie ihre Schwangerschaft nicht mehr, fühlte sich leichter, nicht mehr so düster und dumpf wie zuvor.

Plötzlich sah sie ein Ziel vor sich, als erkenne sie einen Leitstern, der ihren Weg erhellte: Licht und leicht wollte sie leben, ein lichter und leichter Mensch in einer lichten Umgebung. Scharf und heiß wie den Absinth empfand sie die Sehnsucht nach einem leichten Leben, und zugleich spürte sie die Gewichte, mit denen Tadeusz sie beschwerte und zu Boden zog. Voller Abscheu dachte sie an ihren Mann, seine Düsternis, den Dreck, in dem zu leben er sie zwang; der ganze dunkle Mann kam ihr wie ein Teufel vor.

Und nun bekam sie auch noch ein Kind von diesem Teufel.

Dabei hatte sie ihn einst so sehr gewollt. Vor ihrem inneren Auge sah sie ihn und sich als Paar: er mit seinen schwarzen Haaren, seinen dunklen, breiten Augenbrauen, die den braunen Augen eine machtvolle Ausstrahlung verliehen, seinem stets leicht bräunlichen Teint, eher ein Südländer als ein Russe, und daneben sie, Tamara, eine Lichterscheinung, ein Engel. Es tat ihr gut, dieses Bild zu sehen. Es linderte die zuvor empfundene Schmach. Ja, sie war der leichte, lichte Engel, und Tadeusz war die dunkle Gestalt in ihrem Leben.

Seltsamerweise löste sich ihr Abscheu gegen ihn auf, irgendwie rückte er ihr näher. Vielleicht lag es am Absinth, dachte sie irritiert. Die Wärme in ihrem Bauch breitete sich aus und strömte in Tadeusz' Richtung. Ja, er war ihr dunkler Mann, ihr Teufel, und sie liebte diesen Teufel!

Tamara zahlte und machte sich auf den Heimweg, fast beschwingt und bereit, ihren Tadeusz in die Arme zu schließen, ihn zu trösten und von seiner Düsternis zu befreien.

Tadeusz aber war in eine unerreichbare Ferne gerückt, in traumverlorenes Grübeln versunken. Seine braunen Augen, nun fast schwarz, glänzten fiebrig. Er saß auf einem Stuhl und schaute aus dem Fenster. Tamara stellte sich hinter ihn, umfaßte seine Schultern, ihre Brüste berührten ihn, sie liebkoste seine Haare, seinen Nacken, mit kindlicher Stimme bat sie ihn um Verzeihung für alles, was sie ihm jemals angetan hatte. Es dauerte lange, bis Tadeusz zu erkennen gab, daß er sie überhaupt wahrnahm. Und es bedurfte noch einmal so lange ihrer Werbung, bis er das Wort an sie richtete. Er sprach in Richtung Fenster, ins Nirgendwo.

Tamara wurde schwindlig, und sie legte sich auf das Bett. Stumm rollte sie sich zusammen und betrachtete seinen Rücken, einen klotzigen Schattenriß vor dem Fenster.

Mein Leben, so sinnierte Tadeusz mit dunkler, bedeutungsschwerer Stimme, soll mich zu mir selber führen. Ich strebe danach, ich selbst zu werden. Ich bin im Gefängnis an mir irre geworden: Wer bin ich? frage ich mich seitdem. Das ist dir fremd, ich weiß, sicherlich komme ich dir verrückt vor.

Nein, nein, wollte Tamara einwerfen, zutiefst glücklich darüber, daß Tadeusz solch wichtige Worte an sie richtete, nein, sprich weiter, Geliebter, ich verstehe dich besser, als du denkst. Aber Tadeusz achtete gar nicht auf sie. Er fuhr fort, als sänge er ein monotones Klagelied.

Im Gefängnis habe ich den Tod gekostet. Der Tod schmeckt bitter, wenn er kommt, bevor die Geburt abgeschlossen ist. Ich hatte nur eine einzige Sehnsucht: die Neugeburt, die Wiederauferstehung. Doch war bei meiner ersten Geburt meine Mutter die austreibende Kraft, so bin ich es diesmal selbst. Und ich stecke fest. Ich versinke in Morast und Kotze meines Gefängnistodes, mich da selbst neu zu gebären ist eine Gewalttat von der Kraft eines Mordes.

Tamara schwieg, überwältigt von der Intensität, mit der Tadeusz seine Gedanken aussprach. In ihr jubelte es. Ja, sie hatte doch recht getan, sich für diesen Mann zu entscheiden. Er war kein Scharlatan, er war ein Philosoph, ein tiefer, besonderer Mensch, verstrickt in dunkle Abgründe. Ihr ganzer Körper strebte danach, ihn zu retten, ihm die Leichtigkeit und das Licht des Lebens zu zeigen. Doch sie schwieg, weil sie fürchtete, die Stimmung des Augenblicks durch ein falsches Wort zu zerstören. Etwas Oberflächliches zwischen seine tiefen Worte zu werfen und ihn sich so wieder zu entfremden.

Was ist der tiefe Sinn meiner Existenz? fragte Tadeusz. Im Gefängnis habe ich mich immerzu gefragt, wieso ich. Wieso haben sie mich aus deiner Umarmung geholt, warum nicht die vielen anderen, die gerade von ihrer Frau gehalten wurden? Und ich bin zu dem Schluß gekommen, daß es einen Sinn haben muß, daß ich auserwählt bin zu etwas Besonderem, daß ich so tief erniedrigt wurde, damit ich nur um so höher strebe.

In Tamara jubilierte es. Ja, auch sie kannte das Gefühl, nach etwas Höherem zu streben. Sich selbst als ganz eigenen, besonderen und herausragenden Menschen zu spüren, ihre ganze Kraft und Leidenschaft in diese Richtung zu schleudern, das war eine Sehnsucht, die sie schon damals unter dem Sofa der Großmutter gespürt hatte und die sie, so vermutete sie jetzt, wohl dazu getrieben hatte, Tadeusz erobern zu wollen. Begeistert lauschte sie seinen Worten.

Im Gefängnis sind die Pfeiler zerstört worden, auf denen mein Leben bis dahin ruhte. Zuerst wurden ihnen Risse zugefügt, dann entstanden tiefe Einschnitte, und schließlich waren sie ganz und gar mürbe und brachen zusammen. Ihr alle habt nicht gesehen, was ich gesehen habe, ihr kennt die Schrecken meiner Träume nicht. Ihr habt euch weiterhin gewaschen und gekämmt, habt gefressen und gefickt.

Das versetzte ihr einen Stich. Nein, wollte sie rufen, hör auf, Tadeusz, es war so schön bis jetzt! Tu mir nicht unrecht, ich habe mich zwar gewaschen und gekämmt, habe gefressen und das getan, was du ficken nennst, aber auch meine Tage in Petrograd waren grauenvoll. Du weißt auch nichts von meiner Einsamkeit, meiner Angst. Du hast nicht gesehen, was ich gesehen habe. Und ich habe das alles nur deinetwegen ertragen, ich tat es freiwillig, du warst gezwungen. Doch Tadeusz gab ihr keine Gelegenheit, etwas einzuwerfen. Monoton fuhr er fort, laut zu denken.

Diese Zerstörung ist die Leitlinie meines Schicksals. Alle haben erwartet, daß meine Wunden bereits verheilt und vergessen waren, als ich in Kopenhagen eintraf; heute meinen sie, eine dicke Schicht neuen Lebens müsse über den Tod gewachsen sein, aber das zeigt nur, wie ignorant sie sind. Der fette Bankier, ignorant bis zum Erbrechen zwischen seinen Geschäften und Verhandlungen, Tante Stefa, ignorant zwischen ihrem Schmuck und all den Klamotten, in die sie ihre Matronenbrüste quetscht, deine Mutter, deine Schwester und auch du: ignorant, daß man euch totschlagen möchte. So gut gewaschen, gekämmt, gefickt, man möchte euch in die Kloaken sperren, in denen sich der Abschaum von Paris trifft, aussetzen den Augen, den Händen, den Spermien der Landstreicher, der Gauner, all den Verlausten und Verdreckten der Welt, damit ihr einmal eure verdammt ignorante Unschuld verliert.

Tamara wagte nicht zu atmen. Sie rührte sich nicht. Das bei der kleinsten Bewegung knarrende Bett sollte nichts von ihrer Anwesenheit verraten. So konnte Tadeusz vielleicht ungestört aus dem Fenster starren und in monotonem Singsang seinen Haß von sich geben, bis der fort war, ausgeschüttet, bis Tadeusz seine Liebe fühlen konnte.

Ich blute weiter, sagte Tadeusz bitter. Ich leide und erlebe die Zerstörung täglich aufs neue.

Wie im Traum ergab Tamara sich seiner Stimme, seinem Einfluß. Sie spürte, wie furchtbar allein er war und wie furchtbar allein sie selbst war. Eine Erlösungsahnung flog sie an. Wenn sie beide ganz zueinanderkamen, konnten sie sich gegenseitig erlösen. Sie lauschte Tadeusz' Stimme. Er sah alles klarer als sie.

Ich muß den Weg finden, der mich zu mir selber führt, sagte Tadeusz, als wollte er sich selbst beschwören. Wenn ich meine ganze Aufmerksamkeit und meinen ganzen Willen darauf richte, dann finde ich ihn auch.

Tamara lauschte gebannt. Ja, das war es, Tadeusz wußte besser als sie selbst, was sie fühlte. Wochen-, gar monatelang, ja, ihr ganzes Leben lang, wie ihr jetzt schien, hatten diese Worte in ihr geschlummert. Nun, da Tadeusz sie aussprach, fühlte sie, daß es die ihren waren.

Ich muß finden, was für mich Sinn und Wert hat, nur das will ich verfolgen. Etwas wollen, so entschieden, daß ich es auch ausführen kann, das kann ich nur, wenn der Wunsch in mir selber liegt, wenn mein ganzes Wesen von ihm erfüllt ist. Wenn ich das tue, was mir von innen heraus befohlen ist, dann werde ich meinen Willen anspannen wie einen guten Gaul.

Tamara nickte. Ja, damals, als sie Tadeusz gewollt hatte, da war es so gewesen. Da hatte sie aus ihrem tiefsten Innern heraus gewußt, was sie wollte, und hatte ihren Willen genauso angespannt, wie Tadeusz es sagte: wie einen guten Gaul. Inzwischen war der Boden schlüpfrig geworden, gefährlich, sie rutschte mal hierhin und mal dorthin. Es war gut, daß Tadeusz sich weigerte, irgendwohin zu schlittern.

Deshalb willst du auch nicht beim Onkel arbeiten, nicht wahr? fragte sie schüchtern.

Tadeusz zuckte leicht zusammen und drehte sich langsam auf seinem Stuhl herum, bis er sie anschauen konnte. Er war sehr bleich unter seiner dunklen Haut.

Wie schön er ist! dachte Tamara. Sie vernahm ein dünnes, demütiges Stimmchen: Ich habe dich verstanden, Tadeusz, sagte es, verzeih mir, daß ich dich gedrängt habe, in der Bank zu arbeiten. Es ist deiner unwürdig. Ich liebe dich, Tadeusz, ich liebe dich so sehr...

Tadeusz sah sie mißtrauisch an, als habe er sie dabei ertappt, wie sie hinter der Tür lauschte. Tamara fühlte sich seltsam schuldig. Sie begriff, daß die Kindchenstimme zu ihr gehörte. Die ganze Situation erschien ihr plötzlich unwirklich.

Nun gut, sagte Tadeusz nach einer Pause, dann laß uns nie wieder darüber ein Wort verlieren. Er erhob sich und legte sich zu Tamara aufs Bett. Sie drängte sich in seinen Arm, als wolle sie in ihn hineinkriechen. Er legte seine große, dunkel behaarte Hand auf ihren Bauch. Ich möchte, daß es ein Mädchen wird, sagte er, ein blondes schönes Mädchen, genau wie du.

24

Tadeusz' Wunsch ging in Erfüllung. Tamara gebar ein engelhelles Kind. Die Eintracht jener Nacht vor sieben Monaten, in der Tadeusz seine Hand auf Tamaras Bauch gelegt und sich einen solchen Engel gewünscht hatte, war jedoch bei der Geburt längst vergessen.

Sie löste sich auf, noch bevor Tamara eine Schwangerschaft anzusehen war. Während der ersten Monate verließ die Schwangere, von einer seltsamen, tierhaften Ziellosigkeit getrieben, ihren Mann in der Frühe, wenn er noch schlief, und stromerte durch die erwachende Stadt. Ihre Sinne waren geschärft wie die einer Wölfin. Farben und Gerüche, die morgendliche Geschäftigkeit der Händler und Hausfrauen drangen auf sie ein und liefen wie starker Wein durch ihren Körper. Die Welt brannte in lodernden Farben und Düften. Bis sie den Montparnasse erreicht hatte, um auf immer demselben Platz im Café du Dôme einen Café crème und ein Croissant zu sich zu nehmen, hatte sich der Reiz bereits in Qual verwandelt, die süße Orgie der sinnlichen Erregung in den qualvollen Drang nach Erlösung, nach einem Höhepunkt mit dem Versprechen der Ruhe.

Ihre Stunden waren voller Ahnung und geheimnisvollem Locken, ihr Körper war gespannt vor Erwarten, im Ablauf der Tage verwandelte sie sich in ein wildes und tolles Tier. Ein Mann, der ihr eine sanfte Übereinstimmung mitteilte – ein geheimnisvolles Signal: Wir sind irgendwie miteinander verknüpft –, mußte sie nicht einmal pflücken wie eine reife Frucht, sie fiel ihm in den Schoß. Die Männer, denen sie sich hingab, bedeuteten ihr nichts, sie waren austauschbar, gesichtslos. Sie waren Teil ihrer Verwandlung in ein Tier, die Liebe das Mittel, um ihre inneren Ströme zu hören. Während sie sich der dunklen, verbotenen Erregung hingab, horchte sie in sich hinein, lauschte den Tönen, die in ihr rauschten. Es war keinesfalls Glück, was sie empfand, aber eine unerhörte Intensität.

Tadeusz hingegen grollte sich in eine Einsamkeit hinein, die er Tamara als Verachtung mitteilte. Zeitweilig erlag er schweren

Anfällen von Wehmut und Verzweiflung; denen aber verschloß sie sich.

Was Schwangerschaft genannt wurde, tat sich Tamara in unglaublichen Sensationen kund. Ihm war das Leben fad. Er nahm auf seinen kleinen denkerischen Spaziergängen das gespenstische Absterben des Lebens in der großen Stadt Paris wahr, sie hingegen wirbelte in dem Neuen und Anregenden, das ihre Sinne allem Vertrauten an Glanz auflegten, und zuweilen verlor sie sich darin.

Sie lebten in blinder Leidenschaft auf einander entgegengesetzten Polen: Schöpfung und Zerstörung, Leben und Tod. Verbindung nahmen sie auf verrückte, an Raserei grenzende Art auf, im Liebesakt. Sie griffen nacheinander in Haß und Gier, Tadeusz drang in sie, als wolle er sie erstechen, und sie verschlang ihn wie ein Lebenselixier; wie ein Tierweibchen, das Männchen auffrißt, um sich selbst zu nähren. Ganz besondere Lust bereitete ihr der Geruch seines Spermas, gierig atmete sie den nassen Duft von Verwitterung und Absterben, den etwas in ihr mit jubelndem, trotzig auflodern dem Leben beantwortete.

In dem Maße, wie Tamaras Bauch sich erweiterte und spannte, staute sich eine Erwartung in ihr, nicht auf das Kind, nein, das drängte sie in den Hintergrund wie eine Illusion, die jederzeit in Scherben zerfallen könnte; ihre Erwartung richtete sich auf etwas Unbestimmtes, aber Lebensnotwendiges, eine Art Antwort auf ihr tiefstes Inneres.

Tamara blieb lange schlank, irgendwann aber zwischen fünftem und sechstem Monat änderte sich das Verhalten der Männer in den Cafés, und sie mußte erkennen, daß die Strömung der Schwangerschaft sie von den Zufallsgeliebten fortriß – und damit von der Möglichkeit, ihren inneren Aufruhr schnell zu beruhigen.

Sie wandte sich mit ungeteilter Intensität Tadeusz zu, richtete stumme verzweifelte Appelle an ihn, daß er sie halten möge. Er aber nahm sie in achtloser Roheit, dumpf schlief er mit ihr und ließ sie dabei doch unerbittlich allein. In den guten, vertrauten Augenblicken ließ er sie an seinen schweren Gedanken über das Schicksal eines aus der Bahn geworfenen Exilanten und Genies teilhaben, in den verhängnisvollen Momenten beschimpfte er sie wegen ihrer Lebensgier. Er schleuderte ihr Worte entgegen wie

Giftpfeile; dabei verzerrte sich sein Gesicht, wurde häßlich und seltsam starr, zugleich eigensinnig und um den Mund kindlich und weich. Eine Hure nannte er sie, die in ihrem Bauch das verfaulte Produkt der Spermien unzähliger Männer nähre, eine hirnlose Fotze, eine läufige Hündin, für die eine Teufelsmesse gehalten werden müsse, kein Gottesdienst.

Tamara machte sich unempfindlich gegen seine Angriffe, sie fühlte die Verletzung nicht mehr; wie ein Hund, der Wärme und Nahrung in menschlicher Gemeinschaft sucht, drängte sie in seine Nähe.

Tadeusz gönnte ihr auch diese Illusion nicht. Schneidend analysierte er ihre Situation. Unsere Gemeinschaft erwächst aus der Angst vor Einsamkeit, sagte er kalt. Wir fürchten uns in Wirklichkeit vor der Fremde, in die wir getrieben sind, und also halten wir uns aneinander fest, die adligen und reichen Russen in dem Salon deiner Tante und wir beide hier in unserem schäbigen Hotelzimmer, aus dem wir vielleicht in unserem Blut herausgetragen werden, nachdem wir uns gegenseitig umgebracht haben.

Tadeusz, sag doch so etwas nicht, wehrte Tamara mit hilflosem Lachen ab, ach, Lieber, du liest zu viele Kriminalromane.

Er lachte hart auf. Zu viele Kriminalromane, meine Gute? So viele Kriminalromane kann ich gar nicht lesen, daß endlich der Wunsch betäubt wäre, meine Hände um deinen schönen Hals zu legen und dich zu erdrosseln. Wir alle, sagte er in belehrendem Ton, wir alle tun uns mit anderen zusammen, weil der Mensch eine Herde braucht. Auch wir beide, aber im Innern ist unsere Ehe verfault und verrottet.

Mein Gott, Tadeusz, seufzte die dickbäuchige und schwerfällige Tamara, was ist aus dir für ein böser Mensch geworden. Und wie schön war der Traum von immerwährender Liebe, den wir damals in unserem Haus am See miteinander träumten...

Es gibt keine immerwährende Liebe und auch keinen immerwährenden Traum. Ich bin erwacht und ernüchtert, sagte Tadeusz kalt, ich träumte, ein unschuldiges reines Kind geheiratet zu haben, und dieser Traum zersprang in tausend Scherben. In jeder Scherbe erblicke ich meine Frau, durchbohrt von einem anderen Mann.

Tamara schämte sich.

Als Kizette geboren war, konnten Tamara und Tadeusz sich an ihr nicht satt sehen, so weich war der Hauch über ihrem Gesicht, so süß der zarte Flaum ihres Haares, so blühend ihr goldiger Mund, so vertrauensvoll die winzigen Hände. Die ersten Tage nach der Geburt waren für Tamara das reine Glück, die Erfüllung, die sie sich an Tadeusz' Seite ersehnt hatte.

Die Eintracht endete jäh, als sie ihn fragte, wovon er seine Familie zu ernähren gedenke. Ihr Schmuck sei verkauft, und als Milchkuh sei sie nicht für die Ewigkeit zu gebrauchen, das Kind müsse aber gefüttert werden. Was er sich ausgedacht habe?

Tadeusz zog sich einer Schildkröte gleich in den Panzer dumpfer Traurigkeit zurück. Er ließ Tamara und das Kind zum erstenmal seit der Geburt allein und verschwand für mehrere Tage.

Als er wiederkam, hatte Tamara ihr Kindbett beendet. Schlank und sorgfältig gekleidet, die blonden Locken gewaschen und gebürstet, war sie im Begriff, das Hotelzimmer zu verlassen, um das Kind zur Aufbewahrung zu ihrer Mutter zu bringen.

Tadeusz hatte getrunken. Er stank nach Fusel und Dreck. Aus blutunterlaufenen Augen starrte er seine nach Lavendel duftende saubere Frau an. Du bleibst hier! befahl er. Ich will dich haben!

Tamara erwiderte kühl, er solle erst einmal seinen Rausch ausschlafen und sich waschen, dann ließe sich darüber reden.

Da schlug Tadeusz zu.

Tamara zuckte zusammen. Gerade noch rechtzeitig packte sie ihr Kind, beinahe wäre es auf den Boden gefallen. Kizette brüllte, als wäre sie geschlagen worden. Tamara legte eine Hand an ihre brennende Wange. Stumm schaute sie Tadeusz an. Seine schwarzen Augen starrten erschreckt auf seine Frau und sein Kind.

Entschuldigung, sagte er leise, ich weiß nicht, welcher Teufel in mich gefahren ist.

Seine Traurigkeit rührte Tamara. Sie legte den Säugling in seinen Korb und streichelte sanft ihren Mann, der sich aufs Bett gesetzt hatte und weinte. Sie entkleidete und wusch ihn. Dann liebte sie ihn mit aller warmen Mütterlichkeit, die ihr zu Gebote stand.

Jetzt möchte ich sterben! sagte Tadeusz unter Tränen, damit ich dir nie wieder weh tun kann.

25

Er schlug sie. Wieder und wieder. Die geballte Kraft seiner männlichen Energie, die sich in ihm aufstaute, während er auf dem Bett liegend Kriminalromane las oder über sein ganz einmaliges und dramatisches Leben räsonierte, entlud sich in diesen Schlägen. Dann blickte sie ihn schweigend an, und aus ihren Augen sprach eine uralte Anklage.

Zu anderen Zeiten schleuderte sie ihm, für das ganze Hotel vernehmlich, Beschimpfungen entgegen, brüllte, keifte, schrie und tobte über ihren Versager von Mann, der nicht in der Lage war, seine Familie zu ernähren. Zu wieder anderen Zeiten trommelte sie auf seine Brust, um seine blasierte Miene aufzubrechen, schüttelte ihn und brüllte: Begreif endlich, daß du arbeiten mußt! Oder soll deine Tochter verhungern? Wenn er sie aber schlug, erstarrte sie. Sie spürte den körperlichen Schmerz nicht, zog sich in sich selbst zurück wie ein Tier in die Winterstarre. Nur ihre Augen sprachen von dem tief im verborgenen inbrünstig geleisteten Racheschwur.

Wenn er sie dann wieder geliebt hatte, besänftigt nach dem körperlichen Ausbruch wie ein Sportler nach der Verausgabung seiner Kräfte im Kampf, sagte er Sätze wie: Unser Weg ist doch nicht nur schwer. Oder, Tamara, ist er nur schwer? Ist er nicht auch schön? Bitter, aber schön? Oder weißt du einen schöneren, einen leichteren?

Dann lullte seine tiefe Stimme sie ein, bis sie ihm glaubte. Sicherlich, sie gingen keinen Weg der Mittelmäßigkeit. Tamara verachtete Spießer; die Geschmacklosigkeit der Kleinbürger war ihr zuwider. Sicherlich, so summte ihr Körper, geliebt und geschunden, sie lebten am Rand der Gesellschaft, aber es war Leben und Intensität, heißes Leben in flammenden Farben mit dem Duft der Lilie und dem Geschmack von schwerem Wein.

Doch im Grunde bevorzugte sie Champagner. Kühlen, prickelnden Champagner, der leicht machte und heiter. Dieser Vorliebe frönte sie ohne ihren Mann, auf Künstlerfesten, mit ihren Freunden auf Montparnasse und auch auf Tante Stefas Cocktailpartys. Ihre Tochter Kizette ließ sie bei Tadeusz im Hotel, oder sie nahm sie mit und legte sie irgendwo zum Schlafen hin. Außerdem wurde Kizette mit ihren eidottergelben langen Locken allmählich so bezaubernd schön, daß Tamara sich gern mit ihr zeigte wie mit einem exklusiven Schmuck.

Seit langem war Tamara eine Meisterin darin, sich zu schminken und zu frisieren. Jede Strähne saß am richtigen Platz, und ihr Gesicht wirkte wie Marmor, so klar und rein. Als sie gezwungen war, die ihr von Tadeusz zugefügten Verletzungen unsichtbar zu machen, entwickelte sie ihre Schminkkunst zur Vollendung. Ihre Mutter und ihre Schwester allerdings setzten eine skeptische und auch sorgenvolle Miene auf, wenn Tamara wie gelackt bei ihnen erschien, um Kizette abzuliefern oder sich ein wenig Geld zu «borgen», wie sie es nannte. Aber sie sagten nichts. Über persönliches Ungemach zu sprechen war in ihren Kreisen verpönt. Man hatte Contenance zu wahren, auch wenn sich neben einem die Erde auftat. Allerdings machte Malvina in der Art der Frauen ihrer Kreise spitze Bemerkungen über Tadeusz. Sie sprach nicht offen aus, wie sehr sie ihn verabscheute, aber hinter der Etikette ließ sie ihn ihre Verachtung deutlich spüren. Sie hatte nur selten Gelegenheit dazu, da Tadeusz die Zusammenkünfte der Familie mied, ebenso wie er allen übrigen gesellschaftlichen «Zusammenrottungen», wie er es nannte, aus dem Weg ging.

Unter der Maske der unnahbaren schönen Frau wurde Tamara immer verzweifelter unglücklich. Zuweilen wurde sie von heftigem Neid auf ihre Schwester gepackt. Adrienne, die der schönsten und natürlichsten der Schwestern Decler, ihrer Tante Franca, immer ähnlicher wurde, führte das Leben, das Tamara sich selbst wünschte. Sie besuchte täglich die École des Beaux Arts und studierte Architektur, oft saß sie mit Freunden rauchend und debattierend in ihrem Zimmer, wenn Tamara sie besuchte. Sie bewegte sich so unbefangen, als verschwende sie keinen Gedanken an ihre Wirkung auf andere Menschen. Verstohlen beobachtete Tamara die Schwester, mißtrauisch, weil sie Adrienne eines besonders raffinierten Spiels verdächtigte, neidisch, weil sie frei wie ein Vogel schien.

Adrienne war es schließlich, die Tamara ansprach, als sie nach einem Fest bei Tante Stefa gemeinsam zu Fuß nach Hause gingen. Es war eine laue Nacht. Die Schwestern hatten nicht wenig Champagner getrunken, und als Adrienne vorschlug, nicht mit einem Taxi zu fahren, sondern die Luft zu genießen, hatte Tamara sofort zugestimmt. Sie hatte Angst, ins Hotel zurückzukehren, denn Tadeusz hatte sie und ihre Familie anläßlich ihres Fortgehens wieder einmal aufs übelste beschimpft, und sie wußte aus Erfahrung, daß er in der Zwischenzeit das Feuer seiner Wut nach Kräften genährt und geschürt hatte. Vielleicht bewirkte diese Angst, daß sie so schnell die Fassung verlor, als Adrienne sie behutsam fragte, ob sie in letzter Zeit irgendwie traurig sei, sie erscheine ihr zuweilen so bedrückt. Bisher hatte Tamara einem Besuch der Schwester in ihrem Hotelzimmer geschickt vorgebaut. Auf keinen Fall hatte sie ihr Elend Adriennes Blick preisgeben wollen.

Nun aber brach die Schilderung ihrer Lage mit einer heftigen Tränenflut aus ihr heraus: seit zwei Jahren in einem schäbigen Loch, aus dem es kein Entrinnen zu geben schien, da Tadeusz sich entschieden weigerte, einen Posten in der Bank des Onkels anzunehmen, und eine ihm genehme Arbeit war weit und breit nicht in Sicht.

Ich habe einen schrecklichen Fehler gemacht, schluchzte Tamara, als ich ihn heiratete. Aber ich konnte nicht ahnen, was auf uns zukommen würde. Damals in Petersburg war er so brillant, so strahlend, ich habe mir keinen Versager gesucht, aber jetzt ist er einer. Und dann haben wir noch Kizette, was soll aus ihr werden in diesem Loch? Tadeusz ist eifersüchtig, Adrienne, du glaubst es nicht, und er ist so verbittert. Er leidet und leidet und leidet...

Woran leidet er? fragte Adrienne ängstlich. Ist er krank?

Nein, schrie Tamara so laut, daß die Tauben erschreckt aufflatterten und in die dunkle Nacht flogen, er ist so kräftig und gesund, daß es weh tut...

Weh tut?

Ja, er tut mir weh, flüsterte Tamara und schämte sich entsetzlich. Er schlägt mich, Adrienne, er schlägt mich oft. Er leidet an seinem Schicksal, daran, daß die Roten ihn eingesperrt haben, daß er im Gefängnis schlecht behandelt wurde, daß er in Paris arm ist, daß ich...

Daß du?

Ach, ich weiß auch nicht, er leidet, weil ich leben möchte, fröhlich sein, weil ich nicht im Dreck verkommen will...

Aber das ist doch kein Grund, dich zu schlagen, sagte Adrienne zornig. Sie schob die Hände tief in die Taschen ihres Mantels und schritt energisch aus. Tamara, größer als die nicht eben kleine Schwester, konnte ihr kaum folgen. Ihre Tränen waren versiegt. Nun fühlte sie nur noch Scham. Wie hatte sie sich vor Adrienne derart vergessen können!

Schließlich blieb Adrienne stehen. Sie hielt die Schwester an den Schultern fest und sah ihr entschlossen in die Augen.

Tamara, schlaf heute nacht bei uns! sagte sie. Ich hätte zu viel Angst um dich, wenn du jetzt allein nach Hause gingst. Und Kizette ist ja auch bei Mama.

Tamara zögerte. Sie wußte, daß Tadeusz' Wut morgen nur um so höher lodern würde.

Er schlägt mich tot, Adrienne! entfuhr es ihr. Sie biß sich auf die Lippen. Himmel, kam sie denn gar nicht mehr zur Besinnung?

Adrienne sah ihre Schwester streng an. Wenn er dir noch einmal etwas tut, erwiderte sie, dann schlage ich ihn tot. Zwischen ihre Augenbrauen hatte sich eine steile Falte gegraben. Sie sah so jung und verzweifelt aus, daß Tamaras Magen sich zusammenkrampfte.

Adrienne, flehte sie. Bitte vergiß das alles! Ich hätte dich da nie hineinziehen sollen.

Papperlapapp, erwiderte die Schwester. Du hättest schon viel früher etwas sagen sollen. Tamara, meine Liebe, die Zarin ist tot. Wenn wir leben wollen, müssen wir unseren eigenen Stil finden. Du bist so klug, so schön, so einfallsreich. Denk doch nur an unsere Kindheit: Du warst immer die Mutige, die Anführerin, und jetzt läßt du dich schlagen und in ein Loch sperren. Und das schlimmste: Du scheinst dich auch noch zu schämen, weil du mir etwas darüber erzählt hast. Das klingt doch geradezu konventionell, werte Schwester.

Tamara lächelte wehmütig. Konventionell, nun, das war sie wirklich nicht. Alles in ihrem Leben bewegte sich außerhalb der Konventionen, sogar ihr nichtsnutziger Mann.

Sie übernachtete bei Adrienne, nachdem sie ihr das Versprechen abgenommen hatte, der Mutter keine Silbe zu verraten. Die

Schwestern schliefen wenig in dieser Nacht, sie redeten und redeten. Allmählich ließen sie die Tragik des Ganzen hinter sich und entdeckten das Komische. Sie machten Witze über Tadeusz und andere Familienangehörige. Sie kicherten und tauschten alte Geheimnisse aus. Tamara erzählte ihrer Schwester vom Prinzen von Siam und ihrer Zeit in London. Das einzige, worüber sie kein Wort verlor, war ihre Bekanntschaft mit dem Konsul von Schweden.

Irgendwann sagte Adrienne: Tamara, du vergeudest dich, so wie du jetzt lebst. Du vergeudest deinen Mut, deine Intelligenz, deine Kraft, das darfst du nicht. Du mußt etwas finden, wo du dich hineinwerfen kannst – mit all deinen Fähigkeiten.

Was denn? fragte Tamara schläfrig. Vor dem Fenster dämmerte bereits der Morgen. Ihr fielen die Augen zu.

Adrienne setzte sich auf. Sie war plötzlich hellwach. Ich weiß nicht was – ihr Ton war munter und zeugte von einem gewissen Stolz –, aber was ich kann, kannst du schon lange. Hör zu: Ich studiere Architektur. In zwei Jahren bin ich fertig. Ich werde als Architektin meinen Lebensunterhalt verdienen und sogar Mama helfen können. Wenn ich das kann, dann kannst du es auch – irgend etwas...

Tamara ließ sich von Adriennes Begeisterung anstecken. Trotzdem erschien ihr der Vorschlag irreal. Adrienne hatte die besten Bedingungen, sie lebte in einem sauberen Zimmer und war nicht mit einem Taugenichts verheiratet. Und sie hatte kein kleines Kind zu versorgen.

Was sollte ich schon tun? fragte sie zweifelnd, und doch blitzte in ihrer Stimme ein Funken Hoffnung auf.

Ich weiß nicht.

Die Schwestern schwiegen. Jede hing ihren Erinnerungen nach. Ich hab's! stieß Adrienne schließlich triumphierend aus. Malen.

Ich und malen?! Tamara staunte. Gerade eben hatte sie an Marie Vassilief gedacht, die russische Künstlerin, die vor allem Puppen herstellte und von deren Verkauf lebte. Von da waren ihre Gedanken zu Natalia Gontscharowa geflogen, die bei Diaghilew in der Schweiz als Bühnenbildnerin gearbeitet hatte und ebenso wie Tamara seit einigen Jahren in Paris lebte. Aber Natalia Gontscharowa hatte in Rußland schon Malerei studiert, und sie hatte einen Mann, Michail Larionoff, der sie unterstützte, mit ihr sprach, mit ihr arbeitete und nicht nur auf dem Bett lag und Kriminalromane las.

Tamaras Gedanken verwirrten sich. Von dieser Lebensgemeinschaft der beiden russischen Künstler, die sie oft schon neidisch beobachtet hatte, glitten sie zu Sonia Delaunay, die mit ihrem Mann Robert auch in einer Verbindung lebte, die anzuschauen Tamara schmerzte. Sie war so neidisch auf die beiden, daß sie es kaum fertigbrachte, deren anregende Feste zu besuchen, obwohl sich dort die interessantesten Künstler von Paris trafen. All diese Frauen, dachte sie nun, hatten etwas gelernt, sie hingegen konnte nichts.

Ich und malen? wiederholte sie, in ihrer Stimme schwangen Zweifel und Bitterkeit.

Ja, genau! erwiderte Adrienne und schlug bekräftigend auf Tamaras Hände, die verschlungen auf der Bettdecke lagen. Malen. Du kannst Künstlerin werden! Das paßt zu dir. Du hast immer gern gemalt.

Blödsinn! widersprach Tamara und sah die mit bunten Blümchen bemalten Steine vor ihrem inneren Auge. Mein Gott, nein! Sie stöhnte. Ich kann doch nicht Steinchen bemalen oder Puppen basteln und an amerikanische Touristen verkaufen.

Du kannst Künstlerin werden, habe ich gesagt. Adrienne schlug einen belehrenden Ton an. Wenn du deine Dickköpfigkeit in die Kunst steckst, wirst du gigantische Sachen vollbringen. Und überhaupt – erinnere dich an das Porträt, das du von mir gemacht hast, als wir klein waren...

Am Morgen sahen die Schwestern blühend und frisch aus. Tamara ließ Kizette bei ihrer Mutter und machte sich auf den Heimweg. Unterwegs kaufte sie eine Palette, Farbtuben, Pinsel, eine kleine Leinwand und Obst, das sie sorgfältig auswählte.

Sie hatte Tadeusz völlig vergessen und wunderte sich deshalb auch nicht, als sie das Hotelzimmer leer vorfand. Sie beseitigte das Chaos, das er hinterlassen hatte, stellte ihre Staffelei ans Fenster und malte nach den goldgelben und roten Früchten ein Stilleben. Als Tadeusz erschien, war das Bild fast fertig. Zerstreut ließ Tamara seine Beschimpfungen über sich ergehen. Sie war unzufrieden mit sich. So wird man keine Künstlerin, entschied sie.

Als Tadeusz ihr eine Ohrfeige gab, blickte sie nicht einmal auf. Nachdenklich streichelte sie ihre schmerzende Wange. Bevor er das nächstemal zuschlug, zerriß sie ihr Bild.

So geht es nicht, sagte sie energisch. Ich muß einen anderen Weg finden.

Tadeusz sah sie verblüfft an.

26

Endlich hatte sie wieder ein Ziel!

Sie verfolgte es mit der gleichen glasklaren Entschlossenheit, mit der sie sechs Jahre zuvor um Tadeusz Lempicki gekämpft hatte.

Damals war die drei Meter lange Schleppe, von zwei Brautjungfern getragen, das sichtbare Zeichen ihres Triumphes gewesen. Diesmal schwor sie insgeheim, sie würde sich für jedes verkaufte Bild mit einem Armband belohnen, bis Gold, Silber und Diamanten ihre schlanken, wohlgeformten Arme bis zu den Ellbogen bedeckten. Und nun an die Arbeit!

Tamara kannte zwar eine Reihe von Künstlern, einige sogar sehr gut, es war aber weit unter ihrer Würde, sich bei denen zu erkundigen, wie sie es anstellen könnte, eine Malerin zu werden. Nach außen hin war sie eine kühle Schönheit, der es an nichts mangelte. Allein der Gedanke, irgendeinem oder irgendeiner der Künstler oder Künstlerinnen auf Montparnasse die simple Frage zu stellen: *Wo lernt man in Paris malen?* bereitete ihr Übelkeit.

Hinzu kam ihr Mißtrauen. Die Männer würden sie ohnehin nicht ernst nehmen und ihr irgendeinen drittklassigen Ausbildungsort nennen, die Frauen würden Konkurrenz wittern und nur versuchen, ihr zu schaden. Nein, sie war es gewöhnt, ihre Schlachten im geheimen vorzubereiten und dann gezielt loszuschlagen.

Was sie brauchte, war Information. Die mußte sie sich auf eine möglichst unverfängliche Weise beschaffen. Also schlenderte sie auf der Suche nach einer Malschule durch Montparnasse. Für die Académie de la Grande Chaumière entschied sie sich, weil drei Häuser weiter die Vereinigung russischer Künstler ihren Sitz hatte, zudem sprachen viele der Studenten, die Tamara unauffällig beobachtete, polnisch oder russisch miteinander und sahen so aus, als wüßten sie schon einiges über den Weg des Künstlers, wären aber noch nicht so fortgeschritten, daß sie Tamara einschüchtern könnten.

In der Académie wurden freie Kurse angeboten und Modelle zur Verfügung gestellt. Tamara belegte vom ersten Tag an alle drei Kurse, morgens, nachmittags und abends. Sie zeichnete, bis ihre Finger sich verkrampften.

Ihr Leben veränderte sich auf unglaubliche Weise. Noch nie hatte sie wirklich arbeiten müssen, auch im Mädchenpensionat in Lausanne hatte sie das Geforderte mühelos bewältigt und sich dann mit Klatsch, Mode, Träumen und Tanzen beschäftigt. Nach ihrer Übersiedlung zu Tante Stefa nach St. Petersburg hatten Tamaras Tage vor allem aus Müßiggang bestanden. Sie hatte die Muße auf ihre Weise genutzt: Sie hatte Tadeusz Lempicki erobert. Später dann hatte sie das Ziel verfolgt, Tadeusz Lempicki zu befreien. Seit sie in Paris lebten, hatte sie sich dem Ziel verschrieben, Tadeusz Lempicki zu ändern.

Nun aber arbeitete sie.

Tadeusz nahm die Veränderung erst allmählich wahr. Er schlief weiterhin bis Mittag. Da war Tamara schon seit Stunden auf den Beinen, hatte in aller Frühe Kizette bei ihrer Mutter abgeliefert und den Morgenkurs hinter sich gebracht – und erschien mit duftendem Kaffee und Croissants auf einem Frühstückstablett, sie selbst kühl, frisch, frühlingsschön. Nach dem Frühstück vergnügten Tadeusz und sie sich eine Weile, und dann verschwand sie wieder, während er sich angekleidet aufs Bett legte und einen Kriminalroman las. Auch das war nichts Neues für ihn.

Tadeusz fühlte sich erst betrogen, als seine Frau es sich zur Gewohnheit machte, ihm am Abend das Kind zu überlassen, während sie unterwegs war, um, wie sie es nannte, bedeutsame Kontakte zu knüpfen. Und so gehörte der nächtliche Streit bald ebenso zu ihrem Tagesablauf wie die Croissants am späten

Vormittag. Wenn Tamara heimkehrte, war Tadeusz voll weinseliger Wut. Er überschüttete sie mit einem Schwall von Vorwürfen, schrie oder schlug zu. Tamara konterte regelmäßig, nichts sei einfacher, als die Lage zu verändern. Er müsse nur arbeiten gehen und Geld verdienen. Der Onkel sei weiterhin bereit, ihn in seiner Bank zu beschäftigen, eine großmütige Geste, schließlich wisse niemand, ob Tadeusz jemals länger als eine halbe Stunde auf einem Stuhl sitzen könne, ohne sich wieder in die Horizontale fallen zu lassen, um Krimis zu lesen oder, wenn sein Verstand nicht einmal mehr das aufnehme, in Modejournalen zu blättern.

Die Diva in der Familie bist du, hielt sie Tadeusz vor. Mir bleibt keine Wahl. Ich muß der Mann werden!

Kizette entwickelte sich zu einem verschüchterten kleinen Mädchen, das sich in der Welt nicht zurechtfand. Sie wurde von ihren Eltern entweder mit Liebesbekundungen überschüttet oder aber beiseite gelegt. Entweder wirkten die Eltern wie fremde Wesen, weit voneinander und auch von ihr, Kizette, entfernt, oder sie füllten das Hotelzimmer mit der Hitze ihrer Liebe oder der Kälte ihres Hasses. Wenn sie einander anbrüllten, konnte Kizette nicht anders als auch schreien. Wenn der Vater aber die Mutter schlug, bekam die Kleine Todesangst.

Tamara bemerkte nichts von der Not ihres Kindes. Sie ging ihre Ausbildung zur Künstlerin an, als packe sie für eine lange Reise. Das Gelingen einer Reise hängt davon ab, so hatte die Großmutter sie schon als Kind gelehrt, und als Emigrantin hatte sie es bitter bestätigt bekommen, was man einpackt und was man zurückläßt. Ein kluger Reisender wählt das Nötige genau aus, so daß er zwar bequem reisen kann, aber doch stets Eleganz zeigt.

Auch wenn sich schon in den ersten Wochen ihr Skizzenblock mit aufregend gekonnten Zeichnungen füllte, für die sie von ihren Lehrern und Mitschülern überschwenglich gelobt wurde, so verfolgte Tamara von Anfang an ein einziges Ziel: Sie wollte möglichst schnell eine erfolgreiche Künstlerin werden, die mit der Malerei Geld verdiente. Ihr war klar, daß Talent nicht reichte, sie mußte technische Perfektion erlangen und auf dieser Grundlage ihren eigenen unverwechselbaren Stil entwickeln.

Sie gab sich wenig Zeit. Sie war fast vierundzwanzig Jahre alt, hatte einen Versager zum Mann und ein Kleinkind zu versorgen. Bisher hatte sie sich mit Kunst nur in dem halben Jahr beschäftigt, in dem sie mit ihrer Großmutter durch die Museen Italiens gereist war. Und sie war eine Frau. Ihre Chancen, mit Hilfe der Malerei ihre Träume von einem einzigartigen und glanzvollen Leben zu verwirklichen, schätzte sie als nicht eben groß ein. Die männlichen Maler hatten zumeist in früher Kindheit ihr Talent und ihre Begeisterung entdeckt und viel Zeit gehabt, ihre Technik zu entwickeln. Die männlichen Maler schlossen sich zu Schulen zusammen, sie soffen, diskutierten, hurten, malten, als würde alles andere von allein kommen, als hätten sie ihr Leben lang Zeit, einzigartig zu werden. Oder, besser noch: als müßten sie gar nicht erst einzigartig werden, als seien sie es von Geburt an.

Die Frauen waren nicht die Favoriten.

Marie Vassilief gehörte zur Künstlergilde auf Montparnasse, weil sie ein riesiges russisches Herz, ebensolch großes Verständnis für alle menschlichen Tragödien, die sie «Romane» nannte, und einen praktischen mütterlichen Verstand besaß. Ihre Kunst war nett, Beiwerk, machte sie zu einer fachkundigen Vertrauten für blockierte, schaffensmüde oder schaffenswütige, lebensmüde oder liebeswütige Künstler. Marie Vassilief war eher Muse als Künstlerin. Ebenso schätzte Tamara viele andere Frauen ein, die sie auf den Terrasses du Dôme, in der Rotonde oder im Sélect kennenlernte. Hermine David malte hübsche Miniaturen und bastelte nette Püppchen, ihr Mann Per Krohg und ihr Liebhaber Jules Pascin aber waren die Künstler.

Den männlichen Künstlern standen Musen zur Seite. Die meisten weiblichen Künstlerinnen dienten neben ihrer eigenen Arbeit irgendeinem Mann als Muse. Tamara kannte nur zwei Ausnahmen, eine war Suzanne Valadon. Suzanne Valadon war die *Vedette*, von Männern bewundert oder verachtet, aber keiner benutzte sie. Tamara fürchtete sich ein wenig vor Suzanne Valadon, die ihr vorkam wie eine alte Hexe. Aber sie beobachtete die extravagante Malerin genau, analysierte ihre Bilder, versuchte, den Schlüssel für ihren Erfolg zu finden. Ebenso beobachtete sie Marie Laurencin, auch eine anerkannte Malerin, die von ihrer Kunst leben konnte. Marie Laurencin malte Kinder und Stillleben und Frauen, Suzanne Valadon malte nackte Frauen. Keine von beiden hatte sich einer Gruppe angeschlossen, sie waren allein, und sie waren unverwechselbar.

Tamara erkannte, daß es für sie keinen anderen Weg gab: Sie mußte allein bleiben, sie mußte technisch unangreifbar werden, und sie mußte unverwechselbar sein. Sie schuftete härter als jemals zuvor. Es war nicht nur die Arbeit am Skizzenblock, die sie bis tief in die Nacht fortsetzte, wenn sie von den abendlichen Zusammenkünften heimkehrte, und es war nicht nur die Zeit, die sie trotz allem mit Kizette und Tadeusz verbrachte, es war zugleich die Arbeit des kühlen Beobachtens hinter verhangenen Lidern, der präzisen Analyse der Szene, in der sie ihren Platz besetzen wollte, wie auch die schonungslose Betrachtung der eigenen Person. Was brachte sie Eigenes mit, was unterschied sie von anderen Künstlern, was davon konnte sie zu Geld machen, und was war wertlos?

Sie fügte ein Steinchen zum anderen. Eine wichtige Lektion lernte sie, als sie van Dongen in seinem großen Atelier in der Rue Denfert-Rochereau besuchte. Van Dongen war ein alter Mann, dessen Nähe Tamara suchte, weil er mit seinen Bildern viel Geld verdiente. Sie hatte ihn in kindlich kokettem Ton gebeten, ihr einmal seine Werke zu zeigen, und er hatte sofort eine Einladung ausgesprochen. Tamara staunte, als sie inmitten der farbenfrohen, sinnlichen Bilder von Frauen aus dem Pariser Nachtleben stand. Van Dongen erzählte in dröhnendem Baß von seinem ersten großen Erfolg.

1913, mein reizendes Kind, stellen Sie sich vor, damals waren die Verhältnisse noch so, erklärte die Polizei beim «Salon d'Automne» einen Akt, den ich von meiner Frau gemalt hatte, für obszön. Van Dongen lachte schallend und fuhr fort: Die Spießer hatten vor meinem Bild aufgeschrien und die Polizei alarmiert, natürlich, von allein wären die Flics nicht gekommen. Manche Zeitungen bewarfen mich mit Dreck und forderten, daß nur noch «anständige» Künstler ausgestellt werden dürften, die moralisch einwandfreie und ästhetisch schöne Sujets aufgriffen. Van Dongen legte väterlich einen Arm um Tamara und führte sie an seinen aufreizenden Frauenakten entlang. Wohlgefällig sagte er: Dieser Skandal war das Beste, was mir in meinem Leben widerfahren ist. Er hat mich reich und berühmt gemacht. Die liberalen Schriftsteller und Maler gingen für mich auf die Barrikaden, es war ein verbissener Kampf. Wir kämpften für Freiheit, für eine freie Sexualität. Seitdem kommen reiche und aristokratische Frauen in Scharen zu mir, um sich von mir porträtieren zu lassen.

Freie Sexualität. Das war es, was Suzanne Valadon lebte und malte, womit van Dongen viel Geld verdiente, was die anerkannten Avantgardisten auf ihre Fahnen geschrieben hatten. Warum sollte nicht auch Tamara ihre Malerei diesem Thema widmen? Warum sollten die Reichen und Berühmten nicht auch zu ihr kommen, um sich porträtieren zu lassen?

Vielleicht brauchte sie ja nicht einmal einen Skandal.

Daß es ihr so wichtig war, viel Geld zu verdienen, erklärte sie sich zum einen mit ihrem Wunsch, das schäbige Hotelzimmer zu verlassen, zum anderen damit, daß sie Zeichen brauchte. Sie würde sich selbst als Künstlerin erst dann wirklich anerkennen können, wenn ihre Arme ganz von Armbändern bedeckt waren.

Eigentlich brauchte man in den zwanziger Jahren in Paris nicht viel Geld, um lustig leben zu können. Paris war überflutet von Hungerleidern, Strandgut des Ersten Weltkrieges und des Bolschewismus, und von intellektuellen Hungerleidern, die aus Amerika herübergekommen waren, um in Paris eine neue Freiheit des Geistes zu kosten. Und die reichen Emigranten aus Osteuropa, wie Tante Stefa und ihresgleichen, sorgten ebenso wie die reichen Amerikaner, die die künstlerischen Produkte der Hungerleider konsumierten, dafür, daß keiner verhungern mußte.

Leute, die wie Tadeusz Lempicki in den Tag hinein lebten, waren nicht selten in Paris. Was Tadeusz außergewöhnlich machte, war seine verbitterte Isolation. Im Paris der zwanziger Jahre war das Leben leichtsinnig, weil alle sich mischten. Die Künstler und die Reichen, die Russen und die Amerikaner und sogar zaghaft die weißen und die schwarzen Amerikaner kamen auf den Terrassen der Cafés auf dem Boulevard du Montparnasse ebenso zusammen wie in Bars auf Montmartre, wo die farbigen Musiker aus Harlem mit ihren Jazz-Klängen und ihrer körperlichen Unbefangenheit dem Publikum einheizten.

Wie viele andere Emigranten lebten auch Tamara und Tadeusz von der Hand in den Mund, von Einladungen ihrer Familie und anderer wohlhabender Russen oder Polen, von dem, was Tante Stefa Tamara zusteckte, und von dem, was Tante Stefa ihrer Schwester Malvina zusteckte und was diese an ihre Tochter weitergab. Tamara lebte davon, daß sie in den Cafés nie selbst bezahlen mußte und daß ihre schäbige Pension fast nichts kostete. In der Académie de la Grande Chaumière kostete eine Zwanzig-Minuten-Sitzung fünfzig Centimes, es war wie ein Geschenk an die Studenten; aber Tamara sparte nicht an Sitzungen, und so mußte sie im Monat mindestens fünfzig Franc an die Académie zahlen.

Auch darüber regte Tadeusz sich entsetzlich auf. Er verdächtigte Tamara, die angehende Künstlerin nur zu spielen; in Wahrheit suche sie auf der Kunstschule nach geeigneten Liebhabern. Du, eine Künstlerin, höhnte er, daß ich nicht lache. Du hast Locken auf dem Kopf und Stroh im Kopf. Die Locken streichst du mit Pomade glatt, und das Stroh willst du hinter dem Malkittel verstecken. Du kannst nichts, und du hast niemanden außer mir; die anderen benutzen dich. Du bist für sie doch nichts als ein Loch, in das sie sich schütten können. Du bist die Gosse, in die die Herren Maler ihren Unrat gießen, und wenn du so weitermachst, landest du genau da, in der Gosse...

Dann wieder verdächtigte er sie, das Geld für die Malschule mit Liebesdiensten zu verdienen. Ganz besonders leise und schneidend wurde seine Stimme, wenn er ihr unterstellte, sie benutze die infame Kunstlüge nur, um ungestört ihren lesbischen Ambitionen nachzugehen.

Hatte Tamara früher zurückgeschrien, Tadeusz als Versager beschimpft, so biß sie jetzt die Zähne zusammen und zeichnete.

27

Später vor dem Scheidungsrichter sollte Tadeusz Lempicki zu Tamara sagen: Du bist eine Bestie. Und sie sollte sich daran erinnern, wie sie ihre Karriere als Malerin systematisch vorbereitet hatte. In einer Mischung aus Genugtuung und Scham sollte sie mit dem Kopf nicken und denken: Jawohl, ich bin eine Bestie.

Wenn sie zu den Partys der reichen Aristokraten ging, die sie bei Tante Stefa kennengelernt hatte, überhaupt wenn sie sich außerhalb ihres «Rattenlochs», wie sie ihr Hotelzimmer nannte, zeigte, machte sie ihr Äußeres zu einer absolut unantastbaren Fassade. Und genau so wollte sie dereinst ihre Malerei präsentieren: vollkommen und absolut unantastbar.

Tamara hatte von Anfang an gewußt, daß die Académie de la Grande Chaumière nur eine Etappe auf ihrem Ausbildungsweg sein würde. Vom ersten Tag an hörte sie sich auf der Académie angelegentlich um, welche Lehrer in Paris als die besten galten. Immer wieder fiel der Name Maurice Denis. Und so stellte sie nach drei Monaten harter Arbeit eine kleine Mappe mit einigermaßen gelungenen Zeichnungen zusammen und machte sich auf zu Maurice Denis.

Er lehrte an der Académie Ranson, und Tamara trat ihren Bittbesuch mit Herzklopfen an. Doch entgegen ihren Befürchtungen wurde sie sofort freundlich aufgenommen, ohne daß ihre Zeichnungen überhaupt angeschaut worden waren.

Als Tamara am nächsten Morgen ihren Unterricht an der Académie Ranson begann, hatte sie soviel wie möglich über Maurice Denis in Erfahrung gebracht. Er war einer der beliebtesten Pädagogen an der Académie Ranson, die von Paul Ranson gegründet worden war und damals der Leitung seiner Witwe Francine unterstand. Vor dem Krieg hatte Denis der Künstlergruppe Nabis angehört, zu der auch Ranson und Gauguin zählten. Dann aber, unter dem Eindruck mehrerer Reisen in das Italien von Fra Angelico und Raphael, hatte er die kühnen Farben und Symbolismen aufgegeben.

Der Anspruch, den Maurice Denis vor seinen Schülern als

allerersten Lehrsatz predigte, hatte Tamara gefallen: Man darf nie vergessen, daß ein Gemälde nicht so sehr ein Schlachtroß, ein Frauenakt oder irgendeine beliebige Darstellung ist, sondern zunächst und vor allem eine plane, in einer bestimmten Anordnung mit Farben bedeckte Oberfläche. Folglich hat der Künstler das Recht, den Gegenstand seiner Arbeit – zur Betonung des Sinnlichen und der psychologischen Expressivität – im Namen der Schönheit bis zur «emotionalen Karikatur» zu deformieren.

Diesen Satz leierten die jungen Leute ironisch herunter, wenn sie von Maurice Denis sprachen, aber die Ironie war von Achtung geprägt. Tamara hatte alles gefallen, was sie über Maurice Denis gehört hatte: die Geschichten über die Jugendstreiche, die er mit Paul Gauguin verübt hatte, ja, sie hatte sogar gehört, daß er ein guter Freund Suzanne Valadons gewesen war. Vor allem anderen aber wünschte sie sich ihn als Lehrer, weil er in dem Ruf stand, streng zu sein und auf technische Perfektion zu pochen. Von dieser Strenge hatte sie wahre Horrorgeschichten gehört, aber genau das war es, was sie suchte: einen Lehrer, der sie auf Vollendung trimmte.

Bereits am dritten Tag kam sie in den Genuß einer seiner Predigten: «Die dekorative Malerei», so sagte er, «ist wahre Malerei; sie hat lediglich der Ausschmückung von Gedichten, Träumen und Ideen, der äußeren Verzierung zu dienen.» Das gefiel ihr ziemlich gut, auch wenn sie sah, wie einige Mitstudenten irritiert die Augenbrauen hochzogen. Ja, Malerei mußte auch dekorativ sein, so schien es ihr völlig richtig. Nur dann konnte sie verkauft werden, nur dann hängten die Leute sie in ihre Wohnung. Picassos schreckliche Bilder hätte Tamara sich nicht gern jeden Tag angesehen.

Maurice Denis war ein alter Mann, Tamara schätzte ihn auf sechzig. Seine Haare waren ergraut, und seine Stimme hatte zuweilen einen krächzenden Klang. Aber sie konnte auch wie Donner durch den Zeichensaal grollen, wenn er einen Schüler der Mogelei überführte, der Schlamperei, der vorschnellen Beendigung eines Werkes. Bei Denis lernte Tamara, wieviel Geduld es erfordert, ein Werk fertigzustellen, und sie pflegte diesen bei ihr eher dürftig ausgeprägten Wesenszug, bis er ihr zumindest beim Malen zur Verfügung stand. Nur weil sie einen so strengen Lehrer hatte, war sie in der Lage, das zu entwickeln, was ihre Eigenart werden sollte: den emaillenen, metallenen Glanz, der über ihren Bildern lag. Ohne die Geduld, mit ganz feinen Strichen zu arbeiten, wäre es ihr nicht gelungen, die gewünschte Wirkung zu erreichen. So sollten ihre Bilder bald auf Anhieb als ihr Werk erkennbar sein.

Maurice Denis lehrte Tamara auch, Linien und Farben zu vereinfachen, damit der Gegenstand deutlicher hervortrat. Er ging streng methodisch vor. Zuerst ließ er Tamara Stilleben nach der Natur zeichnen. Sie war enttäuscht, denn sie hatte gehofft, bei Denis mit leuchtenden Farben Akte und Ölbilder malen zu dürfen. Aber er verlangte, daß sie zunächst die Zeichenkunst beherrschte. So kritisch und anspruchsvoll Tamara ihre Zeichnungen auch begutachtete, ihr neuer Lehrer schaute noch genauer hin. Als nächstes schickte er sie in die Museen, ließ sie die Klassiker studieren und kopieren, bis sie mit jedem Genre, jeder Technik vertraut war und allmählich in allen Nuancen der Farbskala arbeiten konnte. Danach erst lernte Tamara, Bilder zu komponieren.

Die Ausbildung bei Maurice Denis brachte ihr genau das, was sie erhofft hatte: eine gediegene Grundlage, um vollendete Bilder schaffen zu können.

Kizette war noch keine zwei Jahre alt, da reiste Tamara für kurze Zeit nach Italien. In Florenz suchte sie das Hotel auf, in dem sie einst mit ihrer Großmutter gewohnt hatte. Sie wußte genau, daß sie ein Zimmer dort nicht bezahlen konnte. Also schlenderte sie zu dem Mann am Empfang und schenkte ihm ihr Lächeln, eine Mischung aus intimem Versprechen und völliger Entrücktheit. Sie erzählte ihm die Geschichte von der kunstbeflissenen Großmutter und dem kleinen Mädchen, das so glücklich gewesen war in diesem Land, dieser Stadt, diesem Hotel. Dann berichtete sie ihm von ihrem Kunststudium und ihrer Absicht, in Florenz die alten Meister zu kopieren. Und dann erst gestand sie, daß sie kaum einen Sou habe und nicht wisse, wo sie übernachten solle. Sie war blond und schön, und sie war in der Lage, auf eine umwerfend vielversprechende Art zu lächeln. Sie mußte den Empfangschef nicht fragen, ob er ihr vielleicht eine Kammer zur Verfügung stellen könne, er bot sie ihr von allein an. Sie hätten ein kleines Zimmer unter dem Dach, in dem zuweilen Dienstmädchen wohnten, das aber im Augenblick leer stehe. Sie zierte sich nicht und sagte sofort ja.

Italien, Manieristen wie Pontormo oder Renaissance-Maler wie Carpaccio, das war das einzige, was sie in jungen Jahren über Kunst gelernt hatte, das einzige, woran sie anknüpfen konnte. Tamara suchte den kürzesten Weg zu Perfektion und Erfolg. Also kopierte sie minutiös die Gemälde, die ihr aus ihrer Kindheit noch in leuchtender Erinnerung waren.

Als sie zurückkehrte, fuhr sie unverzüglich zu ihrer Mutter, um Kizette abzuholen. Die verkroch sich unter dem Rock der Großmutter. Auch als Tamara ihr ein winziges Püppchen reichte, das sie aus Italien mitgebracht hatte, weigerte Kizette sich, sie zu begrüßen. Sie wollte die Mutter nicht einmal anschauen. Tamara wurde wütend. Sie griff nach dem Kind, das sich bei der Großmutter festklammerte und schrie, als sollte es umgebracht werden. Tamara zog ihrer Tochter ein Mäntelchen über und fuhr mit ihr heim zu ihrem Mann, in ihr «Rattenloch» am Place Wagram.

Ich allein bin deine Mutter, niemand sonst. Merk dir das! sagte sie in der Straßenbahn streng zu Kizette. Die schluchzte noch einige Male jammervoll auf, dann schlief sie, an Tamaras Schulter gelehnt, ein.

Das Hotelzimmer war dunkel und leer. Es roch nach kaltem Zigarettenrauch und Parfüm. Einerseits war Tamara erleichtert, weil Tadeusz nicht da war, andererseits empfand sie das Bedrückende an dem Zimmer besonders schrecklich nach dieser Reise voll bunter Eindrücke. Sie kämpfte mit sich; am liebsten wäre sie verschwunden, in die Cafés auf Montparnasse, in denen sie sich heimischer fühlte als hier, um mit ihren Freunden Wiedersehen zu feiern. Sehnsucht nach Zärtlichkeit und nackter Haut bedrängte sie so stark, daß sie dem Wunsch, das Zimmer zu verlassen, kaum widerstehen konnte.

Sie ging zum Bett ihrer Tochter und betrachtete die rosigen Wangen. Kizette sah sanft und engelgleich aus; die Widerspenstigkeit, die Tamara so geärgert hatte, war vollkommen aus ihrem Gesicht geschwunden, kaum mehr vorstellbar. Plötzlich wurde Tamara von einer wilden Zärtlichkeit für ihre Tochter erfüllt. Ihr wurde heiß vor Liebe. Sie nahm das kleine weiche Bündel aus dem Bett und wiegte es in ihren Armen, während sie aus dem Fenster schaute, hinter dem sich die Nacht anschlich. Seit ihrer

Abfahrt am Morgen in Nizza, ihrer Zwischenstation, hatte sie nichts mehr gegessen. Nun knurrte ihr Magen. Als wollte sie ihn mit der Zärtlichkeit für ihr Kind beruhigen, strich sie mit den Lippen über den zarten Flaum, der die rosige Wange der Kleinen bedeckte. Sie war überwältigt von ihren Gefühlen, konnte sich nicht erinnern, seit der Geburt jemals so stark für Kizette empfunden zu haben. Du bist mein, murmelte sie, während ihr Mund über die blonden Locken des Mädchens fuhr, du bist ganz mein.

Die Nacht brach herein. Tamara gab sich einen Ruck. Sie legte das Kind zurück, strich die Decke über dem kleinen Körper glatt und setzte sich mit dem Skizzenblock vor ihre Tochter. Von nun an erfüllten nur noch das sanfte Röcheln des Kindes und der energische Strich des Stiftes den Raum.

Da klopfte es an der Zimmertür. Tamara schrak hoch. Noch ehe sie etwas gesagt hatte, wurde die Klinke heruntergedrückt, und eine junge Frau mit dunkelbraunen, langen, glatten Haaren lugte zaghaft durch einen Spalt ins Zimmer.

Entschuldigen Sie bitte, sagte sie mit einer wohltönend tiefen Stimme, ich möchte nicht stören.

Tamara legte ihren Zeichenblock aufs Bett und bat die Frau einzutreten. Sie stören nicht, sagte sie höflich und mit einem leicht fragenden Unterton.

Haben Sie vielleicht einen Korkenzieher? fragte die Fremde und errötete dabei auf eine Weise, die Tamara zu ihrem eigenen Erstaunen ganz bezaubernd fand. In der Rezeption ist niemand mehr, und ich würde gern vor dem Einschlafen ein Glas Rotwein trinken.

Tamara, erstaunt über ihre eigene Leutseligkeit, machte sich eifrig auf die Suche nach einem Instrument, mit dem eine Flasche entkorkt werden könnte. Einen Korkenzieher fand sie nicht, dafür aber eine Flasche Champagner, die Tadeusz aus einem ihr unbekannten Grund am Boden des Kleiderschrankes versteckt hatte. Triumphierend beförderte sie die Flasche ans Licht und bot ihrer Nachbarin dieses Getränk statt Rotwein an.

Die dunkelhaarige Fremde hatte sich auf das Bett gesetzt und Tamaras Bemühungen neugierig, amüsiert und mit höflichem Widerstreben verfolgt. Als Tamara ihr den Champagner darbot, kicherte sie. Ich wollte doch leichter einschlafen können, sagte sie. Von Champagner werde ich noch aufgekratzter.

Die Nacht hat gerade erst begonnen, entgegnete Tamara und warf einen Blick auf das Fenster, hinter dem sich die Sterne zu Bildern fügten, die sie an wenige vertraute Augenblicke mit ihrem Vater erinnerten. Warum wollen Sie sich krampfhaft zum Schlafen bringen, wenn Sie wach sind? Warum nicht das Wachsein unterstützen, um irgendwann von allein müde zu werden?

Die dunkelhaarige Frau senkte den Blick und starrte auf den schäbigen Fußbodenbelag. Ich bin heute erst in Paris angekommen, sagte sie leise, und ich möchte lieber schlafen als wach sein.

Warum haben Sie bei mir geklopft? fragte Tamara neugierig.

Oh, Sie waren nicht die erste, gestand die Frau freimütig. Aber die anderen Türen blieben verschlossen.

Tamara kam eine Idee, und sie folgte ihr, ohne auch nur eine Sekunde darüber nachzudenken. Wir gehen jetzt beide ins Café um die Ecke, sagte sie. Dort trinken wir einen Vin rouge. Mir schadet es auch nicht, wenn ich besser einschlafen kann.

Die Fremde leuchtete geradezu auf. Dankbar stammelte sie, dies sei ein phantastischer Vorschlag.

Tamara fragte, ob sie sich noch irgendwie zurechtmachen wolle. Die Frau verneinte erstaunt. Tamara zog ihre Lippen nach, griff nach ihrer Wolljacke und verließ mit ihrer neuen Bekannten den Raum, ohne Kizette auch nur noch einmal angeschaut zu haben.

28

Die Fremde sah aus wie Schneewittchen. Sie trug die Haare auf altmodische Art lang über die Schulter fallend, und sie war ganz und gar bieder gekleidet.

Als die beiden Frauen ins Café traten, die eine blond, die andere schwarz, die eine wie dem Modejournal entsprungen, die andere wie ein Wesen aus einem verblichenen Poesiealbum, ging ein elektrisierender Ruck durch die anwesenden Männer. Der Lärmpegel im Raum schwoll leicht an, darauf folgte eine sekundenlange Stille, die durch ein neu einsetzendes fremdes Geräuschensemble schlagartig beendet wurde. Die Männer setzten sich in Positur, sie prüften, ob die Hose anständig verschlossen war und das Jackett die breiten Schultern betonte. Sie zogen den Bauch ein und sprachen mit sonorer Stimme. Keiner tat es absichtlich, aber jeder rückte seine Männlichkeit irgendwie zurecht.

Tamara lächelte. Sie war eine scharfe Beobachterin männlichen Verhaltens. Und sie wußte, daß sie soviel Rotwein würden trinken können, wie sie wollten, wenn sie sich nur in die Nähe eines der Männer begaben oder aber zuließen, daß einer sich zu ihnen setzte. Aus irgendeinem Grund jedoch wollte sie das vermeiden.

Wieviel Geld haben Sie? fragte sie ihre neue Bekannte. Ich komme nämlich gerade aus Italien und bin vollkommen abgebrannt. Das Wort *abgebrannt* klang seltsam aus ihrem Mund, sie war sich dessen bewußt.

Die Fremde sah sie aus erschrocken aufgerissenen Augen an. Ich habe, fürchte ich, zuwenig, um Sie einladen zu können, bekannte sie. Nur ein paar Sous.

In Ordnung, lächelte Tamara und bestellte zwei Gläser Rotwein. Das können wir uns in jedem Fall leisten, erklärte sie der Fremden. Wenn wir dann noch Durst haben, vergehen wir uns an Champagner.

Sie war nur wenige Male in diesem Café gewesen. Dennoch schien der Kellner sie zu kennen. Sie fiel auf. In dieser Gegend waren Frauen wie sie nicht häufig anzutreffen. Hier verkehrten die einfachen Menschen des billigen Quartier. Aber auch ihre Begleiterin paßte nicht hierher.

Erzählen Sie mir von sich, bat Tamara die Frau. Was hat Sie in dieses schreckliche Hotel verschlagen?

Schrecklich? Die Fremde zog wieder verwirrt die Augenbrauen hoch, die sich ohnehin rund und hoch über den schwarzen Augen wölbten. Tamara sah sie bezaubert an. So einen Menschen kannte sie nicht. Die Frau war vollkommen ungekünstelt, sie wirkte verloren wie ein Kind und strahlte trotzdem eine weiche frauliche Wärme aus. Unwillkürlich stellte Tamara sich vor, wie es zwischen den Brüsten oder in den Achselhöhlen der Frau riechen mochte. Sie hatte plötzlich den Duft in der Nase, den sie damals in den Daunenbetten der Großmutter eingeatmet hatte und der für sie mit dem Gefühl von Geborgenheit verbunden war.

Erzählen Sie von sich! sagte sie abermals und nickte aufmunternd.

Die Fremde hieß Soja und stammte, Tamara konnte es kaum glauben, aus Warschau, lebte aber schon seit zehn Jahren in Frankreich. Erst jetzt registrierte Tamara den leichten polnischen Akzent. Soja war fünfundzwanzig Jahre alt, doch sie wirkte so jung und unerfahren, daß Tamara sich als die Reifere fühlte. Soja war mit fünfzehn ins Pensionat in die Vogesen geschickt worden. Dort hatte sie sich in einen Lehrer verliebt, der sie auch prompt geheiratet hatte.

Nur leider, so gestand Tamaras neue Bekannte errötend, war die Ehe niemals vollzogen worden, da der Gatte an einem Defekt litt, der sich bemerkbar machte, sobald er Soja zur Frau machen sollte. Das hatte sie noch nicht einmal schlimm gefunden; sechzehnjährig bei der Eheschließung und vollkommen unerfahren, hatte sie viel mehr Angst vor dem, was ein Mann von ihr verlangen könnte, als daß sie Lust zwischen den Beinen verspürt hätte. Ihre Lust war auf Zärtlichkeit aus und darauf, eine eigene Küche zu bewirtschaften und keine lateinischen Vokabeln mehr lernen zu müssen. Bedauerlicherweise mangelte es ihrem Angetrauten jedoch keineswegs an Bedürfnis. Ganz im Gegenteil. Und so richtete er Soja zur Liebesdienerin ab, die ihm auf alle erdenkliche Weise zu Befriedigung verhelfen mußte. Wenn er sich aber ihr zuwandte, ermüdete nicht nur sein Glied. Der Mann fiel auf geradezu besorgniserregende Weise in Schlaf und von Soja ab, sobald er sich ihrem Körper verlangend näherte.

Tamara hatte sich mit vielen Männern unzählbar häufig auf denkbar unterschiedliche Art vereinigt. Nun aber, da Soja vollkommen unbefangen, so als spräche sie über die Zubereitung eines Soufflés, über Lust, Verlangen, Befriedigung und Versagen redete, wurde ihr seltsam zumute. Sie hatte noch mit niemandem darüber gesprochen, was sie empfand, wenn sie sich einem Mann hingab. Nun saß sie einer wildfremden Frau gegenüber, und die berichtete freimütig, wie sie während dieser neun

Jahre Ehe ganz allmählich ihre eigene Lust kennengelernt hatte. Die hatte sie mehr und mehr irritiert, indem sie sich als Schlaflosigkeit oder schlechte Laune, als plötzlicher Tränenstrom oder unerklärliche Wut auf ihren Mann bemerkbar gemacht hatte.

Und irgendwann, sagte Soja, und ihre Wangen waren so himbeerrot, daß Tamara die Hitze geradezu selbst spürte, habe ich in der Nacht meine Hand zwischen meinen Beinen entdeckt. Von da an verlor ich die Begeisterung für meine Küche und allmählich auch die für meinen Mann.

Sie sah Tamara an und erklärte mit einer ruhigen und entschiedenen Selbstverständlichkeit, die Tamara völlig aus der Fassung brachte: Ich habe meinen Mann und alles, was ich besaß, verlassen. Meine Familie ist, soviel ich weiß, auf der Flucht aus Warschau umgekommen, ich habe zumindest nie wieder etwas von ihr gehört. Nun habe ich niemanden mehr auf der Welt. Nur mich selbst. Ich werde mir hier Liebhaber suchen, die mir mein Leben finanzieren.

Wie bitte? Tamara räusperte sich. Sie konnte kaum sprechen vor Aufregung. Diese Frau brachte sie vollkommen durcheinander. Sie wollen als Hure arbeiten?

Ja.

Tamara schluckte. Sie weigerte sich, der Fremden zu glauben.

Sie wirken so rein, so – gut, sagte sie leise und griff nach der Hand der dunklen Frau. Schneewittchen, auf deren blassen Wangen Rosen blühten. Wie können Sie sich einer solchen Schmach aussetzen?

Schmach? Soja wirkte plötzlich unnahbar. Schmach? Ich kenne die Schmach der Frau, die von ihrem Mann gesagt bekommt: Du raubst mir die Manneskraft. Du läßt mein Schwert erschlaffen, wenn es in deine Scheide soll. Ich stoße in jede hergelaufene Hure, nur wenn ich bei dir liege, strömt die Kraft aus mir, als ließest du mich zur Ader...

Der spinnt doch! entfuhr es Tamara.

Vielleicht. Soja blickte sanft und träumerisch auf die Männer im Café, die unruhig auf ihren Stühlen hin und her zu rutschen begannen. Vielleicht. Das muß ich herausfinden. Vielleicht lastet ein Fluch auf mir. Das werde ich merken, wenn ich mich Männern verkaufe.

Aber das haben Sie doch nicht nötig, sagte Tamara beschwörend und vernahm mit Erstaunen, daß es fast verzweifelt klang. Sie sind schön und begehrenswert. Jeder Mann hier im Café will Sie haben. Sie können wählen. Wenn Sie einem ein Zeichen geben, spendiert er Rotwein, soviel Sie wünschen, und er wird auf dem Fußboden kriechen aus Dankbarkeit dafür, daß Sie ihn zu sich lassen...

Soja blickte sich um. Sie nickte in Richtung eines Mannes in einfacher Kleidung. Ich glaube, ich will den da. Er sieht kräftig aus.

Der Mann fuhr mit gespreizten Fingern durch seine dichten aschblonden Haare. Er sieht wirklich nett aus, dachte Tamara.

Zu Soja sagte sie: Er ist zu einfach. Nachher ist er grob. Er hat bestimmt eine Frau. Vielleicht sogar Kinder. Er sieht nicht aus, als hätte er Kultur.

Das macht doch nichts, entgegnete Soja und lächelte verträumt in die grauen Augen des Mannes, der sie fragend anblickte und schließlich grinste. Ich will ihn nur für eine Nacht. Er soll nur stark sein, so stark, daß mein Fluch ausgelöscht wird. Und er soll auch nicht vor mir kriechen, er soll mir ein wenig Geld geben, damit ich mir morgen etwas zu essen kaufen und mein Zimmer bezahlen kann. Morgen suche ich mir einen neuen.

Tamara spürte eine verzweifelte Hitze im Bauch. Sie nahm Sojas Gesicht in beide Hände und drehte es von dem Mann weg. Ich will das nicht! sagte sie mit heiserer Stimme. Bitte nicht! Nicht heute. Komm, wir gehen ins Hotel zurück und trinken den Champagner. Und wir erzählen uns voneinander. Komm heute nacht mit mir.

Sie erschrak. Was hatte sie da gesagt? Hoffentlich verstand Soja sie nicht falsch! Die legte ihre Hände auf Tamaras, und deren Körper begann zu vibrieren, als ströme aus Sojas Händen eine kaum zu ertragende Spannung in sie.

Mit dir? fragte Soja. Tränen traten in ihre Augen, die rund und schwarz waren wie ein gefährlich tiefer See. Es ist schön, deine Hände auf meinem Gesicht zu spüren, flüsterte sie.

Die beiden Frauen sahen einander an. Tamara kam es vor, als werde sie von einem Strudel in die Tiefe gezogen. Das Ganze wurde ihr unheimlich. Vielleicht ist da wirklich ein Fluch, dachte sie ängstlich. Aber sie warf ihre letzten Sous auf den kleinen weißen Teller auf dem schmuddeligen Holztisch und nahm ihre neue Freundin bei der Hand.

Komm, sagte sie. Laß uns verschwinden.

Als sie gingen, gab es einen kleinen Aufruhr im Café. Doch keiner der Männer wagte es, sich ihnen in den Weg zu stellen oder ihnen zu folgen.

Schweigend legten die Frauen Hand in Hand den Weg zurück, den sie vor noch gar nicht langer Zeit als völlig Fremde gekommen waren.

Wieder im Hotel, führte Tamara beschwörend ihren Zeigefinger erst zu ihrem eigenen und dann zu Sojas Mund. Sie hatte der Fremden noch nichts von ihrem Mann erzählt. Wenn er in der Zwischenzeit heimgekommen war, würden sie sich vorbeischleichen und auf den Champagner verzichten müssen. Doch sie hatte Glück. Das Zimmer war leer und dunkel, in den Geruch von Zigaretten und Parfüm hatte sich die zarte Ausdünstung von Kizette gemischt. Tamara ging auf Zehenspitzen zu dem Kinderbett. Die Kleine hatte sich bloßgestrampelt. Tamara deckte sie wieder zu. Dann griff sie in den Schrank, schloß ihre Hand um den Flaschenhals und verließ eilig den Raum.

Soja bewohnte ein Zimmer auf demselben Flur. Angestrengt unbefangen ließen die Frauen den Korken aus der Flasche platzen und kicherten, weil ihnen die Luftblasen in der Nase kitzelten. Doch dann bedeckte Soja die Lampe, die neben dem Bett an der Wand hing, mit einem roten Pullover, zog sich aus und legte sich, nur noch mit einem beigen Leibchen bekleidet, aufs Bett.

Sie sagte: Du hast mich gebeten, die Nacht mit dir zu verbringen. Ich will es gern tun. Ihr bleiches Gesicht war ernst und voller Spannung.

Tamara war entsetzlich verlegen. So hab ich es doch nicht gemeint, wollte sie sagen. Aber sie zog sich ebenfalls aus und legte sich zu Soja.

Ich werde den Fluch auslöschen, sagte sie andächtig.

In dieser Nacht entdeckte Tamara die Frauenliebe. Kopfüber stürzte sie sich in den tiefen See von Sojas dunkler weiblicher Sinnlichkeit. Sie verlor sich an Sojas weichen Rundungen, an ihren Oberarmen, an ihren lebendigen Brüsten, die sich veränderten wie Blumen unter dem wechselnden Stand der Sonne, und sie wurde ganz wild darauf, Sojas Geschlecht zu wecken, zu entjungfern. Sie wollte diese leidenschaftliche Frau davon überzeugen, daß sie für die Liebe wie geschaffen war. Und sie fand es erregend, die Liebesdienerin einer Frau zu sein, die auf diese Weise all ihr erlerntes Wissen vergaß und nur noch wollüstig lodern ließ, was Tamara entzündete.

Die beiden Frauen liebten einander die ganze Nacht hindurch, überrascht davon, wie leicht es war, auf den Wellen der Begierde und Sinnlichkeit ohne Ende weiterzureiten.

Sie erzählten sich von ihrer Kindheit in Warschau und staunten, daß sie einander nie begegnet waren, denn so viele Leute und Verhältnisse waren beiden gleichermaßen bekannt. Sie kicherten über ihre listenreichen Großmütter, über ihre ersten Verliebtheiten und über die Schleier von Tabu, die ihre Mütter über alles gelegt hatten, was mit fleischlichen Freuden zu tun hatte.

Wenn sie zu laut losprusteten, legte Tamara eine Hand auf ihren Mund und eine auf den der Geliebten. Psst, mein Mann könnte uns hören...

Dann knabberte Soja an Tamaras Hand, drängte sich an sie, und das Liebesspiel begann von vorn.

Sie fielen in Schlaf, als durch die Vorhänge der helle Morgen schimmerte. Tamara wachte nach kurzer Zeit wieder auf, erfrischt und voller Vorfreude auf alles, was das Leben ihr zu bieten hatte. Sie küßte noch einmal die beiden Rosen, die ihr von den vollen Brüsten der Freundin entgegenblühten, sog den Duft ein, der sie an Milch und Honig erinnerte, und schlich davon. In dem anderen Zimmer lag ihr Mann vollständig bekleidet auf dem Bett, neben sich das kleine Mädchen, das Tamara schon mit wachen Augen entgegenblickte.

Tamara legte auch ihrer Tochter spielerisch den Finger auf den Mund und flüsterte: Pst, der Papa schläft, wir wollen ihn nicht wecken.

Darauf bedacht, jedes Geräusch zu vermeiden, kleidete sie die Kleine an. Tadeusz wälzte sich knurrend auf die andere Seite. Tamara hoffte inständig, er möge erst aufwachen, wenn sie wieder fort wäre. Kizette gab keinen Mucks von sich. Sie wußte offenbar genau, daß es gefährlich war, den Vater aufzuwecken.

Tamara nahm unter den einen Arm ihren Skizzenblock, mit

dem anderen hob sie die Tochter auf; so machte sie sich leise davon. Aufatmend schloß sie die Tür hinter sich, ging auf Zehenspitzen den Flur entlang und die Treppe hinab. Als sie vor dem Hotel auf dem Bürgersteig stand, wirbelte sie die Tochter herum, herzte sie und lachte übermütig.

Jetzt gehen wir schön frühstücken, bestimmte sie. Du darfst aussuchen, wo.

Kizette aber sagte nur: Mémère!

Tamara war enttäuscht. Bei der Oma bist du immer, maulte sie. Jetzt wollen wir beide es uns schön machen.

Kizette schlug verschüchtert die Augen nieder. Ihre Unterlippe zitterte leicht.

Na gut, also Mémère, sagte Tamara verdrießlich. Ich bring dich hin, keine Sorge.

Doch ihre gute Laune kehrte schnell zurück. In der Straßenbahn spielte und schäkerte sie mit ihrer Tochter, die immer zutraulicher wurde. Sobald sie allerdings bei ihrer Mutter waren, drängte es Tamara wieder fort. Sie wollte zur Académie. Sie wollte erproben, ob das, was sie in Italien gelernt hatte, ihr auch hier zu Gebote stand.

An diesem Tag schien es ihr zum erstenmal richtig, Maurice Denis zu verlassen. Sie hatte das Gefühl, bei ihm nichts mehr lernen zu können. Aber wen sollte sie sich statt seiner suchen? Ihr Instinkt sagte ihr, daß sie dabei war, ihre ganz eigene Technik zu finden, an der bald kein Lehrer mehr herumdeuteln sollte. Die Komposition eines Bildes aber war ihr von riesiger Bedeutung, und darin fühlte sie sich noch unsicher.

An diesem Tag begann sie einen weiblichen Akt, der ihr sehr gefiel. Er war ebenso fleischlich wie kühl, man meinte, zwischen die Schenkel der Frau greifen zu können, und doch wirkte das Bild sauber und glatt. Tamara jubelte innerlich. Sie sah ihren Weg klarer vor sich denn je.

Am Abend holte sie Kizette nicht ab. Sie wußte, daß eine schreckliche Auseinandersetzung mit Tadeusz bevorstand, und diesmal wollte sie ihre Tochter schützen. Oft schützte Kizettes Anwesenheit die Mutter, da Tadeusz sich ein wenig zurückhielt, wenn das Kind zu schreien begann. Heute aber war Tamara so weich und glücklich, daß ihr Herz spürte, welches Elend es für Kizette bedeuten würde, diesen Streit zu erleben.

Also ging sie tapfer heim ins Hotel, entschlossen, das Zimmer nicht eher zu verlassen, als bis der Streit mit Tadeusz ausgefochten war. In einem Winkel ihres Gehirns bereitete sie sich darauf vor, sich von Tadeusz verprügeln zu lassen und dann Soja aufzusuchen, gewissermaßen entlastet von Schuld.

Doch es kam anders. Tadeusz lag auf dem Bett. Er war krank, offenbar hatte er einen schlimmen Kater. Er sagte, er habe während Tamaras Abwesenheit kaum gegessen und auf leeren Magen zuviel getrunken. Er zog Tamara an sich und klagte ihr sein Leid. Er habe Schulden gemacht. Sie müsse die Tante bitten, ihr Geld zu geben. Wann sie denn soweit sei, daß sie mit dem Malen Geld verdiene? Er fühle sich so minderwertig, gestand er ihr, so überflüssig, er habe sogar an Selbstmord gedacht. Allein der Gedanke an Kizette habe ihn davon abgehalten. Tamara hörte ihm zu, unterdrückte die Vorwürfe, schlug ihm nicht vor, in der Bank des Onkels zu arbeiten, tröstete ihn, versicherte ihm, sie arbeite fleißig, bald werde sie Bilder verkaufen, sie glaube fest daran. Sie streichelte und küßte ihn.

Endlich schlief er wie ein Baby in ihren Armen ein. Sie entzog sich ihm vorsichtig, huschte zum Zimmer von Soja und klopfte leise an die Tür. Als sie keine Antwort erhielt, drückte sie behutsam die Klinke hinunter. Das Zimmer war dunkel und menschenleer. Das Bett, der Boden, der Schrank, alles wirkte, als hätte es Soja nie gegeben. Tamara zitterten die Knie. Ihr brach der Schweiß aus. Sie vergaß alle Vorsicht und rannte nach unten zur Rezeption, wo natürlich wieder niemand war. Tamara klingelte wütend. Als endlich die Wirtin heranschlurfte, eine alte, schmuddelige Frau, fragte Tamara hastig nach dem Verbleib der jungen Frau von Zimmer 107. Die Wirtin sah sie mißtrauisch an und erkundigte sich, ob die Frau ihr etwas gestohlen habe.

Aber nein, entgegnete Tamara kühl und beherrscht. Sie wollte mir heute Modell stehen, und sie ist nicht erschienen. Ich war besorgt und dachte, sie sei vielleicht krank.

Nein, nein, beschwichtigte die Alte, sie ist abgereist. Sie wollte eine Nacht bleiben und hat nicht verlängert. So unzuverlässig sind die jungen Frauen heutzutage, treffen Vereinbarungen und halten sich nicht daran. Haben Sie sie etwa schon bezahlt? Als Tamara verneinte, setzte die Alte ihre Litanei fort, beklagte sich über die Belästigung durch Gäste, die nur eine Nacht blieben und die Wäsche und das Zimmer verschmutzten.

Tamara unterdrückte den Wunsch, der Alten den Mund zu verbieten. Höflich erkundigte sie sich nach der Adresse der Abgereisten. Adresse? wiederholte die Alte, als könne sie nicht glauben, daß Tamara etwas so Dummes gefragt hatte.

Ja. Tamara nickte störrisch. Sie wollte mir ihre Adresse geben, aber sie hat es wohl vergessen...

Nun, erwiderte die Alte spöttisch, uns hat sie sie auch nicht verraten. Und jetzt gute Nacht.

Damit schlurfte sie wieder fort.

So elend hatte Tamara sich nur gefühlt, als ihr klargeworden war, daß die Großmutter nicht mehr lebte. Unendlich schwerfällig stieg sie die Treppen hinauf. Sie entkleidete sich und kroch dicht an Tadeusz heran. Sie schnüffelte die scharf und ein wenig säuerlich riechende Ausdünstung seines Körpers und fragte sich, ob sie jemals wieder Freude an diesem so gar nicht nach Milch und Honig riechenden Mann würde haben können.

Sie war sehr durcheinander.

29

Der Kubismus ist erledigt, mein Lieber, schau dich doch um: Léger, Calder, Pascin, malt auch nur einer von denen kubistisch? Nein! Der Kubismus ist seit langem tot.

Tamara wandte den Kopf. Am Nachbartisch saßen drei junge Männer, die sich, barhäuptig und mit Overalls bekleidet, um den Hals ein rotes Tuch, eindeutig als Künstler zu erkennen gaben. Tamara hatte sie noch nie gesehen.

Erledigt! Erledigt! Was redest du da – und nennst ausgerechnet Léger. Gleich willst du deine These noch mit Lhote beweisen. Du schreckst wirklich vor nichts zurück.

Nun vernahm Tamara eine dritte Stimme. Erstaunt drehte sie

sich abermals um. Die Stimme war weiblich. Nun erst erkannte sie, daß einer der drei Studenten am Nebentisch eine junge Frau war. Sie sprach leiser als die Männer, und Tamara mußte sich anstrengen, um sie zu verstehen. Ihre Stimme klang schwärmerisch.

Ich mag Lhote, sagte sie, er ist so vielseitig, voller Inspirationen, er inspiriert auch mich stets neu...

Die erste Stimme ertönte nun wieder. Sie klang grob und aggressiv: Jaja, Lhote ist vielseitig, er ist Maler, Dekorateur, Kritiker, Kunstpädagoge und -theoretiker, aber er hat Mühe, das alles zu guter Kunst zusammenzubringen. Als Maler macht er Dekoration, als Kritiker macht er Reklame für den Maler, als Lehrer verführt er kleine Mädchen...

Du wirst unsachlich, Pascal, warf die zweite Stimme ein, Lhote ist der beste Lehrer, den Paris im Augenblick zu bieten hat.

Die Frau sagte schnippisch: Er ist doch nur eifersüchtig, er würde so gern kleine Mädchen verführen, aber es klappt nun einmal nicht.

Die Stimme, die offenbar Pascal gehörte, entgegnete streng und gepreßt: Lhote ist reaktionär. Sein sogenannter erneuerter Kubismus ist bourgeois – ungefährlich.

Es heißt nicht erneuerter Kubismus, sondern synthetischer Kubismus, korrigierte ihn das Mädchen.

Erneuert oder synthetisch, das läuft aufs selbe hinaus, und zwar darauf, daß Lhote den Kubismus, der einmal den alten Blick auf die Welt auseinanderreißen, die Perspektive in Frage stellen wollte, benutzt, um hübsche Bilder zu malen. Er ist Dekorateur, ja, er sollte Wände anmalen, aber sich nicht mit dem Titel Kubist schmücken.

Der junge Mann, der sich offenbar als Schiedsrichter zwischen der Frau und Pascal begriff, dozierte: Lhote will die Klassik und die kubistische Avantgarde versöhnen, das ist ein schwieriges Unterfangen...

Schwierig? warf der mit dem Namen Pascal ein. Schwierig? Ich bitte dich, es ist, als wolltest du einen Esel mit einer Giraffe kreuzen, es geht nicht.

Wieso? fragte das Mädchen hochnäsig. Du bist doch das gelungene Ergebnis einer Kreuzung von Giraffe und Esel: Du tust, als wärst du über alles erhaben, aber in Wirklichkeit bist du ... na, ich will ja nichts sagen.

Tamara grinste.

Jeanne, sagte der Neutrale rügend, jetzt machst du es uns aber schwer. So falsch ist Pascals Standpunkt nicht. Lhote vertritt nun einmal vor allem eine dekorative Haltung in der Malerei, und dabei geht die revolutionäre Aussage zuweilen verloren.

Der Mann namens Pascal höhnte: Lhotes Kubismus biedert sich dem Bourgeois an. Seine Kunst geht mit der Zeit und ist an den Wänden eines repräsentativen Heims nicht störend; die lieben Kinder werden davon nicht verschreckt.

Die Frau entgegnete hochmütig: Du weißt ja gar nicht, was Lhote überhaupt lehrt. Er will das, was die Impressionisten auf der reinen Farbe aufgebaut haben, auf die plastische Ebene übertragen. Ihn interessiert am Kubismus der konstruktive, rationale Aspekt, der es seiner Meinung nach ermöglicht, in einem Gemälde die Erscheinungen der natürlichen Welt zu konservieren und die Formen der Gegenstände intakt zu lassen. Ein menschlicher Körper ist für ihn ein Gegenstand wie jeder andere. Das nennt er die «plastische Metapher».

Tamara spitzte die Ohren. Was würde Pascal jetzt antworten?

Doch es war der andere Mann, der ein wenig gequält von sich gab: Jeanne, du mußt nicht wörtlich wiederholen, was Lhote lehrt, das hören wir alle ständig.

Pascal warf ironisch ein: Ich höre es nicht mehr, ich nicht. Ab heute bin ich weg da. Lhotes Kubismus ist kraftlos, und ich strotze vor Kraft. Man kann doch nicht, verdammt noch mal, den Kubismus auf Einheitsfarbwerte reduzieren. Das ist eine Simplifizierung sowohl des Klassizismus als auch des Kubismus. Nein, liebe Leute, für mich ist Lhote von heute an ein Kollege, ich habe genug gelernt.

Brüsk schob er seinen Stuhl zurück und stapfte an Tamaras Tischchen vorbei aus dem Sélect hinaus.

Am Nachbartisch trat Schweigen ein.

Schließlich sagte der Mann: Man kann, glaube ich, schon behaupten, daß André Lhote den Kubismus mit dem Geometrismus verwechselt, ohne zu berücksichtigen, daß der Kubismus auch das in der Renaissance geschaffene Bildsystem vollkommen in Frage gestellt hat.

Ach, Luc, seufzte die junge Frau, fang du jetzt nicht auch noch an. Du bist doch gern bei Lhote. Oder willst du auch weggehen?

Luc lachte auf und erwiderte jungenhaft: Keineswegs, ich bleibe. Denn irgendwie hat Pascal ja recht. Man lernt bei Lhote, wie man Bilder malt, die vom Bourgeois gekauft werden. Und ich hasse es zu hungern.

Tamara hatte genug gehört. André Lhote würde ihr nächster Lehrer sein.

Am Abend begegnete sie der jungen Frau wieder. Im Le Caméléon, einem Restaurant an der Ecke zur Rue Campagne Première, gab es billige Würstchen mit Sauerkraut zu essen, und seit kurzem galt das Lokal als «offene Universität für Montparnasse», wo allabendlich einheimische und ausländische Künstler zusammenkamen, um Konzerten und Dichterlesungen zu lauschen. An diesem Sonntag trat ein Humorist auf, der nichts weiter tat, als sein Publikum aufs obszönste und gemeinste zu beschimpfen.

Tamara langweilte sich oft im Le Caméléon, doch sie ging immer wieder hin, weil sich hier alle trafen und weil sie Angst hatte, als dumm zu gelten, wenn sie ihre Langeweile kundtäte. Die junge Frau aber redete während der Vorstellung ganz unverfroren mit ihrer Nachbarin, einer farbigen Schönheit. Den Wortfetzen, die zu ihr herüberdrangen, entnahm Tamara, daß die Frau namens Jeanne ihrer Begleiterin von dem vormittäglichen Gespräch erzählte und beide sich über den angehenden Künstler namens Pascal lustig machten. Als Tamara hörte, wie der Name Marie Laurencins fiel, erhob sie sich von ihrem Platz neben van Dongen, der ihr an diesem Abend ohnehin zu schweigsam war, und ging zu der jungen Frau. Sie stellte sich vor als die Lauscherin vom Nebentisch und bat darum, sich zu den beiden setzen zu dürfen. Die knabenhafte Kunststudentin sah sie mißtrauisch an, die Farbige aber lud sie fröhlich ein.

Wir reden gerade über alle, die gut sind, obwohl sie mit Kubismus und Avantgarde nichts zu tun haben.

Wir sprachen über Marie Laurencin, korrigierte Jeanne mürrisch.

In diesem Augenblick trat van Dongen an den Tisch. Aber Tamara, sagte er vorwurfsvoll, wieso verlassen Sie mich einfach?

Tamara beobachtete amüsiert, wie sich das Gesicht der brünetten Garçonne schlagartig erhellte.

Monsieur van Dongen, sagte sie charmant, bitte setzen Sie sich zu uns, wir sprechen gerade über Kunst, die an- und aufregend ist, obwohl sie mit Kubismus nichts zu tun hat.

Oh, schmunzelte van Dongen, dann bin ich hier genau richtig.

Wir sprachen über Marie Laurencin, korrigierte nun die Farbige und kicherte.

Oh, Marie Laurencin, wiederholte van Dongen, eine wunderbare Malerin. Sie hat eine ganz und gar weibliche Ästhetik. Ihre Bilder sind so anmutig, so zauberhaft. Wieder schmunzelte er. Sie sind so anmutig und zauberhaft wie die Malerin selbst. Ich kann verstehen, daß Apollinaire sie mit Picasso, Braque und Juan Gris auf eine Stufe stellt.

Nun verfiel Jeanne wieder in ihren mürrischen Ton, obwohl sie sichtlich hin- und hergerissen war zwischen Ehrfurcht vor dem berühmten Maler und Neid auf die erfolgreiche Malerin. Ich finde, sie macht es sich zu einfach. Alles, was nicht jung und anmutig ist, findet in ihren Bildern keinen Platz.

Die Farbige kicherte wieder und fügte bestärkend hinzu: Außerdem ähneln sich all ihre Modelle. Man könnte meinen, sie hat einer einzigen Frau nur unterschiedliche Perücken aufgesetzt.

Van Dongen drohte den beiden jungen Frauen scherzhaft mit dem erhobenen Zeigefinger. Ich glaube, Sie sind ein wenig neidisch, Mesdemoiselles! rügte er gutmütig. Marie Laurencin hat, so verstehe ich sie, ihre Kunst bewußt auf das Junge und Neue ausgerichtet. Sicher ähneln die Motive einander, mag das Modell nun ernst sein oder lachen. Das Neue an ihrer Malerei ist eben die weibliche Ästhetik, und die bringt sie immer wieder hervor. Nach ihr werden andere Frauen nach anderen weiblichen Aspekten der Welt forschen, vielleicht ja Sie.

Wir? murrte Jeanne, und Tamara fiel auf, daß ihr Ton nun verblüffend dem ähnelte, den Pascal am Morgen angeschlagen hatte. Marie Laurencin hat es Frauen wie uns nicht leichter gemacht mit ihrem femininen Frauentyp. Wir sind nämlich anders. Dieser hilflose zarte Typ ist doch genau der, den sich die Männer wünschen. Und deshalb akzeptieren sie auch die Laurencin.

Genau, stimmte die Farbige fröhlich zu. Marie Laurencin malt ja ganz hübsch, aber daß Apollinaire sie mit Braque und Gris vergleicht, liegt allein daran, daß sie ihm die Stellung als Platzhirsch nicht streitig macht. Die Frau hat die Chance, Muse, Mutter oder kleine Schwester zu sein...

Die Kurzhaarige beendete den Satz in bitterem Ton: Wenn sie Konkurrentin wird, wird sie vernichtet.

Aber Mesdemoiselles, rief van Dongen und hob beschwörend die Hände, was sagen Sie da? Wir Männer lieben die Frauen. Und denken Sie nur an den großen Erfolg von Maria Blanchard beim letzten Salon des Indépendants. Ihre *Communiante* war *das* Bild der Ausstellung.

Maria Blanchard ist körperbehindert, sagte Jeanne schnippisch. Da fällt es leicht, sie mitleidig zu unterstützen.

Ach, nun hören Sie aber auf! befahl van Dongen knapp. Ich glaube, Sie sind nicht selbstbewußt genug, um Ihren eigenen Stil zu finden, und deshalb neiden sie anderen Frauen den Erfolg. Er wandte sich an Tamara: Ich habe den Eindruck, sagte er, daß die russischen Frauen weitaus selbstbewußter und am heimischen Kulturleben intensiver beteiligt sind als die Frauen im Westen. Natalia Gontscharowa zum Beispiel ist doch mindestens so anerkannt wie Michail Larionoff. Sie war es doch auch, die in der Schweiz für Diaghilew als Bühnenbildnerin gearbeitet hat. Und Sonia Delaunay ist ebenfalls eine enorm selbstbewußte Frau. Er richtete das Wort nun wieder an die Garçonne: Sonia ist schön, und sie liebt ihren Mann, das weiß ich, und sie ist als Malerin vollkommen akzeptiert.

Sie ist akzeptiert als Frau von Robert Delaunay, fauchte die Kleine ihn an.

Van Dongen legte seine Hand um Tamaras Ellbogen. Kommen Sie, Kind, sagte er, ich lade Sie zu einem Champagner im Parnasse ein. Hier wird es mir zu ungemütlich.

Tamara lächelte den beiden Frauen freundlich zu und verließ mit van Dongen das Le Caméléon.

Draußen schaute ihr Freund wohlgefällig auf das Ladenschild und das große Chamäleon an der Hauswand, beides von André Clergé gemalt. Das ist gut, sagte er feierlich. André hat etwas getan, ohne sich lange zu plagen mit der Frage, ob es nun große und richtige und moralisch einwandfreie Kunst ist. Die junge

Frau da wird nie etwas zustande bringen, wenn sie immer nur nörgelt.

Umgehend versuchte Tamara, bei Lhote als Schülerin unterzukommen, und wieder wurde ihr die Aufnahme leichtgemacht. Vom ersten Tag an lobte sie ihren Instinkt. Der Unterricht war genau das, was sie brauchte.

Lhote lehrte seine Schüler, ein Bild sorgfältig zu komponieren. Er praktizierte den Kubismus an traditionellen Motiven, er bewahrte die Sinnlichkeit des menschlichen Körpers, wenn er diesen einer vorsichtigen, geometrischen Auflösung unterwarf. Lhote brachte Tamara bei, Modelle auf Kubus, Kegel und Kugel zu reduzieren und gleichzeitig so zu malen, daß der Betrachter Lust bekam, das Bild anzufassen. Lhote brachte ihr und den anderen Schülern bei, die Abstraktion des Kubismus mit der Sinnlichkeit von Ingres zu verbinden. Stundenlang mußte sie Ingres kopieren, um seine atemberaubende, fast halluzinatorische Verwendung der Farben und seinen kühlen und doch sinnlichen Klassizismus in die Finger zu bekommen.

In den Bildern dieser Lehrzeit legte Tamara ihren Stil fest. Sie malte nackte Frauen, die angezogen wirkten, oder angekleidete, die nackt wirkten. Die Kleidung sollte nichts verhüllen, sondern die Körperformen in ihrer sinnlichen Präsenz erst recht zur Geltung bringen. In diesen Wochen entschied sie sich für eine Malerei, die Menschen zur Skulptur formt. Die Haut ihrer Objekte schimmerte wie Metall. War die abgebildete Frau eigentlich lebendig, durchzogen Adern die Arme, die aussahen, als wären sie aus Bronze gegossen? Tamara wollte schillerndes Geheimnis bieten. So malte sie den linken Arm wie eine blanke Metallröhre, während die rechte Hand durchaus realistisch vielleicht nach der Hutkrempe greift, um das Gesicht vor grellem Licht oder dem Windstoß zu schützen, der sich in den gekräuselten Locken und den kubistisch verformten Schleierfalten verfängt. Sie malte ihren Frauengestalten den Augenaufschlag, der, wenn er auf der Kinoleinwand zu sehen war, die Männer dazu brachte, den Atem anzuhalten.

Marie Laurencin malt Jugend und Anmut, so hatte Tamara entschieden, ich male schamlose Erotik. Ich male ungewöhnliche und raffinierte Frauen, und ich zeige ihre Fleischlichkeit, ihre Gier aufs Leben, ebenso wie ihre innere Leere und ihre Einsamkeit. Aber alles hinter glatter, glänzender Fassade. So wie sie niemanden in ihr Inneres schauen ließ, schützte sie auch ihre Figuren vor einem alles durchdringenden Blick.

In dieser Zeit konstruierte sie ihre eigene Fassade. Sie gab vor, Unterricht auf der Kunstakademie in St. Petersburg genommen zu haben. Die Tradition des russischen Kunstunterrichts war in Paris sehr angesehen. Außerdem legte Tamara sich einen Adelstitel zu. Wer sollte das schon nachprüfen? In Rußland herrschten die Kommunisten, in Polen war alles verbrannt. Niemand würde sie je der Lüge überführen.

Sie signierte ihre ersten Bilder mit *de Lempicka* und entschied sich dann für die männliche Endung. Männer wurden nun mal ernster genommen, und sie brauchte Erfolg. Also *Lempicky*.

Adrienne schlug ihr vor, sich für den Salon d'Automne 1922 zu bewerben, wie sie selbst es auch tat. Beide wurden angenommen, und Tamara konnte ihren Namen neben dem Frauenakt lesen, der ihr nach ihrer Nacht der Frauenliebe gelungen war.

Zwei Monate später verkaufte sie ihr erstes Bild und erwarb am selben Tag noch bei dem Juwelier, den sie damals mit Tante Stefa aufgesucht hatte, ein schmales silbernes Armband. Sie zwang sich regelrecht dazu, ihr Versprechen an sich selbst einzulösen. Viel lieber hätte sie das ganze Geld in eine andere Wohnung gesteckt. So aber legte sie das Armband an und begab sich zu der Wohnung, von der die Mutter ihr mitgeteilt hatte, daß sie leer stehe. Tamara verhandelte so lange, bis der Vermieter ihr die Wohnung zum halben Preis überließ.

Anschließend ging sie schnurstracks ins Hotel zu Tadeusz, zeigte ihm ihren Armreifen und sagte kühl: In einer Woche verlasse ich dieses Zimmer. Ich habe eine Wohnung gemietet. Sie ist groß genug für uns alle und für ein Kindermädchen dazu. Du darfst also mitkommen. Wenn nicht, ist es auch in Ordnung.

Die Wohnung war ein wunderbarer Kompromiß, der allen Wünschen Tamaras gerecht wurde. Sie lag am Bois de Boulogne, einige Straßen von Mutter und Schwester entfernt. Tamara konnte immer noch zu Fuß zum Montparnasse gehen. Obwohl sie nun so nahe bei der Mutter wohnte, stellte sie ein Kindermädchen ein. So verhinderte sie, daß ihre Tochter sich noch enger an die Großmutter band.

Tadeusz hatte versucht, Tamaras Plan zu boykottieren. Er zog sie in einen Streit, an dessen Ende er verkündete, er werde nicht mit in die Wohnung ziehen. In Ordnung, entgegnete Tamara, schnappte ihre Malmappe und verließ das Hotel. Es war jetzt eindeutig. Sie ernährte die Familie, Tadeusz hatte sich zu fügen. Und er fügte sich.

Nachdem sie umgezogen waren, stand sie morgens früh auf und kaufte auf dem Markt ein. Zwischen den Kursen ging sie heim, um mit Kizette und Tadeusz zu essen. Die Nachmittage verbrachte sie in den Cafés, die Abende in der Akademie. Danach besuchte sie die Partys der Reichen. Wenn sie nachts heimkam, malte sie oder schneiderte sich ein Kleid. Sie stöberte in den Modemagazinen Entwürfe auf, besorgte sich ein paar Meter exklusiven Stoff und brauchte eine Nacht, um ein Kleid zu nähen, in dem sie am Abend darauf als besonders extravagant und elegant auffiel. In den meisten Nächten aber malte sie. Sie ging frühmorgens ins Bett und stand frühmorgens auf. Strahlend, schön und jung.

Die angstvolle, dunkle Seite ihres Wesens verbarg sie sorgsam. Sie war entsetzlich nervös. Rauchte täglich drei Schachteln Zigaretten und litt unter quälender Schlaflosigkeit. Wenn sie es nicht mehr aushielt, nahm sie Tabletten, obwohl sie den leicht trägen Zustand am folgenden Tag haßte. Das alles durfte niemand wissen.

Sorgfältig wählte sie ihre Malobjekte aus. Es sollten besondere Menschen sein, auf besondere Weise gemalt. Sie malte Freunde und Bekannte. Sie wollte eine Malerin der Reichen und Adligen werden, nur so würde es ihr gelingen, ihre Arme eines Tages mit Schmuck zu bedecken. Hinzu kam, daß sie diese Menschen kannte wie niemanden sonst; sie gehörte zu ihnen. Sie wußte, wie es war, die nackte Existenz zu verteidigen, sie kannte die Angst vor Vernichtung, die hinter Arroganz verborgen werden mußte. Sie wußte, daß hinter dem Prunk und der Herablassung vielfach Ohnmacht stand und blanker Neid auf diejenigen, die nun die Macht besaßen. Manche von Tamaras adligen und reichen Freunden zogen sich auf ihre Besitzungen und ins Privatleben zurück. Sie spielten das Leben. Das einzige, was für sie noch einen Reiz hatte, war Amüsement. Ihr ganzes Trachten galt eleganter Kleidung, lässiger Haltung, ästhetisch unanfechtbarem Stil und hemmungslosem Vergnügen.

Tamara wählte ihre künstlerische Identität auch nach dieser Kundschaft aus. Sie entschied sich für Technik, handwerkliches Können, Simplizität und guten Geschmack. Ihre Devise war: Kopiere nie. Schaffe einen neuen Stil, helle, kräftige Farben, und zeige Eleganz. Sie wollte ebenso klar und sauber malen wie die italienischen Meister des 15. Jahrhunderts.

Sie wollte die erste Frau sein, die absolut präzise malte – das sollte die Grundlage für ihren Erfolg sein. Unter hundert verschiedenen Gemälden sollte man die von ihr signierten sofort erkennen.

Schließlich hatte sie ein gutes Dutzend Gemälde, die ihrem Anspruch standhielten, beisammen. Sie arrangierte in ihrer Wohnung eine kleine Ausstellung für die ganze Familie. Tadeusz hielt sich fern. Ihn beleidige es, sagte er, sich die Frauen und Männer, mit denen sie ins Bett gehe, auch noch in seinem eigenen Wohnzimmer anschauen zu müssen. Daß Tamara nur ihre Liebhaberinnen und Liebhaber malte, stand für ihn fest. Tante Stefa und der Bankier, Malvina, vor allem aber Adrienne waren begeistert von Tamaras Werken. Doch Tamara nahm ihre Begeisterung nicht ernst. Ihr liebt mich, sagte sie bedrückt, natürlich findet ihr alles gut, was ich mache.

Weißt du was?! rief Adrienne aus. Ich hole meinen Professor hierher, er soll sein unabhängiges Urteil abgeben.

Wieder hatte Tamara ein Ziel, und sie war vollkommen erfüllt davon. Sie veränderte ihre ganze Wohnung, strich tagelang die Wände in blassem Grau und ließ ihre Stühle mit grauem Samt beziehen. Grau, so hatte sie es in ihren Träumen von einer Galerie-Ausstellung gesehen, war die Farbe, in der ihre Gemälde am besten wirkten.

Auch sich selbst kleidete sie in kieselgraue Seide. Sie sah wunderschön aus, als der Professor erschien. Ihr Gesicht war glatt, frisch, eine perfekte Maske. Sie begrüßte den Gast freundlich, aber kühl, ohne ihn jedoch in irgendeiner Weise vor den Kopf zu stoßen. Eine selbstbewußte, wenn nicht hochmütige blonde Schönheit auf endlos langen Beinen. Der weißhaarige Professor ging prüfend an den Gemälden entlang, strich über seinen Spitzbart, trank den Tee, den Tamara ihm anbot, und erkundigte sich höflich nach ihrem Befinden in Paris.

Als er ging, zwinkerte er ihr zu und sagte beiläufig: Ich glaube,

Ihre Bilder ließen sich gut ausstellen. Sie sind bemerkenswert.

Nachdem sie die Tür hinter ihm verschlossen hatte, schaffte Tamara es gerade noch bis zur Couch, über die sie eine graue Samtdecke gelegt hatte. Sie warf sich darauf und weinte herzzerreißend. Die Spannung, die sie zu einem Eisklotz gemacht hatte, löste sich.

30

Die Suche nach der geeigneten Galerie betrieb sie ebenso wie einst die nach einer Schule, in der sie malen lernen konnte. Angelegentlich brachte sie unter Freunden und Bekannten das Gespräch auf Pariser Galeristen. Wer war modern, wer war erfolgreich, wer pflegte seine Schützlinge besonders sorgsam? So erfuhr sie, was sie wissen wollte, ohne sich die geringste Blöße zu geben. Paris wimmelte von Galeristen, darunter nicht wenige mit russischem oder polnischem Namen.

So, wie sie einst durch Montparnasse gebummelt war und sich unter die Studenten gemischt hatte, die aus den Malschulen strömten, unternahm sie nun unverfängliche Spaziergänge zu den Galerien, deren Namen sie besonders häufig hörte.

Die Galerie «Au Sacre du Printemps», die der polnische Pianist und Komponist Jan Sliwinski in der Rue du Cherche-Midi 5 betrieb, galt als ausgesprochen avantgardistisch. Tamara ging hin, sah die Fotografien an den Wänden neben seltsamen Bildern, die sie als schmuddelig und unsauber empfand. Hier bin ich nicht gut aufgehoben, wußte sie, als sie die Galerie verließ, ohne den Inhaber über den eigentlichen Grund ihres Besuches in Kenntnis gesetzt zu haben.

Immer wieder hörte sie den Namen Weill. La mère Weill, wie sie unter den Künstlern genannt wurde, in lautmalerischem Anklang an la merveille, das Wunder, schien für die Künstler von unglaublicher Bedeutung zu sein. Sie fühlten sich von ihr verstanden, geliebt und beschützt. Die Weill führte ihre Galerie offenbar in absoluter Unfähigkeit, Geld zu verdienen, aber sie verhalf immer wieder Künstlern zu Ansehen. Tamara suchte auch diese Galerie auf. Schüchtern, zurückhaltend und mit einem hochmütigen Gesichtsausdruck stellte sie sich als Tamara de Lempicka, polnische Emigrantin und Kunstliebhaberin, vor. Berthe Weill zeigte ihr freundlich, aber reserviert die Gemälde, die sie gerade verkaufte, Bilder von Picasso und Matisse, die bei ihr, wie sie erzählte, 1902 das erste Mal ausgestellt hatten. Berthe Weill war eine alte Frau, fast sechzig, schätzte Tamara. Zu gern hätte sie gesagt: Liebe Madame Weill, ich bin eine junge Künstlerin, und ich wünsche mir sehr, daß Sie mich irgendwie unterstützen, aber sie wagte es nicht. Und so verließ sie auch diese Galerie, ohne eine Heimat für ihre Bilder gefunden zu haben.

Getrieben von der Sehnsucht, an der mütterlichen Fürsorge Berthe Weills irgendwie teilhaben zu können, begab sie sich zu deren Namensvetterin Colette Weill. Sie hatte von dieser neuen Galerie ab und zu gehört. Marie Laurencin werde dort verkauft, hieß es, und die junge Galeristin besitze sehr viel Kunstverstand. Vor allem aber fühlte Tamara sich von dem Namen angezogen.

Einige Tage lang beobachtete sie die Galerie unauffällig – die Klientel wirkte wohlhabend, das Äußere schlicht, eher kühl. Schließlich faßte sie sich ein Herz, nahm zwei Akte, die sie für besonders gelungen hielt, einige ihrer Zeichnungen und Fotos von anderen Gemälden und ging geradewegs zur Galerie. Sie fühlte sich an diesem Nachmittag stark, schön und energiegeladen. Sie wußte, daß Maler ohne Anmeldung ungern empfangen wurden, aber sie fürchtete, sich in dem Augenblick, in dem sie einen Termin hätte, häßlich, unfähig, unbegabt zu fühlen. Den richtigen Zeitpunkt diktierte ihr Gefühl und nicht der Terminplan.

In der Galerie traf sie auf eine junge, hübsche Frau, die gerade auf einer Leiter stand und sich an einem Leuchter oben an der Wand zu schaffen machte. Tamara baute sich am Fuß der Leiter auf und sagte: Madame, ich bin Malerin, ich bin noch nicht bekannt, doch ich würde Ihnen gern einige meiner Bilder zeigen.

Die junge Frau, zierlich, brünett, blickte von oben auf sie herunter und sagte: Oh, gut, daß Sie da sind. Bitte reichen Sie mir die Zange dort.

Tamara blickte sich um und griff nach der auf dem Boden liegenden Zange. Eine Weile assistierte sie der jungen Frau, damit diese den offenbar aus der Richtung geratenen kleinen Scheinwerfer reparieren konnte. Als die Frau schließlich von der Leiter stieg, reichte sie Tamara wie einer alten Bekannten zur Begrüßung die Hand und lud sie zum Kaffee ein.

Nun konnte Tamara nicht mehr warten. Sie öffnete ihre Mappe und sagte: Bitte werfen Sie zuerst einen Blick darauf. Wenn Sie sich nicht für meine Malerei interessieren, möchte ich meine Zeit nicht weiter vergeuden.

Die Galeristin riß ungläubig die Augen auf. Tamara hatte ausgesprochen hochmütig geklungen. Sie erschrak, als sie es merkte. Es war nicht beabsichtigt gewesen. Sie ging darüber hinweg. Sich entschuldigen kam nicht in Frage.

Als der Blick der jungen Frau auf Tamaras Zeichnungen fiel, zarte, erstaunlich bewegte und perfekte Zeichnungen, erotisch und sonderbar unschuldig zugleich, setzte sie sich im Schneidersitz auf den Boden und schaute sich auch alles andere an.

Zeigen Sie mir die Fotos, sagte die Frau, begutachtete die Arbeiten und bat Tamara, die beiden Bilder dazulassen und ihre Adresse aufzuschreiben. Sie möge jederzeit wieder hereinschauen, vielleicht ließen sich die Bilder ja verkaufen.

Tamara verabschiedete sich, eine Verabredung vorschützend. Jetzt noch mit der Galeristin Kaffee zu trinken und über Nichtssagendes zu plaudern, etwa die Werke anderer Maler, das hätten ihre angespannten Nerven nicht verkraftet.

Sie beschloß, zwei Wochen zu warten, bevor sie die Galerie wieder aufsuchte, um sich nach dem Verkauf der Bilder zu erkundigen. Diese zwei Wochen waren eine Tortur für sie.

Als sie vorüber waren, brachte Tamara es gerade noch fertig, im Café eine Stunde nach Öffnung der Galerie auszuharren, dann aber stürmte sie los. Colette Weill begrüßte sie freundlich, doch bevor sie etwas über den Verbleib der Bilder sagen konnte, öffnete sich die Tür, und ein junges Paar fragte höflich, ob Colette einen Augenblick Zeit habe. Tamara zog sich sofort mit einer kleinen Entschuldigung zurück. Die Galeristin geleitete das Paar an den Bildern vorbei, die sie an den Wänden ausgestellt hatte. Das Paar zeigte sich uninteressiert. Ob sie auch Matisse verkaufe?

Nein, entgegnete Colette, wir haben keine Bilder von Matisse. Dafür aber einiges von Marie Laurencin. Bitte warten Sie einen Augenblick.

Sie kehrte mit mehreren Bildern zurück und stellte eines der Laurencin zur Begutachtung auf eine Staffelei. Daneben plazierte sie eines der Bilder, die Tamara zwei Wochen zuvor bei ihr zurückgelassen hatte.

Übrigens führen wir auch de Lempicky, sagte sie beiläufig, wobei sie die Kunden nicht darüber aufklärte, daß es sich um eine Künstlerin handelte. Tamaras Person schien in keinerlei Beziehung zu den Bildern zu stehen.

Colette zeigte dem Paar noch verschiedene andere Gemälde und nannte die Namen der jeweiligen Künstler. Tamara tat, als sei sie eine Kundin, die sich interessiert die ausgestellten Bilder anschaute und auch zuweilen einen Blick auf die Ware warf, die Colette Weill dem Paar zeigte. Unter verhangenden Lidern musterte sie indes das Paar genau und jubelte innerlich, als sie feststellte, daß der Blick der beiden immer wieder zu ihren Arbeiten wanderte.

Als die beiden die Galerie verließen, hatten sie zwei Gemälde gekauft – beide von einem unbekannten Künstler mit Namen de Lempicky.

Die Weill wandte sich lächelnd der verblüfften Tamara zu und meinte: Ich gebe Ihnen zehn Prozent. Das ist nicht viel, doch Sie sind eine Anfängerin. Wenn Sie so weitermachen, handeln wir das nächstemal einen besseren Preis aus.

An diesem Tag ging Tamara statt zu André Lhote zum Juwelier.

Der Raubtierinstinkt der Bestie war geweckt. Das verdiente Geld erschien Tamara wie ein Vermögen. Am Abend zog sie ein weit dekolletiertes Abendkleid an, führte ihren Mann zum Essen ins Ritz und bezahlte generös. Beim Dessert erkundigte er sich vorsichtig nach allem, was Tamara über eine eventuelle Arbeit in der Bank wisse. Sie antwortete leichthin und desinteressiert. Sie würde die Malerei nicht mehr aufgeben, selbst wenn Tadeusz ausreichend Geld verdiente. Im stillen überlegte sie, welchem Galeristen sie ihre nächsten Bilder anbieten könnte.

Eine Woche später teilte ihre Mutter ihr mit, daß Tadeusz den Onkel aufgesucht habe. Seine Einstellung in der Bank sei perfekt. Tamara horchte staunend in sich hinein. Es war einmal ihr Traum gewesen, daß Tadeusz endlich die Verantwortung für seine kleine Familie übernahm und wie andere Männer auch täglich zur Arbeit ging. Doch es war wohl so, wie die Großmutter einst gesagt hatte. Es gibt keinen immerwährenden Traum, hatte sie ihrer Enkelin prophezeit, jeder wird von einem neuen abgelöst. Nur dann lebst du, wenn du keinen festhalten willst.

Tamaras neuer, alles andere überlagernder Traum war der von einer Einzelausstellung bei Colette Weill. Aber es gab noch einen anderen, einen kleinen und geheimen Traum, und das war der von Ira Ponte. Auch sie duftete nach Milch und Honig. Ira Ponte war ihre Nachbarin in der neuen Wohnung, und Tamara fühlte sich sehr angezogen von dieser Frau mit den scheuen traurigen Augen. Sie hatte sie gebeten, ihr Modell zu stehen, und Ira Ponte hatte sofort zugestimmt. Während Tamara sie malte, war sie von einer unbekannten prickelnden Zärtlichkeit erfüllt gewesen. Aber sie hatte keinen Versuch unternommen, sich der geheimnisvollen Frau zu nähern. Sie wußte nichts über Ira Ponte, als daß diese allein lebte, niemals von irgend jemandem besucht wurde und zu unregelmäßigen Zeiten ihr Appartement verließ, aber anscheinend nur, um durch den Bois de Boulogne zu spazieren, wie die englische Gouvernante der kleinen Kizette ihr verschwörerisch erzählte.

Tamara wußte nicht, ob sie sich wirklich in Ira Ponte verliebt hatte oder ob es eine Rache war, die sie Tadeusz schuldig zu sein meinte, da er ihr nach wie vor vorwarf, lesbischen Neigungen nachzugehen.

Als Ira und sie einander nahekamen, geschah es unter einem schweren Mantel von Traurigkeit. Tamara, die seit Tagen mit Tadeusz im Streit lag und nicht wagte, nach Hause zu gehen, hatte sich im letzten Moment eines anderen besonnen und den Weg zum Bois de Boulogne eingeschlagen. Es war Herbst. Am niedrigen Himmel jagten dunkle Wolkenheere einander, welkes Laub wirbelte durch die Luft. Tamara hatte das Gefühl, sich einst in der Liebe zu Tadeusz verloren zu haben und nun, da sie sich in der Malerei wiederfand, ihre Liebe zu verlieren.

Der Bois de Boulogne war menschenleer. Dort hinten unter einem Baum entdeckte Tamara einen dunkel gekleideten Menschen, und einen Augenblick lang fürchtete sie sich. Aber dann sah sie zwei riesige Augen, die ihr aus einem weißen Gesicht entgegenleuchteten. Ira Ponte, entfuhr es ihr, und sie eilte der Frau mit großen Schritten entgegen. Die Nachbarin trug einen dunklen Mantel; die glatten Haare waren streng aus dem Gesicht gekämmt. Sie sah sehr zart, sehr traurig und sehr verletzt aus.

In stillem Einverständnis setzten sie sich in Bewegung. Irgendwann griff Ira Ponte nach Tamaras Hand, und es durchzuckte Tamara, als würde sie von Nadeln gestochen. So spazierten sie weiter.

Als Ira Ponte den Weg nach Hause einschlug, war der Himmel bereits schwarz. Noch bevor sie den Bois de Boulogne verließen, glitt ihre Hand aus der Tamaras; sie schob sie tief in die Manteltasche. Wieder wirkte sie wie völlig abgetrennt von der ganzen Welt. Der Abschied erfolgte ebenso wortkarg wie die Begrüßung, und schon war Ira Ponte fort, als hätte sie sich vor Tamaras Augen aufgelöst.

Noch am selben Abend setzte Tamara sich an ein Bild von der Frau, die ihre Geliebte werden sollte. Ein scheues verletzliches Wesen vor einem blattlosen Baum. Dahinter die Stadt, entfernt und fremd, der Himmel wolkenschwer. Ein ausdrucksstarkes Bild, die Frau klug und selbständig und zugleich zart, weich, verletzlich. Mit diesem Bild machte Tamara ihrer Nachbarin eine Liebeserklärung.

Um die gleiche Zeit malte sie ihren Mann. Ein Koloß, der sich auf einen Sessel gelümmelt hat. Ein lauernder mißtrauischer Blick, ein erdrückender Körper. Ira Ponte zog den Betrachter an, weckte Beschützerinstinkt, Neugier und Zärtlichkeit. Das Bild von Tadeusz erzeugte eher Angst, Abscheu, Ekel, die Vorstellung, dieser Mann würde in einer sexuellen Begegnung eine Frau mit seinem schweren, massigen Körper erdrücken. Der Mann sah aus, als müsse er andere zerstören und kleinmachen, um sich über seine eigene Unsicherheit zu erheben.

Es war eigenartig. Als hätten die Bilder Tadeusz ein Signal gegeben, änderte er plötzlich sein Verhalten. Er machte Tamara keine Vorwürfe mehr, er schenkte ihr Blumen, und er versuchte, ihr zärtlich zu begegnen. Doch Tamara war wie taub ihm gegenüber.

1923 endlich war es soweit. Colette Weill veranstaltete in ihrer Galerie die erste Einzelausstellung von Tamara de Lempicka. Es gab erstaunliche Kritiken. Vor allem die Sinnlichkeit ihrer Bilder fand ein Echo. Einige Gemälde beschäftigten sich mit Frauenbeziehungen: *Die zwei Freundinnen*, eine eindeutig lesbische Beziehung, zwei wunderbar komponierte und kubistisch aufgelöste Frauenkörper; *Le Rythme*, ein kühnes Bild von einer Gruppe nackter Frauen. Mit dieser Arbeit nahm Tamara eindeutig Bezug auf Ingres' *Türkisches Bad*, das schon von so vielen anderen Malern zitiert worden war. Ihr Frauentyp allerdings war neu, ihre Interpretation eigenwillig und unverwechselbar. Tamaras Frauen waren schön, selbstversunken, erotisch und absolut modern. Arsène Alexandre, ein einflußreicher Kritiker, schrieb, Tamaras Bilder strahlten einen perversen Ingresmus aus, und Tamara nahm es als Kompliment. Im selben Artikel verlieh Alexandre seinem Staunen darüber Ausdruck, wie sich in ihrem Werk Expressivität und plastische Qualitäten vereinten.

Was bedeutete schon «perverser Ingresmus»? Ja, ihre Bilder waren sinnlich, aber ihre Frauen waren alles andere als süße Weibchen. Ihre Frauen waren Biester, Siegerinnen, Frauen, die Männer zähmten. Es waren Frauen wie Tamara selbst.

Sie lebte nun mehr mit Ira Ponte zusammen als mit Tadeusz. Sie hatte sich geschworen, daß Tadeusz sie nicht mehr verletzen sollte.

31

Tadeusz schleppte sich täglich zur Bank, abends trank er. Er wurde zahm wie ein Schoßhund. Tamara malte, besuchte weiterhin den Unterricht bei André Lhote, und an den Abenden ging sie zu Lesungen im Le Caméléon oder beteiligte sich an nächtelangen Diskussionen über die Humanisierung des Kubismus nach dem Krieg, über Futurismus oder über die aufregende künstlerische Bewegung im sozialistischen Rußland. Sie war befreundet mit Chagall, Cocteau, Foujita, Kiesling, van Dongen, Marie Laurencin, der Comtesse de Noailles und André Gide.

Freundschaft, nun ja, Tamara machte sich nichts vor. All diese Leute kreisten um sich selbst; sie bewegten sich – und das galt auch für Tamara selbst – wie einzelne Planeten im Universum der Kunst und des Lebens. Monaden waren sie, Individuen, jeder ein wenig verrückt, jeder ein wenig einsam, jeder auf der Suche. Besonders André Gide war unzugänglich wie eine mittelalterliche Burg, die Brücke über den Graben war zumeist hochgezogen. Als Freund konnte er eigentlich nicht betrachtet werden. Und doch ging er so weit, Tamara Modell zu stehen. Das Engagement, mit dem Tamara ihn malte, nahm er lächelnd zur Kenntnis. Genieß es! sagte er zu ihr, du wirst nur zu bald begreifen, daß es dir weniger nützt als dein kühler Verstand.

André Gide faszinierte Tamara. Sie empfand ihn als äußerst attraktiv, allerdings im geistigen, nicht im erotischen Sinne. Nie zuvor hatte sie einen Menschen mit einem so unruhigen, wechselhaften, sich ständig im Aufbruch befindenden Verstand kennengelernt. Er war ungefähr Mitte Fünfzig, und Tamara begegnete ihm wie ein kleines Mädchen. Sie fragte ihn aus, wie sie ihren Vater gern ausgefragt hätte. Der hatte nicht standgehalten. Sie erinnerte sich jetzt manchmal an ihn, wenn sie ihre unbändige Neugier im Gespräch mit Gide spürte. Ihr Vater hatte sie ausgelacht, war mit einem unwilligen Grummeln über ihre Fragen hinweggegangen, hatte sie abgeschüttelt mit den Worten: Hab jetzt keine Zeit. Gide blieb, wenn Tamara ihn naiv wie ein Kind ausfragte.

Als sie sich erkundigte, wie er sich selbst einschätze, gab er gewichtig von sich, er sei auf jeder seiner Lebensstufen ein völlig anderer Mensch gewesen, er könne bei sich keine einheitliche Linie erkennen. Sie fragte ihn nach seinem Verhältnis zu Gott, und Gide antwortete ausführlich. Er sah sich selbst als Atheist. Allerdings, das merkte Tamara bald, war sein Atheismus ein heftiger Kampf gegen Gott. Jahrelang, so berichtete Gide, habe sein Freund Claudel versucht, ihn zum Katholizismus zu bekehren. Leider habe er mit Gott auch Claudel verloren, leider, weil ein Freund nun einmal wichtig fürs Leben sei, Gott aber sterbe, sobald man an ihn nicht mehr glaube.

Tamara hatte allerdings den Eindruck, daß Gott für Gide keineswegs gestorben war. Warum sonst hätte er so schrecklich gegen ihn kämpfen müssen? Auch seine homoerotische Neigung habe Gide mit Gott begründet, hatte sie munkeln hören. Seine Worte, Gott habe den *penchant pervers* in sein Fleisch eingezeichnet, wurden hinter seinem Rücken wieder und wieder zitiert. Tamara bewunderte Gide für das offene Bekenntnis zu seiner Homosexualität. Es hatte ihn zum Objekt der Klatschmäuler gemacht und zur Zielscheibe aller spießigen Journalisten, denen es natürlich die größte Freude bereitete, sich über den bekannten Schriftsteller das Maul zu zerreißen.

Tamara las nicht viel, aber an dem Roman *Les Nourritures terrestres, Uns nährt die Erde*, versuchte sie sich, denn es erschien ihr allzu ungebildet – und sie mußte Tadeusz nicht unbedingt darin bestärken, daß er sie für ungebildet und dumm hielt –, mit Gide befreundet zu sein und ihn zu malen, ohne je etwas von ihm gelesen zu haben. Die *Nourritures terrestres* waren in Paris unter den jungen Künstlern sehr beliebt.

Tamara wunderte sich während der Lektüre darüber, wieviel Begeisterung ein Buch in ihr auslösen konnte. Der Dichter wandte sich an einen jungen Nathanael, dem er den Sinn des Lebens offenbarte. Und der Sinn des Lebens war die Lebensfreude! Kein Wunder, daß dieses Buch bei der Nachkriegsjugend so gut ankam. Es war ein Hohelied auf die Freiheit, die Schönheit und alle Sinnenlust. Gide huldigte der Begeisterung, dem Rausch, der Offenheit für die geheimnisvolle Süße des Lebens.

Als sie Gide von ihrer Begeisterung berichtete, fragte er mürrisch, ob sie eigentlich wisse, daß es von 1897 sei, damals habe er noch keine dreißig Jahre gezählt. Er habe damals zu dem Buch gepaßt, nur leider die Zeit nicht, die es kaum zur Kenntnis genommen habe. Heute sei die Jugend endlich so weit, daß sie die Botschaft zu schätzen wisse, nur sei er heute bedauerlicherweise ein alter Mann.

Tamara malte einen Mann, keinen Schwächling, keine Karikatur eines Homosexuellen. Einen Titanen von intellektueller Kraft und Schärfe, dessen Gesicht von Verletztheit und auch von Verbitterung gezeichnet war. Ihr Porträt geriet alles andere als liebedienerisch, aber es war von tiefem Verständnis und Interesse für diesen Mann erfüllt, der ebenso traurig wie kraftvoll, ebenso zweifelnd wie unerbittlich, ebenso sehnsüchtig wie abweisend war.

Gide sympathisierte offen mit den Kommunisten in Rußland, und wenn Tamara mit ihm sprach, konnte sie erstmals einen Sinn in dem erkennen, was sich in ihrer alten Heimat tat. Die Revolution umgab sie allenthalben, und es gefiel ihr, sich als einen Teil umwälzender Veränderungen in der Kunst zu verstehen. Gides Porträt signierte sie mit Lempicka. Von nun an liebäugelte sie damit, sich bereits in der Signatur als Frau zu erkennen zu geben.

Die neue Nähe zu revolutionären Umwälzungen entfernte Tamara noch weiter von ihrem Mann, der von unerschöpflichem Haß auf die Kommunisten erfüllt war. Sie mied seine Nähe mehr denn je.

Seit sie den Plan verfolgte, Malerin zu werden, arbeitete Tamara hart, nun aber begann sie zu schuften wie ein Esel. Wenn sie nachts gegen zwei nach Hause kam, besuchte sie entweder Ira Ponte und blieb bei ihr bis zum Morgen, oder aber sie malte bis gegen sechs, obwohl die Lichtverhältnisse in ihrer Wohnung nicht eben günstig waren. Wenn dann Tadeusz erwachte, legte sie sich ins Bett, um noch zwei Stunden zu schlafen. Sie gestand es sich nicht gern ein, aber sie fühlte sich neben dem röchelnden und schnarchenden Tadeusz so elend, als wäre sie ganz und gar einsam und verlassen auf der Welt. So vermied sie das Zusammenliegen mit ihm auf alle erdenkliche Weise, auch wenn sie es nicht wagte, ihm das gemeinsame Bett vollkommen aufzukündigen; sie befürchtete, dann würde irgend etwas Schlimmes geschehen. Sie wußte nicht, was das Schlimme sein würde, aber ihre Vorstellungen reichten bis zu dem Bild, wie er des Nachts mit einem Messer drohend neben ihr stand.

Sie kaufte sich einen kleinen gelben Renault von ihrem Geld – und von dem, was ihre Mutter ihr aus Tante Stefas Förderung zusteckte. Sie empfand diesen Kauf als einen Triumph. Auto zu fahren war etwas so Mächtiges. Voller Genugtuung stellte sie fest, daß sie sich immer weiter entfernte von dem Bild des Dummchens, das Tadeusz ihr eingeredet hatte.

Eines Abends in der Coupole saß sie wieder einmal mit vielen Künstlern zusammen, als Marinetti hereinkam, ein dunkelhaariger charismatischer Mann. Sobald er Platz genommen hatte, riß er das Gespräch an sich und tat mit italienischem Akzent lauthals kund, welche Gedanken er in seinem *Manifesto* der Futuristen gerade formuliere. Tamara wahrte ihre kühle, gefaßte Miene, als Marinetti schrie: Wir Künstler sind allesamt Sklaven der Vergangenheit. Die Konventionen, die verdammten Konventionen halten uns gefangen. Sein ganzes Gesicht war in Bewegung, und Tamara betrachtete amüsiert die Zuhörer, die bei jedem fanatischen Zucken seines Mundes und seiner Augen aussahen, als spiegelten sie es.

Nun sprang Marinetti auf den Tisch und hielt eine flammende Rede. In der Coupole wurde es heiß, das Feuer des Mannes griff auf seine Zuhörer über. Ohne daß sie es bemerkte, geriet auch Tamara in den Sog. Ihre Wangen röteten sich, durch ihren Körper lief eine Fieberwelle. Marinetti schrie: Bevor wir nicht die Kunst der Vergangenheit zerstört haben, kann es keine moderne Kunst geben. Wir müssen zum Louvre gehen, der ein Symbol der Vergangenheit ist, jetzt.

Er erhob die Stimme und sang: Brûlez le Louvre! Da stimmten seine Zuhörer ein, und «Brûlez le Louvre!» füllte dröhnend den Raum. Erstaunt stellte Tamara fest, daß auch sie aus voller Kehle mitsang: Brûlez le Louvre!

Ja, sie wollte den Louvre niederbrennen, sie wollte all die Konventionen verbrennen, die die Menschen seit ewigen Zeiten knebelten und in ihrer freien Entfaltung behinderten, sie wollte eine neue Kunst, eine aufrührerische, aufrüttelnde, die Welt verändernde neue Kunst! Tamara brüllte: Brûlez le Louvre!, und zum erstenmal in ihrem Leben fühlte sie sich vollkommen zugehörig.

32

Du bist die Frau mit den goldenen Händen, sagte Tadeusz ironisch. Der Neid in seiner Stimme war unüberhörbar.

1925 hatte Tamara es geschafft. Man sprach über sie, über die Malerin und über die Frau. *Harper's Bazaar* brachte eine Seite mit Fotos von Tamara und Kizette und kommentierte die modische Kleidung der beiden.

Diesen Geschmack von Erfolg und Triumph kannte sie. Genauso hatte sie es sich unter dem Sofa der Großmutter erträumt. Sie stand im Mittelpunkt, schön, begabt und umschwärmt. Alles wegen der Malerei, die ihr sogar noch Vergnügen bereitete. Manchmal allerdings flog Angst sie an und stach zu, heimtückisch wie eine Mücke; Angst, der betörende Geschmack von Triumph und Sieg könne sich von einer Sekunde zur anderen in Bitterkeit verwandeln, in den bitteren Morgengeschmack beim Erwachen aus dem Traum, in dem man fliegen konnte. Oder die Angst, daß da mit einemmal die Großmutter erscheinen und den Deckel übers Klavier klappen würde mit den Worten: So, Kleine, nun raus da. Glaub ja nicht, ich hätte dich nicht gesehen.

Alle sollten sie sehen. Alle sollten sie bewundern und ihr so das Gefühl vermitteln: Es ist wirklich wahr, was mit dir geschieht. Nun stand Tamara allmorgendlich noch eine Stunde früher auf, um sich zu schminken. Alle sollten sie ansehen, keiner sollte etwas auszusetzen haben.

Und sie entdeckte, wie wertvoll Kizette für ihren Ruhm war. Die Kleine hatte schulterlange blonde Locken, wasserblaue unschuldige Kinderaugen, einen feingezeichneten sensiblen Mund und einen so wehrlosen Ausdruck in ihrem offenen Gesicht, daß sie jedes Herz im Nu eroberte. Ihre Ärmchen waren noch weich und rund wie die eines Kleinkindes, ihre Beine aber zeigten schon jetzt Ähnlichkeit mit den langen, schlanken, gerade gewachsenen der großen Mutter.

Seit Paul Poiret Tamara um die Erlaubnis gebeten hatte, sie einzukleiden, und Tamara gewissermaßen als Mannequin seine Kleider tagtäglich in den Cafés und Galerien oder auf der Straße vorführte, schlugen auch andere avantgardistische Couturiers wie Elsa Schiaparelli oder Jeanne Lanvin Tamara vor, das eine oder andere ihrer Modelle eine Weile «einzutragen». Allmählich hörte sie auf, sich selbst Kleider zu nähen. Auch Kizette wurde zum kleinen Mannequin, das im Bois de Boulogne tägliche Spaziergänge wie auf dem Laufsteg absolvierte. Es bereitete ihr kindliches Vergnügen, von der Mutter als Anziehpuppe benutzt zu werden. So bekam sie Zuwendung und Zeit. Und in diesen Situationen war die Mutter gut gelaunt, während sie sehr zornig und grob werden konnte, wenn Kizette sich ihr in irgendeiner Weise widersetzte. Zum Beispiel waren sie ganz schrecklich aneinandergeraten, als Kizette bei ihrem Nachtgebet einmal die Mutter nicht einschließen wollte; Tamara hatte einen erbitterten Machtkampf gegen die Tochter ausgefochten, eiskalt und zugleich voller Angst, das Kind könnte ihr entgleiten.

Diese Angst überfiel sie von Zeit zu Zeit. Sie vergaß ihre Tochter vollkommen, wenn sie malte oder sich auf irgend etwas anderes konzentrierte, aber ab und an wurde sie von heftigen Schüben der Liebe zu Kizette überfallen.

Im Frühling 1925 beschloß sie, ihr Kind auf eine Reise nach Italien mitzunehmen. Kizette verbrachte zuviel Zeit allein mit ihrer Gouvernante, so schien es Tamara. Da konnte eine für das Kind ungute Abhängigkeit entstehen. Also plante sie die Reise und lud ihre Mutter ebenfalls dazu ein, damit sie sich um Kizette kümmerte, wenn Tamara in den Museen war und alte Meister kopierte.

Malvina sah mit ihren fünfzig Jahren immer noch aus wie ein hilfloses junges Mädchen. Nun fragte sie nicht mehr ihre Mutter um Rat, sondern ihre Schwester Stefa, die sich zu einer stattlichen Matrone entwickelt hatte, oder ihre Tochter Adrienne, die inzwischen einen Kollegen geheiratet hatte, mit dem sie aufsehenerregende öffentliche Gebäude entwarf.

Malvina reagierte begeistert auf Tamaras Vorschlag, sie freute sich wie ein Kind auf die Reise. Und sie war es gewöhnt, für die Mutter von Kizette gehalten zu werden. Es schmeichelte ihr nicht einmal; zu selbstverständlich war es für sie, sich nicht wie eine erwachsene Frau zu fühlen.

Tamara verbrachte die Tage in den Museen. Sie kopierte wie besessen: Pontormo, Carpaccio, Botticelli. Malvina und Kizette dagegen vergnügten sich. Malvina verfolgte nicht den geringsten pädagogischen Anspruch, geschweige denn den, ihre Enkelin an die Kunst heranzuführen, so wie ihre Mutter es einst mit Tamara versucht hatte. Malvina und ihre Enkelin benutzten die Kirchen, Baudenkmäler und Museen ebenso wie die Straßen als Spielplätze. Sie probierten aus, wie sie sich anfühlten, was man dort machen konnte, wie es hallte, wenn man laut oder leise sprach oder gar sang, wie es roch und auch, wie schnell man sich irgendwo langweilte. Dann machten sie sich auf zu einem anderen Ort, der zum Vergnügen besser taugte.

Am Abend beim Speisen spielten alle drei das alte weibliche Spiel des Verkleidens in täglich neuen Variationen. Und dann vergnügten sie sich mit dem Spiel: Wir ziehen alle Aufmerksamkeit auf uns und tun so, als würde es uns gar nicht auffallen. Sie genossen es, die männlichen und weiblichen Blicke magnetisch anzuziehen, wo immer sie erschienen.

Tamara war eigenartig nervös. Sie rauchte mehr denn je. Manchmal kroch Angst in ihr hoch, die sie mit allen Mitteln niederzudrücken suchte. Was war, wenn sie heimkam und alle hatten sie vergessen? Kein weiteres Bild verkauft? Manchmal träumte sie von Leuten, die eins ihrer Bilder erworben hatten und es ihr zornig zurückbrachten. Immer hatten sie irgendwo einen Makel entdeckt, ein unsauber gemaltes Detail oder einen Schmutzfleck, der sich plötzlich offenbarte. In ihren Träumen versuchte Tamara, diesen Makel zu beheben, indem sie das Bild reinigte. Aber der Fleck wurde immer größer. Einmal träumte sie, daß sie den Fleck zwar entfernt hatte, daraufhin aber auch ihre Malerei verschwunden war; die Leinwand war weiß wie ein sauberes Bettuch.

Aus solchen Träumen erwachte sie mit rasendem Herzklopfen und konnte nicht wieder einschlafen. Sie fühlte sich unendlich allein und verloren. Es gab niemanden auf der Welt, dem sie sich anvertrauen konnte. Dann spürte sie eine übermächtige Sehnsucht nach einem Mann, der für sie sorgte.

Voller Neid dachte sie an Marie Laurencin, die als junge Frau von Apollinaire behütet worden und, dessen war Tamara sicher, nur unter dem Schutz seiner Fittiche in der Lage gewesen war, ihre hingehauchte, zarte Malerei zu entwickeln. Ebenso neidisch dachte sie an Suzanne Valadon, die von André Utter umhegt wurde; er sorgte für ihre Gesundheit, für ihre sexuelle Befriedigung und außerdem für den Verkauf ihrer Bilder.

Was hatte sie hingegen? Einen Schwächling zum Mann, dem der Onkel für sein Herumlungern in der Bank ein Almosen gewährte; einen Langweiler, der ihr nur dann ein freundliches Wort gönnte, wenn sie seine teuren Anzüge und seine Sauforgien bezahlte; einen, der sie selbst in ihren sexuellen Begegnungen demütigte, gar nicht zu reden von den ständigen Streitereien; einen, der sie schlug.

In solchen Nächten fühlte Tamara sich von der Last ihrer Aufgaben niedergewalzt, und ihre Angst wurde übermächtig. Wie sollte sie die Kraft aufbringen, alles allein zu machen: wirklich perfekte Bilder zu malen, diese der Öffentlichkeit nahezubringen und sie auch noch zu guten Preisen zu verkaufen?

Sie hatte Angst, ihr Erfolg könnte zerplatzen wie eine Seifenblase. Ja, der Erfolg selbst schrumpfte in diesen Nächten. Es gab eine Stimme in ihr, die hämisch sagte: Du bist doch in Paris kaum wahrgenommen worden! Und wenn sie der Stimme trotzig entgegnete, sie habe schließlich an renommierten offiziellen Ausstellungen teilgenommen, gab die Stimme bösartig zurück: Und? Hat eine Zeitung über dich geschrieben? Bist du irgendwo rühmlich erwähnt? Ha, du bildest dir alles nur ein, größenwahnsinnig bist du, überheblich, dümmlich, borniert. Manchmal erinnerte der Klang der Stimme kurz an Tadeusz; sobald Tamara innerlich gegen Tadeusz rebellierte, änderte sich die Stimme und wurde die von Malvina, aber auch nur kurz, und schließlich wurde sie unpersönlich. Das war am schlimmsten. Dann schien es Tamara, als käme die Stimme von Gott.

Sicherlich, sagte die Stimme in einem neutralen, über allem schwebenden Ton, einige Bilder sind verkauft worden, aber waren es gute Bilder? Ist es nicht so, daß du in all den Jahren, die du dich nun schon quälst, eine Malerin zu werden, eigentlich nur ein Spiel spielst? Ist es nicht so, daß du in Wirklichkeit von Kunst überhaupt nichts verstehst?

Unter dieser Stimme duckte sich Tamara, verkroch sich unter die Bettdecke und wußte doch, die Wahrheit war unausweichlich. Sie schämte sich. Die Stimme sagte: Du bist eine Betrügerin, eine Hochstaplerin, du gibst nur vor, eine Malerin zu sein, und einige fallen auf dich herein! Dabei wurde die Stimme drohend, als verkünde sie das Urteil des Jüngsten Gerichts: Eines Tages wird der ganze Schwindel auffliegen, und dann gnade dir Gott! Dann fühlte Tamara sich unbedeutender als unbedeutend, und die göttliche Fußspitze, die sie zerdrücken würde wie eine Wanze, schien ihr unausweichlich, fast wie das Instrument einer erlösenden Gerechtigkeit.

Da sie das Zimmer mit ihrer Mutter und Kizette teilte, konnte sie nicht, wie sie es sich in Paris angewöhnt hatte, mitten in der Nacht aufstehen und zeichnen. Also schluckte sie Schlaftabletten; so dämmerte sie zumindest für einige Stunden unbehelligt wie besinnungslos weg.

In Rom wurde sie im Museum von vielen Männern beobachtet und angesprochen. Dann tat sie so, als sei sie der italienischen Sprache nicht mächtig und ohnehin vollkommen vertieft in ihre Arbeit. Einer allerdings ließ sich davon nicht abschrecken. Er stellte sich so lange hinter sie, bis sie sich irritiert umdrehte und auf italienisch zischte: Scher dich weg!

Er lächelte nur und sagte höflich: So wie Sie kopieren, müssen Sie eigene Bilder vorzuweisen haben, Signorina, und so wie Sie aussehen, haben Sie gute Chancen, beim Grafen Emmanuele Castelbarco, dem Inhaber einer neuen Galerie in Mailand, vorzusprechen.

Tamara erwiderte grob, er solle ihr nur ein Empfehlungsschreiben aushändigen, dann werde sie sich darum kümmern.

Am darauffolgenden Tag erschien der Mann wieder; jetzt erst fiel Tamara auf, wie elegant er gekleidet war und wie anmutig er sich in den Hüften wiegte. Er war sicherlich homosexuell. Diese Beobachtung stimmte sie sanftmütig.

Er reichte ihr einen Briefumschlag mit der Bemerkung: Das Empfehlungsschreiben, Signorina, Sie sollten unbedingt zu Graf Castelbarco gehen, er ist ein großer Förderer der Künste. Und ich besitze genug Kunstverstand, um mich zu freuen, wenn eine so talentierte Frau wie Sie von einem wie Castelbarco gefördert wird. Dann reichte er Tamara die Hand, nannte einen Namen mit Adelstitel und entfernte sich mit anmutigem Hüftschwung.

Tamara steckte verdutzt das Schreiben ein, vergaß den Namen des Mannes und arbeitete weiter.

Eine Woche vor ihrer Abreise brachte sie beim Abendessen angelegentlich das Gespräch auf Graf Castelbarco, diesen vermeintlich großen Förderer der Künste, eigentlich eher, weil er ihr von Zeit zu Zeit im Kopf herumspukte, als in der Hoffnung, ihre Mutter würde ihr irgendeinen Hinweis geben können. Doch Malvina bewies, wie erfahren sie darin war, sich Hilfe zu holen, wann immer sie ihrer bedurfte.

Kurz nachdem Tamara die eigenartige Begegnung im Museum erwähnt hatte, wandte sich Malvina einem Ehepaar am Nachbartisch zu – ob sie diese Leute im Verlauf ihres Aufenthalts kennengelernt hatte oder ob sie ihr fremd waren, blieb Tamara unersichtlich – und fragte auf bezaubernd charmante und mädchenhafte Weise in fehlerlosem Italienisch: Sagen Sie bitte, ich habe gehört, daß Graf Castelbarco jüngst in Mailand eine Galerie eröffnet hat. Meinen Sie, es ist schon sinnvoll, ihn zu besuchen, oder ist alles noch zu unfertig?

Daraufhin entspann sich zu Tamaras Erstaunen ein Gespräch, aus dem sie erfuhr, daß Graf Castelbarco in den einschlägigen Kreisen Italiens eine Berühmtheit war. Ein besonderes Attribut, das seine Bekanntheit und seine Beliebtheit förderte, war, daß er Arturo Toscaninis Tochter geheiratet hatte.

Nun quälte Tamara sich mit der Frage, ob sie gleich in Mailand vorsprechen oder den Besuch bei Castelbarco auf später verschieben sollte. Tagsüber, wenn sie den drängenden Wunsch spürte voranzukommen, bekannter zu werden, Geld zu verdienen, das es ihr erlauben würde, immer allein zu schlafen, wo auf der Welt und mit wem sie auch unterwegs war, um schlaflose Nächte so nutzen zu können, wie es ihr gefiel – tagsüber beschloß sie wiederholt, einen Besuch bei Castelbarco zu wagen. Ich habe doch nichts zu verlieren, sagte sie sich in solchen Augenblicken. Und wenn er jetzt nicht mit mir spricht, kann ich zumindest einen Termin für später verabreden.

In den Nächten aber, wenn die Wirkung der Schlaftabletten nachließ und sie das Morgendämmern und das Aufgehen der Sonne in den schmalen Ritzen der Jalousetten verfolgte, erschien es ihr vollkommen absurd, einen Besuch bei Castelbarco auch nur zu erwägen.

Sie war absolut unbekannt. Sie hatte höchstens sechs Gemälde anzubieten, und davon waren, freundlich betrachtet, drei so geraten, daß Tamara sie als nahezu vollendet gelten ließ. Was wollte sie bei Castelbarco? Sie sollte weiter lernen, weiter malen, weiter üben und kopieren und dankbar sein, wenn Colette Weill von Zeit zu Zeit eins ihrer Bilder verkaufte.

Als sie sich in den Zug setzten, hatte sie eine in Selbsterniedrigung durchwachte Nacht hinter sich. Nie im Leben würde sie es wagen, den Ehemann von Arturo Toscaninis Tochter aufzusuchen, um ihre elenden Bilder zu präsentieren!

In Mailand machte der Zug Station. Tamara griff kurz entschlossen nach ihrer kleinen Tasche und ihrem Skizzenblock und verabschiedete sich hastig von Kizette und ihrer Mutter.

Ich komme später nach, sagte sie, ich muß in Mailand bei Graf Castelbarco vorsprechen. Drückt mir die Daumen! Gute Reise!

Kizette starrte erschrocken durch das Fensterglas auf den Bahnsteig. Tamara warf ihr einen Handkuß zu. Kizette lächelte tapfer. Ihre Augen füllten sich mit Tränen. Einen Augenblick lang überlegte Tamara, ob sie wieder einsteigen sollte.

Nein, entschied sie, du mußt hart und klar sein, sonst schaffst du es nie.

33

«Bottega di Poesia» – so lautete der Name der neuen Galerie.

Sie sah hermetisch verschlossen aus. Tamara schlug mit dem Messingklopfer gegen die schwere Holztür, die das metallische Geräusch regelrecht zu verschlucken schien. Sie versuchte es noch einmal. Da öffnete sich die Tür mit einem dumpfen Knarren, und ein äußerst distinguierter Herr im dunkelblauen Anzug stand ihr gegenüber.

Graf Castelbarco? fragte Tamara schüchtern.

Bedaure, Madame, erwiderte der Mann mit einem leichten Lächeln, ich bin der Portier.

Tamara hielt das Empfehlungsschreiben bereits in der Hand und streckte es dem Mann stumm entgegen.

Fragend zog er die Augenbrauen hoch.

Bitte, sagte sie leise, ich würde gern Graf Castelbarco sprechen. Sie war sehr zornig auf sich. Warum flirtete sie nicht wenigstens mit dem Kerl, warum verhielt sie sich wie ein Stockfisch?

Der Portier, der aussah wie ein Graf, nahm den Umschlag entgegen. Bitte gedulden Sie sich, sagte er höflich und ließ die Tür wieder schwer ins Schloß fallen.

Tamara gab sich alle Mühe, seiner Aufforderung zu folgen; die Geduld brannte auf ihrer Haut. Die Zeit dehnte sich über alle Grenzen hinweg. Leute, die an ihr vorübergingen, schauten sie neugierig an. Sie setzte die kühlste und arroganteste Miene auf, die ihr zu Gebote stand. Als sie schließlich hereingebeten wurde, kam sie sich wie eine Marmorstatue vor, kalt und versteinert.

Der Graf betrachtete sie neugierig. Sein Blick zeigte untrüglich, daß er sich nicht im geringsten für die junge Künstlerin interessierte, die ihm in dem Empfehlungsschreiben ans Herz gelegt worden war. Tamara vereiste noch mehr. Sein Blick galt der blonden Schönheit. Und in diesem Augenblick war sie es unendlich leid, ihre Schönheit einsetzen zu müssen, um sich als Künstlerin «an den Mann zu bringen».

Wortlos öffnete sie die Mappe, in der die Zeichnungen und Kopien lagen, die sie während der letzten Wochen hergestellt hatte, und entnahm ihr die Fotos von ihren Gemälden. Sie reichte ihm die Fotos und bereitete sich darauf vor, gleich wieder zu gehen. Plötzlich spürte sie, wie wenig sie während ihrer Reise geschlafen hatte. Sie fühlte sich ausgelaugt und müde.

Graf Castelbarco war ein attraktiver Mann, einer dieser dunklen italienischen Typen, die in mittlerem Alter etwas abgeklärt Vornehmes annehmen, eine Mischung aus Großvater und Sinnenmensch. Diese Männer nahmen sich Zeit, wenn sie eine Frau verführten, das wußte Tamara. Sie breiteten all ihre Schätze vor dem Objekt ihrer Begierde aus, luden die Beute zum exquisiten Essen ein, schenkten Blumen und Schmuck, spreizten im Gespräch ihren geschliffenen Geist wie der Pfau sein Gefieder, und dann schließlich, wenn ihre Hände sich unter dem Tisch bis zum Strumpfansatz verirrt hatten, offenbarten sie ihre sexuellen Wünsche, die höchst selten auf den Geschlechtsakt beschränkt waren.

Tamara empfand plötzlich eine scharfe Sehnsucht nach Ira Pontes samtiger Haut.

Als der Graf, während er das dritte Foto betrachtete, sie aufgeregt fragte: Wer hat das gemalt?, hatte Tamara sich bereits so weit entfernt, daß es ihr nicht schwerfiel, lässig zu antworten: Ich. Wer sonst? Erst nachdem sie diese Worte von sich gegeben hatte, bemerkte sie die Gier, mit der der Graf die Bilder betrachtete. Das war alles andere als auf die Frau gerichtete Lüsternheit, das war die nackte Gier eines Menschen, der, wenn er von einem Kunstwerk begeistert ist, mehr davon haben will. Der am liebsten den Künstler in seiner Wohnung einsperren möchte, um seine Werke als erster zu schlürfen.

Tamara wurde heiß, aber sie verbarg ihre Gefühle hinter einer um so dickeren Fassade aus kühler Lässigkeit. Sie zog die Zeichnungen und Kopien, die sie während ihrer Italienreise angefertigt hatte, aus ihrer Mappe.

Der Graf, der eben noch vollkommen beherrscht und formvollendet gewirkt hatte, verwandelte sich in einen Wirbelwind. Er rannte von Wand zu Wand, hängte ein imaginiertes Bild an einen Fleck und entschied sich dann wieder für einen anderen. Er veranstaltete dies Schauspiel mit einer so leidenschaftlichen Intensität, daß auch Tamara ihre Bilder an den Wänden erkennen konnte und vergaß, daß es nur seine Hände und seine Worte waren, die sie verzauberten. Ihre Gemälde lagen ruhig in Paris, völlig unberührt von des Grafen hektischer Aktivität.

Schließlich blieb er in der Mitte des Raumes stehen, blickte sich eine Weile suchend um und entschied: Gut, wir werden die Wände grau streichen. Das ist die Farbe, die Ihre Bilder brauchen. Sie sind sachlich, sie sind hart, und sie sind elegant.

Er sah Tamara lange Zeit nachdenklich an, doch als sie seinen Blick erwidern wollte, merkte sie, daß er weit in die Ferne gerichtet war.

Oktober, bemerkte er schließlich. Oktober ist eine gute Zeit für die Ausstellung, eine gute Zeit für Ausstellungen überhaupt. Dreißig Bilder.

Sie fuhr zusammen. Wie bitte?

Dreißig Bilder präsentieren wir, erwiderte er freundlich.

Da hatte Tamara sich schon wieder unter Kontrolle.

Nun, entgegnete sie, und in ihrem Ton lag die ganze erlernte

Etikette, ich danke Ihnen für dieses Angebot. Ich nehme es gern an. Jedoch bin ich jung, und ich lebe in Paris. So viele Gemälde von Paris nach Mailand zu schicken übersteigt meine finanziellen Möglichkeiten. Denken Sie an die Frachtkosten, an die Versicherung.

Sie verschwieg, daß sie außer den Bildern, von denen sie ihm Fotos gezeigt hatte, nichts anzubieten hatte. Und von diesen sechs hielten eigentlich nur drei ihrem kritischen Auge stand. Ein wenig hoffte sie, der Graf werde jetzt einen Rückzieher machen und ihr vorschlagen, in einem Jahr noch einmal vorzusprechen. Oder aber die Ausstellung auf später verschieben. Doch er sagte nur: In Ordnung, wir übernehmen die Kosten, und ich gebe Ihnen einen Vorschuß für die Bilder, die Sie bis zur Ausstellung noch malen müssen. Wieviel brauchen Sie?

Tamara überschlug blitzschnell die Zahlen im Kopf. Wenn sie ihm gestand, daß sie eigentlich noch dreißig Gemälde würde malen müssen, um dann die fünf schlechtesten auszusortieren, würde er sie nicht mehr ernst nehmen. Also nannte sie die Hälfte der Summe, die sie für dreißig Bilder benötigte. Ungefähr zehn Bilder fehlen mir, erläuterte sie.

Der Graf stellte ihr einen Scheck über die Summe aus. In Ordnung, sagte er. Aber die Galerie erhält von Ihnen vierzig Prozent statt der üblichen zwanzig. Einverstanden?

Einverstanden, erwiderte sie kühl, als käme es ihr auf das Geld nicht an. Dabei überstieg die Gewinnspanne alles, was Colette Weill ihr bisher eingeräumt hatte.

Gern wäre sie noch für ein paar Tage in Mailand geblieben. Doch sie fuhr mit dem nächsten Zug nach Paris zurück. Fünf Monate blieben ihr, um fünfundzwanzig Gemälde herzustellen. Zitternd vor Aufregung versuchte sie sich während der Rückfahrt einen Plan zurechtzulegen. Sie würde fünf Bilder pro Monat malen, eins pro Woche und eines noch dazu. Sie würde alle ihre Bekannten bitten, ihr Modell zu sitzen. Sie würde nichts anderes mehr tun als malen. Dann müßte es gelingen.

Dafür war es allerdings unbedingt notwendig, Tadeusz ruhigzustellen. Sie hatte keine Sekunde mehr für Streitigkeiten übrig, sie durfte keinen Tag, keine Stunde vergeuden, um irgendwelche blauen Flecke zu kühlen oder zu überschminken. Sie überlegte, wie sie es anstellen könnte, in diesen fünf Monaten ein wenig

Unterstützung und Fürsorge von ihm zu bekommen, und beschloß, ihm sexuell uneingeschränkt zu Diensten zu sein.

Zu Hause angekommen, machte sie sich sofort an die Arbeit. Drei Tage später war das erste Bild fertig. Angetrieben durch ihre Begeisterung, stellte sie sich als nächstes die Aufgabe, ein ganz besonderes Werk zu schaffen. Sie wollte einen neuen Frauentyp in der Malerei kreieren.

Als erstes wählte sie ein nahezu lebensgroßes Format. Dieses Bild sollte in keiner Hinsicht zu übersehen sein. Dann entschied sie sich ganz bewußt für eine Komposition, die sich an dem im 16. Jahrhundert entwickelten männlichen Herrschaftsporträt orientierte. Es machte ihr Spaß, ironisch mit dem umzugehen, was den Männern früher an Haltung und Requisiten mitgegeben worden war, um ihre Macht zu zeigen, und dies alles auf eine Frau zu übertragen.

Es sollte ein provokatives und zugleich technisch perfektes Bild werden. Sie entschied sich für ein Ganzfigurenporträt, für die Darstellung einer Aristokratin und für eine Frau in Reitkleidung. Was konnte vergangene Herrschaft und neue Kraft deutlicher zeigen als die verblichene Macht der Aristokratie, verbunden mit der Macht einer starken Frau? Und worin konnte sich neue weibliche Kraft energischer präsentieren als in Hosen und sportlicher Kleidung? Der Damensitz im Reiten – verbunden mit dem langen Rock – war passé, die Dame heute trug Hosen und sprang über Hindernisse.

Die Dame, die Tamara malen wollte, sollte auch in ihrer Sexualität die Hosen anhaben. Sie sollte nicht länger ein scheues Reh sein, sondern eine Reiterin auch im übertragenen Sinne. Die Frau, die auf dem Mann sitzt, die nicht länger unter seinen Massen begraben wird und vor lauter angestrengtem Aushalten die Luft ebenso wie die Lust anhält. Tamara freute sich diebisch darauf, eine mächtige erotische Reiterin zu zeigen.

Von den alten Meistern lieh sie sich die Herrschaftsinsignien wie Säule, rot ausgelegte Treppe und Vorhang. Sie wählte schon im vorhinein den Titel: *Portrait de la Duchesse de la Salle*, die Herzogin des Saales. Sie stellte die Frau in den Vordergrund des Bildes, dem Betrachter frontal gegenüber. Ja, sie wollte ihn konfrontieren.

Dieses Gemälde verlangte Tamaras ganze Frechheit, ihre

Kenntnis der Malerei, ihre Formensprache, ihre Intelligenz. Sie spielte mit dem, was sie bisher gelernt hatte, gestaltete den Hintergrund kubistisch und den Vordergrund naturalistisch. Die Stadtlandschaft im Hintergrund zeigte sie als verworrenen modernen Dschungel. Im Vordergrund stattete sie die Herzogin de la Salle mit allen möglichen Symbolen aus, die sie als Herrscherin auswiesen. Auf diese Weise gestaltete sie das Bild von einer Herrscherin der Stadt, wenn nicht sogar von der Herrscherin über Paris.

Tamara hütete sich, irgend etwas einfach nur zu zitieren, jedes Stilelement, jedes Symbol wurde gebrochen und in Frage gestellt. Sie ließ Säule, Treppe und Vorhang vor dem Hintergrund der Stadtlandschaft schweben, als fehle ihnen die Basis, und genauso war es ja auch: Die Aristokraten verfügten über die Insignien der Herrschaft, aber der Boden war ihnen entzogen. Die Herzogin allerdings sollte sich nicht auf die alte Herrschaft der Aristokratie zurückziehen, sie verkörperte die neue Macht einer emanzipierten Frau. Das unterstrich Tamara allein schon durch die Körperhaltung.

Nun machte sich bezahlt, daß sie von Denis und von Lhote gelernt hatte, ein Bild zu komponieren: In breitbeiniger Haltung steht die Herzogin da, das linke Bein angewinkelt auf die erste Treppenstufe gestellt. Ebenso nimmt sie mit der Haltung ihrer Arme einen breiten Raum ein: Der linke Ellbogen stützt sich lässig auf, die rechte Hand verschwindet undamenhaft in der Hosentasche, auch dieser Arm ist breit abgewinkelt. Wo die in der Luft schwebenden Gegenstände nicht gerade Sicherheit versprechen, wirkt die Herzogin äußerst standfest. Sie scheint ihre Sicherheit nicht aus den Insignien ihrer Herrschaft, sondern aus sich selbst heraus zu gewinnen.

Tamara, die es liebte, aufreizende weibliche Körper zu malen, weich schmeichelnde Brüste oder kubistisch stilisierte, helmartig vom Oberkörper abstehend, enthielt sich bei diesem Gemälde jeder Andeutung einer weiblichen Brust. Den Oberkörper gestaltete sie eher männlich, und auch die Taille modellierte sie alles andere als weiblich zart. Diese Herzogin de la Salle war eine in jeder Hinsicht raumgreifende Figur. Allerdings betonte Tamara ihren Schritt. Sie lenkte den Blick des Betrachters durch mehrere ironische Fingerzeige eindeutig dorthin. Sie ließ den linken Zeigefinger der Herzogin unmißverständlich auf ihr Geschlecht weisen. Zudem malte sie zwei unterschiedliche Hosenbeine. Den linken Oberschenkel betonte sie durch fast schon anstößig eng anliegenden Stoff, die Formen des rechten Oberschenkels dagegen verdeckte sie durch ein weitgeschnittenes Hosenbein. Die nicht zueinander passenden Hosenbeine ließ sie im Schritt aufeinandertreffen, was diesen noch mehr betonte.

Mit der Plazierung des Schoßes in der Mitte des Bildes und seiner widersprüchlichen Darstellung stellte Tamara die Sexualität der Herzogin ins Zentrum. So zeigte sie eine Aristokratin, die ihren neuen Halt, ihr neues Selbstverständnis über ihre Sexualität bezog, eine moderne Herrscherin über die Lust im Dschungel der Großstadt.

Tamara war sehr stolz, als das Bild fertiggestellt war. Das war ein anderer Frauentypus als die zarte Naive von Marie Laurencin! Mit dieser Arbeit hatte sie sich einen Platz unter den modernsten Künstlern gesichert.

34

Sie experimentierte. Schamlos und lustvoll machte sie sich daran, Frauen zu malen, die ihr ähnlich waren. In denen sie sich wiederfand oder wiederfinden wollte.

Sie malte nackte Frauen, allein, zu zweit oder in der Gruppe. Das Doppelporträt faszinierte sie besonders. Es bot ihr die Möglichkeit, weibliche Sexualität darzustellen. Sie malte zumeist eine aktive, schützende und wachsame Frau mit einer sich Anlehnenden als Gegenüber. Sie schöpfte das Thema in allen möglichen Variationen aus. In *Irène et sa Sœur* malte sie die schwesterliche Liebe, in *Les Joueuses de cartes* Frauen als Konkurrentinnen, und in vielen anderen Bildern deutete sie an, ohne es auszuführen, daß hier Frauen ihre irisierende Sinnlichkeit und Körperlichkeit auch miteinander auslebten.

Diese Monate im Jahre 1925 waren geprägt durch Intensität und Schaffenskraft, es war, als lebte Tamara in permanenter Extase. Sie vergaß ihren Mann. Bis auf wenige Augenblicke, in denen Tadeusz sich durch Vorwürfe oder sexuelle Ansprüche in ihr Gesichtsfeld schob. Entgegen ihrer Absicht reagierte sie eher abweisend auf ihn. Und bis auf die wenigen Augenblicke, in denen sie ungeduldig ihren Platz als wichtigste Person im Leben von Kizette behauptete, verlor sie auch ihr Kind aus den Augen.

Sie malte. Die Themen gingen ihr nicht aus. Die Modelle auch nicht. Sie wagte sich an Mehrfigurenbilder, komponierte *Groupe de nus*, ein Werk, in dem sie sich abermals an Ingres' Bild *Das türkische Bad* anlehnte und ihren Beitrag lieferte zum Thema der Begegnung nackter Frauen in der Gruppe. Sie schuf glatte Bilder in klaren kühlen Farben, die zugleich das Wunder fertigbrachten, vor Erotik zu bersten. Diese Frauen waren keine Objekte männlichen Begehrens, sondern lustvolle Subjekte. Sie verleugneten ihre Sexualität nicht, sie wählten ihre Partner oder Partnerinnen selbstbewußt aus.

Weibliche Sexualität, das war das Thema, zu dem Tamara etwas sagen wollte. Selbst wenn sie es sich nicht ausdrücklich vornahm, schlich es sich ein. Die sexuelle Ausstrahlung war bei all ihren Modellen das erste, was der Betrachter wahrnahm, selbst wenn sie vollständig bekleidete Menschen malte.

Tamaras Körper prickelte, wenn sie arbeitete. Der Schaffensprozeß erfüllte sie mit einer Lust, die weit über das hinausging, was sie im Bett erlebte. Sie griff kraftvoll in den Raum, wählte Formate, die für weibliche Künstler eher ungewöhnlich waren. *Le Rythme* malte sie in einer quadratischen Form von 130×130 cm, *Irène et sa Sœur* in einem Format von 150×100 cm. Dann wieder versuchte sie sich an Miniformaten, das Aquarell *Zwei Frauen* maß winzige 10×9,5 cm.

Tamara erprobte alles, was sie sich angeeignet hatte, und scheute vor nichts zurück als vor Mittelmäßigkeit.

Sie experimentierte mit der kubistischen Auflösung der Form, vereinigte klassische mit kubistischen Elementen, zitierte die alten Meister und auch manchmal die jüngeren. Voller Erregung trieb sie sich von einem Bild zum nächsten. Es war, als strömte göttliche Kraft in sie, die sie befähigte, sich selbst mittels ihrer Kreativität und ihrer Bilder neu zu erschaffen.

Immer häufiger unterzeichnete sie mit *T. de Lempicka*. Die weibliche Künstlerin kam selbstbewußt, elegant und frech zum Vorschein.

Schließlich war es ihr gelungen, innerhalb von knapp sechs Monaten achtundzwanzig Gemälde herzustellen, die ihrem eigenen Anspruch standhielten.

Sie isolierte sich vollkommen, zeigte ihre Werke niemandem außer Ira, die für mehrere Bilder Modell gestanden hatte und immer bereit war, der erschöpften Freundin in ihren weichen Armen Zuflucht zu gewähren. Vor Tadeusz verbarg Tamara ihre Werke, so gut es ging; zu sehr fürchtete sie seine ironische und vernichtende Kritik.

Als sie nach Mailand zur Ausstellungseröffnung reiste, war sie dünn geworden, unter ihren blauen Augen lagen dunkle Schatten, aber die ganze Frau strahlte vor ungehemmter Lebenslust.

Die Ausstellung berauschte sie, mehr als Champagner es je vermocht hatte. Graf Castelbarco hatte die Galerie genau so hergerichtet, wie er es angekündigt hatte. Die Wände waren stahlgrau gestrichen, die Bilder wunderbar einfühlsam gehängt. Tamara selbst war überwältigt von der Kraft und Eigenwilligkeit ihrer Werke.

Zur Eröffnung erschien die Crème der italienischen «guten Gesellschaft». Der Graf kannte alle, die über Geld, Rang oder Namen verfügten, und er führte Tamara wie ein seltenes Geschöpf in diese Kreise ein, wie ein wildes scheues Tier, das, wenn man es pflegt, seine ganze Anmut und Grazie entfalten wird.

Die Italiener waren hingerissen von Tamaras eigenwilligen Frauenporträts; das war Revolution und Eleganz zugleich, genau das hatten sie gesucht. Tamara ließ sich auf einem Meer der Bewunderung treiben. Die Presse pries sie als neues Talent, und die Aufträge für Porträts erreichten eine zahlenmäßige Dimension, die nicht mehr zu bewältigen war. Tamara malte nur diejenigen, an denen irgend etwas – Gesicht, Körper oder Persönlichkeit – sie herausforderte.

Und schon widmete sie sich einem neuen faszinierenden Thema: einem neuen Männertyp in der Malerei. So wie sie Frauen maskulinisiert hatte, feminisierte sie jetzt die Männer. Als

Modelle dienten ihr ihre Liebhaber, und sie malte sie auf provokative Weise als Sexualobjekte in genau den sonst Frauenporträts vorbehaltenen Posen.

Den Marquis d'Afflito zeigte sie in fast karikierender Weise in halb liegender Stellung mit angewinkeltem Bein. Es bereitete ihr enormes Vergnügen, die Formensprache, die bislang männliche Künstler auf weibliche Modelle angewandt hatten, auf Männer zu übertragen. Schamlos und aufdringlich präsentierte sie männliche Idealproportionen – breite Schultern, schmale Hüften, stramme Oberschenkel – in einer Pose, in der die Männer sich als Sexualobjekte anboten.

Die Bewerber umschwirrten sie, und Tamara wählte aus.

Am Ende der Abschiedsparty, die Graf Castelbarco für sie veranstaltet hatte, legte der Marquis Sommi Picenardi seine gepflegte Hand auf ihr tiefes Rückendekolleté. Bei der Berührung durchrieselte Tamara ein erregender Schauer. Überrascht hob sie den Blick und sah in die melancholischen braunen Augen des Marquis. Es ging eine derart hypnotische Wirkung von ihm aus, daß ihr seltsam und ein wenig unheimlich wurde.

In drei Tagen kommen Sie nach Turin, sagte er sanft und bestimmt, als gäbe es gar keine Wahl. Ich werde auf Sie warten. Er hob Tamaras Hand an seine Lippen. Für einen Moment blitzte an seinem Ringfinger ein außergewöhnlich reiner Smaragd auf, der schlicht in schweres Weißgold gefaßt war.

Tamara lachte auf. Sie brach das Lachen schnell ab, als sie hörte, wie albern es klang.

Zwei Tage später bereits fand sie sich in Turin ein. Sie wählte das beste Hotel am Platz, immerhin hatte sie in Mailand viel Geld verdient. Sie zog Erkundigungen ein, wo der Marquis Sommi Picenardi zu finden sei, und beschloß, ihn am nächsten Tag in seinem Palais aufzusuchen. Doch bereits am Morgen überreichte der Portier ihr ein Billett, das die Unterschrift des Marquis trug. Er werde sie am Abend zur Oper abholen, teilte er mit, er könne es kaum erwarten.

An diesem Abend warb er um sie, hingebungsvoll und einfallsreich, aber vollkommen selbstsicher. Offenbar hegte er nicht den geringsten Zweifel daran, daß er sie erobern würde.

Tamara vibrierte vor Erregung; sie hatte Sommi Picenardi bereits vor dem Opernbesuch begehrt, und als er sie nach dem Souper in ihr Hotel zurückbrachte, überlegte sie, ob sie ihn nun verführen sollte. Sie verspürte nicht wenig Lust, ihre Hand auf seine Hose zu legen. Doch er verabschiedete sich mit diesem weichen melancholischen Ausdruck in den Augen, küßte ihr die Hand, wobei er ihr ein Kompliment über deren ungewöhnliche Kraft und Anmut machte, und zog sich artig zurück.

Am folgenden Tag allerdings lud er sie in sein Palais ein, und dort landeten sie bereits im Bett, als er ihr zur Begrüßung die Zimmer zeigte. Wer wen überwältigte, wußte Tamara nicht, und es war ihr auch gleichgültig. Die gegenseitige Verführung war längst beendet; sie fielen übereinander her wie Tiere in der Brunft.

Drei Tage lang trieben sie ihre Spiele im Bett. Am vierten Tag bat Tamara um Leinwand und Farben und malte ihren Liebhaber. Sie zeigte mit diesem Bild deutlich, wie sehr in ihrer Liaison männlich und weiblich vermischt waren. Tamara schuf einen schönen Mann, der über alle gemeinhin als männlich geltenden Attribute verfügte und dennoch feinsinnig und gefühlvoll, hingebungsvoll und kokett wirkte.

Tadeusz war betrunken, als sie heimkam. Sie war lange nicht geschlagen, dafür aber viel gestreichelt worden. Sie hatte Angst vor ihm. Sie versuchte, ihn sanft zu stimmen, erzählte ihm ein wenig von ihrem Erfolg in Mailand, wollte ihn verführen. Sie war so voller Sinnlichkeit und Glück, daß auch für Tadeusz viel übrig war.

Aber er blieb unerreichbar für sie. Und als hätte jemand in ihrem Herzen einen Schalter umgelegt, setzten sich Tamaras Gedanken und Gefühle in Bewegung und kreisten um Tadeusz. Wie von einer fremden Macht getrieben, rannte sie gegen seine Mauer aus Vorwürfen und Ironie an. Und ganz allmählich verschwand alles andere im Hintergrund; wieder einmal war nichts anderes für sie von Bedeutung, als daß dieser Mann ihr endlich sein Herz öffnete.

35

Tamara war eine ungewöhnlich große und berückend schöne Frau von achtundzwanzig Jahren. Gabriele d'Annunzio, klein wie Napoleon, kahlköpfig und fünfundsechzig Jahre alt, hatte den Kopf in den Nacken legen müssen, als er während der aufsehenerregenden Vernissage von Tamaras Werken in Mailand eine Salve blumiger Lobpreisungen in ihre Richtung abschoß.

War Tamara nicht nur eine schöne große blonde Frau, sondern eine angehende Künstlerin mit Talent, Können und einem verzehrenden Ehrgeiz, so war d'Annunzio nicht nur ein fünfundsechzigjähriger Zwerg, sondern eine Legende. Er war eine Ikone der widersinnigen Verbindung von Krieg, Kunst und Eros.

Sie hatten geflirtet, Tamara hatte die sirrende Luft von Macht und Reichtum eingeatmet, die d'Annunzio verströmte. Sie hatten weniger Worte als unausgesprochene Verheißungen ausgetauscht. Und dann hatte sie ihn vergessen.

Der Graf Sommi Picenardi war wirklich und leiblich dagewesen, d'Annunzio hingegen war eine Schimäre, ein Roman aus Liebe und Eifersucht, aus Krieg und Frieden.

Das berückende Melodram seiner Affäre mit der Duse bot selbst jetzt noch Stoff für Gespräche hinter vorgehaltener Hand. In italienischen Adels- und Künstlerkreisen tuschelte man über die kapriziösen Eskapaden des früheren Feldherrn. Oft lud er überschwenglich Gäste ein, die er dann jedoch im Palace Hotel von Gardone, seinem Wohnort am Gardasee einquartierte, bis er sich schließlich herabließ, ihnen seine Pforten zu öffnen. Man erzählte sich von Gästen, die Tage hatten warten müssen, sogar von solchen, die nach einer Woche wieder heimgefahren waren, ohne ihren vermeintlichen Gastgeber zu Gesicht bekommen zu haben.

D'Annunzios diverse Liebesgeschichten sorgten bei langweiligen Partys immer wieder für Unterhaltung. Warum und wann hatte wer mit dem unansehnlichen Zwerg geschlafen? Diese Frage erhitzte die Gemüter und trieb die Diskutanten in philosophische Höhen.

Romaine Brooks, die in Paris stadtbekannte Lesbierin, war neben der Duse eine der am häufigsten genannten Frauen. Sie war d'Annunzios Geliebte gewesen, das wußte man. Und mehr als das. Sie hatte ihren Ruhm auf der Affäre mit d'Annunzio begründet. Man erzählte sich auch von seinen frühen romantischen Lieben, der zur Prinzessin Maria Gravina Cruyllas, deren Tochter Renata, d'Annunzios Lieblingskind, nun bereits eine reife Frau war. Besonders gern aber badete man im Sumpf seiner jetzigen pornographischen Marathonorgien. In seinem berüchtigten Heim beschäftigte er einen Stab von tüchtigen Frauen, deren Kraft und Phantasie allein darauf gerichtet schien, d'Annunzio mit Orgasmen zu versorgen, und die machten, wie man munkelte, den einzigen Lebenssinn des Alten aus. Als offizielle Anführerin seiner Frauen galt Luisa Baccara. Der Name sagte Tamara zwar nichts, aber sie hatte gehört, daß diese Frau eine Pianistin gewesen war, der man eine strahlende Zukunft vorausgesagt hatte. Bis es zu ihrer Hauptbeschäftigung wurde, d'Annunzios Harem vorzustehen. Doch obwohl die Baccara dem Alten sogar ihre jüngere Schwester Emilia ins Bett gelegt hatte, war die wahrhaft Mächtige im Hause heute angeblich eine andere, eine jüngere namens Aelis Mayor, die d'Annunzio den Gerüchten zufolge mit Kokain und Frauen versorgte.

Es gab viele junge Frauen, die sich d'Annunzio andienten, um sich einen Namen zu machen oder bei einem seiner einflußreichen Freunde empfohlen zu werden, zum Beispiel, so wurde getratscht, schlüpften zahllose minderjährige Tänzerinnen unter d'Annunzios Bettdecke, weil sie sich so eine Empfehlung für Diaghilew «erarbeiteten».

Während ihrer Ausstellungseröffnung in Mailand hatte Tamara all das bereits gewußt, und sie hätte durchaus zugegriffen, wenn sich ihr die Gelegenheit geboten hätte, aber der Trubel um ihre Person, die vielen mächtigen, reichen und weitaus reizvolleren Männer, als d'Annunzio einer war, hatten diesen rasch in den Hintergrund treten lassen.

Als sie nun, im Spätsommer 1926, im Isotta Fraschini der Prinzessin Pignatelli Aragona Cortes von Mailand nach Gardone fuhr, dachte sie verwundert und auf kindliche Weise glücklich an die Ausstellungseröffnung zurück. Sie hatte es schon ziemlich weit gebracht. Ihre Armreifen bedeckten beide Arme bis zu den

Ellbogen; seit der Ausstellung in Mailand betrachtete sie das Versprechen, das sie sich zu Beginn ihrer Karriere selbst gegeben hatte, als eingelöst.

Und nun saß sie neben einer Prinzessin und fuhr einem neuen Abenteuer entgegen. Sie fühlte sich jung, schön und voller Neugier aufs Leben. Vergessen alle traurigen Stunden der letzten Wochen, in denen sie immer und immer wieder vergeblich versucht hatte, Tadeusz zu einer Liebesbekundung zu bewegen, die länger als eine Nacht vorhielt. Vergessen die nachdenklichen Blicke auf ihre Tochter, der man allmählich ansah, daß Tamara als die Mutter kein junges Mädchen mehr sein konnte. Vergessen die morgendlichen Stunden vor dem Spiegel, wenn sie nach einer nervös durchwachten Nacht die Spuren von Angst und Erschöpfung bekämpfte. Neben der Prinzessin Pignatelli kam sie sich vor wie eine Lilie, klar und makellos.

Tamara hatte die Pignatellis in Mailand besucht, weil sie den Prinzen porträtieren sollte. Sie war eben dabei gewesen, ihn in unterschiedlichen Posen zu skizzieren, als seine Frau aufgeregt, lachend und besorgt zugleich mit einem vierseitigen Telegramm in der Hand in den Raum stürzte.

Er ist verrückt, schrie sie, er ist verrückt. Er will, daß wir ihn besuchen kommen, sofort.

Warum? fragte der Prinz, ohne die Pose, in die Tamara ihn gestellt hatte, irgendwie zu verändern.

Doch Tamara bemerkte, wie sein linkes Augenlid zu zucken begann. Sie wußte aus dem Mailänder Klatsch, daß die Prinzessin ein Verhältnis mit d'Annunzio hatte. Sie war sich nicht sicher, ob der Prinz eingeweiht war.

Oh, seufzte die Prinzessin, er ist einfach unmöglich. Er schreibt, er fühle sich einsam, er sehne sich nach seinen Freunden, er sei alt und bedürftig, oh, Schatz, er schreibt, als gebe es nur uns auf der Welt und niemanden sonst. Ist das nicht bezaubernd?

Der Prinz warf Tamara einen scharfen Blick zu, und in diesem Augenblick wußte sie, daß der gehörnte Gatte vollkommen im Bilde war, sich seiner Frau gegenüber aber ebenso taktvoll verstellte, wie diese es tat. Lächelnd fragte er: Kennen Sie d'Annunzio, Madame?

Ich habe ihn einmal gesehen, erwiderte Tamara reserviert.

Der Prinz löste sich mit einem sanften Ruck aus der Pose, setzte ein diabolisches Lächeln auf und sagte: Dann sollten Sie ihn kennenlernen.

Er holte weder Tamaras Einverständnis ein noch das seiner Frau, entschied, daß seine Gattin am Steuer sitzen sollte – du kennst den Weg am besten –, und begab sich unverzüglich mit den beiden auf den Weg nach Gardone zum berühmten Feldherrn römischer Tradition und Größe.

Bereits in Mailand hatte dieser Tamara von seinem tollkühnen Flug über Wien erzählt, wo er 1917 Flugzettel abgeworfen hatte, die die Österreicher dazu bringen sollten, Tirol den Italienern zu überlassen. Er hatte ihr auch jene gespenstische Notlandung geschildert, bei der er ein Auge verloren hatte. Das Ganze war Tamara allerdings so widerlich gewesen, daß sie während seiner Schreckensgeschichte bereits begonnen hatte, mit dem Grafen Sommi Picenardi zu flirten. Nun, im Auto, informierte der Prinz sie über die Heldentaten, die d'Annunzio während des Krieges vollbracht hatte. 1919 hatte er in der Fiume-Frage eine Gewaltlösung herbeigeführt, hatte im Widerspruch zum Waffenstillstandsabkommen mit fast dreihundert Soldaten die Stadt besetzt und dort sechzehn Monate lang als Kommandant mit eigener Verfassung geherrscht.

Der Prinz kicherte, nachdem er von diesem Streich d'Annunzios berichtet hatte, und fügte hinzu: Der Krieg war das Beste, was dem alten Schwerenöter passieren konnte. Er hatte vorher so viele Schulden gemacht, daß er aus Florenz nach Frankreich hatte fliehen müssen. Wie ein räudiger Hund mit eingezogenem Schwanz! Jedes Wort dieses Satzes ließ der Prinz genüßlich auf seiner Zunge zergehen. Dann schwieg er, bis sie in Gardone anlangten.

Seine Frau, den Blick angestrengt auf die Fahrbahn gerichtet, die Hände ums Steuer gekrampft, schwieg ebenfalls. Die Spannung zwischen den beiden füllte das Auto, so daß Tamara meinte, sie mit jedem Atemzug zu inhalieren. Ihr war klar, daß sie sich mit ihrer Zustimmung, das Ehepaar zu begleiten, bereit erklärt hatte, in einem Dreiermelodram als vierte Figur aufzutreten. Die Rolle war so angelegt, daß sie die schwierige Balance der drei schnell ausheben würde.

Das mußten auch der gehörnte Prinz und seine untreue Frau

wissen. Tamara zu d'Annunzio zu bringen war, als werfe man Frischfleisch in einen Löwenkäfig. Tamara zumindest wußte es, und sie ließ sich darauf ein.

Wenn der Prinz ein Spiel gespielt hatte, als er Tamara mitnahm nach «Il Vittoriale», der Residenz d'Annunzios am Gardasee, hatte er gewonnen, sobald Tamara dem Auto entstieg. D'Annunzio war bereits umgeben von einer Schar von Gästen. Die im Telegramm beschworene Einsamkeit und Sehnsucht nach der Prinzessin, seiner «Muse der Musik», wie er sie nannte, entpuppte sich im Nu als Köder, den er ausgeworfen hatte, um Tamara nach «Il Vittoriale» zu locken. Unverfroren ehrlich zeigte er, daß er kein anderes Interesse verfolgt hatte, als Tamara zu seiner Geliebten zu machen. All seine anderen Gäste, auch die Prinzessin, stellte er hintan.

Er nahm die amüsierte Tamara beim Ellbogen und erklärte, er wolle ihr sein Paradies vorführen. So führte er sie einige Schritte zurück, bis sie vor dem Portal standen, das mit einer Wandmalerei der Verkündigung verziert war. Darüber konnte Tamara lesen: «Ich besitze nur, was ich gegeben habe».

D'Annunzio deklamierte den Spruch in triumphierendem Ton, holte weit aus, als wolle er das Stückchen Erde, vor dem sie standen, umarmen, und verkündete: Dieser Besitz, «Il Vittoriale», ist die Manifestation meiner Großzügigkeit.

Tamara wies auf die Skulptur einer Frau, die nahebei auf einer Säule stand. Fragend hob sie die Augenbrauen.

Die Victoria, erläuterte d'Annunzio, Symbol des italienischen Widerstandes am Fluß Piave 1917. Tamara erwartete, daß er jetzt seine Lobpreisung als Feldherr singen werde, er schwieg aber und führte sie einige Schritte an der Mauer entlang, die das Grundstück umgrenzte. Schweigend wies er auf in den Zement gehauene, von Rissen durchzogene Buchstaben. Mühsam entzifferte Tamara: «Bleib gelassen im Angesicht der Gefahr».

D'Annunzio lächelte. Sie sind Malerin, sagte er, Sie malen Porträts. Es wird Ihnen gefallen, «Il Vittoriale» kennenzulernen. Dieser Besitz porträtiert mich. Unvermittelt deutete er auf einen freien Platz zur Rechten und verkündete: Dort hinten will ich ein griechisches Theater errichten lassen.

Zwischen Zypressen sah Tamara den See schimmern.

Auch wenn Tamara sich bei der Abreise in Mailand kühl und

klar entschieden hatte, sich auf alles einzulassen, was sich aus diesem Spiel des Prinzen ergab, verlor sie, als d'Annunzio sie so durch seinen Garten führte, ihren kühlen Verstand. Ihr schwindelte ein wenig, und sie lehnte sich haltsuchend gegen seine Hand, die ihren Ellbogen stützte. Mein Gott, Comandante, sagte sie lachend, ich fühle mich wie berauscht. Welche Wunderblumen haben Sie hier nur gepflanzt? Der Duft macht einen ja besinnungslos. Zu sich selbst fügte sie beruhigend hinzu: Es wird gleich vorübergehen, das war der Luftmangel im Auto, die unerträgliche Spannung.

Da sagte die Prinzessin, während sie auf die andere Seite von d'Annunzio eilte, mütterlich: Meine Liebe, Sie sehen angegriffen aus, diese Fahrt in meinem Wägelchen scheint Sie mitgenommen zu haben, Sie sollten besser ins Haus gehen, zu Madame Baccara, und erst einmal ein Glas Wasser trinken.

D'Annunzio packte Tamaras Ellbogen fester und führte sie in elegantem Schwung zu einem kleinen Brunnen, wo aus dem Munde eines Knaben unablässig Wasser floß. Er hielt seine geöffneten Hände darunter und bot Tamara so das Quellwasser dar.

Eine Sekunde zögerte sie; sie hätte sich tief beugen müssen, um aus diesem Gefäß zu trinken. Außerdem ekelte sie die Vorstellung, den Geruch seiner Hände beim Trinken einzuatmen. Zugleich empfand sie erregt die Pikanterie des Augenblicks. Kurz entschlossen legte sie ihre Hände unter die seinen, hob diese so hoch, daß sie sich kaum noch bücken mußte, und trank. Seine Finger rochen nach Rosen und weiblichem Geschlecht. Als sie den Kopf hob, blickte sie in dunkle Augen, die in einem solchen Feuer glühten, daß ihr abermals leicht schwindelte. Erst als sie ein Stück zurücktrat, nun auch die erblaßte Prinzessin wahrnehmend, erinnerte sie sich daran, daß d'Annunzio ein Glasauge hatte. Seine Ausstrahlung erfüllte das gläserne Auge mit Leben.

Der junge Mann, bemerkte d'Annunzio, dessen Mund das von Ihnen soeben genossene Zauberwasser entströmt, ist niemand anders als Eros. Und Eros, verehrte Dame, ist der einzige, dessen Jünger Menschen wie Sie und ich, ungewöhnliche, begnadete und aus der Masse herausragende Menschen, werden dürfen. Nur ihm vermögen wir unsere ganze Kraft anzudienen, ohne uns in unserer Größe verleugnen zu müssen.

Während d'Annunzio neben ihr durch den betäubend duftenden Garten seines Anwesens schlenderte, deklamierte er sein Glaubensbekenntnis: «Eros ist ein Dämon.» Woher stammen diese Worte wohl? Von dem alten Erotomanen d'Annunzio? Nein, meine Holde, mit diesen einfachen, wahren und direkten Worten führte Plato uns im *Symposion* die tiefe Dimension der Liebe vor Augen.

Er warf Tamara einen kurzen Blick zu, und sie hatte das Gefühl, er schaue in ihre dunkelsten Abgründe. Ich weiß wohl, sagte er abfällig, wie man über mich spricht. Mein Leben bringt alle verlogenen Vorstellungen von heiliger reiner Liebe zu Fall. Für die Griechen aber war die Identifizierung des Eros mit dem Dämonischen so natürlich wie für die Christen die unbefleckte Empfängnis. Ich halte die unbefleckte Empfängnis für wenig wahrscheinlich, aber sie ist absolut notwendig, um die Kirchen am Leben zu halten. Der Normalmensch muß den gesamten Bereich des Dämonischen umgehen, leugnen oder einfach unterdrücken. Aber... Nun sah d'Annunzio Tamara wieder bedeutungsvoll in die Augen und drückte ihren Ellbogen; es war, als versetze er ihr einen Stromstoß. Tamara zuckte zusammen. ...aber wer den Dämon vertreibt, kastriert Eros und tötet die Kraft, die in der Liebe liegt. Die den Dämon vertreiben, erliegen einem Irrtum; ich brauchte eine Weile, bis ich das begriff. Der Irrtum ist folgender...

Während d'Annunzio sprach, schlenderte er langsam mit Tamara an Rosenbäumen und Jasminsträuchern vorbei. Tamara wehrte sich gegen den Sog, der von dem Mann an ihrer Seite ausging. Ihr war, als ziehe er sie in seinen Geist hinein, als verflüchtige sich ihr eigenes Ich.

Er fuhr fort: Der normale Massenmensch denkt nicht tief genug. Er bildet sich ein, daß der Gegenpol zum Dämon die Sicherheit ist, die Ruhe, der Frieden, aber der Antidämon ist Apathie, Seelenlosigkeit, Tod. Das Dämonische ist ein Lebenselixier, es ist der Drang, sich selbst zu bestätigen, zu verewigen und zu steigern. Der griechische Begriff des «daimon» schließt die schöpferische Kraft des Dichters und des Künstlers ebenso ein wie die des politischen oder religiösen Führers, vor allem aber die Kraft der Liebe. Das Dämonische hat nichts mit dem Gewissen zu tun, es hängt mit der Macht der Natur zusammen und steht jenseits von Gut und Böse. Alle großen Künstler, Verehrteste, und ich spreche so ungeschminkt zu Ihnen, weil ich sicher bin, daß Sie mich in der Tiefe verstehen wie eine Schwester der Seele, kennen das Dämonische. Jeder von uns Giganten erschauert vor dem Rätsel, das die Nähe von Genie und Wahnsinn uns täglich zu lösen aufgibt. Goethe, der deutsche Dichter, zeigte in seinem *Faust*, wie sehr er vom Dämon fasziniert war. Und wie andere vor und nach ihm stellte er fest, daß das Dämonische identisch ist mit den Mächten der Natur. Ich selbst bin ein Dichter, und ich habe immer in dem Wissen gearbeitet, mit dem Dämonischen zu kämpfen und auf diese Weise etwas aus den Tiefen ans Licht zu bringen. «Der Dichter gehört zur Partei des Teufels», sagt William Blake. Und Sie, meine Schöne, sind eine Malerin, die, so habe ich in Mailand in der Galerie des teuren Castelbarco erkannt, die es wagt, mit dem Dämon als täglichem Begleiter zu leben. Wir kennen uns noch nicht gut genug, als daß ich es nun wagen könnte zu spekulieren, wie dieses Zusammenleben sich wohl gestalten mag.

Tamara erschrak. Da war etwas in d'Annunzios Worten, das tief in ihr einen Widerhall fand. Sie dachte an Tadeusz. War er der Dämon ihres Lebens? Oder hing sie vielleicht deshalb so an ihm, weil der Teufel, der in ihr selbst steckte, in Tadeusz einen Spiegel fand?

Comandante, sagte sie in scherzendem Ton, überschätzen Sie meine Intelligenz nicht. Ich bin nur eine kleine Malerin, nicht so gebildet wie Sie und jetzt auch ein wenig erschöpft. Bitte seien Sie nachsichtig und zeigen Sie mir Ihr Schloß.

D'Annunzio grinste frech, und plötzlich sah er aus wie ein Gassenjunge. Oh, Dama, sagte er, kein Theater vor mir! Sie sind keine kleine Malerin, Sie gehören überhaupt nicht zu den kleinen netten Leuten, deren Selbstgefälligkeit sich aus gutem Benehmen nährt. Hach, die Konventionen! Sie sind ja nur da, um Neid, Machthunger, Rachsucht, Gier, Haß, all diese dämonischen Gefühle zu verstecken. Hach, die reizenden netten Leute! Und wohin führt das? Sie sterben ab, oder sie morden. Wer begeht denn Morde? Doch nicht diejenigen, die es wagen, aus der Masse zu treten, zu fallen, gestoßen zu werden, nein, es sind die netten Leute, die morden.

Tamara war überwältigt. Dieser Mann sprach aus, was sie tief im Innern fühlte; sie lebte danach, aber sie hatte es bisher nicht in Worte fassen können.

Maestro, flüsterte sie, wir haben noch viel Zeit. Bitte zeigen Sie mir Ihren Besitz!

Er griff nach ihrer Hand. Wieder vergaß sie unter seinem Blick, der ihr die Hitze in den Leib trieb, daß es ein Glasauge war, das sie anschaute, ein totes gläsernes Auge. Ja, murmelte er mit einer tiefen beschwörenden Stimme, ja, wir haben viel Zeit, und wir werden diese Zeit mit allen Dämonen und Hexen und Magiern teilen, die unserer Einladung Folge leisten.

Tamara erschauerte. Sie zwang ihre Aufmerksamkeit von den durch seine Worte heraufbeschworenen inneren Bildern fort und richtete sie nach außen. Und erschauerte wieder. D'Annunzio hatte sie zu einem Platz geführt, an dem der Gardasee wie ein Geschenk vor ihr lag. Der Wind kräuselte das Wasser, es wirkte leicht und fröhlich, und Tamara ergriff die Gelegenheit, sich von der Schwere und Düsternis der letzten Minuten zu lösen. Übermütig wie ein Mädchen lief sie durch den Garten, der terrassenförmig zum See hinabführte. Sie hob die Arme und saugte den Duft ein, den Rosenbäume am Weg verströmten.

Langsam wandte sie sich wieder dem Hausherrn zu, wohl wissend, daß sie berückend aussah mit ihren wehenden rotblonden Haaren, dem Rock aus schmeichelndem Musselin, der sich an ihren Körper schmiegte, und ihren Brüsten, die sich, da sie die Arme langsam senkte, deutlich abzeichneten.

Sie sind schön, raunte der Mann. Und nun konnte sie ihn wieder als alten Glatzkopf wahrnehmen.

Zeigen Sie mir alles, befahl Tamara, und erzählen Sie mir alles. Wenn es in diesem Haus einen Dämon gibt, enthüllen Sie ihn mir! Sie warf ihm einen verheißungsvollen Blick zu und lächelte kokett. Dieser Blick unter den geschminkten und langen, gebogenen Wimpern hervor und das kokette Lächeln, eine Mischung aus Versprechen und Distanz, waren wohlstudiert und erprobt. Sie fühlte sich wieder sicher.

Der Besitz gehörte früher Professor Tode, dem Mann, der die Tochter von Richard Wagner und Cosima Liszt geheiratet hatte. Als ich es kaufte, war es ein schlichtes, gediegenes, von Zypressen umstandenes Herrenhaus. Allein das Wissen, daß Wagners Geist hier indirekt Spuren hinterlassen hatte, reichte aus, um mich zu interessieren. Den Ausschlag allerdings gab dieser Garten, der Duft von Rosen und Jasmin, von Rosmarin und Lavendel. Riechen Sie! beschwor er sie. Riechen Sie! Dieser Duft ist ein Aphrodisiakum, ich atmete ihn und wußte, hier würde ich potent bleiben bis zu meiner Verwesung.

Wieder faßte er sie auf die ihr schon erschreckend vertraute Art am Arm und führte sie zu einer Rotonda, die mit verschiedenen Nischen und Säulen versehen und von Kletterrosen überwuchert war. Auf dem Weg dorthin rief er aus: Was macht denn den Drang zu lieben so stark, so kostbar? Allein das Bewußtsein des unausweichlichen Todes! Auch Ihr wunderschöner Körper, Madame, wird einst der Verwesung anheimfallen. Dieses biegsame Naturwunder wird steif werden, dann wird Ihre Haut, jetzt Marmor, Samt und Seide, zu Pergament, wird an einigen Stellen blau anlaufen; Ihr Kinn, jetzt kühn und kindlich zugleich, wird erschlaffen, und Ihre Augen, die mit ihrem Glanz, ihrer Lebendigkeit einen Mann in den Wahnsinn zu treiben vermögen, werden starrer und stumpfer sein als mein Glasauge. Das Wissen darum, daß einst Maden und Würmer sich an Ihrem betörenden Körper laben werden, läßt diesen Körper doch nur um so kostbarer erscheinen. Daraus erwächst doch der Drang zu lieben, zu umfassen, sich überwältigen zu lassen.

Tamara warf ihm mit halb geschlossenen Lidern einen Blick zu und sagte fast gegen ihren Willen: Ja, ich frage mich schon lange, ob Liebe, leidenschaftliche, verzehrende und ekstatische Liebe, überhaupt möglich wäre, wenn wir ewig lebten.

Wie wunderbar, Sie sprechen aus, was ich meine! D'Annunzio griff nach ihren Händen. Ja! Wie ich mich von Ihnen verstanden fühle! Und es ist nicht nur der physische Tod, es ist auch der immer drohende Tod der Liebe, der die Liebe so köstlich macht. Es ist das ständige Pendeln zwischen Vereinigung und Trennung. Und die sexuelle Vereinigung, meine Schwester... Ich darf doch so sagen, nicht wahr, denn ich fühle mich Ihnen in der Seele verbunden wie einer Schwester. Tamaras huldvolles Nicken kaum abwartend, fuhr er fort: Die sexuelle Vereinigung ist das überzeugendste Manifest dieses polaren Rhythmus. Der Geschlechtsakt stellt ein Drama dar. Der Annäherung, dem Eintritt und der totalen Vereinigung folgt eine teilweise Trennung, immer und immer neu, bevor es endlich im Orgasmus zur restlosen Vereinigung kommt. Es kann kein Zufall sein, daß wir gerade in der Sphäre des Sexuellen das Ritual von Intimität und Rückzug vollziehen, von Vereinigung und Distanzierung, von Trennung und neuerlicher rückhaltloser Vereinigung. Das ewige Wechselspiel von Berührung und Rückzug bestimmt doch die Liebe von Anfang an. Betrachten Sie Tiere in der Balz. Sie tänzeln umeinander herum, sie nähern sich an und stoßen einander weg, Mann und Frau in der Werbungsphase tun nichts anderes. Das Nacheinander von Vereinigung und Trennung symbolisiert die notwendige Polarität der menschlichen Existenz: Schaffen und Zerstören, Leben und Tod, Liebe und Haß, Nähe und Einsamkeit. Nun aber will ich Ihnen erläutern, warum ich Sie hierher geführt habe: Sehen Sie hierhin!

Tamara gehorchte und blickte in die Nische, vor die d'Annunzio sie geführt hatte. Sie riß die Augen auf und fröstelte. In der Nische stand ein Sarg, und über dem Sarg war ein kleines Glaskästchen angebracht. Er griff nach dem Kästchen und nahm es herunter. In der Zwischenzeit hatten sich die Prinzessin und ihr Gatte, dazu, wie aus dem Nichts aufgetaucht, ein gutes Dutzend Frauen und Männer zu ihnen gesellt.

Hier, flüsterte d'Annunzio und berührte Tamara zart am Ohr. Wieder kam es ihr vor, als hätte er ihr kleine kurze Stromstöße verabreicht, die durch ihren ganzen Körper zuckten.

Meine Ohren sollen ewig sein und getrennt von meinem verwesenden Körper, raunte er, als wolle er sicherstellen, daß nur Tamara ihn hörte.

Warum? fragte sie und lachte wie ein kleines Mädchen.

Das ist gar nicht so sonderbar, wie Sie denken. Meine Ohren waren immer das Feinfühligste an mir – durch sie höre ich Musik. In meinen Ohren habe ich mein Schicksal! Er näherte sich ihr und flüsterte: Und die Frau, die meine Ohren beglückt, kann alles von mir haben.

Tamara ergriff die Chance, sich seiner Macht ein Stück zu entziehen, und bemerkte ironisch: Ach ja, ich vergaß fast, Sie bevorzugen die Musen der Musik.

D'Annunzio schaute sie beschwörend an. Wahrlich, donna mia, erwiderte er, doch noch mehr liebe ich die wahren Künstlerinnen, Frauen, die es wagen, sich dem Dämon des eigenen Genies zu stellen – so wie Sie. Diesen Frauen verfalle ich. Ich ergebe mich der magischen Größe, die aus der Verbindung von Genie und weiblichem Geschlecht geboren wird. Dann werde ich zu Pan, der auf der Flöte spielt, werde zur Muse, habe nichts anderes mehr im Sinn, als diesem Genie zu dienen.

Tamara fragte nicht nach. D'Annunzio würde ihr alles schenken, so verstand sie ihn, aber er würde sich jedem eindeutigen Handel entziehen. Sobald sie sich eine Blöße gab, würde er sie demütigen!

Sie verließen die künftige Grabstätte des Dichters, und der Garten mit seinen Farben, dem Duft, den in der flirrenden Nachmittagsluft tanzenden Staubkörnchen überwältigte Tamara. Sie schloß die Augen und taumelte.

D'Annunzio reagierte sofort. Er umfaßte ihren Ellbogen fester und murmelte: Ja, geben Sie sich hin, das tut Ihnen gut!

Die anderen Gäste folgten ihnen in respektvollem Abstand. Vorbei an Hecken aus üppig blühenden rosa Rosen, an Mauern, die mit tiefvioletten Glyzinien bewachsen waren, an Statuen, deren Geschlechtsteile wie poliert glänzten, führte der Hausherr sie den Berghang hinab, machte Tamara auf kleine Wasserfälle und einen Seerosenteich aufmerksam und wies auf eine kleine Kanone, die zwischen Magnolienbäumen stand.

Krieg und Frieden, deklamierte er, Geburt und Tod, Schaffen und Zerstören, das alles ist in der Liebe vereint. Er griff nach ihrer Hand und sprach unvermittelt ihren Vornamen aus. Tamara blickte erstaunt auf ihn hinunter. Er wollte sie an sich pressen, doch sie machte schnell einen Schritt zurück. Oh, Tamara, stöhnte er, wir beide wären ein phantastisches Paar!

Comandante, was ist das? fragte Tamara in kindlich neugierigem Ton. Sie wies auf etwas Helles, das tief unten zwischen hohen Zypressen hervorschimmerte. Es sieht aus wie ein Schiff, sagte sie erstaunt, da ragen Masten über die Baumkronen hinaus.

Ganz recht, erklärte d'Annunzio, das ist mein Schiff, die «Puglia». Die Besatzung verweigerte die Befehle des Ministeriums und brachte mir Verstärkung nach Fiume.

Aber wie kommt es hierher? fragte Tamara entgeistert.

Ganz einfach: Ich habe es dem Marineministerium abgekauft.

Tamara lachte wieder in diesem mädchenhaften Ton, den die Gesellschaft des alten Mannes ihr geradezu zu entlocken schien.

D'Annunzio führte die ganze Prozession zu dem Schiff, gebot den übrigen Gästen, unten auf ihn und Tamara zu warten, und kletterte behende wie ein Jungmatrose die Strickleiter hoch, die den einzigen Zugang zum Schiff bot. Tamara, sich der Tatsache wohl bewußt, daß die unten Stehenden unter ihren Rock schauen konnten, versuchte, ihre Angst nicht zu zeigen. Sie krampfte die Hände um das Tau und setzte ihre glatten hochhackigen Schuhe auf die taumelnden Holzstreben. Als sie endlich oben anlangte, waren ihre Handflächen scharlachrot, sie schmerzten und schwitzten, ihre Knie zitterten, und sie hätte d'Annunzio erwürgen mögen.

Er griff nach ihrer Hand und zog sie zum Bug. Wortlos stand er neben ihr. Plötzlich löste sich Tamaras Angst. Tränen traten ihr in die Augen.

Weit unter ihr lag ein Meer von Oliven- und Orangenbäumen, dahinter schimmerte der Gardasee rötlich im Abendlicht. Wenn es einen Gott gibt, dann ist er hier zu Hause, dachte sie. Sie hielt ihr Gesicht in den Wind und ließ die Tränen laufen; zwar fürchtete sie, er könnte ihre Schwäche bemerken und nutzen, um Macht über sie zu gewinnen, aber zugleich empfand sie es als Wohltat, den Tränen freien Lauf zu lassen. Sie fühlte sich in diesem Augenblick auf geheimnisvolle Weise verbunden mit allem, ein Gefühl von Frieden und Ruhe durchströmte sie. Ganz von allein kam der Tränenfluß zum Stillstand.

Sie murmelte in d'Annunzios Richtung: In keiner Kirche habe ich mich jemals erhabener gefühlt als hier. Comandante, ich verstehe, daß Sie das Schiff kaufen mußten.

D'Annunzio faßte sie an den Schultern und drehte sie sanft, so daß sie aufs Deck blicken mußte. Sie hielt den Atem an. Da stand wie hingezaubert ein Dutzend bildhübscher, weiß gekleideter Matrosen.

Tamara juchzte auf und klatschte in die Hände. Plötzlich fühlte sie sich ganz leicht und verzaubert, fernab aller Sorgen. Wohlgefällig glitt ihr Blick über die adretten jungen Männer, und sie dachte an zwei hübsche Freunde in Paris, mit denen sie zuweilen die Nacht verbrachte.

Als hätte er ihre Gedanken gelesen, raunte d'Annunzio: Sie sind alle sehr begabt.

Wie meinen Sie das? fragte Tamara in naivem Ton.

Nun, sie sind in der Lage, klassische Musik zu spielen, gehen aber auch geschickt mit der Kanone um.

Er grinste anzüglich. Welche Demonstration bevorzugen Sie?

Die ehemalige Bandenchefin aus Warschau sah dem berühmten Comandante von Fiume geradewegs in die Augen und sagte: die Kanone.

Mit dröhnender Stimme befahl er drei Salven.

Als der erste Kanonendonner über den See zitterte, ergriff d'Annunzio Tamaras Hand und rief beschwörend: Auf Ihre Schönheit, Madame! Beim zweiten rief er: Auf die Kunst! und beim dritten: Auf Frankreich!

Tamara merkte, wie sie der Operette, die d'Annunzio mit ihr aufführte, vollständig verfiel. Sie stand neben ihm hoch oben am Bug; unter ihnen wiederholten die übrigen Gäste d'Annunzios Worte: Auf die Schönheit! Auf die Kunst! Auf Frankreich!

Tamara dachte plötzlich an Tadeusz und d'Annunzios Bemerkung, der Gedanke an Vergänglichkeit und Tod mache die Liebe erst süß. Ja, die wenigen schönen Begegnungen mit Tadeusz waren von einer schmerzenden Süße, einer Intensität gewesen, die wohl daraus entsprang, daß sie sich der baldigen Trennung bitter bewußt gewesen war.

Kommen Sie, sagte nun d'Annunzio, steigen wir hinab, neue Abenteuer warten auf uns.

Über eine mit dalmatinischem Marmor gepflasterte Piazza führte er sie zum Haus. In der Mitte des Platzes stand ein Fahnenmast, dessen Sockel mit Heldenmasken verziert war. Gegenüber befand sich eine Loggia, von der aus er, wie er erklärte, Ansprachen an die Besucherscharen halten konnte. Unter einem der Bögen stand ein Fiat. D'Annunzio wies auf den Wagen. Mit V-Motor, erklärte er stolz. Den habe ich bei der Besetzung von Fiume gefahren. Bevor Tamara fragen konnte, was das sei, ein V-Motor, sagte ihr Gastgeber: Nun führe ich Sie in meine *Priorei*. Und mit den Worten: Leider bin ich so alt, daß ich es nicht mehr vermag, Sie über die Schwelle zu tragen, setzte er einen Fuß über die Schwelle seines Hauses und zog Tamara hinter sich her.

Einen Augenblick lang hatte sie das Gefühl, nicht mehr atmen zu können. Ihr war, als trete sie in die Höhle eines Tieres. Schwere Düfte erfüllten die Luft, drückend und schwül. Wie blind taumelte Tamara hinter d'Annunzio her. Erst allmählich gewöhnten sich ihre an die Helligkeit des sonnigen Nachmittagslichts gewöhnten Augen an die Dunkelheit. Nun erkannte sie die goldglänzenden Seidenbrokate an den Wänden, den pompösen Stuck an den Decken, die Glasmalereien an den schmalen Fenstern, die das Sonnenlicht draußen hielten. D'Annunzio wies auf am Boden verstreut liegende Polster und Kissen aus orientalisch anmutenden Stoffen und bemerkte: Ich habe sie genau nach meinen Anweisungen fertigen lassen. So kann ich jeder spontanen Laune jederzeit folgen.

Es war eindeutig, von welcher Laune er sprach. Tamara lächelte angestrengt. Obwohl sie sich im Grunde über die Theatralik dieses Mannes amüsierte, war sie wie umsponnen von ihm. Es war, als befänden sie beide sich in einem unsichtbaren Kampf. Wie eine Spinne zog er sein Netz um sie, um sie am Ende aufzufressen. Und flog sie auch fort, fühlte sie sich trotzdem von dem Netz wie magnetisch angezogen. Und immer wieder verglich sie ihr Leben mit dem, was d'Annunzio ihr präsentierte.

Wie mager war das, was Tadeusz ihr bot, wie mittelmäßig! Die Bilder ihres Schlafzimmers in Kopenhagen, ihres schäbigen Hotelzimmers in Paris und auch ihres irgendwie plumpen jetzigen Schlafzimmers tauchten vor ihrem inneren Auge auf. Sie verspürte einen wilden Drang, alle Mittelmäßigkeit hinter sich zu lassen. Sie wollte ebenso großartig sein wie d'Annunzio! Er hatte ja recht, sie *war* wie er, aber sie wagte es nicht zu leben. Etwas in ihr schrie: Ich will mich überhaupt nicht mehr an irgendwen oder irgend etwas anpassen müssen!

D'Annunzio führte sie in die Bibliothek, die er *Landkarte der Welt* nannte. Die Wände waren gepflastert mit wertvoll aussehenden Büchern. In der Mitte stand ein langer Refektoriumstisch, der mit Dokumenten und Alben übersät und von einem österreichischen Maschinengewehr gekrönt war. Hier wie überall im Haus und im Garten befand sich Kitsch neben Kunst, Geschmackloses neben Prunk und Stil.

Unmengen von Büchern standen auch an den Wänden des *Lilien*-Zimmers, dessen Hauptschmuck eine alte Orgel war. Das *Leda*-Zimmer wurde beherrscht von einem in der Mitte stehenden riesigen Himmelbett. Leda und der Schwan gaben das Motiv ab für diverse in den Bettrahmen geschnitzte erotische Szenen sowie für die an den Wänden hängenden Bilder.

Ich liebe den Leda-Mythos, schwärmte d'Annunzio.

Tamara setzte eine arrogante Miene auf. Die Bücher hatten sie eingeschüchtert. Vom Leda-Mythos wußte sie nichts. Da war irgend etwas Obszönes mit einem Schwan, das war den Schnitzereien zu entnehmen, der Zusammenhang aber war ihr unbekannt. Tadeusz' Worte drängten sich in ihr Bewußtsein: Du bist dumm! Das einzige, was du gelernt hast, ist, so auszusehen, als wüßtest du etwas. Was sie dir beigebracht haben, ist, Kleider spazierenzuführen und die Hand zum Kuß zu reichen, ansonsten bist du blöder als jede Midinette.

Zeus, dozierte d'Annunzio, brachte es fertig, im Himmel einen ganzen Pantheon zu zeugen, und auf Erden war er nicht weniger umtriebig. Er verführte nicht nur seine Schwester, seine Mutter und seine Tochter, nein, er eroberte siebzehn aufeinanderfolgende Generationen sterblicher Weiber. Diese Eroberungen waren Lehrbeispiele für alle nach ihm kommenden Männer, die es als Liebhaber zu einiger Raffinesse bringen wollen. Zwischen Heras Brüsten zwitscherte er als dicke Drossel, zwischen Europas Schenkeln prägte er sich unvergeßlich als schwimmender Stier ein, Danae betörte er mit dem Zauber des Goldregens, um die Mutter Alexanders des Großen soll er sich als goldene Schlange gelegt haben, und zu Leda, meine Schöne, kam er als Schwan. Der Schwan als Vogel der Aphrodite ist ein Gleichnis, das mich zu diesem Zimmer inspiriert hat.

Tamara erwiderte den warmen Druck auf ihren Ellbogen mit einem wissenden Augenaufschlag.

Er führte sie in einen engen dunklen Raum, bat die anderen Gäste, draußen auf sie zu warten, und als er die Tür geschlossen hatte, forderte er Tamara auf, einen Moment lang die Augen zu schließen.

Jetzt! sagte er nach einer Zeit, in der Tamara angstvoll und erregt von einer Flut obszöner Phantasien überrollt worden war. Sie öffnete die Augen und erschrak. Vor ihr stand, das Gesicht gespenstisch von einer Öllampe angeleuchtet, ein Mönch. Sie machte einen Schritt rückwärts auf die Tür zu.

Dies hier ist mein *dalmatinisches Oratorium*, sagte der Mönch.

Tamara lachte nervös auf: Sie haben mich erschreckt.

Hier gebe ich Audienzen, erklärte d'Annunzio, und verkleide mich. Wie Zeus. Wollen auch Sie...?

Einladend hob er den Deckel einer vergoldeten Truhe. Tamara fühlte sich mit einemmal vollkommen erschöpft. Seine Selbstdarstellung entnervte sie. Der Kampf begann seinen Reiz zu verlieren. Sie war hungrig. Ihr war, als hätte sie seit einer Ewigkeit nichts gegessen. In der Truhe entdeckte sie Bombensplitter und Fetzen von zerrissenen Uniformen. Gelangweilt zog sie ein seidenes Taschentuch hervor.

Die Herzogin von Aosta brauchte Seide für ihr Spital, erklärte d'Annunzio. Da kam mir die Idee, die Schützengräben, in denen meine Kompanie den Angriff der Österreicher abwehrte, für eine Seidenraupenzucht zu nutzen. Auf diese Weise konnte ich die Langeweile bekämpfen – und ihre Folge, die Apathie. Mein Ziel war nie, den Tod zu verhindern, der Tod ist würdig und stolz, die Apathie aber ist mickrig und gebeugt. Wenn eine Granate einschlug, stürzten meine Männer ungeachtet der Gefahr los, um die Raupen zu retten.

Tamara legte das Taschentuch zurück und bat ihn, die Führung zu beenden. Sie sei hungrig und durstig und völlig überreizt, sie müsse die vielen Eindrücke erst einmal verarbeiten.

D'Annunzio sagte: Ja, selbstverständlich!

Doch dann führte er die Gästeschar in sein Arbeitszimmer, den einzigen hellen Raum im Haus, der angefüllt war mit Enzyklopädien, Lexika und Werken der Klassiker. Die große Tamara mußte sich unter der Tür bücken, als sie in den riesigen Raum trat, dessen Wände mit Gipsabdrücken des Parthenon-Frieses, mit Fotos der Sixtinischen Kapelle und der Fresken von Mantegna geschmückt waren. Darauf ging es in das mit Seidenstoffen ausgehängte Musikzimmer.

Rot oder Schwarz, die Farben der Musik, sagte d'Annunzio und tätschelte der Prinzessin die Wange. Die Musik ist die größte aller Künste, fügte er hinzu.

Tamara vernahm den zustimmenden Seufzer der Prinzessin und lächelte spöttisch.

Die Badezimmerwände waren mit persischen Kacheln verkleidet, Badewanne und Bidet waren dunkelblau. Tamara war nicht mehr empfänglich für den Prunk. Sie empfand nur noch Hunger und Überdruß.

Er führte sie noch in das *Reliquien*-Zimmer mit Statuen, die vom Boden bis zur Decke reichten, *Leiter der Religionen* genannt – unten chinesische Drachen, in der Mitte Buddhas, oben die Jungfrau Maria. Und in das *Lepra*-Zimmer, in das der Dichter sich in schweren Zeiten zurückzog, wie er erläuterte. Tamara wünschte ihm die Pest. Sie hatte sich neben den Prinzen begeben. Nun stöckelte die Prinzessin neben d'Annunzio her, der von Zeit zu Zeit einen suchenden Blick zu Tamara warf. Sie ignorierte es.

Stolz kündigte der Hausherr Gipsabdrücke von Michelangelos *Sterbendem Sklaven* und *Aufständischem Sklaven* an. Tamara dachte wütend: Ich will lieber aufständisch sein als sterbend. Sie flüsterte dem Prinzen zu: Wann sind wir endlich im Eßzimmer? Ich sterbe vor Hunger!

Er legte verschwörerisch den Zeigefinger auf die verschlossenen Lippen.

Nun standen sie vor den angekündigten Skulpturen, und Tamara stieß ein nervöses Lachen aus. Die *Sklaven* waren in purpurne Samtgewänder gehüllt und mit kostbaren Juwelen geschmückt.

Ich hasse die Unvollkommenheit! verkündete d'Annunzio. Sie beleidigt mein Auge. Ihre Beine sind zu kurz, und so bat ich Poiret, sie einzukleiden. Er ließ seinen Blick vergleichend zwischen Tamaras endlosen Beinen und denen der Prinzessin hin- und herwandern. Die kleine Prinzessin errötete, Tamara wandte sich dem langbeinigen Prinzen zu und sagte leise: Bei manchen Kurzbeinigen kann auch Poiret nicht mehr helfen, ich verschweige höflich, an wen ich denke.

Sie hatte nicht laut gesprochen, aber d'Annunzio bewies sein scharfes Gehör mit der Bemerkung: Stimmt, zum Beispiel bei Napoleon, bei Toulouse-Lautrec oder bei mir. Da muß Genie den Mangel ausgleichen. Er fügte lächelnd hinzu: Und bei einem nervösen Herzen kann man vielleicht einiges ausgleichen, wenn man den Magen beruhigt. Er wandte sich an alle und klatschte wie ein Museumsführer, der seine Gruppe zum Ausgang leiten will, in die Hände. Auf, sagte er, zum Speisesaal.

Wieder griff er nach Tamaras Ellbogen und führte sie durch ein Boudoir, dessen Wände mit Handschuhen bedeckt waren. Die Handschuhe all der Damen, die hier den Kopf verloren haben, erläuterte er lächelnd.

Der Prinz, der an Tamaras anderer Seite ging, wies auf einen blutroten Handschuh und sagte: Comandante, womit schlagen Sie den Frauen die Köpfe ab?

D'Annunzio erwiderte kalt: Mit meinem Schwert, Euer Hoheit! Kriegerisch wies er auf sein Geschlecht.

Die Prinzessin schnalzte schnippisch mit der Zunge.

Das Speisezimmer mit seinen schwarzen Stühlen und der brokatenen Tischdecke glich einer rot und schwarz lackierten Truhe. Tamara warf sich erleichtert auf einen der zierlichen Stühle und machte sich heißhungrig über die Vorspeisen her, die bereits angerichtet waren.

Während des Diners widmete d'Annunzio sich ausschließlich ihr. Er erkundigte sich nach ihrem Leben in Paris, nach ihrer Jugend in Polen und St. Petersburg, nach ihren Studien. Tamara, zornig, weil er sie so lange hatte schmachten lassen, antwortete einsilbig. Da sagte er: Kommen Sie wieder, wenn Sie mehr Zeit haben, Madame, und malen Sie eines Ihrer exquisiten Porträts von mir. Ich würde mich geehrt fühlen.

Wieder zuckte dieser Drang in ihr auf, alle sie noch behindernden Schranken zu durchbrechen. Ja, das war es: Sie wollte d'Annunzio malen. Damit würde sie teilhaben an seiner Macht. Ein Porträt, das diesen Mann, diese Ikone, diesen Zeus, in seinem tiefsten Wesen abbildete, würde ihr Meisterwerk werden.

Ich komme, Maestro, sagte sie verheißungsvoll, und auch für mich wird es eine Ehre sein, Sie zu malen.

Von nun an ging sie auf sein Werben ein. Charmant reagierte sie auf seinen Witz, applaudierte seinem Geist, lächelte zustimmend, wenn er barsch jeden unterbrach, der das Gespräch an sich reißen wollte.

Nach dem Essen kündigte er ein ganz besonderes Dessert an. Er bat seine Gäste sich zu erheben und ihm zu folgen. Gemessenen Schritts führte er sie zu einem riesigen Sakristeischrank, riß die Türen auf, griff mit fast wütenden Gesten hinein und warf mit beiden Händen den Inhalt des Schrankes in den Raum, bis sich Halstücher in unterschiedlichsten Stoffen, Farben und Mustern, leuchtend bunte Morgenröcke, Uniformen, kostbare Stoffe und Halbedelsteine zu einem Hügel aus d'Annunzios Reliquien wölbten. Der berühmte alte Mann verbeugte sich vor Tamara und sagte demütig: Wählen Sie aus. Es soll mein Geschenk, mein Tribut an die Schönheit und das Talent sein – an die Perfektion.

Tamara, entschlossen, sein Porträt zu malen, wußte, daß nun sie die Jägerin war und er der Gejagte. Keine Sekunde überlegte sie. Sie bückte sich, griff in den ungeordneten Haufen und zog ein Paar zarte Seidenstrümpfe hervor. Wenn Sie mir die schenken wollen, Comandante? hauchte sie. Es wäre mir eine wertvolle Erinnerung. Ich würde sie tragen, wenn ich wiederkomme.

36

Sie wußte genau, was er wollte. Aber ebenso genau wußte sie, was sie selbst wollte. Er wollte ficken. In Ordnung, sie kannte genug Männer, die von ihr nichts wollten als das. D'Annunzio allerdings, das hatte sie begriffen, mehr mit dem Körper begriffen als mit dem Geist, wollte sich ihrer bemächtigen, indem er sie fickte, er wollte Herr über sie werden, wollte sie erlegen.

Und genau das war auch ihre Sehnsucht. Sie wollte sich seiner bemächtigen, indem sie ihn malte. Wenn er erst vor ihr saß, still, ihrem Blick preisgegeben, würde die schützende Hülle seines Schmierentheaters sich auflösen, und er würde ihr gehören, er, der kleine Mann, dem es gelungen war, einer ganzen Epoche einen Stempel aufzudrücken, den Stempel von Großartigkeit, Phantasie und Sieg. Wenn er erst vor ihr saß, würde er ihrem sezierenden Blick ausgeliefert sein wie der Kranke auf dem Operationstisch dem Chirurgen. Auf der Leinwand würde sie sein Geheimnis lüften. Sie war versessen darauf, d'Annunzios Porträt zu malen.

Sicherlich, eine Verbindung seines Namens mit dem ihren würde ihr Ansehen als Künstlerin ungemein steigern, das war eine attraktive Idee, aber sie empfand es eher als eine Art schmackhafter Beigabe. Das, was jetzt ihre Gedanken belagerte, war der entfesselte Jagdinstinkt.

Tamara wollte d'Annunzio erlegen. Er war häßlich, und er war widerwärtig in seiner Selbstbeweihräucherung, seiner Eitelkeit und seiner Verherrlichung von Tod und Sex und Blut, aber zugleich hatte er Stil und Bildung und eine faszinierende Ausstrahlung, so intensiv, daß er den Raum um sich zum Leuchten brachte. Genau das wollte Tamara auf die Leinwand bannen. Sie verspürte ein drängendes Bedürfnis, diesem Mann näherzukommen, geradezu das Bedürfnis, in ihn hineinzukriechen. Sie wollte ihn von innen fühlen.

Sie konnte an nichts anderes mehr denken. So wie sie damals wie besessen gewesen war von der Jagd nach Tadeusz, war sie es nun von dem Ziel, d'Annunzio ins Visier zu bekommen.

Nachdem sie im Spätsommer aus Italien zurückgekehrt war, hatte ihre Ehe einen ruhigeren, zärtlichen Charakter angenommen, was Tadeusz nicht weniger zu erstaunen schien als sie. Er bemühte sich, weniger zu trinken, und gestand, er habe sich während ihrer Abwesenheit nach ihr gesehnt. Tamara klammerte sich geradezu an ihn.

Während des Herbstes, der den Bois de Boulogne in einen Goldton tauchte, ging sie häufig mit ihrer Tochter spazieren. Sie wollte endlich wieder die wichtigste Person für Kizette sein. Sie überhäufte die Kleine mit Zärtlichkeiten, weckte sie manchmal, wenn sie von einer Party zurückkehrte, mitten in der Nacht auf, angeblich, um ihre gute Laune mit ihr zu teilen. Kizette schmiegte sich schlaftrunken, aber dankbar für die Zuwendung in die Arme der Mutter. Tamara behielt für sich, daß sie ihre Tochter auch aufweckte, weil sie nicht schlafen konnte, und daß immer dann, wenn sie nicht schlafen konnte, eine seltsame und beunruhigende Angst in ihr hochkroch. Zudem verschwand diese Angst mit dem Morgendämmern, und am Tage dachte sie nicht mehr daran.

Seit sie aus Italien zurück war, stockte ihr Schaffensfluß. Das bereitete ihr tagsüber von Zeit zu Zeit Sorgen, nachts aber wurde sie von panischer Angst gequält. Im vergangenen Jahr hatte sie in sechs Monaten fast dreißig hervorragende Bilder gemalt, in diesem Jahr waren ihr in Italien einige eigenwillige Männerporträts gelungen, seit der Rückkehr aber nur Werke, die ihrem kritischen Auge nicht standhielten. Und wenn es nun täglich bergab ginge? Sie wurde nervös, viel nervöser noch, als sie ohnehin war.

Sie suchte zu ergründen, warum ihr nichts gelang. Vielleicht war sie erschöpft und mußte sich ausruhen? Aber wenn sie versuchte, sich auszuruhen, wurde sie nur noch nervöser. Sie stritt sich mit Ira Ponte, weil diese sie bei einer Verabredung eine halbe Stunde hatte warten lassen, und brach die Beziehung ab. Sie tauchte ihre Tochter in Wechselbäder; mal umgab sie sie mit Liebe, und dann wieder ließ sie ihre Unruhe und Angst an Kizette aus, indem sie die Kleine gegen deren Willen zu Liebesbekundungen zwang.

Der einzige, den sie verschonte, war Tadeusz. Wenn er bei ihr war, wenn er sie nachts hielt, so empfand sie einen Hauch von Geborgenheit und konnte ein wenig entspannen. Gleichzeitig fühlte sie sich wie hohl neben ihm, unbefriedigt in jeder Hinsicht. Sie sehnte sich nach etwas ganz anderem, aber sie wußte nicht, wonach. Es war so etwas wie eine religiöse Sehnsucht, eine Sehnsucht nach einem tiefen Sinn.

Das Warten auf irgendwas quälte sie in der Nacht, am Tage mokierte sie sich darüber, sagte etwa hart zu Kizette: Es gibt keine Wunder, sondern nur das, was du selber tust. Bei der Arbeit rang sie um Intensität und Leidenschaft und versagte vor ihrem eigenen Anspruch.

Gegen Ende des Jahres fragte sie Tadeusz in zartem, mädchenhaftem Ton, ob er etwas dagegen einzuwenden habe, wenn sie noch einmal nach Florenz fahre. Sie stecke in einer Sackgasse, sie müsse einfach noch einmal zum Studieren in die Museen, zu den alten Meistern, das werde ihr guttun.

Tadeusz warf ihr vor, sie verschleudere das Geld. Und er unterstellte ihr, sie wolle doch nur wieder mit ihren Prinzen und Grafen ins Bett steigen.

Da warf Tamara den Kopf zurück und sagte: Ich habe mir alles überlegt, ich gehe in ein Studentinnenheim. Das wird meine Disziplin stärken, man steht dort früh auf und geht früh ins Bett. Und es ist billig.

Tadeusz grinste spöttisch.

Glaub mir, bat Tamara demütig. Du kannst mir frühmorgens dorthin telegraphieren, und ich antworte umgehend. So weißt du, daß ich dich nicht anlüge.

Tadeusz drohte, sie zurückzuholen oder aber die Scheidung einzureichen, sobald er feststelle, daß sie ihn angelogen habe.

Tamara machte wahr, was sie versprochen hatte. In Florenz mietete sie sich in der casa per studentesse ein und kopierte wieder einmal Pontormo. Nach einer Woche bereits schrieb sie an d'Annunzio:

«Verehrter Maestro und Freund (wie ich hoffe und bete), hier bin ich wieder, diesmal in Florenz!!! Warum gerade Florenz? Um zu arbeiten, um Pontormos Gemälde zu studieren, um mich selbst durch ihre große Kunst zu läutern, um die Luft dieser herrlichen Stadt zu atmen, um meinen Trübsinn wegzublasen, um einen Tapetenwechsel zu haben – deshalb bin ich hier. Ich wohne in einer ‹casa per studentesse›, wo ich morgens um 7.30 Uhr aufstehe, weil ich, wie all meine jungen Kameradinnen, um 22 Uhr im Bett sein muß – es geht mir blendend, ich fühle mich so rein! Es betrübt mich, daß ich meine Ideen nur so unzulänglich auszudrücken vermag. Wie gern würde ich mit Ihnen sprechen und Ihnen meine Gedanken anvertrauen, denn ich glaube, Sie sind der einzige, der alles versteht und mich nicht für verrückt erklärt, Sie, der Sie alles gesehen, alles erlebt, alles ausprobiert haben... In den Weihnachtsferien fahre ich nach Paris. Dabei komme ich auch über Mailand, wo ich wahrscheinlich zwei Tage Station mache. Soll ich dabei auch Ihren Weg kreuzen (im positiven Sinne des Wortes)? Es wäre mir eine große Freude – und Ihnen? Ich sende Ihnen, mein Bruder, all meine Gedanken, die guten wie die schlechten, die angenehmen wie die schmerzlichen...»

Eine Woche später flatterte ein Telegramm in ihr Studentinnenheim. Diesmal nicht von ihrem eifersüchtigen Tadeusz, der sie regelmäßig in der verabredeten Weise kontrollierte, sondern von d'Annunzio. Sie solle sofort kommen, schrieb er, sofort und ohne Umweg über Mailand direkt nach Gardone.

Tamara schrieb: «Tausend Dank, ich komme! Mir ist so froh – und so bang – ums Herz. Wie sind Sie? Wer sind Sie? Und werde ich Ihnen gefallen in meiner Studentenaufmachung, ohne meine Pariser Garderobe, ohne mein Make-up etc., etc.? Ich weiß, Sie haben die Angewohnheit, Ihre Freundinnen ins Hotel von Gardone einzuladen – und aus einem ganz einfachen Grund, den ich Ihnen lieber erst später erkläre, möchte ich auf ähnliche Weise (wenigstens für einige Tage) von Ihnen empfangen werden... Ich freue mich, Sie bald sehen zu dürfen.»

Einfach. Alles sollte einfach sein. Tamara selbst. Ihre naive Bewunderung. Und auch der Grund, warum sie nicht sofort in sein Bett sprang.

Von klein auf daran gewöhnt, strategisch zu denken, hatte Tamara beschlossen, den Gegner in Sicherheit zu wiegen. Er sollte denken, er habe es mit einem einfachen Frauenherzchen zu tun, zugleich aber mit einer Künstlerin, die, unverstanden und einsam – so einzigartig und eigenwillig, daß sie für verrückt erklärt wurde –, von ihm erweckt werden könnte.

Doch unter der Strategie lag die Sehnsucht. Eine Sehnsucht, die sie sich selbst nicht eingestehen wollte: Vielleicht hatte sie in d'Annunzio den Mann gefunden, der ihr Gönner sein wollte, ihr Mäzen, ihr väterlicher Freund. Sie lachte sich selbst aus, wenn diese Wünsche in ihr laut wurden – immer zur Nachtzeit, immer zur Zeit der Schlaflosigkeit –, denn sie wußte, wie absurd es war, sich einem solchen Wunsch hinzugeben. Einen solchen Wunsch zu hegen wäre ihr vorgekommen, als zöge sie sich absichtlich Lepra zu: unvernünftig und lebensgefährlich.

Also kam sie d'Annunzio nahe und hielt sich fern. Der *einfache* Grund war Tadeusz, er sollte nicht eifersüchtig werden, und deshalb sollte er sie wie bisher telegraphisch kontrollieren können, in einem unverfänglichen Hotel und nicht in der berüchtigten Residenz von d'Annunzio. Aber es gab noch einen Grund, und über den klärte Tamara d'Annunzio nicht auf: Sie wollte keine leichte Beute sein. Leichte Beute wurde verspeist, und die Knochen wurden achtlos fortgeworfen. Das konnte sie nicht riskieren. Sie wollte ein Bild von d'Annunzio malen, sie wollte viele Bilder von ihm malen, sie wollte das Bild malen, das als sein Porträt über seinen Tod hinaus Gültigkeit besitzen würde. Sie wollte weder leichte noch schwere Beute, sie wollte Jägerin sein.

Hinter aller Strategie lauerte auch Angst. Eine Angst, die in Gardone durch ihre Träume geisterte, sie hochschrecken ließ und den Schlaf verscheuchte. Dabei war der erste mit d'Annunzio verbrachte Abend, ein äußerst raffiniertes und anregendes Essen im Grand Hotel, ganz und gar nach ihrem Geschmack gewesen. Sie hatten geplänkelt und mit Andeutungen gespielt, d'Annunzio hatte versprochen, sich von ihr porträtieren zu lassen, und sie hatten sich auf eine baldige längere Zusammenkunft in «Il Vittoriale» verabredet. Was sie ängstigte, war die Sehnsucht, die sie nach diesem Mann verspürte und nach dem Schutz, den er ihr bot.

Am nächsten Tag regnete es. D'Annunzio und sie spazierten unter einem großen schwarzen Regenschirm hinunter zum Gardasee; wieder hatte sie das Gefühl, als versetze er ihr über ihren Ellbogen Stromstöße. Als sie ins Hotel zurückkehrte, überreichte man ihr Tadeusz' Telegramm: «Komm sofort zurück, oder es geschieht ein Unglück.»

Sie war fast erleichtert und fuhr am selben Abend noch ab.

Du bist wohl verrückt, brüllte Tadeusz sie an, als sie heimkehrte. Entweder bist du verrückt, oder du denkst, du kannst mich verrückt machen. D'Annunzio ein Seelenverwandter, ein Künstlerfreund, daß ich nicht lache! D'Annunzio und du Künstlerfreunde – zu was willst du dich noch versteigen? Du bist ein hübsches Schächtelchen, in das er sein Teuerstes steckt, wenn er noch kann, der Alte. Vielleicht wichst er an deiner Hüfte, aber ohne das kommt keine Frau über seine Schwelle.

Tadeusz schlug sie. Tamara war lange nicht geschlagen worden, und es tat weh. Sie konnte nicht verhindern, daß ihr Tränen über die Wangen liefen, aber sie gab keinen Ton von sich. Kizette schrie und versuchte, den Vater fortzudrängen, und das war für Tamara das schlimmste.

Silvester feierte sie mit Tadeusz und Kizette bei ihrer Tante Stefa, ein großes Fest, das grauenhaft endete. Als ihre Blutergüsse an den Armen und an der Hüfte nur noch kleine blaue Flecken waren, reiste sie ab.

Aus Mailand, diesmal aus dem ersten Hotel am Platze, schrieb sie d'Annunzio. Sie war nicht mehr Jägerin, sie suchte Zuflucht. Sie wollte einen großen Bruder haben, der sie beschützte, verteidigte, sie wollte einen Priester, der um sie herum einen Kreis zog und sagte, wer diesen verletze, versündige sich gegen Gott.

Tamara war sehr verwirrt.

D'Annunzio schrieb ihr reizende Briefe, denen er Schmuckstücke und Geschenke beifügte, aber er lud sie nicht ein. Sein Verhalten verwirrte sie zusätzlich. Was war los? Wollte der alte Bock nicht einmal mehr ficken?

37

Nun konnte Tamara überhaupt nicht mehr arbeiten. Sie verbrachte Stunden in ihrem Hotelzimmer vor dem Spiegel, überprüfte jede Unebenheit der Haut, jede Haarsträhne. Ihr Körper mißfiel ihr. Sie war sehr dünn geworden und kam sich schwächlich vor.

Sie wußte, daß d'Annunzio Frauen verspeiste wie Obst: je frischer, desto besser, je saftiger, desto köstlicher. Es war ihr auch bekannt, daß junge Frauen ihrer Karriere durch einen Besuch bei ihm Schwung zu geben vermochten. Dabei war d'Annunzio auf solche Bittbesuche keinesfalls angewiesen. War er vielleicht durch das Frischobst – nicht zu reden von den Frauen seines Harems – so übersättigt, daß der Gedanke an Tamara ihm Übelkeit bereitete?

Ungeduldig harrte Tamara aus. Sie schrieb Briefe, in denen sie dem alten Mann deutlich machte, daß sie wartete, und gleichzeitig so tat, als warte sie nicht. Charmant stellte sie ihm frei, sie einzuladen und anzufragen, wann sie Zeit hätte. Sie schrieb, daß ihr die Verzögerung sehr recht sei. Er möge nachfragen, wann ihre Arbeit beendet sei. Im nächsten Satz aber nannte sie ihm einen Termin: «Schreiben Sie mir vor Montag!» Deutlicher konnte sie nicht werden. Als Antwort schickte er Schmuck, keine Einladung.

Ist er vielleicht in der Zwischenzeit impotent geworden? überlegte sie, nicht begreifend, was ihn davon abhielt, sie so bald wie möglich zu sich zu rufen. Tagelang ging es so weiter. Sie erhielt reizende Briefe und Geschenke von d'Annunzio, aber keine Einladung.

Tadeusz hingegen drängte. Anders als während ihres vorigen Italienaufenthalts kümmerte sie sich nicht um seine Eifersucht. Sollte er telegraphieren, sie möge bitte zurückkommen, sie solle endlich zurückkommen, sie habe die verdammte Pflicht als Mutter und Ehefrau zurückzukommen, wenn sie nicht bald komme, werde er sie holen, und dann wieder, sie möge wenigstens schreiben. Sollte er doch in der Hölle der Angst schmoren! Er hatte sie während der Weihnachtstage schlecht genug behandelt; indem sie ihn ignorierte, gewann sie ein wenig Stolz zurück.

Endlich traf ein Telegramm von d'Annunzio ein. Er erwarte sie in «Il Vittoriale».

Eigentlich hatte sie sich vorgenommen, d'Annunzio im Fall einer Einladung einige Tage schmachten zu lassen. Sobald ihr jedoch das Telegramm ausgehändigt wurde, warf sie ihren Stolz und jegliche Anstandszauderei mit einem Schwung über Bord, packte ihre Sachen und nahm den nächsten Zug nach Brescia.

Als der Zug in den Bahnhof einfuhr, sah sie schon aus dem Fenster die weiß uniformierten Soldaten, vor denen d'Annunzio sich wie ein Dirigent aufgebaut hatte. Kaum setzte sie ihren Fuß auf den Bahnsteig, erscholl die polnische Nationalhymne und dann die italienische.

Gabriele d'Annunzio schloß Tamara in die Arme und flüsterte ihr ins Ohr: Für ein unabhängiges Polen! Auf Ihre Kunst! Auf Ihre Schönheit!

Ein Schauer lief Tamara vom Ohr über den Nacken. Sie war angekommen. Ja. Auf ihre Kunst und auf ihre Schönheit!

Sie warf ihm einen verheißungsvollen und zugleich kindlichen Blick zu: Auf unsere unsichtbaren Bande, Comandante, raunte sie.

Er lächelte und küßte ihr die Hand.

Bei ihrer Ankunft in «Il Vittoriale» standen die Frauen des Hauses zum Empfang bereit. Tamara wußte zwar, daß Aelis Mayor eigentlich die Mächtigere war, doch sie zog es vor, so zu tun, als wüßte sie es nicht. Der Baccara, die ihr beim ersten Besuch bereits als Dame des Hauses vorgestellt worden war und mit der sie sich über Musik und Kunst unterhalten konnte, trat sie mit Respekt und von gleich zu gleich entgegen. Alle anderen behandelte sie wie Domestiken. Sie war Tamara de Lempicka; daß sie sich das «de» selbst verliehen hatte und in keinesfalls großartigen Verhältnissen lebte, ging hier niemanden etwas an.

Das Hausmädchen Carlotta führte Tamara zum *Leda*-Zimmer. Selbstverständlich ließ sie das Mädchen ihr Gepäck tragen. Wäre sie Carlotta bei einer anderen Gelegenheit begegnet, hätte sie die junge Frau wahrscheinlich gebeten, sie porträtieren zu dürfen, so schmelzend jung und südländisch schön war sie. So aber behandelte sie die glutäugige, üppige Italienerin wie eine Dienstbotin.

Carlotta war von eisiger Höflichkeit, sie hielt sich gerade, als exerziere sie täglich die Tamara aus dem Mädchenpensionat bekannten Haltungsübungen mit dem Besenstiel. Einen Moment lang zuckte ihre Hand, als sie in das *Leda*-Zimmer traten, als wolle sie den Koffer aufs Bett schmeißen, dann aber senkte sie züchtig den Blick unter den langen Wimpern, stellte das Gepäck behutsam auf den Boden, schlug die Bettdecke einladend ein Stück zurück und sagte mit voller wohltönender Stimme: Angenehmen Aufenthalt in «Il Vittoriale»!

Bevor Tamara danken konnte, war die Schöne bereits verschwunden.

Am Abend beim Diner waren der Raum und der Tisch und sogar das Essen orientalisch arrangiert. Überall flatterten Seidentücher in märchenhaften Farben, auf dem Tisch lagen Rosenblüten üppig verstreut, und das Essen duftete nach Curry, Safran und Ingwer. Tamara hatte während der vergangenen Tage kaum etwas zu sich genommen, nun wurde ihr übel.

D'Annunzio war von ausgesuchter Höflichkeit, während er Tamara bei Tisch bediente. Bevor das Dessert serviert wurde, öffnete sich die Tür, und eine überirdisch schöne Frau schwebte herein, gefolgt von einem orientalisch gekleideten Mann, der die Tabla schlug. Die golden verschleierte Märchenprinzessin wirbelte plötzlich das zarte Tuch um ihren Körper. Es war ein unvergleichlicher Anblick, wie sie kreiste und den Schleier Figuren tanzen ließ, denen das Auge kaum folgen konnte. D'Annunzio betörend anlächelnd, warf sie ihm schließlich den Schleier zu. Er fing ihn auf und drapierte ihn über Tamaras Schultern, woraufhin die orientalische Tänzerin leicht die Stirn runzelte.

Nun erkannte Tamara die Frau: Es war Carlotta. Sie wand ihren Leib, als wäre sie eine Schlange; die Arme tanzten wie zwei weitere Schlangen. Es hatte etwas Faszinierendes und zugleich etwas ekelerregend Obszönes. Tamara schaute distanziert und mit kühlem Blick zu. Diese Tänzerin war eine Dienerin, eine Prostituierte, sie hingegen eine Dame, mehr als das, sie war Künstlerin.

Der Tanz näherte sich einem furiosen Höhepunkt, bei dem Carlottas Körper sich auf geradezu widersinnige Weise zum Trommelwirbel der Tabla bewegte: Ihr Becken zuckte im schnellen Takt, während ihr Oberkörper zugleich vibrierte, als habe sie starkes Fieber, die Arme wiederum zeichneten harmonisch gerundete Figuren. Dann kreiselte sie durch den Raum, daß ihre schlanken Beine bis zum knappen Höschen unter dem schwingenden Rock sichtbar wurden, und schließlich hielt sie mitten im Wirbel inne, die Arme triumphierend ausgebreitet, die Füße anmutig gestellt, als verharre sie so seit Jahrtausenden. Nur das schnelle Heben und Senken der Brust zeigte, daß sie eine enorme Anstrengung hinter sich hatte.

D'Annunzio klatschte begeistert, Tamara höflich. Er stellte die Frauen einander vor, als sei ihm entfallen, daß er Carlotta bei Tamaras Ankunft damit betraut hatte, dem Gast das Zimmer zu zeigen.

Setz dich zu uns, lud er die schweißgebadete Frau ein, nahm Tamara den Schleier wieder weg und legte ihn der Tänzerin um die nackten Schultern.

Tamara war verärgert. Sie hatte kein Interesse an einem Abend zu dritt. Sie tat, als sei ihre Aufmerksamkeit völlig vom Dessert absorbiert, das wie hingezaubert auf dem Tisch stand. D'Annunzio erläuterte höflich die unterschiedlichen Speisen und forderte Carlotta überschwenglich auf, sich an den süßen Sachen zu laben. Außerdem ermunterte er sie, die fremde Künstlerin nach Paris auszufragen, das doch wohl, wie er lächelnd bemerkte, die Stadt ihrer Sehnsucht sei.

Carlotta fiel ausgehungert über gezuckerte Früchte, Melone mit kandierten Kirschen, und andere Süßspeisen her. Schließlich wandte sie sich Tamara zu und fragte kindlich: Verzeihen Sie, mich interessiert Ihr Alter.

Tamara schluckte. Das war dreist. In dem Augenblick, als sie den Mund öffnete, sagte die Kleine schnell: Ich rate mal. Sie sind bestimmt fünfunddreißig. Oder?

D'Annunzio kicherte. Nun aber raus! sagte er. Du bist eine freche Göre.

Carlotta erhob sich und stolzierte aus dem Zimmer. D'Annunzio versuchte, Tamara aufzuheitern, aber es gelang ihr nicht, auf seinen leichten Ton einzugehen. Wenig später gab sie vor, von der anstrengenden Fahrt erschöpft zu sein. Sie verabschiedete sich von ihrem Gastgeber, und er geleitete sie galant zum *Leda*-Zimmer. Zu ihrer Erleichterung machte er nicht den kleinsten Annäherungsversuch.

Die Matratze des riesigen, in der Mitte des Zimmers stehenden Bettes war so weich, daß Tamara, als sie sich mit einem Stoßseufzer hinlegte, das Gefühl hatte, sie werde verschluckt. Sie verschränkte die Arme unter dem Kopf und schaute aus dem Fenster. Die Nacht war tiefschwarz, keine Sterne zu sehen, nur der Mond schimmerte verschwommen hinter dunklen Wolken. Tamara legte sich auf die Seite. Laut und beängstigend hörte sie ihr Herz hämmern. Sie drehte sich um. Ihr rechter Arm schmerzte, die Beine drückten aufeinander. Wieder legte sie sich auf den Rücken. Schlaf jetzt! befahl sie sich selbst, sonst bist du morgen häßlich und alt, und jeder hält dich für fünfunddreißig. Die Schmach, die die pralle Hure ihr angetan hatte, brannte auf ihrer Haut, als wäre sie geschlagen worden. Wieder wälzte sie sich auf die rechte Seite – und erstarrte. Da war ein leises Quietschen! Sie horchte regungslos. Das Geräusch kam von der Tür. Da sah sie auch schon, wie Licht durch einen kleinen Spalt zwischen Tür und Rahmen fiel. Sie hielt den Atem an.

Ein Schatten trat ins Zimmer und näherte sich dem Bett. Die Hände, die gleich darauf Tamaras nackten Oberarm berührten, waren heiß und feucht. Sie schrie auf.

Ruhig, meine schöne Polin! D'Annunzios Stimme war tief und heiser. Er war erregt, das war unüberhörbar, und er kam Tamara vor wie ein tollwütiges wildes Tier.

Gehen Sie! sagte sie matt. Ich möchte schlafen.

Die tiefe Stimme raunte: Schlaf, mein Kind, schlaf! Ich störe dich nicht! Schlaf!

Er lüpfte die Bettdecke und schob seinen Körper darunter. Tamara stieß ihn mit einem ärgerlichen Knurren fort, doch er drängte sich unerbittlich weiter und näher an sie heran. Seine Hand umschloß ihren Oberarm, nun drückte er die Lippen an ihre Haut und biß leicht in ihren Arm.

Deine Arme sind unglaublich, stöhnte er, ich möchte sie fressen, ich möchte sie mir einverleiben, vielleicht habe ich dann ein wenig von deiner Schönheit, ein wenig von diesem weichen Blond, diesem süßen Duft.

Comandante, seufzte Tamara schwach, bitte gehen Sie. Ich bin sterbensmüde...

Mein schönes Kind, flüsterte er dicht an ihrem Ohr, schlaf doch bitte, und stirb mit mir. Ich bleibe nur ein wenig an deinem

Oberarm, will dich nur ein wenig streicheln. Laß dich doch in den Schlaf reiben – nur ein bißchen, meine Süße, laß mich doch ein wenig an dir reiben...

Sein Unterleib setzte sich an ihrer Hüfte kreisend in Bewegung.

Nein! sagte Tamara und schob ihn fort.

Er war so viel kleiner als sie! Sein Kopf lag an ihrer Schulter, seine Füße berührten ihre Waden. Schnell schlang er seine Arme um ihre Taille und verhinderte so, daß er aus dem Bett fiel.

Meine Süße, nur ein kleines bißchen, bettelte er und näherte seinen Mund ihrer Brust.

Wenn Sie noch näher kommen, schreie ich! drohte Tamara mit hoher aufgeregter Stimme.

Da erwiderte er hart: Schrei! Schrei nur! Meine Frauen hier warten nur darauf. Sie werden dich mit Vergnügen festhalten, damit ich an dir lutschen kann, solange es mir beliebt.

Nun erwachte die Bandenchefin in Tamara. Sie riß sich los, sprang aus dem Bett und stellte sich ans Fenster.

Dann holen Sie Ihre Frauen! herrschte sie ihn an. Wenn Sie mich mit körperlicher Gewalt besiegen wollen, versuchen Sie es nur! Ich werde kämpfen. Mich bekommt ein Mann nur durch Verführung. Versuchen Sie es ruhig mit Gewalt!

D'Annunzio blieb im Bett liegen und bettelte noch eine Weile, sie möge doch zu ihm kommen. Doch Tamara blieb am Fenster stehen und sagte: Lieber hole ich mir eine Lungenentzündung!

Schließlich kroch er von der Matratze und verließ den Raum. Tamara stellte sofort einen Stuhl vor die Tür, obgleich sie wußte, daß sie so nicht geschützt war. Sie legte sich wieder ins Bett, zitterte vor Kälte und starrte bis zum Morgengrauen auf die Türklinke.

Am nächsten Morgen irrte sie auf der Suche nach einem Frühstück, wenigstens einem Kaffee, in dem großen Haus umher. Der Palast war wie ausgestorben, düster und still. Ihr wurde unheimlich. Und wenn sie hier nun nie wieder herausfände, verloren wie in einer Gruft, lebendig begraben?

Sie hastete zurück, voller Angst, sich zu verlaufen. Als sie die Tür zu ihrem Zimmer öffnete, wünschte d'Annunzio ihr mit fröhlicher Stimme einen guten Morgen. Er trug einen mit goldenen Ornamenten versehenen dunkelblauen Bademantel.

So sollen Sie mich malen! rief er aus. Er stellte sich neben die geschnitzte Leda und sagte: Zeus. Porträtieren Sie mich als Zeus! Doch zuvor wollen wir uns ein wenig stärken.

Auf dem kleinen Marmortisch neben dem Fenster stand ein Frühstückstablett. Einträchtig unterhielten sie sich über das geplante Porträt. Tamara erläuterte, daß sie zunächst Skizzen anfertigen und anschließend das Bild komponieren werde. Sie hatte vor, ein fast lebensgroßes Ganzkörperporträt von d'Annunzio zu malen, eines von seinem Gesicht im Profil und ein kleineres, intimeres, das sie sich bis zuletzt aufbewahren wollte. Heiter erklärte d'Annunzio sich mit allem einverstanden. Die vergangene Nacht erwähnten beide mit keinem Wort.

Schließlich bat sie ihn, die Haltung einzunehmen, die er sich vorgestellt hatte. Er stützte seinen Arm an den Bettpfosten, genau dort, wo Ledas Schenkel ins Holz geschnitzt waren. Tamara setzte sich mit ihrem Skizzenblock neben die Tür. So blickte d'Annunzio von ihr fort, das Fenster tauchte sein Gesicht in mattes Licht, seine Rückseite lag im Schatten. Den Blick auf Leda gerichtet, erging d'Annunzio sich in Beschreibungen von Zeus' Eroberungen. Er begann, Ledas Hintern zu streicheln, dann ihre Brüste und schließlich ihr Geschlecht. Tamara versuchte angestrengt, sich zu konzentrieren. Schweigend ließ sie ihren Bleistift übers Papier gleiten. Plötzlich wandte d'Annunzio sein Gesicht Tamara zu. Sie erschrak. In seinen Augen lag nackte Gier. Er machte zwei Schritte und war bei ihr. Sein Bademantel öffnete sich, darunter war er nackt. Als er sie an sich riß, drückte sich sein erregtes Geschlecht hart gegen ihren Schenkel.

Tamara gab ihm einen schwesterlichen Kuß auf die Wange. Comandante, sagte sie lächelnd, wie leidenschaftlich Sie sind! Ein wahrer Zeus! Nun aber lassen Sie mich zuerst meine Arbeit vollbringen, die fordert meine ganze Leidenschaft. Dann erst vermag ich mich anderem zuzuwenden.

D'Annunzio rieb sein Geschlecht an ihrer Hüfte, hielt sie fest umschlungen, schnappte nach ihren Brüsten. Tamara schob ihn fort. Sie gerieten in einen kleinen Ringkampf, wobei sein Glied sie immer wieder streifte.

Ich habe wunderbare Methoden, dich glücklich zu machen,

stöhnte er. Komm, laß uns gemeinsam schnupfen, ich hol mein Köfferchen. Die Russen sind ja so naiv. Dein Mann ist Russe, nicht wahr. Ich habe wunderbare Utensilien, um Frauen zu beglücken.

Tamara wußte nicht weiter. Der Alte besaß mehr Kraft, als sie ihm zugetraut hatte. Schreien nützte nichts, alle im Haus waren auf seiner Seite. Schließlich erlahmte sie in seinen Armen und flüsterte ihm mädchenhaft ins Ohr: Ich habe Angst, schwanger zu werden.

Lachend griff er in ihren Nacken und liebkoste ihre Haare. Seit Jahren schon ist keine meiner Frauen schwanger geworden, ich habe Söhne genug. Und wenn, mein Täubchen, ist es ein leichtes, die unerwünschte Frucht zu pflücken, bevor sie reif ist.

Seine Hand schob sich in ihren Ausschnitt und begann mit den Spitzen ihrer Brüste zu spielen, die sich eigenartigerweise gegen ihren Willen mit Blut füllten und aufrichteten. Tamara wurde übel. Nun täuschte sie das kleine Mädchen nicht mehr vor, nun fühlte sie sich so.

Ich habe Angst, stammelte sie.

D'Annunzios Stimme sang wie eine tiefe, beruhigende Trommel durch den Raum. Tamara hatte Mühe, die Worte zu erkennen, so wurde sie von der Stimme eingelullt. Angst? hörte sie ihn sagen. Meine Kleine, die Angst ist eine phantastische Begleiterin auf dem Weg zu den höchsten Wonnen der Lust.

Ich habe Angst, Syphilis zu bekommen, hörte Tamara sich mit kleiner Stimme sagen. Mein Mann ist sehr jung, so etwas darf ich ihm aus Italien nicht mitbringen. Und jeder weiß, daß Sie mit allen Huren Italiens schlafen.

D'Annunzio zog seine Hand aus ihrem Ausschnitt und stieß sie zurück. So schön bist du nun auch wieder nicht, schimpfte er, daß du mich beleidigen kannst.

Er verließ den Raum. Den ganzen Tag über saß Tamara furchtsam neben dem kleinen Tisch, unsicher, was jetzt geschehen würde. Doch sie blieb allein. Ihr Magen knurrte, aber da waren nur die Reste des Frühstücks. Sie trank den kalten Kaffee und Wasser aus der Leitung.

Erst als es vor dem Fenster wieder schwarz geworden war, legte sie sich ins Bett. Sie behielt ihre Kleider an und blieb wach.

Aufmerksam lauschte sie in die Friedhofsstille. Da, plötzlich, Geräusche vor der Tür!
Angestrengt horchte sie. Schritte, Lachen, leises Rumpeln. Und jetzt wieder Lachen, hohes lüsternes Frauenlachen. Und jetzt? Stöhnen, Seufzen, Schreien, lang, lang, als ob es nie aufhören würde. Tamara schwitzte. Nun war nur noch heftiges Atmen zu vernehmen, d'Annunzios Murmeln, wollüstiges eskalierendes Stöhnen einer Frau. Tamaras Körper glühte.
Nach einer Zeit, die die ganze Nacht verschluckt zu haben schien, hörte sie von weit her d'Annunzios Stimme. Was ist? Glaubst du nun, daß ich eine Frau glücklich machen kann?
Und dann trat Stille ein. Tamara lauschte angestrengt. Sie wollte unbedingt wissen, ob die beiden vor ihrer Tür schliefen oder fortgegangen waren. Aber sie traute sich nicht aus dem Bett. Erst mit dem Morgendämmern fiel sie in einen leichten Schlaf.
Sie wußte nicht, wie lange sie geschlafen hatte. Im ganzen Haus gab es keine Uhr, es war so düster, daß die Tageszeit anhand der Helligkeit im Raum kaum auszumachen war. Auch draußen war alles düster, dichte graue Wolken hingen tief am Himmel.
Tamara blieb im Bett liegen. Sie fühlte sich zu schwach, um irgend jemanden oder irgend etwas suchen zu gehen. Auch Hunger verspürte sie nicht mehr.
Es wurde schon wieder dunkler, als es an ihre Tür klopfte und d'Annunzio fragte, ob er eintreten dürfe. Er brachte ein Tablett mit vielerlei unterschiedlich gewürztem Gemüse, dazu blutroten Wein. Als er sah, daß Tamara im Bett lag, zauberte er im Nu einen Morgenmantel her. Nicht nötig, wehrte sie verlegen ab. Sie war nach wie vor angekleidet. Sie kam sich schmutzig und verschwitzt vor, aber sie fühlte sich zu schwach, ihn fortzuschikken, damit sie sich herrichten konnte.
Erst nach dem Essen, als ihr von dem schweren, erdigen Wein wunderbar leicht und ein wenig sehnsüchtig zumute war, bat sie ihn, ihr ein Bad einlaufen zu lassen. Sie könne sich selbst nicht mehr riechen. D'Annunzio gab sofort Anweisungen, und kurz darauf konnte Tamara ihren schmerzenden verkrampften Körper in heißem, nach Rosen duftendem Wasser entspannen.
D'Annunzio hielt sich diskret fern. Erst als sie frisch gekleidet, frisiert und geschminkt war, erschien er wieder in ihrem Zimmer, diesmal wie ein Torero gekleidet.

Malen Sie mich, sagte er, aber greifen Sie unverzüglich zu den Farben. Nicht dieses verängstigte Vorgeplänkel mit dem Bleistift! Wer d'Annunzio malen will, muß Mut beweisen!

Er setzte sich auf die Fensterbank und ließ seine Beine baumeln, während sie die Leinwand vorbereitete und ihre Farben mischte. Neben ihm stand sein mit Rotwein gefülltes Glas. Neugierig schaute er zu, was Tamara tat.

Bleiben Sie so, sagte sie lächelnd.

Doch als sie den Pinsel ansetzte, sagte er in jenem veränderten Ton, den sie bereits kannte: Ich bleibe so, aber nur, wenn du zu mir kommst.

Sie seufzte kurz auf, entschloß sich dann aber, diesmal selbst die Initiative zu ergreifen. Sie schlenderte langsam auf ihn zu und stellte sich zwischen seine Beine. Sie spürte seine Hitze an ihrem Bauch. Sie nahm sein Gesicht in beide Hände und küßte ihn auf den Mund.

Als er seine Lippen hinabwandern ließ, ihren Hals hinunter, an den Schlüsselbeinen entlang, sagte sie schnell: Bitte küssen Sie mich in den Achselhöhlen, das mag ich besonders gern.

Darf ich dich berühren? D'Annunzios Stimme klang demütig und flehend. Als Antwort nahm sie seine Hände und legte sie auf die Rundungen ihres Hinterteils. D'Annunzio stöhnte auf. Inbrünstig widmete er sich den zur Verfügung gestellten Wölbungen, schließlich wanderten seine Hände unter ihren Rock und zwischen ihre Beine. Sein Atem ging hastig, rhythmisch rieb er sich an ihrem Bauch. Tamara spürte, wie ihre Erregung wuchs, und gleichzeitig blieb sie vollkommen kühl. Sie gab keinen Laut von sich. Da fragte d'Annunzio gepreßt, ob er nun kommen dürfe.

Tamara küßte ihn aufs Ohr, ließ ihre Zunge in seinem Ohr spielen – nachdem sie die besondere Sargvorrichtung für seine Ohren gesehen hatte, ahnte sie, daß ihn das verrückt machen würde – und hauchte: Ja, komm, jetzt, sofort.

Noch bevor er seine Hose öffnen konnte, hatte sie ihn mit ihrer Zunge wehrlos gemacht. Er stöhnte und seufzte, schrie und klammerte sich an ihr fest. Sie küßte sein Ohr, bis er erschlaffte.

Anschließend war er, wie er vorgab, nicht mehr in der Lage, sich malen zu lassen. Sie legten sich nebeneinander aufs Bett und sprachen über ihrer beider Kunst. Als d'Annunzio sie schließlich verließ, beteuerte Tamara, wie verbunden sie sich ihm fühle und daß sie dem Porträt entgegenfiebere.

So gingen die Tage dahin. Tamara versuchte, ein Band zwischen den Künstlerseelen zu knüpfen, d'Annunzio schien wie besessen von dem Gedanken an Geschlechtsverkehr mit ihr. Sie sprach über Pontormo, er erinnerte sich an eine Dame, die sich ihm im Museum hingegeben hatte. Sie sprach über Diaghilew und die neue Ballettkunst, er erzählte ihr von der Primaballerina, die gerade vor ihr bei ihm gewesen sei. Sie verweigerte sich ihm, er demütigte sie, indem er die Wonnen beschrieb, die er mit der Prinzessin von Piemont in diesem Bett erlebt hatte, noch eine Stunde bevor es Tamara übergeben worden war.

Er wurde immer verrückter nach ihr. Jedesmal, wenn sie begann, das Porträt vorzubereiten, bedrängte er sie, und sie kämpften miteinander. Mein Hausfrieden hängt an einem Schamhaar von der Dame Tamara de Lempicka! stöhnte er. Wenn sie seine Hände, seinen Blick oder seine Lippen zu ihrem Schamhaar vordringen ließ, seufzte er: Du bist meine «donna d'oro», meine goldene Dame.

Allmorgendlich lag ein Briefchen vor ihrer Tür, in dem er sie «Süßes Kind!» nannte und seine erotischen Phantasien der Nacht vor ihr ausbreitete.

Tag für Tag schickte sie ihn fort. Er erregte sie, aber zugleich war sie von einer panischen Angst vor ihm erfüllt. Sie erklärte ihr Verhalten vor sich selbst als Strategie: Er will ihr Geschlecht erobern. Sie will ihn ganz und gar erobern. Aber hinter dieser Erklärung lauerte etwas anderes, das begriff sie in den schlaflosen Nächten, wenn sie auf die Türklinke starrte. Sie hatte Angst, d'Annunzio könnte eine Macht über sie erlangen, die sie wehrlos und abhängig machen würde.

Nach fünf Tagen setzte ein Dauerregen ein, der Tamara vollends entnervte. Sie konnte überhaupt nicht mehr schlafen; sie fühlte sich wie eine leere Hülle.

Einen Tag lang blieb er gänzlich fort. Mittlerweile wußte sie, daß sie auf einen Knopf drücken mußte, wenn sie Hunger hatte, aber sie fürchtete sich vor Carlottas hämischem Grinsen. Das Zimmer erschien ihr täglich düsterer, sie empfand es als Verlies.

Tamara schrieb ihm: «Ich liebe Ihre Briefe, die mit ‹süßes

Kind› beginnen, vor dem Rest verschließe ich lieber die Augen. Sie enden immer mit ‹bald›, doch was ist für Sie bald?»

In dieser Nacht geschah nichts. Auch am folgenden Tag blieb sie allein. Sie klingelte. Carlotta erschien in dem Morgenmantel, den d'Annunzio am zweiten Tag Tamara umgelegt hatte. Der Mantel stand bis zur Taille offen, Carlottas üppige Brüste waren nackt.

Was wollen Sie? fragte sie grob.

Tamara merkte, wie sie zu zittern begann. Ich habe Hunger, sagte sie und wendete alle ihr zur Verfügung stehende Kraft auf, um nicht demütig zu klingen.

Ich bringe Ihnen etwas. Carlotta drehte sich um und schlenderte mit aufreizendem Hüftschwung aus dem Zimmer.

Tamara rief hinter ihr her: Bitte bringen Sie mir auch Wasser. Ich habe Durst.

Carlotta drehte sich um und bemerkte: Wasser haben wir nicht, nur Wein.

In diesem Augenblick beschloß Tamara abzureisen. Sie wartete nicht mehr ab, bis Carlotta zurückkehrte, sondern packte sofort ihre Koffer. Als die freche Schöne mit einem Tablett voller Delikatessen und einer Karaffe Wein erschien, bat Tamara darum, daß ein Taxi gerufen würde.

Wieso das? fragte Carlotta.

Ich möchte zum Bahnhof gefahren werden. Die Stimme gehorchte ihr wieder, Tamara klang kühl und von oben herab.

Gut. Carlotta musterte sie vom Kopf bis zu den Füßen, und für einen Augenblick schien es Tamara, als läge Respekt in dem Blick.

Hastig spülte sie einige Bissen Brot mit einem Glas Wein hinunter, dann stellte sie sich mit ihrem Koffer vor die Zimmertür. Das Warten erschien ihr endlos. Plötzlich stürmte d'Annunzio über den Flur. Er sah lächerlich theatralisch aus. Vollkommen in Schwarz gekleidet, blaß geschminkt, und die Augen von einem dicken schwarzen Strich umrahmt.

Wie ein Schloßgeist! dachte Tamara.

Einen Arm hinter dem Rücken, ließ er sich vor ihr auf die Knie fallen und flehte: Bitte, meine verehrte goldene Dame, bleiben Sie! Ich will Sie überschütten mit Diamanten und Gold und Silber, ich will Sie auf Händen tragen, ich will Ihre Füße küssen –

und es auch unterlassen. Aber bitte bleiben Sie! Und fahren Sie erst, wenn Sie mein Porträt gemalt haben.

Dann zog er seinen Arm hinter dem Rücken hervor und warf schwungvoll einen seidenen Morgenmantel in leuchtendem Blau vor sie hin. Was uns verbindet, ist eine hellseherische Liebe, beschwor er sie. Ich weiß immer, was Sie tun, meine Königin, meine donna d'oro, bleiben Sie, ach, bleiben Sie! Sehen Sie, was Sie aus mir liebeskrankem Mann gemacht haben. Sie dürfen jetzt nicht gehen, dann würde mein Porträt ja nie geschaffen werden. Das Porträt von Ihnen, donna d'oro, der einzigen Frau, die mich hellseherisch durchschaut.

Tamara fühlte sich weich und schwach, der schöne Morgenmantel rührte sie. Sie entnahm ihrer Handtasche das letzte Telegramm von Tadeusz, in dem er sie inständig bat heimzukehren. Maestro, sagte sie, schauen Sie, mein Mann hat Angst um mich, er kennt Ihren Ruf, er fürchtet um meine Treue, ich will ihn nicht verletzen...

D'Annunzio entschuldigte sich zartfühlend und bot Tamara an, sie könne schnellstmöglich sein Porträt malen und dann zu ihrem liebenden Gatten heimkehren.

An diesem Abend nahmen sie vor dem Kamin ein wundervolles romantisches Diner zu zweit ein. Er erzählte von seinen vielen Eroberungen, und auch Tamara gab zu, daß sie Affären gehabt hatte. In trauter Stimmung führte er sie zu ihrem Zimmer, küßte ihre Hand und verabschiedete sich.

Am nächsten Tag, als sie ihn malen wollte, brach er plötzlich in wüstes Schimpfen aus. Du treibst es mit allen, schrie er, aber bei mir spielst du die Jungfrau.

Ruhig packte Tamara ihre Utensilien wieder ein.

So reise doch endlich ab! brüllte er, außer sich vor Zorn. Warum bleibst du denn noch?

Tamara machte sich auf den Weg zu ihrem Zimmer. Er rannte hinter ihr her, griff nach ihrem Arm und sagte plötzlich sanft: Ich möchte Sie zu einem Rundflug mit meinem Flugzeug einladen! Heute nachmittag. Einverstanden?

Fliegen. Tamara hatte Angst davor, und sie hatte Lust darauf. Sie spürte das Prickeln, das sie sonst erlebte, wenn sie eine Leinwand präparierte. Würde sie abstürzen oder oben bleiben?

Ja, sagte sie, Maestro, ich fliege mit Ihnen.

Noch nie in ihrem Leben hatte sie in einem Flugzeug gesessen. D'Annunzio war am Steuer. Er hatte hier ein ganz anderes Gesicht, war konzentriert und beherrscht.

Tamara war von Aelis Mayor in einen dicken Mantel gesteckt worden, auf dem Kopf trug sie eine Lederkappe, die unter dem Kinn geknöpft wurde. Am Boden war ihr das ganze Getue übertrieben vorgekommen, in der Höhe allerdings wurde ihr eiskalt. Sie begann zu zittern, wußte aber nicht genau, ob vor Kälte oder vor Angst.

Plötzlich fiel ihr ein, wie ausgeliefert sie hier oben war. Er konnte sie umbringen, ohne daß irgend jemand ihm jemals einen Mord würde beweisen können. Er warf ihr einen Blick zu und lächelte. Dann wies er nach unten zum Gardasee und zog eine elegante Schleife. Tamara preßte die Zähne aufeinander. D'Annunzio war so entsetzlich unberechenbar. Es machte ihr angst, den Boden unter den Füßen zu verlieren. Und zugleich verlieh es ihr ein unglaubliches Gefühl von Macht, über allem zu schweben. Ja, das wollte sie: Sie wollte oben sein, nicht dort unten auf der Erde herumkrauchen zwischen all den mittelmäßigen Gestalten, die Regeln brauchen, um sich einigermaßen zurechtzufinden. Sie wollte sich ausleben, ihre Eigenwilligkeit, ihre Kunst, wollte riesige, einmalige, wunderbare Bilder schaffen. Sie wollte den Menschen die Seele entreißen und auf die Leinwand bannen, und sie wollte dabei ihre eigene Seele bewahren. Sie wollte ganz anders malen als alle vor ihr, anders als die Männer, die sich in ihren verworrenen Gedanken verloren, und anders als die Frauen, die sich in ihren verworrenen Gefühlen verloren. Sie wollte eine mächtige Kunst schaffen, perfekt und klar.

Auf die Landschaft achtete sie überhaupt nicht, sie spürte den Wind, die Kälte, sie spürte die bedrohliche und zugleich schützende Nähe des Mannes neben ihr, der all das gewagt hatte, was sie selbst wagen wollte: Er hatte sich selbst gelebt, ohne irgendeinen Skrupel, ohne Rücksicht auf eine öffentliche Meinung, ohne sich auch nur im geringsten irgendeiner gängigen ästhetischen Norm unterzuordnen.

Als sie wieder landeten, hatte Tamara Mühe, sich auf den Beinen zu halten. D'Annunzio stützte sie. Er erklärte ihr Taumeln damit, daß die Füße und der Geist weit vom Boden entfernt gewesen seien und sich erst wieder daran gewöhnen müßten. Doch

Tamara hatte keine andere Sehnsucht, als sich so schnell wie möglich ins Bett zu legen. Das ließ d'Annunzio nicht zu. Er erläuterte ihr, warum das Fliegen ihn so faszinierte, und Tamara war, als vernähme sie ihre eigenen Gedanken, nur klarer. Nun taumelte sie nicht mehr, aber sie fühlte sich seltsam hellsichtig und zugleich wie eingepuppt.

Wieder in «Il Vittoriale», nahm sie mit ihrem Gastgeber, der ihr nahe und vertraut war wie nie zuvor, einen Imbiß zu sich, Kaviar und Champagner. Ihr war, als könne sie beobachten, welchen Weg der Champagner in ihrer Blutbahn nahm, so deutlich spürte sie, wie erst ihr Magen, dann ihr Herz, dann ihre Adern brannten und wie kurz darauf ihr Kopf leicht und leer wurde. Der Kaviar bereitete ihr Übelkeit, also hielt sie sich an den Champagner.

Luisa Baccara setzte sich zu ihnen und stieß einen Schrei aus. Tamara, was ist mit Ihnen? Sie glühen ja!

Da erst spürte Tamara, was los war. Sie hatte Fieber. Ich sollte mich hinlegen, murmelte sie, erstaunt, wie weit entfernt ihre Stimme klang. Doch sie blieb sitzen. Ihr Körper war viel zu schwer, als daß sie ihn hätte erheben können. Und ihr Wille war auch wie eingeschlafen. Hinzu kam, daß jede Bewegung schmerzte.

D'Annunzio zog ein Säckchen weißen Pulvers aus seiner Jakkentasche, schüttete es auf ein Blatt Papier, das Aelis Mayor ihm auf sein Klingeln hin brachte, und sagte beschwörend: Nehmen Sie das, mein süßes Kind, es wird Ihnen guttun. Danach ist alles Leiden fort.

Tamara sah seine funkelnden dunklen Augen, seine energische Nase, seinen sensiblen Mund. Er erschien ihr männlich und schön. Sie wollte, daß alle Schmerzen vergingen, alles Leiden, sie wollte, daß d'Annunzio ihr den Weg ebnete zu Leichtigkeit und Glück.

Sie schnupfte, wie er es ihr vormachte. Es war ihre erste Prise Kokain. Bisher hatte sie sich geweigert, das Zeug zu nehmen. Es war ihr zu gefährlich. Sie hatte Angst vor dem, was mit ihr passieren würde, wenn sie die Kontrolle verlor.

Jetzt verlor sie die Kontrolle, und es war phantastisch.

Maria Baccara entfernte sich, ohne daß Tamara es bemerkte. Im Kamin brannte plötzlich ein Feuer, und sie staunte, wie warm es im Zimmer wurde. Sie mußte lachen, weil die Flammen so lustig prasselten. Die Farben des Feuers waren unglaublich schön, so heiß und lodernd, ganz anders als die kühlen und distanzierten Töne, in denen sie malte.

Plötzlich hatte Tamara einen genialen Einfall. Sie konnte mit einem Satz erklären, worum es in ihrer Malerei ging: Sie schaute den Leuten aufs Geschlecht und malte ihr Gesicht. Sie bemächtigte sich ihrer, sie begehrte ihre Objekte, alle, während sie sie malte; sie empfand immer so etwas wie Lust bei ihrer Arbeit. Zugleich aber benutzte sie kühle Farben, analysierte, sezierte; es war, als wäre ein Chirurg ständig mit seinem und dem Geschlecht seines Patienten beschäftigt, während er ihm den Blinddarm herausnahm.

Sie wischte sich den Schweiß von der Stirn.

D'Annunzio raunte: Laß mich dich ausziehen, süßes Kind.

Tamara ließ ihn gewähren. Er entkleidete sie sehr langsam. Nun war sie das Modell. Damals, als sie mit Adrienne überlegt hatte, wie sie Geld verdienen könnte, hatte die Schwester ihr vorgeschlagen, als Mannequin zu arbeiten. Du bist so groß, so schlank, so schön, hast so lange Beine, wahrscheinlich nimmt sogar Poiret dich, hatte sie gesagt. Doch Tamara hatte es als entwürdigend empfunden, sich auf dem Laufsteg den Blicken auszusetzen. Sie wollte nicht das Modell sein, sie wollte der Künstler sein. Sie wollte nicht passiv sein, sondern aktiv.

Und doch hatte sie ihr Leben lang eine uneingestandene Sehnsucht danach gehabt, sich fallenzulassen, sich hinzugeben, sich der Macht eines anderen zu unterwerfen. Jetzt, da d'Annunzio sie entkleidete, anschaute und bewundernde kleine Laute ausstieß, jetzt empfand sie die Wollust der Passivität, ließ ihn tun, was er wollte, und spürte den lasziven, trägen, sinnlichen Reiz, Objekt zu sein.

D'Annunzio rieb sich an ihr, sein erigiertes Geschlecht berührte sie zwischen den Brüsten, in den Achseln, an der Hüfte. Sie lag auf dem Teppich vor dem Kamin, ohne zu wissen, wie sie dorthin gekommen war. Er drehte sie sacht um, so daß sie auf dem Bauch lag, direkt vor sich das Feuer. In den züngelnden Flammen tauchte das Gesicht von Tadeusz auf, ein trauriges schönes Gesicht, das ihrer beider Liebe beschwor.

Sie spürte, wie d'Annunzio von hinten in sie einzudringen versuchte. Plötzlich war sie hellwach und warf ihn mit einem Schwung ab. Sie sprang auf die Füße, griff nach ihren Sachen und schluchzte: Warum machen Sie so widerliche Sachen mit mir? Dann rannte sie aus dem Zimmer.

In dieser Nacht schlief sie zum erstenmal mehrere Stunden durch. Am nächsten Morgen schien ihr der vergangene Tag eine Ewigkeit herzusein. Ihr Verstand war klar, und sie überlegte, welche Chance ihr noch blieb, d'Annunzios Porträt zu malen.

Gut, dachte sie, ich werde mit ihm schlafen. Aber vorher male ich ihn. Wenn er damit nicht einverstanden ist, reise ich ab.

38

Diesmal wartete sie nicht auf seinen Brief. Sie schrieb ihm eine kurze Notiz und teilte ihm in süßestem Ton mit, daß sie ihn erwarte. Als sie aus dem Bett steigen wollte, wurde ihr schwarz vor Augen. Sie klingelte und beauftragte Carlotta, die Notiz zu überbringen, ihr ein Fieberthermometer zu holen und einen Arzt zu rufen.

Ich bin krank.

Das Mädchen, schnippischer und unfreundlicher denn je, brachte Stunden später Tabletten.

Nehmen Sie die, das ist Medizin.

Wer sagt das? fragte Tamara, die sich in einem Schwebezustand zwischen Hellsicht und Betäubung befand. Ohne zu antworten, verließ Carlotta das Zimmer. Tamara warf die Tabletten zornig auf den Boden. Sie hatte Angst, daß d'Annunzio sie mit irgendwelchen Drogen vollpumpen wollte, um sich ihrer zu bemächtigen. Sie wollte bei Sinnen sein und endlich die Sache mit dem Porträt klären.

Als d'Annunzio in ihrem Zimmer erschien, war es draußen dunkel. Ob Nacht herrschte oder der Abend gerade begonnen hatte, konnte sie in ihrem Zustand noch weniger erkennen als zuvor.

Er trug einen abgewetzten Lederkoffer bei sich. Meine donna d'oro, rief er aus und streckte ihr den Koffer hin, als wolle er einen Schatz mit ihr teilen. Mit verschwörerischer Miene lüftete er den Deckel. Tamara reckte neugierig den Hals und schrak zurück. Nachgemachte Spinnen lagen dort, riesige Phalli, Fläschchen in unterschiedlichen Größen, auf ein Band gezogene Kugeln.

Comandante, rügte sie mit amüsiertem Unterton, was bringen Sie mir denn da?

Er erläuterte ihr eifrig den Inhalt seines Köfferchens und versprach ihr wunderbare Erlebnisse. Zum Einstieg bot er ihr eine Prise Kokain an. Tamara, die wußte, wie unbeirrbar er darin sein würde, ihr das Pulver schmackhaft zu machen, und die im übrigen ihren Atem ekelerregend fand, bisher aber den Weg aus dem Bett nicht gewagt hatte, nahm das Kokain zwischen Daumen und Zeigefinger vom Blatt und begann, inbrünstig ihre Zähne damit zu reiben.

D'Annunzio sah sie mit einem Ausdruck an, der von Entsetzen über Empörung zu Kampfgeist wechselte. Dann stieß er einen Seufzer aus und rief: Mein süßes Kind, du bist absolut einmalig und vollkommen unmöglich!

Er kniete neben dem Bett nieder und küßte ihre Füße. Als sie spürte, wie seine Hände, über die er irgend etwas Wollig-Kratziges gezogen hatte – wahrscheinlich aus seinem Koffer, dachte sie angewidert –, sich an ihren Beinen hochtasteten, und als sie auch noch merkte, daß er gegen ihren Willen ihre Lust entfachte, sagte sie schwach: Maestro, vorher will ich Sie malen. Danach wollen wir dann Ihren Koffer erkunden.

Da sprang d'Annunzio mit einem Satz auf die Füße, entledigte sich seines orientalischen Morgenmantels und zeigte sich ihr vollkommen nackt mit einer beachtlichen Erektion. Stolz verkündete er: Sie sollten mich jetzt malen, mein süßes Kind. Ich stelle meinen prächtigen Körper Ihrer Leinwand zur Verfügung.

Tamara spürte, wie das Kokain ihren Magen in Aufruhr versetzte. Ich verabscheue Pornographie, sagte sie und betrachtete d'Annunzios Körper mit kühlem Künstlerblick. Nein, Comandante, ich möchte nur Ihren Kopf malen.

D'Annunzio maulte wie ein Kind, dem eine Süßigkeit entzogen worden ist. Nun gut, sagte er schließlich, dann müssen wir etwas anderes für meinen prächtigen Körper tun.

Nackt schlüpfte er zu ihr ins Bett, legte sich auf sie und rieb sein Glied an ihrer Vulva. Tamara rutschte ein Stück hoch, bis sein Kopf auf ihrem Bauch lag. Sofort machte er sich mit dem Mund an ihr zu schaffen. Sie ergriff seinen Kopf mit beiden Händen und zwang ihn, sie anzuschauen. Mit leicht vernebeltem Hundeblick gehorchte er.

Maestro, sagte sie schmeichelnd, zuerst male ich Sie, und dann sehen wir weiter.

Sehen wir weiter, sehen wir weiter, äffte er sie nach und befreite seinen Kopf, um ihn wieder in ihren Schoß zu versenken. Ich sehe jetzt weiter, meine Schöne, murmelte er, und Tamara spürte, wie die wollig-kratzigen Hände an den Innenseiten ihrer Schenkel hochkrochen.

Ihr war, als versinke sie in Fieberhitze, Schwäche, Erregung und Widerwillen. Zu ihrem eigenen Erstaunen gelang es ihr, sich seinen Händen zu entwinden und sich kerzengerade auf die Bettkante zu setzen.

D'Annunzio jaulte auf wie ein Hund, dem man einen Tritt versetzt.

Tamara sagte streng: Sie weichen mir immer wieder aus, wenn es um Ihr Porträt geht. Vielleicht wollen Sie nicht davon sprechen, weil Sie meine Preise nicht kennen.

Nun jaulte er wie nach einem zweiten, noch härteren Tritt. Er setzte sich neben sie und versuchte, ihre Brüste zu berühren. Tamara schob seine Hand weg.

Da schossen plötzlich Tränen aus seinen Augen, und er jammerte: Ich bin alt. Ich bin ein alter Mann. Deshalb wollen Sie mich nicht.

Tamara blieb fest. Ich will Sie, sagte sie kühl, aber zuvor will ich Ihr Porträt. Sie sind daran gewöhnt, gewisse Dienste mit Gefälligkeiten zu entlohnen. Nun, ich will keine Empfehlung bei Diaghilew, ich will Ihr Porträt.

D'Annunzio stand schwerfällig auf. Sein Glied war zu einem Wurm geschrumpft. Nun sah er wirklich aus wie ein alter Mann. An der Tür drehte er sich noch einmal um, reckte sich und verkündete mit sonorer Stimme: Wie bitte, Madame? Glauben Sie, so mit Gabriele d'Annunzio sprechen zu können? Nun, dann adieu!

Als die Tür sich hinter ihm geschlossen hatte, empfand Tamara nichts als Erleichterung. Sie legte sich wieder ins Bett und wollte schlafen. Doch statt dessen wurde sie immer wacher. Wie spät war es? Draußen strömte der Regen, als wollte er «Il Vittoriale» ersäufen. Sie fiel in einen leichten Fieberschlaf.

Als sie aufwachte, brannte das Licht im Zimmer, d'Annunzios Utensilienkoffer und sein Bademantel waren verschwunden. Es herrschte eine andere Stimmung als während ihres bisherigen Aufenthalts.

Tamara blickte sich um, konnte aber keine äußere Veränderung erkennen. Doch, die üppigen Blumengebinde, die sie mit ihrem penetranten Duft eher geärgert als betört hatten, waren verschwunden. Ohne sie wirkte das Zimmer fast klinisch kalt. Tamara erschrak. Sie fühlte sich plötzlich sehr fremd und verlassen. Ja, sie sollte bestraft werden. Sie hatte sich unbotmäßig benommen.

Eine seltsame Angst befiel sie. Sie griff nach dem kleinen Notizblock, der neben ihrem Bett lag, und warf mit fliegender Schrift darauf: «Da ich morgen leider abreisen muß, wäre es mir eine sehr große Freude, den Abend in Ihrer Gesellschaft zu verbringen.»

Sie klingelte. Niemand kam. Da stand sie auf und legte den Brief vor die Tür seines Schlafzimmers. Ihr war, als schwanke der Boden. Tastend suchte sie Halt an der Wand. Zurück in ihrem Zimmer, war sie schweißgebadet. Sie ließ sich aufs Bett fallen, von einer Angst erfüllt, die kurz davor war, in jene Panik umzuschlagen, die sie mehr fürchtete als alles andere auf der Welt. Mit einer Willenskraft, die sie selbst erstaunte, raffte sie sich auf, wusch sich mit kaltem Wasser und kleidete sich an. Dann setzte sie sich auf ihr Bett und wartete. D'Annunzio mußte kommen, er mußte sie beschenken und anflehen zu bleiben!

Doch er kam nicht. Je länger sie wartete, desto deutlicher spürte sie die Panik herankriechen. Wenn die sie erst in ihren Krallen hatte, würde sie hilflos ausgeliefert sein, das wußte Tamara. Dann würde sie zittern und die Orientierung verlieren.

Sie machte sich daran, ihren Koffer zu packen. Das wievielte Mal in ihrem Leben? Sie hatte es vergessen. Alle Zahlen waren entschwunden. Sie zitterte leicht. Es ist das Fieber, beruhigte sie sich. Es ist das Fieber.

Als sie fertig war, die Kleider, die Schminkutensilien und die Farben verstaut hatte, schien ihr das Zimmer vollkommen fremd. Wehmütig erinnerte sie sich an den Augenblick, als sie damals in St. Petersburg ihre Wohnung verlassen hatte, um zum Konsul zu gehen.

Sie raffte sich auf, ergriff ihren Koffer und verließ den Raum. Sie bemühte sich nicht, leise zu sein. Der Palast lag still, nicht nur still, als schliefen alle, sondern als wären alle fort. Fieberschauer liefen Tamara über den Rücken.

In der Eingangshalle gab es ein Telefon. Zum Glück hatte Aelis daneben einen Zettel aufgehängt, auf dem neben anderen Notfallnummern auch die Nummer eines Taxirufes notiert war. Sie kurbelte am Telefon und bestellte einen Wagen, der sie von «Il Vittoriale» nach Brescia bringen sollte. Ihr war, als nähme die weibliche Stimme am anderen Ende einen spöttischen Ton an. Ich bin nicht so eine, dachte Tamara trotzig, ich bin nicht eine seiner Huren, ich bin eine *Künstlerin*! Das Wort war so wichtig wie nie zuvor.

Der Weg vom Palast zum Tor erschien ihr endlos. Er führte an Blumenbüschen, an Bäumen, an Hecken vorbei. Regen prasselte auf sie nieder. Sie patschte in eine Pfütze nach der anderen. Die Nacht war pechschwarz, unmöglich, etwas zu erkennen. In der Ferne bellten Hunde. Tamara krampfte ihre Hand um den Griff des schweren Koffers und kämpfte sich durch. Da meinte sie, Schritte zu hören. Kam etwa Aelis hinter ihr her? Hatte d'Annunzio sie geschickt, um die Ausreißerin zurückzuholen? Tamara straffte sich. Nein, sie würde sich nicht wie ein auf der Flucht gestellter Sträfling abführen lassen. Wenn d'Annunzio etwas von ihr wollte, mußte er sich selbst in den Regen bequemen, und sie würde Bedingungen stellen. Heute nacht noch, schwor sie sich, male ich ihn, oder ich gehe weiter, von Pfütze zu Pfütze.

Das Fieber bewirkte jetzt, daß sie sich leicht und heiter fühlte, der Euphorie nahe. Sie war heilfroh, gehandelt zu haben. Nein, niemand sollte sie je beherrschen, auch d'Annunzio nicht, il Comandante.

Die Schritte hinter ihr kamen mal näher, mal blieben sie zurück. Tamara schaute sich nicht um. Es könnte auch der Regen sein, beruhigte sie sich. Und wenn nicht? Sie hastete weiter. Ihre Schuhe waren durchweicht, von ihren nassen Haaren lief Wasser in Rinnsalen über ihr Gesicht.

Da, das Taxi! Schon von weitem konnte sie es als schwarzen Hügel vor dem Tor erkennen. Ein Mann kam ihr entgegen, auch er nur eine schwarze Silhouette. Sie reichte ihm wortlos den Koffer und stieg ein. Mit einemmal fühlte sich ihr Gehirn an, als wäre dort, wo einst ihre italienischen Sprachkenntnisse gesessen hatten, eine schwarze Pfütze.

Der Taxifahrer machte ihre Schweigsamkeit mühelos wett. Sobald er den spuckenden, knatternden Motor nach mehreren vergeblichen Versuchen endlich zum Laufen gebracht hatte, begann er zu sprechen. Tamara, die frierend und zitternd im Fond saß, abwechselnd von Hitzewellen und Kälteschauern überrollt, fürchtete die Frage nach dem Woher und dem Warum. Sie setzte sich betont aufrecht in den schäbigen Sitz und kontrollierte angestrengt ihre Mimik. Sie hatte Angst, in Tränen auszubrechen, sobald der Mann die Frage stellte.

Aus seinem Mund strömte ein nicht enden wollender Schwall von Worten. Er entschuldigte sich, weil er kein Handtuch bereitliegen hatte, mit dem Tamara sich hätte abtrocknen können. Er erzählte von den Katastrophen, die der Regen angerichtet hatte. Er sprach über seine Frau und seine Kinder, über seine Mutter und seine Schwiegermutter. Von Zeit zu Zeit spürte Tamara, wie ein prüfender Blick aus dem Rückspiegel sie traf. Er lullte sie mit seinen Worten ein. Er stellte nicht eine einzige Frage.

Tamara war ihm zutiefst dankbar.

39

In Brescia im Hotel war sie glücklicherweise bekannt. Trotz der ungewöhnlichen Stunde wies man ihr sofort ein Zimmer zu, allerdings war es dunkel und eng. Sie ließ sich auf das Bett fallen und versank sofort in eine Art Besinnungslosigkeit. Seit zehn Tagen schlief sie zum erstenmal ungestört. Ein einziges Mal schreckte sie hoch, meinte, ein Klopfen gehört zu haben. D'Annunzio? Angstvoll starrte sie auf die Türklinke. Sie bewegte sich nicht. Erleichtert schloß Tamara die Augen wieder.

Hinter Fieberschleiern bekam sie mit, daß es Tag wurde und wieder Nacht und wieder Tag. Da erst wusch sie sich, klingelte nach Essen und Trinken und schlief sofort wieder ein. Sie fühlte sich wie ein Soldat, der Tag und Nacht um sein Leben gekämpft hat und nun endlich in Sicherheit ist.

Doch als sie schließlich fieberfrei erwachte, fehlte ihr der Feind. So sehr war sie mit ihm beschäftigt gewesen, daß ihre Gedanken von allein zu ihm zurückkehrten. Energisch kämpfte sie gegen eine ihr widerwärtige Sehnsucht an. Schließlich erkundigte sie sich bei der Rezeption, ob irgendwer nach ihr gefragt hätte. Niemand.

Im Laufe des Tages wurde der Wunsch, d'Annunzio zu sprechen, zu einem Zwang, dem sie nicht länger widerstehen konnte. Obwohl sie sich entsetzlich gedemütigt fühlte, rief sie in «Il Vittoriale» an. Aelis Mayor war am Telefon. Ihre Stimme klang, als erinnere sie sich kaum mehr, wer Tamara de Lempicka sei. Doch d'Annunzio machte das Maß voll.

Du bist eine vom Gewerbe, raunte er höhnisch, du hast meine Geschenke genommen, alle, konntest gar nicht genug kriegen. Ich habe dir bestimmt fünfzigtausend Lire in den gefräßigen kleinen Rachen geworfen. Und dann schrie er, daß Tamara erschrocken den Hörer vom Ohr entfernte: Ich hätte sie lieber einem Armen geben sollen.

Langsam hängte sie ein.

Ein tiefes, kindlich verletztes Erstaunen bemächtigte sich ihrer. Wie konnte d'Annunzio solche Dinge zu ihr sagen? Er hatte doch von Liebe gesprochen, hatte zehn Tage lang versucht, ihr näher- und immer näherzukommen; er war es doch, der sie mit seinem Versprechen, sich von ihr porträtieren zu lassen, betrogen hatte. Das einzige, was er von Anfang an gewollt hatte, war Sexualität gewesen.

Sie verdrängte völlig, daß sie sich von Anfang an über seine Absichten im klaren gewesen war. Sie fühlte sich betrogen, an der Nase herumgeführt, von falschen Versprechungen in eine gefährliche Nähe gelockt – und jetzt schmählich verraten und fallengelassen.

Mechanisch schlug sie den Weg zum Museum ein. Dort hoffte sie Ruhe zu finden. Ein Irrtum. Ununterbrochen kreisten ihre Gedanken um d'Annunzio. Sie beschimpfte ihn stumm, erwog, sein Porträt aus der Erinnerung zu malen, machte Skizzen, zerriß sie.

Zehn Tage lang hatte sie gegen d'Annunzio gekämpft, nun führte sie den Kampf gegen sich selbst fort. Sie wollte ihn anrufen, ihn fragen, wo die «hellseherische Liebe» geblieben sei, in der einer des anderen Gedanken lesen konnte. Sie wollte ihn anrufen und beschimpfen. Sie wollte ihn anrufen und sich dagegen verwahren, daß er sie eine vom Gewerbe nannte. Dann wieder wünschte sie demütig nichts anderes, als seine Stimme zu hören. War plötzlich wie besessen von diesem Wunsch, empfand ihn als entsetzlich demütigend und kämpfte verzweifelt dagegen an.

Es regnete und regnete. Brescia war versunken in Matsch und Schlamm. Tamara versuchte nicht nur nicht, sich vor den Wassermassen zu schützen, nein, mehr noch: Sie stapfte mit ihren dünnen hochhackigen Schuhen durch die tiefen Pfützen, als wollte sie sich selbst beschmutzen. Zugleich hielt sie ihr Gesicht in den Regen, als schreie sie danach, reingewaschen zu werden.

Tag für Tag unternahm sie endlose Spaziergänge durch die kleine Stadt, die wie ausgestorben unter den Wasserfluten stillhielt. Während eines dieser Spaziergänge beschloß sie plötzlich, sich in dieser Stadt niederzulassen. Es war kein Wunsch, eher ergab sie sich dem Gefühl, nie von hier entkommen zu können. Als sie diesen Beschluß gefaßt hatte, war er wie ein Rettungsanker. Hier in Brescia würde sie d'Annunzio nahe sein, und irgendwann würde er vor ihrer Tür stehen und sie bitten, ihm zu verzeihen.

Sie richtete all ihre Energie darauf, einen Umzug nach Brescia vorzubereiten. Ein älterer Maler namens Pasini fiel ihr ein, der ihr während ihrer Vernissage in Mailand seine Adresse gegeben und sie eingeladen hatte, sich auch einmal sein bescheidenes Werk anzuschauen. Ihn suchte sie jetzt auf.

Der Maler öffnete ihr persönlich, gab sich zunächst abweisend, als habe ihn die Störung aus wichtigem Schaffen gerissen, dann aber, als er sie erkannt hatte, war er voll herumwieselnder Gastfreundlichkeit. Er entschuldigte sich wortreich wegen seiner Junggesellenwirtschaft, in der er sich von Wein und Brot ernähre, erbot sich aber, umgehend in der Nachbarschaft ein Essen für sie zusammenzuschnorren.

Tamara dankte lächelnd, erklärte sich mit Wein und Brot völlig einverstanden und sagte, sie sei nicht gekommen, um zu essen, sondern habe ein anderes Anliegen. Pasinis Blick huschte über ihren Körper, er war unrasiert und ungepflegt. Sein kleines Zimmer sowie das benachbarte Atelier zeugten von Armut und Erfolglosigkeit. Seine Bilder, hingekleckste schmuddelige Landschaftsimpressionen, gefielen ihr nicht. Sie setzte ihre einstudierte Etikette ein, um ihn nicht zu verärgern, lachte, kokettierte und zeigte beim Abbeißen vom knusprigen Pane ihre weißen Zähne.

Schließlich sagte sie: Verehrter Kollege, lassen wir das Vorgeplänkel. Mich drängt es, Ihnen eine Frage zu stellen: Wären Sie bereit und in der Lage, mich bei meinem Umzug nach Brescia zu unterstützen?

Pasini zog überrascht die dunklen buschigen Brauen hoch. Umzug? fragte er nach. Habe ich richtig gehört? Sie kommen aus Paris und wollen nach Brescia? Madame, was bewegt Sie zu einem so ungewöhnlichen Entschluß?

Tamara hielt sich kerzengerade wie eine Ballettänzerin. Sie legte einen Eisenpanzer vor ihr Herz, zugleich aber lächelte sie geheimnisvoll und führte anmutig das mit Wein gefüllte schmucklose Wasserglas an ihre Lippen. Nun, Maestro, hauchte sie, über meine Beweggründe möchte ich jetzt noch nicht sprechen, später vielleicht, wenn wir uns besser kennen. Vorerst wüßte ich nur gern, ob Sie bereit sind, mir zu helfen.

Womit? fragte Pasini unverhohlen mißtrauisch. Sollten Sie abgebrannt sein und irgendwie Geld brauchen, fügte er grob hinzu, bin ich die falsche Adresse. Ich habe seit einem Jahr kein Bild verkauft.

Tamara lächelte huldvoll und hob abwehrend ihre gepflegte Hand. Kein Wort weiter, mein Herr. Verzeihen Sie, daß ich Sie überhaupt in die unangenehme Lage gebracht habe, so etwas zu sagen. Nein, ich bitte Sie, mich in die Künstlerkreise dieser Stadt einzuführen, in die hiesigen Gepflogenheiten. Wenn Sie mir helfen könnten, Modelle zu finden und ein Atelier, wäre ich Ihnen sehr zu Dank verpflichtet.

Der Maler hatte, während er ihr zuhörte, die Mundwinkel ironisch verzogen. Er schwieg eine Weile, dann ließ er seinen Blick unmißverständlich über Tamaras Körper wandern. Er rückte seinen Stuhl näher an sie heran, bis ihre Beine gegeneinanderstießen. Seine großen groben Hände legten sich auf ihre Knie. Tamara richtete sich noch gerader auf, blickte kühl in die kleinen zusammengekniffenen Augen des Mannes und rückte ihren Stuhl ein Stück zurück. Seine Hände blieben bleiern liegen.

Pasini war groß, erschreckend groß, fand Tamara, die sich an den kleinen d'Annunzio gewöhnt hatte.

Nun, Madame, sagte der Maler bedächtig, während er die Form ihrer Knie mit dem Zeigefinger nachzeichnete, ich bin bereit, Ihnen zu helfen. Sein Oberkörper war weit nach vorn gebeugt, nun hob er den Kopf und starrte Tamara aus nächster Nähe ins Gesicht. Ich bin sogar so bereit, Ihnen zu helfen, daß ich Ihnen mein eigenes Atelier anbiete. Sie können hier arbeiten, bis Sie etwas Eigenes gefunden haben. Heute schon, jetzt, in diesem Augenblick dürfen Sie mein Atelier als Ihr eigenes in Besitz nehmen.

Wieder schwieg er und starrte auf ihre Knie. Tamara wappnete sich innerlich. Sie hob seine Hände auf und legte sie auf seine eigenen Oberschenkel. Die Malerin und der Maler maßen einander mit Blicken wie Ringer vor dem Kampf.

Pasini grinste spöttisch. Ist doch sehr kollegial, oder? fragte er. Und dann wies er auf ihre Knie und sagte: Ich will keine Miete, obwohl mir etwas zu essen ganz gut gefiele; der einzige Preis, den ich für mein Atelier verlange, sind Ihre phantastischen Beine...

Tamara zog den Rock über die Knie.

Pasini lachte laut auf: Na komm, laß die Faxen. Deine Beine

gegen meine Hilfe und mein Atelier – wenn das kein prima Einstieg in Brescia ist.

Tamara griff nach ihrer Handtasche, erhob sich und stürzte aus dem Raum. Sie rannte die Treppe hinunter auf die Straße, voller Furcht, er werde hinterherkommen und ihr Gewalt antun. Als sie über das Kopfsteinpflaster hastete, hörte sie noch, wie oben das Fenster geöffnet wurde. Pasinis lautes derbes Lachen verfolgte sie.

Tamara schlug den direkten Weg zum Hotel ein. Dort verlangte sie die Rechnung, gab ein Telegramm an die Pignatellis auf, packte ihren Koffer und fuhr nach Mailand.

Die Pignatellis empfingen sie überschwenglich. Besonders die Prinzessin benahm sich, als wäre Tamara ihre Busenfreundin. Selbstverständlich wußten die beiden, woher Tamara kam, und sie wußten auch, daß Tamara d'Annunzio hatte porträtieren wollen.

Kaum war sie angekommen, erkundigte sich das Paar nach dem Stand der Arbeit, und Tamara erwiderte, sie möchte im Augenblick nicht darüber sprechen, es sei schwierig verlaufen und unausgegoren, sie könne keine erhellende Auskunft geben. Der Prinz erwiderte höflich, er werde seine Neugier zu bezähmen wissen. Die Prinzessin schloß sich ihm an.

Bei der nächsten Gelegenheit aber, als die beiden Frauen allein waren, bemerkte die Prinzessin beiläufig, sie kenne d'Annunzio nur zu gut und wisse, wie schwierig er sei. Sie berührte Tamaras Arm und sagte verschwörerisch: Manchmal tut es sehr gut, sein Herz zu erleichtern, meine Beste...

Tamara nickte und blieb bei ihrem Schweigen.

Nach und nach begriff die Prinzessin, daß Tamara nicht bereit war, ihrem Verschwesterungsangebot nachzukommen. Sie gab sich damit zufrieden, ihre Besucherin in die Mailänder Aristokratie einzuführen. Eine Woche lang schleppte sie Tamara Abend für Abend in die Oper, zum Ballett, zu Cocktailpartys und schließlich zu einem Ball mit zweihundert Gästen.

Tamara, hin- und hergerissen zwischen ihrem Stolz und dem drängenden Wunsch, zu d'Annunzio zurückzukehren, war dankbar für die Zerstreuungen, wurde jedoch nicht wirklich vor ihren Gedanken gerettet.

Für den Ball kleidete die Prinzessin sie in eine grüne Robe.

Tamaras schlanker Körper und die rotblond glänzenden weichen Locken kamen darin so gut zur Geltung, daß der wohlerzogene Prinz unwillkürlich einen leisen Pfiff der Bewunderung von sich gab. Die Prinzessin riß erstaunt die Augen auf und brach in ein perlendes Lachen aus.

Tamara, meine Liebe, rief sie, erlauben Sie, daß ich Sie küsse! Sie ahnen nicht, welch einen Gefallen Sie mir damit tun, meinen ehrenwerten Gatten in einen pfeifenden Gassenjungen zu verwandeln.

Sie küßte auch ihren Mann und zwitscherte: Ich habe schon befürchtet, der Gassenjunge in dir wäre begraben und vergessen, aber nun erkenne ich ihn wieder. Ich liebe dich.

Tamara wandte sich peinlich berührt ab. Sie zog sich ins Ankleidezimmer zurück und schaute in den Spiegel. Ja, sie war wirklich schön. Wieso hatte d'Annunzio das nicht gesehen?

Sie fühlte sich verschmäht von ihm, zurückgestoßen und verraten. Gedemütigt wie von Tadeusz. Tränen liefen über ihr geschminktes Gesicht und machten sie zornig. Heute nacht, schwor sie sich, greife ich mir irgendeinen hübschen Prinzen und lasse mich lieben, vielleicht vergesse ich sie dann beide: Tadeusz und d'Annunzio.

In der Kalesche, die sie zum Ball brachte, turtelten der Prinz und die Prinzessin, als wären sie frisch verliebt. Kaum hatten sie den Ballsaal betreten, tauchten die beiden im Gewühl unter und überließen Tamara sich selbst.

Schon nach kurzer Zeit hatte Tamara sich gezielt wählen lassen. Der junge Mann war zwar kein Prinz, verfügte aber über glänzende Manieren. Sie suchte die Pignatellis nicht auf, um sich zu verabschieden. Der wohlgestaltete, höfliche und auch im Bett gut erzogene junge Mann vollbrachte mehr, als Tamara gehofft hatte.

Am Morgen, befriedigt aufgewacht, strich sie gedankenleer über die bleiche, seidige Haut ihres schlafenden Liebhabers. Sie spürte ihren Körper, als wäre er ihr durch die unermüdliche Zärtlichkeit des fremden Mannes zurückgeschenkt worden. Sie war eins mit sich, keine Zerrissenheit, keine wirren Gedanken und verbotenen Sehnsüchte mehr.

Da vernahm sie ein Klopfen an der Tür.

Erschrocken starrte sie auf die Türklinke, als erwarte sie ein

Gespenst. Das Klopfen wiederholte sich. Tamara sprang aus dem Bett und öffnete die Tür einen Spaltbreit. Draußen stand ein livrierter Hotelpage. Was ist los? herrschte Tamara ihn an. Ich habe nicht geklingelt.

Der Blick des Jungen fiel auf Tamaras Brüste, die sich unter dem Morgenmantel deutlich abzeichneten. Errötend stotterte er: Entschuldigen Sie bitte, Madame, unten wartet ein Bote auf Sie.

Ein Bote, was für ein Bote? Lassen Sie ihn heraufkommen.

Das kann er nicht. Er möchte, daß sie herunterkommen.

Der in eine Uniform gesteckte Knabe grinste verlegen, sein Gesicht war tomatenrot.

Na gut, fauchte Tamara, ich komme. Sie knallte dem Jungen die Tür vor der Nase zu.

Ihr Liebhaber hatte offenbar nichts mitbekommen, selig schlief er weiter. Tamara nahm sich Zeit für ihre Toilette. Wenn sie wieder hochkam, sollte der junge Mann von einer Frau geweckt werden, die fast so schön war wie die Ballkönigin der vergangenen Nacht.

Gemächlich begab sie sich in den Paternoster, schlenderte durch die Hotelhalle und dem diskreten Fingerzeig des Portiers folgend nach draußen vor den Eingang. Dort hatte sich eine Menschenmenge versammelt. Tamara sah sich verblüfft um. Sie wollte gerade umkehren, überzeugt, daß ein Mißverständnis vorlag, da drängte sich ein Mann hoch zu Roß durch die Menschentraube zu ihr hin. Der Schimmel tänzelte nervös, der Mann hielt die Zügel mit einer Hand. Während der prächtige Hengst leicht auf die Hinterbeine stieg, hob der uniformierte Mann, einer von d'Annunzios Soldaten, wie Tamara jetzt erkannte, seine freie Hand und rief: Das hier läßt der Comandante Ihnen schicken.

Er beugte sich herab und übergab ihr eine Pergamentrolle und ein kleines rotgoldenes Schmuckkästchen. Dann wendete er schwungvoll sein Pferd und preschte davon. Die Menschen, die Tamara neugierig angestarrt hatten, stoben auseinander.

Tamara ging zurück durch die Hotelhalle und betrat den Paternoster. Schlafwandlerisch öffnete sie ihre Zimmertür und setzte sich auf das Bett, ohne den jungen Mann zu beachten.

Sie entrollte das Pergament und las. D'Annunzio hatte ein Gedicht für sie verfaßt: *La donna d'oro*. Tränen traten Tamara in die Augen, während sie die süßen Worte von Leidenschaft und Liebe und Verzweiflung las. In dem Kästchen lag ein Silberring mit einem enormen Topas. Vorsichtig schob sie den Ring über den Mittelfinger ihrer linken Hand. Er paßte wie für sie gefertigt. Schluchzend schwor sie sich, den Ring ihr Leben lang nicht mehr abzulegen.

Leise packte sie ihre Sachen zusammen und verschwand aus dem Zimmer, ohne eine Nachricht zu hinterlassen. An der Rezeption schrieb sie ein paar Zeilen des Dankes an die Pignatellis und bat den Hotelpagen, den Brief zu überbringen. Sie ließ ein Taxi kommen und fuhr umgehend zum Bahnhof. Dort stand schon der Zug nach Cannes bereit, was Tamara für ein gutes Omen hielt.

Als der Zug anruckte, warf sie sich mit einem Seufzer in die Samtpolster der ersten Klasse. Während der viele Stunden dauernden Fahrt las sie an die hundertmal das Gedicht und putzte Tausende Male den Topas blank.

Schließlich nahm sie einen Bogen Skizzenpapier aus ihrem Koffer und schrieb: «Alles entschwindet, alles vergeht, und die Feuer, so heiß und so schmerzlich, vielleicht werden auch sie verlöschen, wie alles andere... Brescia, Stadt unendlicher Qualen! Ich mußte dort einige Tage bleiben, indes, ich wußte, es war nur ein Vorwand, um meine Reise zu verzögern – einmal mehr... Doch was erhoffte ich mir davon? Einen Anruf? Von Ihnen? Oh, wie endlos erscheinen dem Wartenden die Stunden! In jener Nacht, als ich das Klopfen an meiner Tür vernahm, hatte ich nicht die Kraft, mich zu rühren. Was ich erhoffte, was ich wollte – ich hätte es selbst nicht sagen können. Und doch war mein einziger Wunsch, Sie wiederzusehen. Am folgenden Tag hielt ich es nicht länger in den vier Wänden dieses elenden Hotels aus. Ich wurde von Fieber und Angst verzehrt. Ich erstickte. Ich brauchte Luft, Luft. Ich stand auf und begann zu rennen, zu rennen ohne Ziel, als hätte ich den Verstand verloren. Wie lange ich rannte, weiß ich nicht mehr, doch als ich wieder zu mir kam, stellte ich fest, daß ich auf der Straße nach Gardone war... Ich, die ich nie ganz die Ihre war! Die Sünde meines Verrats hat nie schwerer gewogen. Die endlosen Stunden der Reise. Die quälende Vorstellung, daß ich mich entfernte, mit jeder Straßenbiegung etwas mehr, immer weiter... Dennoch habe ich den Mut gefunden, diesen Bekennerbrief zu schreiben.»

Eingedenk seiner eines Morgens in «Il Vittoriale» gesprochenen Worte: «Ich habe eine Nacht in Trauer verbracht. Danke» schrieb sie ans Ende ihres Briefes: «Ich habe Stunden in Qualen verbracht. Danke.»

Als Absender gab sie das Hotel in Cannes an, in dem sie immer abstieg. Sie war kaum zwei Tage dort, als ein Telegramm von d'Annunzio eintraf: «Ihren Brief erhalten, der mein Herz so köstlich zerreißt. Stop. Mißverständnis dauert an. Stop. Sie hätten nur nach ‹Il Vittoriale› zurückzukehren brauchen. Bitte sagen Sie mir, wohin ich Ihnen schreiben darf.»

Von nun an gingen Tag für Tag Telegramme hin und her. Tamara beschwor brennende Gefühle, d'Annunzio beschwor sie zurückzukehren. Tamara schrieb, er möge nicht drängen, d'Annunzio schrieb, er warte. Schließlich nannte sie ihm ihre Pariser Adresse und fuhr nach Hause.

Einen Monat lang war sie fort gewesen. Auf dem Bahnsteig stand Tadeusz und erwartete sie. Er schloß sie in die Arme, als wäre er am Ertrinken.

40

D'Annunzios letztes drängendes Telegramm beantwortete sie nicht mehr. Das Kapitel war von einem Tag zum anderen abgeschlossen. Die Sehnsucht nach einem Mäzen oder Beschützer blieb, allerdings ohne Hoffnung, jemals einen zu finden, der für sie da war, ohne als Gegenleistung völlige Selbstaufgabe von ihr zu verlangen.

Tamara richtete sich in ihrem Leben mit Tadeusz ein.

Sie konnte sich nicht vorstellen, ohne ihn zu leben. Sie hatte Angst, nachts allein zu sein; die Dunkelheit war voller Gespenster. Sie nahm in Kauf, daß Tadeusz sie nachts kaum noch zärtlich umfangen hielt, auch durfte sie ihn nicht wecken, wenn sie nicht schlafen konnte. Aber er war da.

So schlich sie allnächtlich in den Nebenraum und malte.

Selbst wenn er betrunken röchelnd im Bett lag oder nach einem Streit oder endlosen Vorwürfen zornerfüllt ohne eine versöhnliche Geste eingeschlafen war, gab seine Anwesenheit im Nebenzimmer ihr noch eine Art von Beruhigung und Sicherheit. Es war nicht viel, was Tadeusz in ihr Leben brachte, aber an das wenige klammerte Tamara sich. Irgendwo in ihrer Seele gab es eine Gewißheit darüber, wieviel Einsamkeit und Kälte und Mißachtung sie von Tadeusz erfahren hatte, aber sie wollte nichts davon wissen, im Gegenteil, sie überzeugte sich immer wieder selbst, daß es so doch recht bequem sei. Schließlich legte Tadeusz ihr keine Steine in den Weg, wenn sie ihre Bilder malte oder verkaufte, wenn sie in der Welt umherreiste.

Sicher, Tamara wünschte es sich anders. Aber, so sagte sie sich, ohne Tadeusz hätte sie vielleicht nie mit dem Malen begonnen. Mit einem Mann, der sie beschützen würde, wie sie es sich wünschte, wäre ihr Leben wahrscheinlich langweilig und leer. Wie Tante Stefa wäre sie womöglich damit beschäftigt, sich über die Farbe ihrer Garderobe, den Namen ihres Schneiders, die Anzahl der nächsten Cocktailgäste Gedanken zu machen. So aber war sie eine bedeutende Person, eine Malerin, über die man zu sprechen begann, eine Frau, die ihren Schmuck selbst bezahlte und die allmählich unter den Künstlern etwas galt.

Und, so beschwichtigte sie ihre unerfüllte Sehnsucht, gibt es denn irgendwo die Harmonie, von der ich träume? Nein! Nicht gleichzeitig mit Lebendigkeit und Kreativität. Wohin sie auch blickte, überall Streit, Seitensprünge, Prügeleien, Trennungen. Tamara kam zu dem Ergebnis, daß ihr Wunsch nach einem Beschützer ziemlich kleinbürgerlich und mittelmäßig war. Ja, Tadeusz war alles andere als förderlich für ihr Lebensglück, aber er war ihr Mann. Und wenn sie sich umschaute, entdeckte sie weit und breit keinen, den sie statt seiner hätte haben wollen.

Ihre Kollegen auf Montparnasse bestanden auf ihrer Freiheit, vergnügten sich mit Modellen und beharrten zugleich darauf, daß ihre Frauen treu und ausschließlich für sie dazusein hatten.

Nein, entschied Tamara immer wieder, wenn sie erwog, sich von Tadeusz zu trennen, Tadeusz gehört nun einmal zu mir, er ist mein Mann, mein Schicksal ist so eng mit ihm verknüpft wie mit niemandem sonst.

In gewisser Weise hing ihr Festhalten an Tadeusz auch mit ihrem Glauben an Gott zusammen. Sie lebte zwar keineswegs nach kirchlichen Regeln, aber irgendwo in ihrem Innern glaubte sie, daß es so etwas wie ein Schicksal gab, eine Macht, die größer war als alles andere, und einen Sinn, der tiefer war, als alles, was Tamara bisher erkannt hatte. Sie sehnte sich danach, stärker mit diesem Sinn verbunden zu werden, und sie hatte das unklare Gefühl, daß es ihre Aufgabe war, die Ehe mit Tadeusz wie ein Kreuz zu tragen. Sie fühlte sich ohnehin vom Schicksal bevorzugt: Sie war schön und talentiert, und sie hatte Erfolg.

Als Kizette soweit war, daß sie in die Schule kommen sollte, bestimmte Tamara, daß sie in das von Nonnen geführte Internat «Cour Dupanloup» geschickt werden sollte. Dort kamen viele junge Mädchen aus gutem Hause zusammen.

Der Abschied von ihrer Tochter fiel ihr schwerer als erwartet, aber sie hatte das Gefühl, für ihr kleines Mädchen das Beste zu tun. Das Internat kostete viel Geld, doch sie wollte es zusammenkratzen.

Tamara hatte einige Zeit mit sich gerungen, bevor sie diesen Entschluß faßte. Kizette lebte seit ihrer Geburt in Verhältnissen, die sie zu einem schüchternen Kind gemacht hatten. Tamara würde auch künftig nicht ausreichend Zeit haben, um das Mädchen so zu lenken, wie sie es für richtig hielt. Daß eine Gouvernante dazu in der Lage war, bezweifelte Tamara, und Tadeusz' Einfluß wollte sie so gering wie möglich halten. Sie traute ihm nicht. Sie hatte das Gefühl, daß er die Kleine gegen sie aufhetzte. Es schien ihr, als wiederhole Kizette zuweilen fast wörtlich die Vorwürfe, die Tadeusz ihr machte.

Also schien ihr eine Erziehung durch die Nonnen genau das zu sein, was Kizette die besten Chancen bot: Sie lernte die jungen Mädchen kennen, die der richtige Umgang für sie waren, und sie erhielt durch die Nonnen jene festen Lebensregeln, die ein Mensch brauchte, um nicht den Halt zu verlieren.

Ein Argument aber gab den Hauptausschlag: Die Entscheidung für das Internat bot Tamara und Kizette die Chance, die Ferienzeiten intensiv zusammen zu verbringen und so eine innige Beziehung zueinander zu entwickeln.

Kizette weinte, als sie sich von Tamara verabschiedete, und sie brach in hemmungsloses Schluchzen aus, als Malvina sie zum Abschied in die Arme schloß. In diesem Augenblick schwor sich Tamara: In den Ferien werde ich mit ihr wegfahren, weit weg von Tadeusz und Malvina, irgendwohin, wo sie und ich allein sind.

Sie brachte ihre Tochter selbst ins Internat. Als sie Kizette, deren Gesicht vom Weinen verquollen war und deren Augen fiebrig glänzten, ein allerletztes Mal in die Arme schloß, flüsterte sie ihr ins Ohr: In den nächsten Ferien fahre ich mit dir, wohin du willst. Sag! Du darfst aussuchen!

Kizette hob den Kopf und sah Tamara aus geröteten Augen an: Ich will nach Hause, schluchzte sie, ich will nur nach Hause.

Ohne Kizette wurde die Wohnung leerer, als Tamara es vorausgesehen hatte. Die englische Gouvernante hatte sie auch entlassen.

Tadeusz schmollte. Er sprach nicht mehr mit seiner Frau, er verübelte ihr entsetzlich, daß sie das Kind fortgegeben hatte. Dabei waren sie vor kurzem erst in eine größere Wohnung gezogen, zu der ein kleiner Garten gehörte. Tadeusz hatte sich gegen den neuerlichen Umzug gewehrt, Tamara hatte aber als Argument ins Feld geführt, daß der Garten Kizette guttun werde. Nun verwahrloste der Garten; Tamara hatte nicht das geringste Interesse daran, Erde zu bewirtschaften, und Tadeusz hielt es für weit unter seiner Würde, solch eine dreckige Arbeit zu verrichten.

Seit Kizette im Internat war, fühlte Tamara sich einsamer denn je. Auch Malvina zürnte ihr, ohne es jedoch deutlich auszusprechen.

Da beschloß sie, eine kleine Reise zu machen. Morgens früh sagte sie zu Tadeusz: Ich fahre nach Monte Carlo.

Er blickte sie kaum an, erwiderte nur höhnisch: Selbstverständlich, wohin denn sonst?, schlüpfte in seinen Mantel und machte sich auf den Weg zur Bank, wo er sich ganz zum Erstaunen des Onkels recht gut eingefügt hatte.

Tamara packte einige wenige Dinge ein, sie wußte selbst nicht, wie lange sie fortbleiben wollte, setzte sich in ihren gelbschwarzen kleinen Renault und fuhr los.

Die Straße war staubig. Das Herbstlicht tauchte die Landschaft in ein Feuerwerk aus Rot und Gold. Tamara konzentrierte sich aufs Fahren. Sie liebte es, am Steuer zu sitzen, liebte die

Geschwindigkeit und die Gleichzeitigkeit der Eindrücke und Gefühle. Sie war hoch konzentriert und entspannt in einem. Ihr Körper bediente die Maschine, die genau tat, was sie wollte, er achtete auf die Straße und den Verkehr. Gleichzeitig nahm sie mit allen Sinnen wahr. Sie sah die Veränderungen des Lichts, sog die Farben der Landschaft auf und betrachtete innere Filme, Bilder aus vergangenen Zeiten, die sie nicht gerufen hatte, die aber erschienen; und bei alldem dachte sie darüber nach, was sie eigentlich in Monte Carlo wollte.

Plötzlich wußte sie es. Es war die Großmutter.

Seit die Großmutter aus ihrem Leben verschwunden war, suchte Tamara nach ihr. Niemand hatte ihr jemals wieder solche Geborgenheit, solchen Halt vermitteln können wie einst die Großmutter.

Während sie mit atemberaubender Geschwindigkeit in Richtung Mittelmeer raste, spürte Tamara, wie ihr allmählich leichter wurde. Mit jedem Kilometer entfernte sie sich von der Frau, die bald dreißig Jahre alt sein würde, die sich fast alles, was sie sich wünschte, selbst gab oder selbständig dafür sorgte, daß sie es irgendwie bekam. Und sie näherte sich der Tamara, die nur die Hände öffnen mußte, damit das Leben und die Seligkeit hineinfallen konnten. Und wer dafür sorgte, daß Tamaras Hände nicht leer blieben, war die Großmutter.

Tamara fuhr durch ein Meer von einander abwechselnden Gefühlen. Ein flimmerndes, bewegtes Meer, in dem eine Welle die andere ablöste und keine der vorigen glich. Sie erinnerte sich daran, wie die Großmutter wortlos dafür gesorgt hatte, daß sie nicht ins Internat fahren mußte, und plötzlich grollte sie ihrer eigenen Mutter, die nicht genug Stärke besessen hatte, Kizette in ihrem Elend zur Seite zu stehen. Gleichzeitig wußte Tamara selbstverständlich, daß sie jedes Lügentheater, das ihre Mutter und ihre Tochter inszeniert hätten, sofort durchschaut hätte. Und doch wünschte sie, ihre Mutter wäre stark genug, sie, Tamara, zu überwältigen, ja, sie wünschte sich plötzlich unbändig einen Menschen, der stärker war als sie selbst, der sie besiegte, der ihren Körper, ihre Gefühle, ihr Leben in seine Hände nahm und darüber bestimmte, ohne daß sie die Wahl hatte, einfach weil er stärker war als sie. Dieser Wunsch erfüllte sie für einige Kilometer ganz und gar. Dann wieder genoß sie ihre Kraft, ihre Intelligenz, ihre Macht, das Fahrzeug, diese explosive Kraft unter ihr, genau in die Richtung zu bewegen, in die sie wollte.

Und sie wollte nach Monte Carlo! Der junge Mann von damals fiel ihr ein, und sie wünschte sich, ihn wiederzutreffen, sie wünschte sich plötzlich inständig, daß er ein bedeutender Maler geworden war, zugleich erdverbunden, kraftvoll und sinnlich wie ein Fischer. Und sie wünschte sich, daß er weder Frau noch Kinder hatte. Sie überlegte, wie alt er jetzt wohl sein mochte. Mitte Dreißig, mutmaßte sie, sie hatte sein damaliges Alter vergessen.

Während der letzten Kilometer, die sie durch die Nacht fuhr, war sie ganz und gar erfüllt von dieser Sehnsucht: Hoffentlich gibt es ihn noch, hoffentlich ist er interessant, hoffentlich ist er immer noch erdverbunden und sinnlich, hoffentlich hat er keine Frau, hoffentlich finde ich ihn.

41

Als sie in Monte Carlo ankam, zog bereits der Morgen herauf. Sie fuhr als erstes ans Meer und blieb eine Weile im Auto sitzen, benommen von der langen Fahrt. Am Horizont erhob sich die Sonne und legte einen Schleier aus blutroter Seide aufs Wasser. Tamara kniff die Augen zusammen. Sie wäre gern mit nackten Füßen über den Sand gelaufen, aber sie war zu müde.

Sie stieg wieder in dem Hotel ab, in dem sie damals mit ihrer Großmutter gewohnt hatte. Auch hier hatte sie während der letzten Jahre vom Portier eine kleine Dachkammer zur Verfügung gestellt bekommen, die er ihr frei machte, nachdem er sie wie eine alte Bekannte begrüßt hatte. Tamara fühlte sich da oben mit dem Blick über das Meer wie eine reiche Frau.

Während sie, eine Hand gegen die schräge Wand gestützt, aus dem kleinen Dachfenster auf den noch menschenleeren Strand schaute, empfand sie wieder die leidenschaftliche Sehnsucht nach dem jungen Mann von damals, und gleichzeitig wunderte sie sich. Sie war seit jener Zeit schon so viele Male in Monte Carlo abgestiegen, sie hatte so viele Male diesen Blick genossen, doch nie war sie von Erinnerungen belagert worden wie jetzt.

Sie sah da draußen auf dem Strand das hoch aufgeschossene Mädchen mit den langen rotblonden Haaren und den jungen Mann, groß, dunkelhaarig, der zärtlich die Hand des Mädchens über den Stein führte, bis auf dem rauhglatten Untergrund ein kleiner Margeritenstrauß erblüht war. Und plötzlich wußte sie, was sie damals nicht geahnt hatte: Dieser junge Mann war gnadenlos in sie verliebt gewesen, und er hatte nicht gewagt, sich ihr zu nähern. Sie erinnerte sich an seine abweisende Miene, als sie ihn gebeten hatte, ihr sein Zuhause zu zeigen. Zu gern hatte sie seine Eltern, seine Geschwister, seine tägliche Umgebung kennenlernen wollen. Als er ihr schließlich den Wunsch erfüllte, hatte es für sie die Einladung zu einem amüsanten Spiel bedeutet.

Jetzt erst begriff Tamara, welche Qualen er ausgestanden haben mußte, als er ihr sein ärmliches und heruntergekommenes Elternhaus präsentierte. Seine Mutter hatte mit ihren verhärmten Zügen – den strengen Falten einer Frau, die nie genug Schlaf hatte und selten mal ein freundliches Wort zu hören bekam – älter ausgesehen als Tamaras Großmutter. Der Freund hatte sie Tamara ein wenig verlegen vorgestellt, zugleich aber hatte er beschützend den Arm um die eingefallenen Schultern seiner Mutter gelegt.

Damals hatte die ganze Wirtschaft auf Tamara wie ein großer Spielplatz gewirkt. Sie hatte gar nicht wieder weggewollt, hatte mit den vor dem Haus herumlaufenden Hühnern gespielt, hatte die Katze auf den Schoß genommen und bei all dem darauf geachtet, sich nicht schmutzig zu machen.

Während Tamara auf das mittlerweile scharlachrote Meer blickte, sah sie plötzlich vor sich, als steige das Bild aus dem Meer auf, wie sie damals mit ihrem Freund den Einkaufsbummel unternommen hatte. Sie begriff, was die Unternehmung für ihn bedeutet hatte. Jetzt, da sie ihn vor ihrem inneren Auge sah, so scharf und unverfälscht, als stünde er leibhaftig vor ihr, jetzt erkannte sie, wie kurz seine Hosen waren, wie unpassend der Anzug, jetzt begriff sie, daß dieser Bummel für ihn wie ein Ausstieg aus Raum und Zeit gewesen sein mußte.

Sie dachte: Es muß für ihn so eine Art Emigration gewesen

sein, vielleicht auch eine Flucht aus dem beschränkten Horizont seines Elternhauses. Großmutters Reichtum, Toleranz und Großzügigkeit haben ihn angezogen. Vielleicht, dachte Tamara mit einemmal, ging es gar nicht so sehr um mich, vielleicht ging es allein um Großmutter, um ihre Bereitschaft, diesen jungen Mann als ihresgleichen zu akzeptieren, als jemanden, dem sie Vertrauen schenkte und dessen Obhut sie das Juwel von Enkelin zu überlassen bereit war.

Die ersten Strandspaziergänger erschienen, dort eine junge Frau mit einem kleinen Kind an der Hand, weiter hinten ein Mann, der einen weißen Hund herumtollen ließ.

Tamara erkannte das Ungewöhnliche im Handeln der Großmutter. Wäre sie selbst in einer solchen Situation bereit gewesen, die schäbige Kleidung eines jungen Mannes zu übersehen und ihre Tochter seinem goldenen Herzen anzuvertrauen? Hätte sie nicht viel eher dunkle Absichten gewittert, dem Jungen unterstellt, er wolle die Kleine möglichst raffiniert entjungfern, um sie dann ehelichen zu müssen und damit an ihr Geld zu kommen?

Tamara lächelte in sich hinein. Naivität konnte die Großmutter nicht geleitet haben, so hatte Tamara sie nicht in Erinnerung. Die Großmutter hatte nicht nur vier Töchter geboren, sie war zudem, soweit Tamara zurückdenken konnte, eine Frau gewesen, die sich in männlicher Gesellschaft charmant und witzig gab.

Im übrigen reichte Tamaras Menschenkenntnis mittlerweile weit genug zu wissen, daß diejenigen, die sexuell ängstlich und unerfahren waren, anderen eher schmutzige Absichten und Aktivitäten unterstellten als diejenigen, deren sexuelles Leben glücklich und befriedigend war. Sie erklärte sich das mit den geheimen Phantasien, glaubte, die Unerfüllten trieben es in ihren Phantasien so zehrend, daß sie annahmen, alle sexuell Aktiven und Zufriedenen würden genau diese Phantasien in die Tat umsetzen. Vielleicht hatte die Großmutter so viel erlebt, daß sie von ihren Erinnerungen zehren konnte und nicht auf Mißtrauen provozierende Phantasien angewiesen war.

Oder, dachte Tamara plötzlich, und der Gedanke amüsierte sie, oder war die Großmutter so vernarrt ins Roulette, daß es ihr völlig gleichgültig war, welche Gefahr mir möglicherweise drohte? War für sie vielleicht die Hauptsache, daß ich irgendwie beschäftigt war, damit sie ungestört ihrem Vergnügen nachgehen konnte? Wie auch immer, Großmutters Toleranz, Menschenkenntnis oder Spielgier hat mir zu der Begegnung mit einem einmaligen Menschen verholfen. Und ich würde ihn gern wiedersehen.

Tamara legte sich angekleidet aufs Bett. Sie war viel zu müde, um sich noch zu waschen oder umzuziehen. Am nächsten Tag, so beschloß sie im Einschlafen, würde sie sich vollkommen ihrer Regeneration widmen, würde sich in der frischen Luft bewegen, sich waschen und cremen und die Haare pflegen, und einen Tag darauf war sie sicherlich so weit hergestellt, daß sie sich aufmachen konnte herauszufinden, was für ein Mann aus dem vielversprechenden Rohmaterial geworden war.

Doch am nächsten Morgen schienen die heißen Wünsche vom Vortag wie Szenen aus einem Traum. Tamara verfolgte kein Ziel mehr. Sie ließ sich treiben, saß stundenlang in der Sonne und blickte aufs Meer. Sanfter Wind umschmeichelte seidig ihre Haut. Tamara erinnerte sich an die weiche Hand der Großmutter, die sie so oft liebkost hatte. Nie war ihr die Großmutter wieder so nahe gewesen wie jetzt.

Eigentlich hatte sie nie Abschied genommen, hatte es nie glauben wollen, daß die Großmutter wirklich tot war; sie hatte einfach so getan, als sei die alte Dame immer noch ein Teil ihres Lebens, irgendwo anwesend, ohne daß sie sich Gedanken darum machen mußte. Jetzt aber, da ihre eigene Tochter in der Lage war, in der sie selbst damals gewesen war, jetzt erkannte Tamara plötzlich, was ihre Großmutter für sie bedeutet hatte. Die Großmutter hatte sie gerettet. Sie wäre zugrunde gegangen, wäre sie damals ins Pensionat gekommen.

Tamara trauerte. Sie trauerte um ihre kleine Tochter, der niemand geholfen hatte wie damals die Großmutter ihr. Sie trauerte darum, daß die Großmutter nicht mehr da war und niemandem mehr half, nicht ihr und auch nicht ihrer kleinen Tochter. Kizette hätte eine solche Urgroßmutter so gut brauchen können.

Aber Kizette hat doch mich! dachte Tamara und fühlte sich einen Augenblick lang schuldig, doch dann kam sie zu dem Ergebnis, daß Mütter nicht dazu da waren, ihre Kinder in dieser Weise zu schützen; Mütter mußten dafür sorgen, daß alles seinen Gang ging. Mütter mußten für ein Elternhaus sorgen, das den Kindern nicht schadete, und wenn sie einen Mann hatten, der dieses Elternhaus gefährdete, dann mußten die Mütter dafür sorgen, daß der Ehemann verschwand oder die Tochter in andere Verhältnisse kam. Großmütter hingegen konnten alle Erziehungsregeln verletzen, sie konnten ihre Enkel schützen und ihnen gleichzeitig die Welt weit öffnen. Großmütter konnten ihrem Enkelkind ihre ganze Weisheit und zugleich ihre Verspieltheit und Sinnenfreude weitergeben. Für Mütter stand die eigene Sinnlichkeit eher im Gegensatz zur Verantwortung für ein Kind. Verspieltheit lebten Mütter zumeist lieber mit einem Gespielen im Bett, und auch da störte ein Kind. Nein, Mütter waren eigentlich in einem Alter, in dem sie sich nicht besonders gut um Kinder kümmern konnten. Großmütter hingegen waren ideale Freunde für Enkel. Selbst Malvina war ideal für Kizette gewesen, jetzt, da beide weit entfernt waren, konnte Tamara es sich eingestehen. Aber, dachte sie bitter, Malvina ist eben so ein Angsthase, sie hat nicht gekämpft. Warum hat sie nicht verhindert, daß die Kleine in diese schreckliche Nonnenschule gekommen ist, warum hat sie einfach nur geweint und nichts getan?

Tamara betrauerte den Verlust ihrer Großmutter. Die Großmutter, davon war sie überzeugt, hätte Kizette nicht gehen lassen. Sie hätte sich etwas ausgedacht, oder sie hätte Tamara beiseite genommen und ihr ins Gewissen geredet.

Tamara erwog keine Sekunde lang, ihre Tochter aus dem Internat herauszunehmen. Sie trauerte nur. So verbrachte sie drei Tage. Von Zeit zu Zeit ermahnte sie sich selbst, sich nicht länger im Fluß ihres Trübsinns treiben zu lassen. Aber an welches Ufer schwimmen?

Da träumte sie von ihrem einstigen Freund hier in Monte Carlo. Er war ein großer selbstbewußter Mann geworden, der mit ihr am Meer saß und sie so zärtlich und liebevoll ansah, wie sie es nur von ihrer Großmutter erfahren hatte; es war ein liebender Blick auf einen Menschen, den es zu schützen galt. In ihrem Traum kam der Mann ihr näher und öffnete langsam ihr Herz, bis sie spürte, daß irgend etwas in ihr schmolz. Es tat weh, und es tat unglaublich gut. Sogar im Traum noch war Tamara erstaunt, wie vereist, hart und kalt da etwas in ihr gewesen war. Im Traum sagte sie zu dem Mann: Ich will mit dir schlafen, hier und jetzt. Und der Blick, mit dem er antwortete, erfüllte sie noch den ganzen folgenden Tag mit einer Süße und Wehmut, die ihr die Tränen in die Augen trieb. Aus dem Blick sprach die volle Kraft seines männlichen Begehrens, aber zugleich schützte er sie. Er griff nicht einfach zu, fiel nicht einfach über sie her, sondern sorgte sich um sie.

Einen Tag darauf schlenderte Tamara durch die Gassen, die sich oberhalb der Küste schlängelten und sich allmählich im leicht hügeligen Hinterland verloren. Hier irgendwo mußte es gewesen sein. Tamara vertraute ihrem Instinkt. Sie hatte ohnehin keine andere Wahl.

Während sie durch die Gassen streunte, wurde ihr Herz jung und sehnsüchtig, und es schien ihr, als wäre alles möglich. Das ganze zynische Pariser Leben, in dem es darum ging, jetzt und hier, genau in diesem Augenblick, sein Vergnügen zu genießen, ohne sich um morgen zu scheren, ohne sich um die Verantwortung für andere oder wenigstens für sich selbst Gedanken zu machen, einfach nur das Leben auszupressen wie eine Zitrone, die mit viel Zucker und hochprozentigem Alkohol geschlürft werden soll – das alles glitt von ihr ab wie Wasser von Schwanenflügeln, und sie fühlte sich rein und weiß und unschuldig. Und sehnsüchtig. Mit einemmal schien es ihr möglich, in der Liebe zu einem Mann einen Sinn zu finden, der über den einzelnen hinausging, der sie beide umfaßte und über sie hinausreichte. Mit einemmal konnte sie sich vorstellen, andere Bilder zu malen als bisher, weniger kalte, Bilder, in denen sie den Schutz der glatten Perfektion würde aufgeben und sich ganz und gar zeigen können. Sie stellte sich vor, hier am Meer mit einem Mann zu leben, der sie schützte, dessen Kleinod sie war, das Liebste, was er auf der Welt besaß. Und sie stellte sich vor, wie sie ihre kleine Tochter, ihre Kizette, hierherholte, hierher ans Meer. Sie würden alle gemeinsam auf einem ehemaligen Bauernhof leben, um sich herum Tiere, Katzen und einen Hund und vielleicht ein Pferd für die Kleine. Und dann, Tamara erschien das plötzlich als der Gipfel ihrer Sehnsucht, dann würde sie noch ein Kind bekommen, einen Sohn, der seinem Vater gleichen würde, dunkel und ruhig und sehr männlich, sanft und so ruhig und sicher, daß er schon als Kind seine Mutter würde beschützen können.

Nachdem sie eine Woche in Monte Carlo zugebracht hatte, wachte sie eines Morgens tränenüberströmt auf. Sie wußte nicht, was geschehen war. Nur langsam erinnerte sie sich an ihren Traum.

Sie hatte geträumt, wie sie zu ihrer eigenen Ausstellungseröffnung erschienen war. Aber es war anders gewesen als sonst. Ihr dunkler, zärtlicher Geliebter war bei ihr, sicher und ruhig wie immer, aber alles andere war fremd. Sie sah, wie Frauen um ihren Geliebten herumschwirrten; sie war eifersüchtig und wußte nicht, was sie tun sollte. Mit einemmal sah sie, daß ihre Bilder schief und krumm und verkehrt herum hingen, sie verlor den Überblick und geriet in Panik. Da wandte ihr Geliebter sich ihr zu und sagte: Tamara, bleib bitte bei mir, bitte, bleib immer bei mir, verlaß mich nie.

An mehr konnte sie sich nicht erinnern.

Sie fühlte sich schlapp und ausgelaugt.

Ihr Frühstück nahm sie auf einer Terrasse nahe beim Meer ein. Für eine Weile zerstreute sie sich durch einen Augenflirt mit einem Mann, der ihr aufgefallen war, weil er ganz in Grau war und dennoch strahlte. Er trug einen hellgrauen Anzug, hatte einen dicken grauen Schnauzbart und buschige graue Brauen über hellgrauen blitzenden Augen. Doch auch er konnte ihre Aufmerksamkeit nur kurz binden.

Bald machte sie sich auf zu einem Spaziergang am Meer, wo sie die Fußabdrücke verfolgte, die andere hinterlassen hatten. Danach kehrte sie in ihr Zimmer zurück und legte sich aufs Bett.

Immer wieder kam der Traum zu ihr zurück. Traumbilder, damit beschäftigten sich eigentlich andere. Tamara hatte diese Mode bisher abfällig belächelt. Die Surrealisten malten nichts anderes, Chagall, mit dem Tamara befreundet war, ließ sich zu jedem seiner Bilder durch Träume inspirieren. Tamara aber hatte nichts auf Träume gegeben, sie verbrachte ihre Nächte mit Schlaflosigkeit, Malen oder besinnungslosem Schlaf. Ihre Bilder, ihr Leben entsprangen ihrem Verstand, ihrer Logik, ihrer Fähigkeit, Zusammenhänge schnell zu entdecken und zu entwickeln. Träume, Intuition, das alles war eher etwas für Männer, die ausreichend Zeit hatten, mit allem herumzuspielen. Sie mußte eine Familie ernähren. Sie wollte sich amüsieren. Sie wollte Erfolg haben. Für Träume gab es in ihrer Welt keinen Platz. Nun aber spukte ihr den ganzen Tag lang ein Traum durch den Kopf, schlimmer noch, durch alle Sinne. Es war, als könnte sie sich an den Duft des Mannes erinnern, an die Farbe der Frauen, die um ihn herum waren, an den bittersüßen Geschmack von Trauer und Verwirrung und Verletzlichkeit.

Natürlich, sagte sie sich schroff, der Traum ist eindeutig. Wenn ich einen Mann bei mir habe, der mich schützt und liebt, der sicher ist und stark, der nicht will, daß ich gehe, und der mir das auch mit seiner ganzen Innigkeit zeigen kann, dann komme ich wahrscheinlich ein wenig durcheinander. Ich bin daran gewöhnt, stark sein zu müssen. Seit Jahren schon muß ich den Überblick bewahren, zumindest seit ich in Petersburg für Tadeusz' Befreiung gesorgt habe. Seitdem habe ich mich nie nur hingegeben, einfach nur gespielt oder mich anvertraut. Wenn jetzt einer für mich da wäre, käme ich wahrscheinlich gewaltig durcheinander.

Sie erinnerte sich an die warme und tiefe Stimme, die sagte: Bitte bleib bei mir, bleib immer bei mir! und faßte einen Entschluß. Wenn sie den Mann wiederfand und wenn es die allerkleinste Chance gab, ihn dazu zu bewegen, daß er sie liebte, würde sie alles aufgeben, woran sie sich seit Petersburg klammerte. Sie würde das Risiko eingehen, daß alles durcheinandergeriet, daß die Bilder wackelten und schief hingen, daß andere Frauen plötzlich Konkurrentinnen wurden und andere Männer uninteressant. Sie würde alles auf sich nehmen, wenn nur die einzig wirkliche und erfüllende Liebe zu ihr käme.

Am Nachmittag bummelte sie durch die Einkaufsstraßen von Monte Carlo. Sie wollte nichts kaufen, es ging ihr nur darum, unter Menschen zu sein. Da plötzlich fiel ihr Blick auf bemalte Steine im winzigen Schaufenster eines schlauchförmigen Souvenirladens. Ihr Herz stockte. Es war die gleich Schrift: *Monte Carlo*. Die gleiche Schrift und die gleichen Blumen. Ja, dort erkannte sie den Margeritenstrauß wieder, den sie einst so akkurat gepinselt hatte. Mit zitternden Händen drückte sie die Türklinke herunter.

Eine Lampe mit rosa Schirm beleuchtete den Raum. Das rosa Licht gab dem Ganzen einen Anstrich von Puppenstube. Tamara sah sich um. Überall lagen Souvenirs aus, bemalt mit der ihr bekannten Handschrift. Eine junge Frau, klein und rundlich, kam auf sie zu und fragte, ob sie ihr behilflich sein könne. Tamara schluckte. Dann erkundigte sie sich, so beiläufig sie konnte, nach dem Künstler. Sie sagte Künstler ohne jede Ironie, ja, sie betonte das Wort sogar, als wollte sie auf jeden Fall deutlich machen, daß der Schöpfer der Bilder und Inschriften für sie ein Künstler sei.

Die Frau schüttelte ihre langen dunklen Locken und sagte leicht amüsiert: Künstler, oh, das wird ihn freuen. Er ist ganz versessen darauf, so bezeichnet zu werden. Was mich betrifft, sie wandte sich vertraulich an Tamara, ich glaube, Kunst ist etwas anderes, ich liebe zum Beispiel einen Maler namens Cézanne, von dem habe ich einmal Bilder gesehen, die in Monte Carlo ausgestellt waren. Das waren genau die Farben, wie ich die Welt sehe, aber so, wie Jean-Pierre die Blumen malt, nun, ich finde, so sehen sie nicht aus.

Jean-Pierre, ja, genau, das war sein Name. Seit Tagen hatte Tamara nach dem Namen gesucht. Sie war wütend auf die Frau. Wie konnte sie nur so abfällig über einen Mann sprechen, der mit aller Sensibilität versuchte, Kunst und die Notwendigkeit des Verkaufs zu verbinden?

Jean-Pierre, sagte sie und lächelte die Kleine verbindlich an, ja, genau, der Name sagt mir etwas. Ich glaube, ich kenne den Künstler von früher. Können Sie mir vielleicht sagen, wo er wohnt?

Die Dunkelhaarige lachte laut auf. Sie kennen Jean-Pierre von früher? fragte sie heiter. Der Schlingel. Er hat mir nie erzählt, daß er jemals in Paris war. Sie kommen doch aus Paris, oder?

Als Tamara befangen nickte, fuhr sie fröhlich fort: Sicher, hab ich gleich gehört, dieser Akzent ...

Ich bin Polin, warf Tamara eisig ein. Würden Sie bitte die Adresse sagen.

Die Adresse? Ach, natürlich, wir wohnen in der Rue Marguérite, 16, aber, Madame, es wäre besser, wir würden verabreden, wann Sie kommen, weil, die Kleine errötete ein wenig, es ist bei uns nicht allzu ordentlich, wissen Sie. Der Laden und die Kinder und Jean-Pierre, der immerzu Steine sammelt und bemalt, nun, ich weiß nicht, wie Ihr Mann ist, sie warf einen angelegentlichen Blick auf Tamaras Ehering, aber meiner ist nicht eben praktisch veranlagt. Sie lächelte verschwörerisch. Ich muß einfach alles tun. Die Kinder, der Haushalt, der Laden, man muß ja irgendwie leben. Na ja, und er ist irgendwie mein viertes Kind. Deshalb, Sie verstehen... Bitte sagen Sie mir vorher, wann Sie kommen wollen, so daß ich mich ein wenig darauf vorbereiten kann.

Tamara kam sich vor, als wäre sie doppelt so groß wie die dunkle Frau. Drei Kinder? fragte sie ungläubig. Jean-Pierre und Sie haben...?

Ja, erwiderte die Dunkle fröhlich, drei Kinder. Erzählen Sie mir bloß, wann Sie Jean-Pierre begegnet sind! Nie hätte ich ihm eine so elegante Freundin zugetraut!

Tamara richtete sich hoch auf und sah auf die Kleine herab. Woher die ihr Selbstbewußtsein nahm, war ihr unbegreiflich. Und Eifersucht schien sie überhaupt nicht zu kennen.

Nun, sagte sie, es ist noch gar nicht so lange her. Grüßen Sie ihn bitte von Tamara.

Von Tamara, ja, sagte die Kleine, und nun wirkte sie schüchtern.

Mit einem kühlen Adieu verließ Tamara den Laden.

42

Tamara ging in ihr Hotelzimmer, wusch sich von Kopf bis Fuß und kleidete sich an: gelber Pullover, schwarzer Rock und schwarzer Hut. Sie wollte bei Chanel vorbeifahren, vielleicht gab es dort etwas Neues zu sehen. Am nächsten Tag wollte sie nach Paris und an ihre Arbeit zurückkehren. Sie hatte schon viel zu viele Tage geschlampt.

Sie war in den Farben ihres Autos gekleidet, Gelb und Schwarz. Wenn man bei Chanel vorbeischaute, zeigte man Stil, das war selbstverständlich für Tamara.

Man kannte sie und zeigte ihr einige neue Kleider, doch nichts gefiel ihr so recht. Sie trank mit der Directrice Chantal und dem Mannequin Béatrice ein Glas Champagner, tauschte ein wenig Klatsch aus und mobilisierte all ihre Selbstdisziplin, um den Kloß aus Tränen, Einsamkeit und Enttäuschung, der in ihrer Brust saß, zu verkapseln. So würde er zwar ihre Atmung ein wenig flacher machen, aber sie würde nicht im unpassenden Augenblick plötzlich rührselig werden. Der Klatsch schien ihr fad, und sie langweilte sich. Trotzdem blieb sie, bis die Directrice sie fragte, ob sie vielleicht Lust habe, am Abend mit ihr essen zu gehen. Daß sie aus reiner Höflichkeit fragte, war nicht zu überhören. Die Directrice wohnte in Monte Carlo, und es gab sicher einen Mann oder Liebhaber, der sie erwartete.

Tamara blickte auf die Uhr und rief: Oje, ich habe die Zeit mit Ihnen verplaudert. Dabei bin ich zum Essen verabredet. Verzeihen Sie, ich muß mich leider beeilen.

Im letzten Augenblick erstand sie noch einen schwarzen breitkrempigen Hut, der ganz nach ihrem Geschmack die rechte Wange dramatisch beschattete. Als sie zu ihrem Renault kam, entdeckte sie einen unter den Scheibenwischer geklemmten Zettel. Bevor sie noch die in einer eigenwilligen weiblichen Schrift gekritzelte Notiz gelesen hatte, empfand sie plötzlich eine absurde Hoffnung auf Erlösung.

«Sie sehen so großartig aus in Ihrem Wagen, daß ich gern Ihre Bekanntschaft machen würde.» Darunter ein Frauenname und als Adresse Nizzas Luxushotel Ruhl. Wie irrational die Hoffnung gewesen war! Tamara war enttäuscht und wütend zugleich.

Ziellos fuhr sie eine Weile die Küstenstraße entlang, dann wendete sie und steuerte ihr Hotel an. Als sie ausstieg, verspürte sie den nahezu übermächtigen Wunsch, noch einmal die kleine Souvenirboutique aufzusuchen. Streng verbot sie sich solch dumme Rührseligkeiten, ging zur Rezeption und tat kund, daß sie am Morgen abzureisen gedenke.

Am darauffolgenden Morgen fuhr sie noch vor dem Frühstück nach Nizza, ließ im Ruhl der Unbekannten ausrichten, daß die Fahrerin des Autos aus Monte Carlo angekommen sei und beim Petit déjeuner auf sie warte. Tamara hatte sich kaum hingesetzt und ihre Bestellung aufgegeben, als neben ihrem Tisch eine äußerst elegante Dame auftauchte, die sie in fließendem Französisch ansprach; der deutsche Akzent allerdings war unverkennbar.

Ich wußte ja gar nicht, sagte sie und klang über die Maßen begeistert, ich fand nur, daß die Fahrerin und ihr Auto einen großartigen Anblick bieten. Aber jetzt ... Die Dame holte tief Luft, setzte sich Tamara gegenüber an den Tisch, lehnte sich ihr weit entgegen, lachte sie fröhlich an und fragte: Sie sind die Malerin de Lempicka, nicht wahr?

Tamara war überrascht. Sicher, sie war nicht mehr ganz unbekannt, aber daß eine völlig fremde Frau im Ruhl in Nizza sie auf Anhieb identifizierte, schmeichelte ihr sehr.

Ja, Madame, die bin ich, erwiderte sie bescheiden.

Nun, ich bin die Herausgeberin des Deutschen Modejournals *Die Dame*, stellte die Frau mit dem deutschen Akzent sich vor. Zunächst war ich ja nur an Ihrer Erscheinung interessiert, aber jetzt... Wären Sie bereit, ein Bild von sich in Ihrem gelben Wagen für die Titelseite unseres Magazins zu malen?

Tamara wußte sofort, daß sie ja sagen würde, ein solcher Auftrag bot alles, was sie brauchte. Er würde sie über die Landesgrenzen hinaus bekannt machen, der Abdruck in der Zeitung würde sofort Geld einbringen, und zusätzlich würde sie das Original auch noch verkaufen können. Dennoch zögerte sie und erkundigte sich, ob oft Künstler für diese Zeitschrift arbeiteten und ob *Die Dame* über Erfahrung in der Zusammenarbeit mit diesen verfüge.

Da sage ich ehrlich nein, erwiderte die Herausgeberin und lachte wieder ihr überraschend natürliches Lachen. Unsere Fotografen würden mir jetzt allerdings den Hals umdrehen. Nun, Madame de Lempicka, wenn Sie die Frage im Hinblick auf Ihre künstlerische Freiheit stellen, so kann ich Ihnen versichern, daß ich Ihnen voll vertraue. Ich habe bei Colette Weill einige Ihrer Bilder gesehen und war sehr angetan; und jetzt, da ich Sie auch persönlich erlebe, bin ich um so mehr überzeugt, daß Ihr Stilgefühl perfekt ist.

Sie zog ihre Puderdose aus der Handtasche und kontrollierte ihr Lippenrouge, dabei nannte sie beiläufig einen Preis, der Tamara aufhorchen ließ.

Madame, da kann ich nicht nein sagen, bekannte sie lächelnd.

Von da an erwähnten die beiden das Bild mit keiner Silbe mehr. Erst als Tamara aufbrach, nannte die Deutsche einen Abgabetermin, und Tamara stimmte sofort zu. Sie war es gewöhnt, ein Bild innerhalb einer Woche fertigzustellen, diese Frist von einem Vierteljahr bereitete ihr nicht das geringste Problem.

Umgehend fuhr sie nach Paris zurück und machte sich an die

Arbeit. Sie steckte ihren ganzen Trotz, all ihr Können, ihre Wildheit und ihre gestalterische Kraft in dieses Bild, und es wurde wunderbar. Sie malte ein Selbstporträt und zugleich eine moderne Amazone, eine kühle, unnahbare Frau, behelmt und behandschuht am Steuer ihres Autos, das sich von einem gelben Renault in einen grünen Bugatti verwandelt hatte. Doch die Frau saß nicht nur am Steuer ihres Autos; Tamara machte deutlich, daß sie ebenso am Steuer ihres Lebens saß. Der lockere Faltenwurf ihres grauseidigen Schals, dazu der Blick, von oben herab und verführerisch zugleich, der rotgeschminkte Mund und die rotblonde Locke, die sich aus dem grauen Helm hervorwagte – das alles signalisierte: Diese Frau spielt ebenso offensiv mit ihrer Erotik wie mit dem Autofahren – sie stellt sich allem, was sie herausfordert.

Das Bild war nach drei Wochen fertig, drei Wochen, während derer sie Tag und Nacht arbeitete und sich unempfindlich machte gegen Tadeusz' Sticheleien, Malvinas beleidigte Miene und ihre eigene Traurigkeit.

Schließlich ließ sie das Gemälde fotografieren und schickte das Foto nach Berlin. Umgehend erhielt sie ein begeistertes Telegramm von der Herausgeberin der *Dame*: «Grandios. Das ist das perfekte Bild der modernen Frau. Ich bin stolz.»

43

Weihnachten kam Kizette zu Besuch. Sie war verändert. Scheu war sie immer gewesen, jetzt aber hatte ihr Blick etwas verstohlen Anklagendes. Tamara erschien das Kind fast lauernd mit seinem Blick, seinem Schweigen, seiner braven und bereitwillig devoten Haltung. Allein der Mund zeigte, daß dieses Mädchen auch Eigenwilligkeit und Trotz besaß, der Mund erinnerte Tamara an sie selbst.

Sie fragte nach dem Internat, und Kizette erwiderte brav

und schüchtern: Nun, der Tagesablauf ist fest geregelt. Wir stehen auf, wir beten, wir frühstücken, gehen zur Schule, essen wieder, schlafen, machen unsere Schulaufgaben, gehen ein wenig in den Park, singen fromme Lieder, essen zu Abend, beten und schlafen.

Tamara stockte der Atem. Einen Augenblick lang hatte sie die schreckliche Phantasie, von nun an ihrer Tochter gegenüber stumm zu sein, da fuhr Kizette fort: Am Sonntag ist keine Schule. Da ist vormittags Gottesdienst, mittags gibt es Braten und Süßspeise, am Nachmittag machen wir mit den Nonnen einen Ausflug, und am Abend singen wir fromme Lieder.

Tamara spürte, wie ein irres Gelächter in ihr hochstieg.

Tadeusz rettete die Situation. Er fragte jovial, ob die Mädchen auch Nonnenwitze rissen, wenn die Nachtruhe eingeläutet sei, oder ob sie sich alle schon in kleine Nonnen verwandelt hätten.

Kizette lächelte schüchtern und bekannte, sie würden einander schon manchmal Witze erzählen, das müßte aber sehr leise geschehen, da immer eine Nonne im Schlafsaal Wache halte und die Nonnen gute Ohren hätten.

Im Schlafsaal! Tamara erschauerte. Wieso hatte sie sich nicht erkundigt, wie viele Mädchen dort ein gemeinsames Zimmer bewohnten? Sie war selbstverständlich davon ausgegangen, daß es in jedem Internat so geregelt sei wie in ihrem Pensionat in Lausanne, jeweils zwei Mädchen in einem Zimmer.

Da fragte Tadeusz auch schon mit einem vorwurfsvollen Blick auf Tamara: Schlafsaal? Wieso Saal? Sag bloß, ihr schlaft alle zusammen?!

Kizette erwiderte brav – und Tamara erschauerte abermals, denn ihre Tochter erschien ihr wie eine leblose Puppe: Nein, wir schlafen nicht alle zusammen, in jedem Saal schlafen zehn Mädchen.

Mein Gott, entfuhr es Tamara, zehn Mädchen! Bist du etwa nie allein?

Das müßtest du doch wissen, wies Tadeusz sie zurecht. Du hast deine Tochter schließlich dort angemeldet und hingebracht. Oder willst du mir etwa erzählen, du wüßtest nicht, wie der Betrieb dort organisiert ist?!

Tamara gab trotzig zurück: Da du dich nicht um die Bildung deiner Tochter gekümmert hast, habe ich das Internat mit dem besten Ruf ausgesucht. Solltest du ein besseres kennen, nenn es nur, wir melden Kizette morgen dort an.

Kizette kauerte sich auf ihrem Stuhl zusammen. Ihr rechter Fuß war leicht abgeknickt und unter den linken geschoben. Sie hielt sich mit der linken Hand an der Stuhllehne fest. Ihre rechte Hand lag offen auf ihrem Schoß, als sei sie eine Bettlerin, die eine milde Gabe erflehe.

Tamara sah plötzlich diese Haltung kühl und präzise, diese Mischung aus Unbeholfenheit, Haltsuche und Begehrlichkeit, und sie beschloß, das Kind zu malen, noch in den nächsten Tagen.

Energisch drängte sie zum Schlafengehen und sagte aus einer spontanen Laune heraus: Kizette, mein Liebling, morgen gehen wir zum Friseur, deine Locken sehen furchtbar provinziell aus. Die jungen Mädchen von heute tragen schicke kurze Strähnen. Wollen wir morgen einen Schönheitstag machen? Zuerst zum modischsten Coiffeur von Paris, dann kaufen wir dir ein Kleid, meine Süße, und dann will ich dich malen, einverstanden?

Einverstanden, sagte Kizette höflich und gab ihrer Mutter einen Gutenachtkuß.

Für einen Augenblick hatte Tamara das Bedürfnis, ihre Tochter zurückzustoßen und zu schütteln. Auch am folgenden Tag dachte sie häufig: Das Kind treibt mich zum Wahnsinn!

Ihr kam es so vor, als hätte Kizette keinen eigenen Willen mehr. Sie schleppte sie zum Friseur, und der machte aus dem braven Mädchen mit den halblangen Locken eine schicke Großstadtgöre mit kurzen, ins Gesicht fallenden Fransen. Dann kaufte sie ihrer Tochter ein schlichtes und dennoch festliches graues Seidenkleid und überließ es Kizette, sich ein weiteres Kleid auszusuchen. Die Kleine entschied sich für einen Schottenrock und eine weiße Bluse. Tamara verdrehte die Augen. Hätte der Herrgott ihr doch einen Sohn geschenkt und nicht einen solchen Ausbund an mädchenhafter Gesittetheit!

Dann aber sah sie wieder Kizettes Augen, die hilflos um ihre Zustimmung buhlten, und hatte ein schlechtes Gewissen. Sie gab sich ja Mühe, die Kleine so herzurichten, daß sie ihr gefiele, aber Kizette machte es ihr arg schwer. Immer wieder verglich Tamara ihre Tochter mit der kleinen Bandenchefin, die alle mit einer vermeintlichen Schwindsucht an der Nase herumführen konnte, mit der Freundin des Bildermalers, die sich einen roten Mantel und einen dramatischen schwarzen Hut kaufte und nicht im entferntesten auf die Idee gekommen wäre, aus freien Stücken einen Faltenrock und eine weiße Bluse anzuziehen.

Schließlich ging sie mit der Kleinen in eine Schuhboutique, und Kizette steuerte sofort auf glänzende schwarze Lackschuhe mit Riemchen zu. Nun denn, sagte Tamara grimmig und kaufte gleich drei Paar weiße Kniestrümpfe dazu.

Mittlerweile brannte sie regelrecht darauf, Kizette in die Pose zu bringen, die sie genau vor sich sah. Zu Hause bat sie Kizette, das graue Kleid anzuziehen, die weißen Kniestrümpfe und die Lackschuhe, und sich ganz zwanglos aufs Sofa zu setzen. Was sie erhofft hatte, geschah. Kizette wählte von allein die Pose, die Tamara gestern beobachtet hatte: Sie hielt sich mit der linken Hand an der Lehne fest, schob den linken Fuß haltsuchend und linkisch unter den rechten und neigte devot und schüchtern ihr Köpfchen.

Wunderbar, meine Kleine, gurrte Tamara, bleib so sitzen, solange du kannst.

Sie brauchte nur noch wenige Handgriffe, um genau das Modell zu haben, das sie wollte. Sie drapierte die Falten des Kleides schräg vor Kizettes Bauch, so daß sie wunderbar auf die rechte Hand wiesen, eine auf dem Oberschenkel liegende geöffnete Bettlerhand. Durch das Raffen des Kleides war der Saum weit hochgerutscht. Tamara war es nur recht. Kizette hatte die schönen langen Beine von der Mutter geerbt, sie waren Schmuckstücke.

Tagelang waren Tamara und Kizette einander sehr nahe. Das intime Beisammensein von Maler und Modell gab Tamara allmählich Sicherheit im Umgang mit ihrer Tochter. Und Kizette löste sich in der angestrengten Haltung ganz von allein und begann zwanglos mit ihrer Mutter zu plaudern.

Es war nicht das erste Mal, daß sie ihre Tochter malte, und wie früher auch schon kamen die beiden einander dabei nahe und verschmolzen zu einer verschworenen Einheit. Tadeusz spähte zuweilen in das Zimmer, das Tamara zu ihrem Atelier erkoren hatte, aber er hatte keine Chance, sich zwischen Mutter und Tochter zu drängen.

Sie fertigte mehrere Skizzen an, dann erst entschied sie über die Bildkomposition. Kizette sollte vor dem Hintergrund der

Großstadt gemalt werden. Ein Bild ganz in Grau. Eine Großstadtpflanze, ein Mädchen, das auf dem Balkon sitzt, auf einem Acryl-Hocker in modernstem Design; die altmodischen Mädchenschuhe und die weißen Kniestrümpfe bilden einen seltsamen Gegensatz zu dem modernen Fransenhaarschnitt. Die skeptischen Augen und der trotzige Mund stehen im Gegensatz zu dem geneigten Köpfchen. Die festhaltende linke Hand und die geöffnete rechte stehen ebenfalls im Gegensatz zueinander. Das Bild zeigt Widersprüche über Widersprüche, in denen ein kleines Mädchen steckt, das kein kleines Mädchen mehr ist. Wenige Jahre noch, sagt das Bild, und dieses kleine Mädchen wird den Männern die Hölle heiß machen. Sie wird sie an der Nase herumführen mit ihrer Bravheit und den langen Beinen, mit ihrer koketten Weibchenhaltung und der geöffneten Hand; in dieser Larve steckt schon ein raffinierter Schmetterling.

Als Kizette schließlich Abschied nehmen mußte, war das Bild fertig. Kizette schaute es lange und prüfend an, dann richtete sie den Blick auf Tamara und sagte: Ich glaube, diesmal bin ich dir nicht gut gelungen. Das hat nicht viel Ähnlichkeit mit mir.

Tamara fuhr zusammen, erschrocken über die Scharfsicht der Kleinen, dann aber lachte sie und sagte: Ein Bild von einem Menschen ist immer ein bißchen der Mensch und ein bißchen der Maler. Und das da ist eben die Kizette, die ich gemalt habe. Vielleicht wirst du ja einmal so, und ich habe mit meinen Hexenaugen in die Zukunft gesehen.

Tadeusz wurde zornig, als er das Bild sah. Er zischte: Als nächstes steckst du deine Tochter ins Bordell.

Jetzt wunderte Tamara sich über die Scharfsicht ihres Mannes.

Sie reichte das Bild für die «Exposition Internationale des Beaux-Arts» in Bordeaux ein. Es wurde nicht nur sofort und ohne jede Frage angenommen und an einen sehr günstigen Platz gehängt, damit hatte Tamara gerechnet – von weiblichen Künstlern gemalte Kinderporträts wurden stets wohlwollend aufgenommen –, sondern sie erhielt auch noch den ersten Preis. Das allerdings überwältigte sie.

Sie wußte, daß sie weitaus bessere und kühnere Bilder gemalt hatte. Wütend beschloß sie, künftig vor allem Bilder von ihrer Tochter zu Wettbewerben einzureichen. Daß Kizettes Porträt ihr sogar eine Zeitungskritik in England einbrachte, registrierte sie beinahe spöttisch. «Madame de Lempickas Kunst ist eine Kunst der herausfordernden Gesten», hieß es da. Nun, dachte Tamara, damit haben sie nicht einmal so unrecht.

Von dem Preisgeld fuhr sie im Sommer mit Kizette nach Italien.

44

Tamara war neunundzwanzig Jahre alt. Sie hatte ihren Platz im Leben gefunden, so meinte sie. Sie war mit Leib und Seele Malerin, und alles, was sie sich wünschte, fand sie in der Kunst. Sie hatte ihren eigenen Stil gefunden, war inzwischen sogar ziemlich bekannt. Ihre Bilder wurden nicht schlecht verkauft, und nun hatte sie auch noch einen Preis gewonnen.

Sie versicherte sich, sie habe allen Grund, stolz und zufrieden zu sein. Schließlich war sie sogar in der Lage, die snobistische Nonnenschule für Kizette zu bezahlen. Gleichzeitig brachte sie es fertig, jung und makellos schön auszusehen, keinesfalls wie die Mutter des von ihr porträtierten Mädchens.

Sicherlich, ihre Ehe war enttäuschender denn je. Selbst die sexuelle Spannung, die lange noch angehalten hatte, war aufgelöst. Ihre Sexualität schleppte sich dahin. Tamara brachte sie mit Hilfe ihrer Phantasien hinter sich, und Tadeusz, so mutmaßte sie, war es gleichgültig, wo er sich befriedigte. Bei ihr sparte er das Geld, das er ansonsten seinen Flittchen hätte geben müssen.

Sie begehrten einander nicht mehr.

Die Lust beider war darauf gerichtet, einander zu verletzen, Rache aneinander zu nehmen. Liebe war etwas ganz anderes, so erinnerte Tamara sich schwach, Zärtlichkeit Lichtjahre entfernt. Seit ihrem Aufenthalt in Monte Carlo brannte Tamaras inneres Feuer allein für ihre Arbeit.

Sie schlief schlechter denn je. Morgens gegen sechs Uhr, oft noch früher, erhob sie sich, glücklich, der Nacht endlich zu entrinnen, und begann zu malen. Gegen zehn Uhr nahm sie ihr Frühstück ein, dann hatte sie schon vier Stunden Arbeit hinter sich. Anschließend machte sie einen Spaziergang durch den Bois de Boulogne.

Sie kannte ihren Weg genau; schlafwandlerisch setzte sie einen Fuß vor den anderen, sah die Farben der Bäume, der Gräser, sah das Sonnenlicht durch die Baumkronen fallen, hörte das Zwitschern der Vögel und nahm auch die anderen Spaziergänger wahr, gleichzeitig aber war alles weit weg, und Tamara gab sich vollkommen ihren inneren Bildern und Gedanken hin. So schöpfte sie wieder Kraft.

Erfrischt kehrte sie in ihr Atelier zurück und malte weiter. Sie hatte für die Komposition ihrer Bilder mittlerweile ein festes Ritual entwickelt. Zuerst malte sie den Untergrund, dann das Gesicht, dann die Hände, einen Arm und dann den anderen, ein Bein und dann das andere, und am Ende malte sie den Hintergrund.

In jenen Tagen, nicht abgelenkt durch Kizette, kaum mehr beeinträchtigt durch Tadeusz, der tagsüber in der Bank war und abends erst spät nach Hause kam, oft betrunken, oft nach fremden Frauen riechend, warf Tamara ihre gesamte Schaffenskraft, ihre Erotik, Sehnsucht und Lebendigkeit auf die Leinwand.

Tadeusz und sie hatten es sich zur Gewohnheit gemacht, am Abend, manchmal auch in der Nacht, noch ein Glas Wein miteinander zu trinken und einander von ihrem Tag zu erzählen. Dann flackerte gelegentlich sogar so etwas wie Vertrautheit auf. Tamara liebte diese Augenblicke. Sie bedeuteten, ebenso wie die Besuche im Bois de Boulogne, eine Zäsur, sie gaben ihr Halt in einem Tagesablauf, in dem sie allein auf sich selbst – auf ihre Begeisterungsfähigkeit und ihr eigenes Urteil – gestellt war, ausgeliefert dem eigenen, unerbittlichen Anspruch auf höchste Qualität.

Tadeusz war während dieser einstündigen Begegnungen kein Gesprächspartner, von dem Tamara sich sonderlich wahrgenommen fühlte. Er schwieg viel und erzählte manchmal von seinem mühevollen Arbeitstag. Wenn er auf Tamara reagierte, vermittelte er ihr irgendwie das Gefühl, daß sie alles falsch mache. Wenn sie zufrieden war mit sich, überhörte sie seinen gereizten Unterton, wenn sie allerdings mit sich selbst haderte, den ganzen

Tag vergeblich um ein Detail gerungen hatte, litt sie unter dem Mangel an liebevoller Anteilnahme. Dann warf sie ihm vor, er erkenne sie nie an, er jammere und leide nur, er sei nichts wirklich zu geben bereit, nehme alles nur für sich in Anspruch.

Jedesmal wieder zuckte Tadeusz beleidigt zurück, hielt dagegen, sie kritisiere immer nur, fragte, warum sie überhaupt noch mit ihm rede, überhaupt noch mit ihm zusammenlebe, und schlug entweder zornig die Türen hinter sich zu oder warf eine Vase auf den Boden. Oder aber er zog sich schweigend in sein Schlafgemach zurück und verweigerte Tamara für die nächsten Tage die abendliche Stunde Gespräch.

Was immer auch geschah, Tamara setzte sich wieder vor ihre Staffelei und malte weiter, bis ihr die Augen zufielen. Nie wurde ihr der leichte Schlaf geschenkt, den sie sich seit Jahren wünschte.

Es war Frühling, im Bois de Boulogne keimten die Knospen, eine unglaubliche Wiedergeburt der Natur, die wie auf ewig tot gewirkt hatte. Tamara sog die Luft tief in ihre Lungen. Es roch nach feuchter, dampfender Erde, nach Blüten, die darauf lauerten, hervorzubrechen. Eines Morgens erblickte sie auf der Wiese weiße und lila Krokusse und war gerührt, als hätte man ihr einen Säugling in die Arme gelegt.

In diesem Augenblick spürte sie – mehr, als sie es sah –, daß etwas Irritierendes geschah. Sie wußte nicht, was es war, aber sie spürte es mit all ihren Poren. Es war, als sei irgendwo dicht bei ihr ein Verbrechen begangen oder vor aller Augen ein Kind gezeugt worden. Irgend etwas war anders und besonders und aufsehenerregend. Tamara fixierte die Spaziergänger, die ihr entgegenkamen. Irgendwie waren sie unruhig, aufgeregt, nestelten an ihrer Kleidung oder an ihrem Haar, redeten lauter oder schwiegen tiefer als üblich.

Tamara spannte alle Sinne an. Was geschah dort im Wald? Es konnte nichts Schlimmes sein, die Leute sahen nicht verängstigt aus, manche wirkten ein wenig aufgeschreckt, aber Panik strahlten sie nicht aus. Bei Panik hätte es heftigere Bewegungen, einen eindeutigen Aufruhr gegeben; es mußte etwas anderes geschehen sein. Nun beobachtete Tamara ganz genau, um herauszufinden, was vor sich ging.

Ungefähr hundert Meter weiter entzündete sich das Besondere. Und jetzt bemerkte Tamara, daß es mit einer Person zusammenhängen mußte, die dort in der gleichen Richtung schlenderte wie sie. Alle Spaziergänger reagierten intensiv auf diese Person; es gab keinen, der gleichgültig blieb; keinen, der nicht irgendwie wacher oder aufmerksamer wurde; keinen, in dessen Gesicht sich nicht heftige Regungen spiegelten.

Tamara beeilte sich. Sie wollte die Person überholen, um zu erforschen, was sie an sich hatte. Es war eine Frau. Tamara ging an ihr vorbei, eilte ein Stück weiter, machte kehrt und ging der Frau entgegen.

Bereits aus der Entfernung stockte ihr der Atem. Als sie aber näher kam, wurde ihr heiß. Eine so schöne Frau hatte sie noch nie gesehen. Große, schwarze, glänzende Augen, umrahmt von langen, dichten Wimpern, ein betörender Mund, kirschrot bemalt, und eine einfach unglaubliche Figur: üppige runde Brüste, eine sehr schmale Taille und runde Hüften, die in lange Beine mündeten. Sicher, die Frau hätte nie als Mannequin bei Poiret arbeiten können, aber dieser Körper schrie geradezu danach, geliebt zu werden. Oder gemalt.

Solcherlei Gedanken schossen durch Tamaras Kopf, während sie sich der Frau Schritt für Schritt näherte. Die Fremde sah Tamara an, in ihren Augen lag eine verblüffende Mischung aus Unschuld und Feuer, der Tamara bisher nur bei ganz jungen Frauen begegnet war. Tamara schätzte, daß die Schöne ungefähr so alt war wie sie selbst.

Kurz bevor sie aneinander vorübergingen, verlangsamte Tamara ihren Schritt und grüßte die Frau. Die grüßte verwirrt zurück. Tamara hielt an, und die Fremde blieb ebenfalls stehen.

Entschuldigen Sie, sagte Tamara, ich bin Malerin. Wären Sie bereit, mir Modell zu sitzen?

An der Reaktion der Frau las Tamara ab, daß diese sich ihrer außergewöhnlichen Schönheit nicht bewußt war. Wahrscheinlich verstand sie die Blicke der Menschen eher als Belustigung oder Kritik, Kritik vielleicht am zu großen Busen, an zu vollen Lippen, zu breiten Hüften, an irgend etwas, das die Frau selbst als Mangel empfand.

Freundlich sagte die Fremde: Sicherlich bin ich dazu bereit. Warum nicht?

Gut, antwortete Tamara und faßte ihr angehendes Modell am Ellbogen, dann kommen Sie. Mein Auto steht dahinten.

Als erstes bereitete Tamara etwas zu essen für ihren Gast und sich; dabei plauderten sie ein wenig, beide jedoch auf der Hut. Keine gab viel von sich preis. Tamara kam es so vor, als hätte sie ein scheues Tier eingefangen, das sie geduldig und behutsam zutraulich machen müsse.

Nach dem Essen bat sie die Fremde in ihr Atelier und fragte sie höflich, ob es ihr vielleicht etwas ausmache, sich zu entkleiden.

Ausziehen? Selbstverständlich! sagte die Frau und entledigte sich ohne die geringste Scheu ihrer Kleider.

Nackt legte sie sich aufs Sofa, und Tamara sagte keinen Ton. Sie veränderte nichts an der Pose, setzte sich nur an ihren Skizzenblock und zeichnete. Sie fieberte danach, auch die Farben dieser Frau auf eine Leinwand zu bannen.

Nie hatte Tamara ein Modell gehabt, das sie so in Aufregung versetzt hätte. Die Haut der Frau schimmerte wie Seide in der Farbe von Wüstensand. Ihr ganzer Körper wirkte, als säße frisches und von Leben pulsierendes Fleisch unter der zarten Haut. Ihre Lippen waren voll und gut durchblutet; Tamara verspürte Lust hineinzubeißen, als sie den Mund zeichnete. Die Nägel der Frau waren nicht lackiert, und das war vielleicht das Aufregendste an ihr. Sie war so unglaublich raffiniert in ihrem Aussehen, so erotisch und delikat in jeder feinsten Bewegung, daß Tamara ihr rote Fingernägel gemalt hätte, wenn sie sich diese Pose bei einem x-beliebigen Modell ausgedacht hätte. Diese Frau aber, fleischlich und lebendig, wie es kaum auszudenken war, hatte unlakkierte kurze Fingernägel.

Als sie ging, fragte Tamara sie nach ihrem Namen. Rafaela, sagte die Fremde, und Tamara lächelte. Rafaela, ja, genau so hätte sie sie genannt.

Kommen Sie morgen wieder? fragte Tamara.

Wenn Sie es wünschen, sicherlich, erwiderte Rafaela gleichmütig.

Tamara hätte am liebsten geschrien: Ja, ich wünsche es, ich wünsche es von ganzem Herzen, ich will dich malen von morgens bis abends, solange ich kann, für dich will ich zum Raffael werden. Doch sie sagte nur: Es wäre mir sehr lieb. Wir können auch ein Honorar vereinbaren, wenn Sie möchten.

Aber nein, erwiderte die Schöne lächelnd, es ist mir eine Freude und eine Ehre. Wann soll ich da sein?

Nun lächelte Tamara. Wir können uns im Bois de Boulogne treffen wie heute und dann zu mir gehen, einverstanden?

Einverstanden.

So geschah es. Sie trafen sich Tag für Tag, und Tamara war verrückt nach ihrem Modell. Sie dachte von morgens bis abends an Rafaela, sie träumte von ihr, und sie malte sie jeden Tag wieder. Die Frau war ein Talent. Sobald Tamara sie bat, eine bestimmte Haltung einzunehmen, glitt sie in die beschriebene Pose und vervollkommnete sie. Sie zeigte sich als Künstlerin der Pose und war dabei so natürlich, so ohne jede Zier, daß Tamara immer wieder kaum zu atmen wagte, damit sich nur nichts veränderte. Ein solches Modell hatte sie noch nie vor der Staffelei gehabt.

Allmählich wurden die Frauen vertrauter miteinander. Tamara bat Rafaela, von sich zu erzählen, und Rafaela erzählte in ihrer wohltönenden Altstimme Geschichten, denen Tamara genüßlich lauschte.

Rafaela gab vor, aus einer Grafenfamilie zu stammen. Die Familie habe einst ein Schloß im Süden bewohnt, aber dann sei die Republik gekommen, und die Familie sei verarmt. Daran sei ihre arme Mutter gestorben, und aus Schmerz über den Verlust seiner Frau sei der Vater kurz darauf auch gestorben. Nun lebe sie ganz allein in Paris vom übriggebliebenen Schmuck der Mutter und verarbeite den Abschiedsschmerz.

Tamara glaubte der betörenden Freundin kein Wort, aber sie hörte gern ihre Stimme und sah ihr zu gern zu, wenn sie sprach. Ihre schwarzen Augen blitzten eindringlich, ihr Mund schmollte, halb kußbereit und halb wie kurz vor den Tränen.

Tamara wollte ein großformatiges Bild von Rafaela malen. Es sollte *der* perfekte Akt werden, dazu war sie entschlossen, als sie den Skizzenblock vorbereitete.

45

Rafaela verströmte einen Duft von Zimt und Vanille. Tamara unterließ es, Parfüm aufzulegen, damit allein der süße Duft dieser seidigen Haut das Atelierzimmer erfüllte.

Bei dem Akt von Rafaela war ihr der Hintergrund – ganz entgegen ihrer üblichen Kompositionsweise – gänzlich unwichtig; es kam ihr allein auf diesen phantastischen Körper an, auf diese einmalige Ausstrahlung von Sinnlichkeit. So bettete sie die Nackte nur wie in eine Muschel oder in ein Blütenblatt. Zum seidigen Wüstenton der Haut, der den farblichen Ausdruck des Bildes prägt, fügte sie lediglich ein wenig Rot hinzu. Das Feuerrot der Lippen spiegelt sich im Rot der um die Füße gelegten Decke, eine kleine Fläche des gleichen Rots betont die rechte Brustspitze, eine zweite findet sich in der rechten unteren Bildecke als Halbkreis wieder.

Ebenso, wie in diesem Bild allein Rafaela von Bedeutung war, trat auch in Tamaras Leben alles andere in einen kaum mehr wahrgenommenen Hintergrund; Tamara war ganz und gar erfüllt von ihrem Modell.

Allmorgendlich trafen sich Malerin und Modell im Bois de Boulogne. Es war ein Rendezvous, das Tamara täglich aufs neue Herzklopfen verursachte. Sie nahmen ein zweites Frühstück miteinander ein, anschließend gingen sie ins Atelier. Rafaela fragte schon lange nicht mehr, was sie tun solle; sie zog sich ganz selbstverständlich aus und nahm eine Pose ein.

Tamara stellte sich hinter die Staffelei und malte. Nie war sie so heiter gewesen wie in diesen Tagen; zumindest schien es ihr so. Irgendwann bemerkte sie, daß vom gegenüberliegenden Gebäude her ein junger Mann in ihr Fenster blickte. Sie öffnete es und beschimpfte ihn wie eine Bäuerin. Sofort zog er sich zurück.

Rafaela kicherte. Als Tamara wieder vor der Leinwand stand, erschien allerdings auch der junge Mann wieder. Sie stampfte mit dem Fuß auf, rannte zum Fenster zurück und drohte dem Nachbarn mit der Polizei. Rafaela versteckte ihren Kopf unter einem Kissen, was jedoch ihr schallendes Lachen kaum dämpfte.

Was gibt's da zu lachen? fragte Tamara erbost.

Rafaela erwiderte kichernd: Aber Tamara, der stand während der vergangenen Woche auch immer schon dort. Lassen Sie ihn doch. Ich mag es, wenn Männer mich anschauen.

An diesem Tag verließ sie ihr von Lügengespinsten umwobenes Dornröschenschloß und erzählte Tamara von ihren Nächten.

Jede Nacht..., sagte sie und räkelte sich auf dem Sofa, so daß Tamara wie gebannt auf ihre Hand blickte in der Erwartung, gleich würde sie zwischen den Beinen verschwinden. Tamara verbot sich, zum gegenüberliegenden Balkon zu schauen. Sie hätte es nicht ertragen, den Anblick Rafaelas mit diesem Mann zu teilen. Jede Nacht, wiederholte Rafaela und strich mit den Fingerspitzen der rechten Hand über ihre rechte Brust, deren Spitze sich augenblicklich errötend aufrichtete, jede Nacht gehe ich hinaus und suche mir einen Mann.

Wie bitte? fragte Tamara. Wie bitte? Du gehst raus auf die Straße, einfach so? Ohne daß es ihr aufgefallen war, hatte sie Rafaela geduzt. Seit ihrer ersten Begegnung waren die beiden Frauen einander höflich und mit distanziertem «Sie» begegnet, nur insgeheim hatte Tamara ihr betörendes Modell «du» genannt.

Ja, antwortete Rafaela ebenso schlicht und unbefangen, wie sie sich bei ihrem ersten Besuch nackt ausgezogen hatte, jede Nacht. Es ist ein Zwang. So wie andere Alkohol trinken oder Kokain schnupfen, brauche ich einen Mann. Sonst kann ich nicht schlafen.

Tamara spürte einen Schmerz im Magen, der in den ganzen Körper ausstrahlte. Warum gehst du auf die Straße? fragte sie gepreßt. Das hast du doch nicht nötig! Oder hast du einen Geliebten, den du irgendwo abholst? Sie spürte, wie sich in ihrem Kopf etwas verwirrte. Sie verlor den Überblick. Es machte ihr angst.

Rafaela lächelte. Ich hole nicht allnächtlich meinen Freund von seiner Arbeit als Barmann ab, wenn es das ist, was du vermutest.

Sie hatte die vertrauliche Anrede aufgegriffen. Nun erst bemerkte Tamara, daß auch sie ins «du» abgeglitten war. Sie errötete und fühlte sich entsetzlich gedemütigt.

Rafaela aber fuhr gelassen fort: Ich gehe hinaus auf die Straße und warte, bis mir einer folgt. Irgendwann folgt mir immer einer.

Sollte es mal nicht so sein, helfe ich ein wenig mit Blicken nach oder indem ich einen angelegentlich streife; das tue ich auch, wenn mir einer besonders gut gefällt. Aber zumeist überlasse ich die Wahl dem Zufall.

Heißt das, du gehst mit dem ins Bett, der dir folgt, ob er dir nun gefällt oder nicht? fragte Tamara fassungslos.

Nun, nicht gerade ins Bett, schmunzelte Rafaela und öffnete ganz leicht die Beine.

Tamara wurde zornig. Sie wußte, daß Rafaela das Theater für den Kerl von gegenüber veranstaltete. Zieh dich an, befahl sie rauh. Für heute sind wir fertig.

Rafaela sah sie erschrocken an.

Sehen Sie, sagte sie schuldbewußt und senkte den Blick, nun verachten Sie mich. Ich hätte doch lieber weiterlügen sollen. Aber Sie hatten gesagt, ich sollte mit meinen Lügengeschichten aufhören...

Sollten Sie auch, erwiderte Tamara knapp. Das «Sie» war ihr jetzt beinahe noch peinlicher als das plötzliche «du»; es hörte sich einfach vollkommen unpassend und unnatürlich an. Sie atmete hörbar aus und fuhr gepreßt fort: Das Schwein von gegenüber macht mich wahnsinnig.

Eine Flut widerstreitender Gefühle überrollte sie. Ihre einzige Chance bestand darin, Rafaela schnellstmöglich fortzuschicken.

Als Rafaela davongeschlichen war wie ein mißhandeltes Tier, setzte Tamara sich auf das Sofa, das noch nach Rafaela roch, und versuchte, in ihrem Innern Ordnung zu schaffen. Ein Bild nach dem anderen jagte durch ihren Kopf. Sie sah ihr schönes Modell vor sich, wie es von ekelerregenden, fetten, dreckigen, verlausten, verunstalteten Männern an den unmöglichsten Orten vernascht wurde. Sie hörte Rafaela wimmern, seufzen, schreien, stöhnen. Sie sah, wie sie gequält wurde, wie sie an Orte gezerrt wurde, von denen es kein Entrinnen gab. Sie roch Kloake und Pisse und Sperma. Sie wurde geschüttelt von Ekel und Angst und einer Erregung, vor der es sie ebenfalls ekelte.

Am nächsten Tag ging sie nicht zur üblichen Zeit in den Bois de Boulogne. Sie schlüpfte in den blauen Overall, den sie zum Arbeiten trug, zog ihren Madonnenscheitel noch ein wenig strenger als sonst und kämmte ihre Haare, bis sie glatt über den

Ohren lagen. Sie ließ ihr Gesicht ungeschminkt, nur den Mund tönte sie leicht rot.

So ging sie an die Arbeit.

Verbissen malte sie an dem Akt von Rafaela. Ja, es war ein einmalig guter Akt. Ja, es war eine einmalig sinnliche Frau. Ja, es war wohl so etwas wie Liebe, was sie für Rafaela empfand, auch wenn sie nicht ein einziges Mal versucht hatte, sie zu berühren. Und ich werde sie auch nicht berühren, schwor sie sich grimmig. Ein Becher, aus dem schon so viele getrunken hatten, mußte mehr als gereinigt werden, bevor man aus ihm trinken konnte. Ach, und sie hatten ja nicht nur getrunken, sie hatten hineingespuckt, gekotzt, gepinkelt, sich entleert. Tamara war zum Heulen zumute, während sie versuchte, die Frau auf der Leinwand nur annähernd so schön werden zu lassen, wie das Modell es war.

Aus den Augenwinkeln beobachtete sie den jungen Mann von gegenüber. Von Zeit zu Zeit erschien er auf dem Balkon und lugte prüfend zu ihr herüber. Schließlich schlug er die Balkontür zu und verschwand.

In dieser Nacht versuchte Tamara, in den Armen ihres Mannes Ruhe zu finden. Es mißlang vollkommen. Mit jedem Stoß, den Tadeusz vollführte, tauchte in Tamara ein neues Bild von Männern auf, die in Rafaela stießen. Schließlich wälzte sich Tadeusz befriedigt von ihr weg und schlief ein. Tamara aber rollte sich neben ihm zusammen wie ein Kind und weinte.

Verzweifelt fragte sie sich, warum Rafaela so unglaublich rein wirkte. Warum duftete sie so phantastisch, so lockend, warum schimmerte ihre Haut wie der Inbegriff der Unversehrtheit und Vollkommenheit? Warum wirkte sie so sauber, daß Tamara das Gefühl hatte, in ihrer Nähe geläutert zu werden, gereinigt von allem Schmutz ihres eigenen Lebens – wie konnte das sein?

Schließlich fiel ihr ein, daß Rafaela gelogen haben könnte. Es machte der Schönen doch Spaß, sich Geschichten auszudenken, heute diese, morgen jene. Der Gedanke war so tröstlich, daß Tamara, kaum daß er ihr gekommen war, einschlief.

Am nächsten Morgen brannte sie vor Ungeduld. Es regnete heftig. Sie legte nur eine leichte Strickjacke über, setzte keinen Hut auf und machte sich innerlich darauf gefaßt, stundenlang vergeblich den Bois de Boulogne nach Rafaela abzusuchen. Sie wußte nicht, wo ihr Modell zu Hause war. Wenn Rafaela nicht zur Zeit des üblichen Rendezvous auftauchte, würde sie die Schöne nie wiedersehen.

Bereits als Tamara den Park erreicht hatte, war sie vollkommen durchnäßt. Der Regen rann ihr in Strömen übers Gesicht und vermischte sich mit den Tränen, die mit einemmal ganz von allein zu fließen begannen. Da sah sie von weitem, wie Rafaela ihr entgegenkam. Beide Frauen gingen gemessenen Schrittes aufeinander zu. Tamara verspürte den Wunsch zu rennen, wurde aber eher langsamer. Auch Rafaelas Schritt stockte. Ganz langsam, Schritt für Schritt kamen sie einander näher.

Der Regen stürzte regelrecht vom Himmel. Beiden Frauen klebte die Kleidung am Körper, die Haare hingen ihnen in Strähnen ins Gesicht, das Wasser lief an ihren Händen hinunter. Tamara war glühend heiß. Ihr war, als ob ihr Magen sich überschlüge, als ob ihre Gebärmutter sich zusammenkrampfe, als ob sie am ganzen Körper von Nadeln gestochen werde.

Schließlich standen sie voreinander. Rafaela hob die Hand und strich Tamara eine Haarsträhne aus dem Gesicht. Tamara kam es so vor, als sei sie noch nie so zärtlich berührt worden. Sie meinte sterben zu müssen. Da hob Rafaela auch die andere Hand und nahm Tamaras Gesicht in beide Hände. Wehrlos fiel Tamara in die unendliche Tiefe von Rafaelas dunklen Augen. Rafaela küßte Regen und Tränen von Tamaras Gesicht. Tamara schloß die Augen und taumelte. Rafaela griff in ihren Nacken und knetete ihn sanft, während sie Tamara auf den Mund küßte; ein Kuß, als drücke sich eine süße Erdbeere zwischen die Lippen.

Die Zeit löste sich in Ewigkeit auf. Tamara ließ sich küssen und liebkosen. Schließlich nahm Rafaela sie bei der Hand und führte sie zum Atelier, wo das Modell diesmal die Künstlerin entkleidete.

Deine Haut ist kalt, murmelte Rafaela und warf übermütig ihre eigenen Kleider ab. Sie erwärmte Tamaras nackten Körper mit ihren Feuerlippen, wand sich um Tamaras Leib, als wickle sie die Geliebte ein. Ihrer heißen Haut entströmte der betörende Duft.

Tamara ließ sich lieben. Sie fiel in einen Abgrund, fiel und fiel in die Bodenlosigkeit, da war nichts mehr, nur Körper und Rauschen in den Ohren, scharfe ziehende Gier, nie zugelassene Hingabe. Und sie flog, flog weit weg in den Himmel hinaus, in das helle irisierende Licht. Stürzte und flog, flog und stürzte, dunkler blausamtener Abgrund unter silberner Helligkeit. Tamara kreischte wie ein Sonnenvogel, sie knurrte wie ein wildes Tier in den Bergen, sie lachte wie die Möwe, gurrte wie die Taube, sang wie der Wal in den Wellen.

Schweißnasse Leiber wanden sich schlangengleich umeinander, Arme in steter Bewegung, Beine in unvorstellbarer Dehnbarkeit; Tamara fühlte sich plötzlich wie in einer Schlangengrube, ihr Körper wand sich und zuckte, die Lust stieg ihre Wirbelsäule hinauf, ihr Körper begann zu vibrieren, sie verlor die letzte Kontrolle, sie zitterte und zuckte, konnte nicht einmal mehr schreien – so etwas hatte sie nie erlebt. Es brandete etwas in ihr auf, das vielleicht Orgasmus genannt werden konnte, ihr aber völlig unbekannt war; wie rote Energie, die ihre Wirbelsäule in Zuckungen versetzte. Etwas explodierte in ihrem Bauch, in ihrem Kopf, einen Augenblick lang fürchtete Tamara, es könnte vielleicht etwas in ihr kaputtgegangen sein, dann aber spürte sie eine schmelzende Süße in der Herzgegend – und plötzlich schossen Tränen aus ihren Augen. Doch sie war nicht traurig. Rafaela leckte ihr die Tränen ab, ihre Zunge wanderte weiter über Tamaras Körper. Sanft und unbeirrbar hielt sie die schwächer werdende Glut am Leben. Tamara spürte, wie sie ganz langsam auf eine neue Welle der Begehrlichkeit getragen wurde. Sie konnte es kaum glauben. Ihr Körper weitete sich aus, er wurde weit und unendlich und ruhig. Tamara sah Farben, Blau und Silber, Rot und Gold.

Rafaelas Zunge war wie das Meer, das Tamara umspülte, sie war überall, sie brandete auf und zog sich zurück, sie war sanft wie eine leichte Strömung und stürmisch wie im Wind sich auftürmende Wellen. Sie wurde wütend und tobte in Tamara, und Tamara gab sich hin, machte sich weit und verströmte. Da war kein Zucken und Zittern mehr, da waren unendliche Wogen von Lust, von Liebe, von Weite. Tamaras Tränen flossen, und es gehörte irgendwie dazu.

Nach einer schier ewig währenden Abfolge zahlloser Explosionen, die – nach fast schmerzhaften unkontrollierbaren Spasmen und Zuckungen, nach einer solchen Trauer, daß Tamara laut aufschluchzte – Tamaras Körper schließlich in eine fast religiös andächtige Seligkeit versetzten, schliefen die beiden Frauen schweißüberströmt und eng umschlungen ein.

Als Tamara erwachte, hatte sie das Gefühl, dem Nachbarn geradewegs in die Augen zu blicken. Sie schaute hinüber zum Balkon. Da war niemand. Aber sie wußte plötzlich, daß er die ganze Zeit dagewesen war. Und ebenso sicher wußte sie, daß er ihr Rafaela wegnehmen würde.

Zärtlich strich sie über die sandfarbene Haut ihrer Geliebten. Nie hatte sie Haut berührt, die sich so samtig anfühlte. Andächtig fuhr sie über das Wunder. Dann löste sie sich langsam aus der Umarmung und fuhr mit den Fingerkuppen über Rafaelas Mund, über die Wölbung ihrer Schlüsselbeine, die Rundungen ihrer Brüste, ihrer begnadet üppigen Vulva, ihrer kräftigen Schenkel.

Rafaela schlief.

Tamara schlich an ihre Staffelei und malte das hingegebene Gesicht, darunter die perfekten Schlüsselbeine. Wie konnte Gott etwas derart Vollkommenes schaffen und es nicht für sich selbst behalten?

46

Tamara behielt recht. Es dauerte nicht lange, und Rafaela landete im Bett des Mannes von gegenüber. Wie sie es fertiggebracht hatten, die Distanz zwischen Balkon und Atelier zu überwinden, erfuhr Tamara nie. Aber sie wußte, daß Rafaela es stets darauf angelegt hatte, den Mann zu erregen. Im Gegensatz zur Künstlerin hatte das Modell bei ihren Liebesspielen die Welt nicht vergessen, sie behielt den Voyeur von gegenüber irgendwie immer im Visier. Rafaela hatte bereits Sex mit ihm, lange bevor er ihr schließlich auflauerte.

Als Auflauern stellte Tamara es sich vor. Auflauern im Dunkeln mit hochgeschlagenem Mantelkragen und leicht drohendem Gesichtsausdruck. Manchmal allerdings fürchtete sie, daß Rafaela die Begegnung selbst herbeigeführt hatte.

Zehn Monate nach ihrem ersten Rendezvous im Bois de Boulogne verkündete Rafaela die vernichtende Neuigkeit. Tamara, Liebste, ich muß dir etwas sagen. Du bist die erste, die es erfahren soll: Ich heirate.

Tamara zuckte zusammen. Sie brachte keinen Ton heraus.

Rafaela streichelte ihre Hand. Etwas kleinlaut fuhr sie fort: Ja, ich heirate. Den Nachbarn, weißt du. Joseph heißt er, ein komischer Name, nicht wahr, wo ich doch gar nicht fromm bin – und schon gar nicht unbefleckt wie Maria. Sie versuchte sich an einem glucksenden Lachen, doch es mißlang. Ach, Tamara, sagte sie nach langem bedrückenden Schweigen. Nun guck nicht so unglücklich! Schau, ich bin süchtig nach Männern. Es ist nun einmal so. Ich liebe dich, aber ich kann nicht einschlafen, wenn ich nicht vorher einen Mann bei mir hatte. Es ist so. Es ist ein Zwang.

Tamara hörte ihre Stimme, wie sie heiser und fremd sagte: Du liebst ihn nicht, sei ehrlich, du liebst ihn nicht!

Rafaela antwortete im beruhigenden Tonfall einer Krankenschwester: So wie dich liebe ich ihn nicht, meine Süße. Aber er ist verrückt nach mir, und er ist so potent, daß es für mehrere Jahre mit uns gutgehen kann. Mit ihm kann ich Kinder bekommen... Ihre Unterlippe zitterte, als sie fortfuhr: Mit ihm kann ich sonntags mittags in ein Restaurant gehen, wo lauter gutbürgerliche Familienväter ihre dicken Frauen ausführen, oder wir können seine Familie besuchen. Wir können Ostern feiern und Weihnachten, er wird mir zu meinem Namenstag Geschenke machen und auch zu meinem Geburtstag. Tamara, begreif doch! Ich will eine Familie, ich will nicht mehr jede Nacht losziehen, ich möchte einen, der sich wäscht und sein Haar pomadisiert. Einen, der seine nackten Füße in Pampuschen steckt und mit denen bis zum Bett schlurft. Ich möchte einen, von dem ich mich in aller Normalität geliebt und begehrt fühle und der kleine Verrücktheiten mit mir ausprobiert, während die Kinder im Nebenzimmer schlafen. Ich möchte einen, der morgens, mittags und abends mit mir schläft, auch wenn wir uns schon jahrelang kennen. Und, Tamara – jetzt schluchzte Rafaela –, ich glaube, mit Joseph geht das. Er ist ganz normal. Er hat Eltern in der Provinz, er verdient als Angestellter so viel Geld, daß er uns beide davon ernähren kann und Kinder dazu – und er ist verrückt nach mir!

Tamara, er ist wahnsinnig verrückt nach mir! Alles, was ich tu, alles, was ich sage, alles, was ich fühle, denke, mache, ist für ihn das Evangelium, er will alles hören, ich bin für ihn die Offenbarung seines Lebens. Ich muß ihn heiraten!

Tamara strich beruhigend über die fast blauschwarzen Haare ihrer Freundin. Ja, sagte sie mütterlich, ich verstehe. Er sieht auch schön aus, ich habe ihn oft angesehen, wenn wir uns geliebt haben.

Tamara, da ist noch etwas, das ich dir sagen muß! Nun rollten Tränen über Rafaelas Wangen, und in Tamara krampfte sich etwas zusammen. Sie wußte instinktiv, daß nun etwas Schreckliches folgen würde. Rafaelas Kinn zitterte, und ihre Augen waren weit und angstvoll aufgerissen, als sie flüsterte: Ich darf nicht mehr als Modell für dich arbeiten. Er will das nicht. Er sagt, seine Frau muß nicht arbeiten gehen, das hat sie nicht nötig. Als Modell zu arbeiten, findet er ohnehin würdelos. Seine Frau, sagt er, tut so was nicht. Es ist keine Schande, vor der Heirat einmal Modell gesessen zu haben, sagt er, aber man muß wissen, was sich gehört.

Tamara fühlte nichts mehr. Sie war starr und eiskalt. Sie hatte einmal gehört, daß Erfrieren ein angenehmer Tod sei; genau so fühlte sie sich jetzt, leicht, gefühllos und ganz weit weg. Kühl und in einem gleichgültigen Ton, selbst erstaunt darüber, wie stark die in der Schweiz gelernte Form herauszuhören war, bemerkte sie: Ich kann ihm im Grunde genommen nicht einmal widersprechen, wenn ich es auch bedaure, ein so perfektes Modell wie dich zu verlieren, liebe Rafaela. Wann wird eure Hochzeit sein, meine Liebe, steht der Tag schon fest? Ich hoffe, du überfällst mich nicht mit einem zu eiligen Termin, so daß ich mir noch ein Kleid schneidern lassen kann, in dem ich neben der Braut nicht gar zu schäbig wirke.

Sie reichte Rafaela höflich ein Taschentuch. Rafaelas Augen waren verquollen, ihre Nase clownsrot, und doch sah sie immer noch bezaubernd aus. Tamaras Herz krampfte sich zusammen.

Meine geliebte Freundin, sagte Rafaela mit kleiner Stimme. Ich bin dir so dankbar. Wir hatten eine wunderbare Zeit miteinander. Ich habe mich endlich einmal nützlich gefühlt. Dir Modell stehen zu dürfen ist ein Geschenk, du bist eine phantastische Malerin. Aber weißt du, es gibt etwas, worüber wir nie miteinander gesprochen haben: dein Mann.

Tamara straffte sich. Genug, sagte sie, Rafaela, wir haben für heute genug gesprochen.

Nein, beharrte diese trotzig. Wenn ich es heute nicht sage, dann nie, das weiß ich. Tamara, ich glaube, du bist von deinem Mann ebenso abhängig wie ich von meinen nächtlichen Begleitern. Und ich möchte dir etwas raten...

Du mir raten? fragte Tamara spitz. Rafaela, maßt du dir nicht zuviel an?

Möglich, erwiderte die Freundin. Sie saß kerzengerade auf dem Sofa, auf dem sie sich so häufig nackt geräkelt hatte; nun war sie angekleidet, ein schlichtes graues Wollkleid, und blickte trotz ihres verweinten Gesichts stolz wie eine Königin auf Tamara. Möglich, daß ich mir zuviel anmaße, aber ich liebe und verehre dich, und ich bin dir etwas schuldig.

Tamara wollte auffahren. Sie mochte es nicht, wenn jemand sich ihr gegenüber schuldig fühlte. Doch bevor sie einen Ton herausbringen konnte, sprach Rafaela klar und bestimmt weiter: Das mindeste, was ich dir schuldig bin, ist dieser Rat: Such dir einen Mann, von dem du abhängig sein kannst, ohne daß du dich dessen schämen mußt.

Tamara lachte auf. So einfach ist das also, entgegnete sie höhnisch.

Ja, antwortete Rafaela und sah ihr kindlich aufrichtig in die Augen. Es ist wirklich so einfach, meine liebe Freundin. Es ist zumindest das, was ich selbst getan habe. Das schwere für mich war, nicht mehr gegen meinen Zwang zu kämpfen, sondern zu sagen: Einverstanden, Rafaela, so bist du, du mußt vorm Einschlafen von einem Mann vernascht werden. Was also folgt daraus? Verachtest du dich, bestrafst dich, beschmutzt dich selbst Nacht für Nacht, oder machst du das Beste draus? Genau das will ich tun, Tamara, und ich weiß, mit Joseph ist es möglich. Warum suchst du dir nicht auch einen Mann, der dich liebt, der dir deine Freiheit läßt, ohne dich gleichzeitig zu demütigen?

Rafaelas Blick wanderte zum gegenüberliegenden Balkon.

Genug! sagte Tamara entschieden. Kein Wort mehr! Oder willst du, daß wir im Streit auseinandergehen?

Sie trat zu Tamara und küßte sie aufs Ohr. Tamara wurde weich. Schnell schob sie Rafaela fort.

Wenn er jetzt auch nicht da ist, bemerkte sie scherzhaft, so kommt er doch raus, sobald ich mit der Hand unter dein keusches Gewand fahre, meine Schöne. Und jetzt raus hier – ich lade dich zum Essen ein, da können wir einander aufs Ohr küssen, solange wir wollen.

Rafaelas Hochzeit wurde bei den Eltern des Bräutigams in der Provinz gefeiert. Tamara wurde nicht eingeladen. Kurz vor der Heirat zog der Nachbar um. Von diesem Tag an sah Tamara ihr Modell nie wieder.

Der Akt *La belle Rafaela* wurde vom Londoner *Sunday Times Magazine* als «eines der großartigsten Aktbilder des Jahrhunderts» gepriesen. Und Tamara wußte, daß das Lob gerechtfertigt war. Sie verkaufte das Bild nie.

Die erste Zeit, nachdem Rafaela von einem Tag auf den anderen aus ihrem Leben verschwunden war, schien Tamara nahezu unerträglich. Sie war von übermächtiger Verzweiflung und Unruhe erfüllt.

Irgendwann des Nachts, sie fühlte sich der sie von innen her auffressenden Düsternis völlig ausgeliefert, kroch sie zu Tadeusz ins Bett und flehte ihn an, mit ihr zu sprechen. Tadeusz knurrte, er sei müde und sie möge ihn bitte schlafen lassen.

Tamara sagte mit kleiner Stimme: Darf ich dann wenigstens in deinem Arm liegenbleiben?

Selbstverständlich, erwiderte er barsch, wir sind schließlich verheiratet, warum solltest du nicht in meinem Arm einschlafen...

Er hielt ihr seinen Arm hin, und sie legte fügsam ihren Kopf darauf. Aber es tat weh, der Arm bot keine wirkliche Mulde für ihr Gesicht, der ganze Mann bot keinen Schutz, sondern war selbst umgeben von einer so dicken Mauer aus Selbstverteidigung, daß Tamara sich noch verlorener fühlte als zuvor. Sie war aber so allein und verlassen, daß sie nicht in der Lage war aufzustehen, in ihr Atelier zu gehen und ihre einsame und schlaflose Zeit mit dem Malen eines kühnen Bildes zu verbringen. Also rückte sie etwas dichter an Tadeusz heran, der daraufhin noch unwilliger knurrte.

Bitte, sagte sie schließlich, als die Panik wie ein gefährliches Tier bedrohlich nahe herangekrochen war, bitte sprich mit mir! Sag irgendwas, bitte!

Tadeusz ruckte unwillig mit dem Arm, mit dem ganzen Körper, mit dem Kopf, er atmete hastig und prustete. Was? fragte er atemlos. Was ist?

Bitte sprich mit mir, Tadeusz, bitte! Ich fühle mich so schrecklich!

Du fühlst dich schrecklich? fragte er dumpf zurück. Du? Und ich soll aufwachen und mit dir reden. Gut, reden wir. Was denkst du denn, wie ich mich fühle, hä? Du fühlst dich schrecklich, und ich soll mit dir reden! Wie egoistisch du bist! Nicht zu fassen! Du siehst nur dich, nur dich. Was glaubst du wohl, wie ich mich fühle? Phantastisch, oder wie?

Tamara schrumpfte zu einem völligen Nichts. Ihre Stimme klang leer und leblos, als sie sagte: Du fühlst dich bestimmt auch schrecklich. Es ist ja auch schrecklich mit uns. Was sollen wir nur tun?

Was wir tun sollen? gab Tadeusz streng zurück. Das fragst du mich? Nun, ich denke, wir sollten zum Beispiel schlafen. Es ist, soviel ich weiß, mitten in der Nacht, und ich denke, wir sollten zum Beispiel wenigstens so rücksichtsvoll sein, daß wir einander schlafen lassen.

Tamara lag immer noch unbequem auf dem harten ungastlichen Arm ihres Mannes. Um sich in seine Armbeuge schmiegen zu können, rutschte sie ein wenig tiefer.

Tadeusz drückte seinen Unterarm auf ihren Kopf. Das ist unangenehm so, murrte er, so tut mir der Arm weh.

Tamara schob sich hinauf, so daß sie mit dem Kopf auf seiner Brust liegen konnte. Mit einem plötzlichen, scharfen Schmerz flammte in ihr die Erinnerung daran auf, wie sie allnächtlich auf der Brust des Konsuls gelegen hatte. Wenn sie aufgewacht war, gewiegt von dem Auf und Ab seines Atems, hatte sie seine blonden Locken vor den Augen gehabt und den Duft seiner Achselhöhle geatmet. Die Erinnerung tat gleichzeitig entsetzlich wohl und entsetzlich weh.

Tadeusz drückte sein spitzes Kinn auf ihren Kopf. Tamara wich nach unten aus. So aber war der Zauber der Geborgenheit fort. Sie lag mehr auf seinen Rippen als auf seiner Brust.

Sie rutschte wieder höher. Wieder drückte Tadeusz sein Kinn auf ihren Kopf.

Aua, protestierte sie. Das tut weh.

Ich kann mir schließlich nicht deinetwegen den Kopf abreißen, entgegnete er barsch. Das würde dann doch zu weit gehen.

Tamara legte sich neben Tadeusz. Sie schmiegte ihren Bauch an ihn. Er rückte von ihr weg.

So. Darf ich nun schlafen? fragte er nach einer Weile des Schweigens.

Ja, ja, erwiderte sie mit kleiner, fügsamer Stimme, schlaf nur. Ich will auch versuchen zu schlafen.

Kurz darauf röchelte er, und dann vernahm Tamara die bekannten Schnarchgeräusche. Sie wurde immer wacher. Die Erinnerung an den Konsul schnitt in ihr Fleisch. Alles tat weh. Sie zermarterte sich den Kopf, wie sie es anstellen könnte, den Konsul wiederzufinden. Sie dachte sich Möglichkeiten aus, die ihr im nächsten Augenblick wieder entglitten. Er hatte eine Frau, er hatte Kinder, er würde sie auslachen.

Sie hätte gern geweint, aber die Tränen blieben stecken.

Sie hatte das Gefühl, jung wie sie war, ihr Leben bereits völlig verpfuscht zu haben. Warum nur, dachte sie, bin ich all die Jahre bei Tadeusz geblieben, warum nur habe ich ihn nicht längst verlassen? Warum hatte sie nicht damals schon die Gunst der Stunde genutzt und den Konsul von Schweden an sich gebunden? Oder warum hatte sie nicht das Angebot des Prinzen von Siam angenommen und war mit ihm nach London gegangen? Gut, er hätte sie vielleicht nicht geheiratet, aber wäre es denn darauf angekommen?

Wehmütig dachte Tamara an Kizette. Dieses Kind hätte sie ohne Tadeusz nicht geboren, vielleicht hätte sie ohne ihn nie ein Kind geboren. Aber war Kizette denn die reine Freude, so schüchtern und oft auch entsetzlich langweilig?! Der Prinz von Siam hätte ihr unter Garantie einen Sohn eingepflanzt, einen kleinen Krieger oder einen Zauberer, einen, der von seinem Vater hätte lernen können, ein wunderbarer Liebhaber zu werden und ein kleiner König dazu.

Tamara weckte Tadeusz. Lieb mich! bat sie ihn. Ich habe Angst.

Tadeusz stieß sie fort.

Das ist wohl der Gipfel der Infamie! knurrte er. Jetzt willst du mich auch noch impotent machen. Ich habe keine Lust auf dich, jetzt nicht, vielleicht morgen früh. Und nun schlaf, und laß mich endlich in Ruhe! Er drehte sich von ihr weg und schnarchte sofort weiter.

Tamara löste sich in Angst auf. Plötzlich hatte sie das Gefühl, aus ihrem Scheitelpunkt trete eine leuchtende Spirale und verwirble sich mit ihr in die Luft, höher und immer höher. Sie erschrak fürchterlich. Sie hatte Angst, in der Unendlichkeit des Nichts zu verschwinden. Gleichzeitig dachte sie: Jetzt werde ich verrückt! Ich denke mir etwas aus, das es gar nicht gibt. Die Spirale stieg höher und höher, und sie sah von weit oben sich und Tadeusz im Bett liegen. Das Paar hatte etwas Unnatürliches an sich, als wäre es durch einen Fluch aneinandergekettet.

Tamara gab sich einen Ruck und stand auf. Tadeusz knurrte wieder drohend. Er war ihr gleichgültig. Im Nachthemd begab sie sich in ihr Atelier, spannte Leinwand ein, richtete den Spiegel auf sich selbst, zog sich nackt aus und malte ein Selbstporträt.

Die Dame aus Gold, hatte d'Annunzio sie genannt. Sie malte eine nackte Dame aus Gold, die schmachtend aus dem Fenster blickt, hinüber zu Häusern, zu Balkonen, zu anderen Fenstern. Doch sie kann nicht hinausfliegen aus dem Fenster, sie ist angekettet. Um ihre Handgelenke geschlungene Ketten hindern sie daran, die Arme auszubreiten wie Flügel und davonzufliegen, dorthin, wo man sie liebt, wo man sie schützt, sie birgt, mit Liebe umhüllt. Der Körper der in Ketten gelegten Frau schimmert golden, die Haare schimmern goldbronzen, die Häuser draußen sind etwas dunkler, ein wenig erdiger gehalten; der Ton erinnert an die Muschelform, in die Tamara Rafaela, la belle Rafaela, gebettet hatte.

Am Morgen schlurfte Tadeusz mißmutig und verschlafen ins Atelier. Also wirklich. Was war das für ein Theater letzte Nacht! knurrte er und schlich näher an die Staffelei. Er schnalzte, als er die Nackte sah. Dann berührte er Tamaras Brustspitzen und raunte: Wenn ich mich recht erinnere, hast du mir vor ein paar Stunden ein nettes Angebot gemacht. Wie steht es jetzt damit?

Tamara war entsetzlich müde, und zugleich hatte sie Angst vor der Leere der Wohnung, wenn Tadeusz fortgegangen sein würde.

Sie drückte den Rücken durch, bot ihm die Brüste dar. Sag heute in der Bank ab, hauchte sie, wir wollen uns einen schönen Tag machen.

Was ist in dich gefahren? fragte Tadeusz, ein wenig gereizt und ein wenig geschmeichelt.

Tamara berührte die Wölbung, die sich nun deutlicher unter seinem Pyjama abzeichnete.

Komm, mein Jadeprinz, sagte sie, wir haben es uns viel zu lange schon nicht mehr schön gemacht.

Da hast du allerdings recht! sagte Tadeusz und lachte verhalten.

Er griff nach Tamara und zog sie aufs Sofa. Tamara meinte, noch Rafaelas Duft atmen zu können. Als Tadeusz seinen Bademantel öffnete und ihre Flanken damit bedeckte, während er sich auf sie legte, warf Tamara einen Blick zum gegenüberliegenden Balkon.

Da stand niemand.

47

Fernand Vallon, ein bekannter französischer Kunstkritiker, kündigte seinen Besuch an. Tamara arbeitete an ihrer Gefesselten, der sie den Namen *Andromeda* gegeben hatte. Als Vallon andächtig nachfragte, was es denn mit dieser Andromeda auf sich habe, er kenne nur den Andromeda-Nebel, und als neblig könne man ihr phantastisches Werk ja nun ganz und gar nicht bezeichnen, antwortete Tamara, stolz auf ihre Bildung, daß Andromeda durchaus etwas mit dem Andromeda-Nebel zu tun habe.

Andromeda, klärte sie ihren Gast charmant auf, war die Tochter von Cepheus und Cassiopeia, der Königin von Äthiopien. Cassiopeia war sehr stolz auf ihre hübsche Tochter und hielt sie in ihrer Eitelkeit sogar für schöner als die Nereiden, die Meeresnymphen. Diese, eifersüchtig und voller Neid, schwärzten Andromeda bei Poseidon, ihrem Herrn, an. Der spielte sich als Beschützer auf und schickte Cetus los, ein schreckliches Meeresungeheuer. Cetus schwamm zu den Gestaden Äthiopiens und drohte, das Land durch heftige Bewegungen seines Schwanzes zu überschwemmen. Alles schien verloren, doch das Orakel zu Delphi wußte Rat: «Cepheus muß seine Tochter dem Cetus opfern, dann wird Äthiopien gerettet werden.» Auf Drängen seines Volkes kettete der König seine geliebte schöne Tochter an einen Felsen. Sogleich nahte Cetus und durchpflügte mit weit aufgerissenem Maul die Wellen. Nun aber trat Perseus auf den Plan. Er war der Sohn von Zeus und Danae, der Urmutter der Hellenen. Auf Geheiß des Königs Polydektes war Perseus gegen die Gorgonen zu Felde gezogen, drei Schwestern, die genau das Gegenbild zu einer schönen Frau verkörperten: Auf ihren Köpfen züngelten Schlangenhaare, die weit aufgerissenen Augen funkelten blutrot. Ihr grauenvoller Anblick war für einen Sterblichen tödlich; die Gorgonen ließen jeden, der ihnen ins Gesicht sah, zu Stein werden. Dem jungen Helden Perseus gelang es natürlich, die drei schrecklichen Schwestern zu besiegen. Einer von ihnen schlug er sogar das Haupt ab. Den Kopf der Medusa im Gepäck, machte sich Perseus mit geflügelten Schuhen auf den Weg nach Hause. Da erreichte ihn der Hilferuf aus Äthiopien: Andromeda, an den Felsen gekettet, fleht um ihr Leben. Im letzten Augenblick stürzte Perseus zum Ort des Grauens, tötete das Ungeheuer und rettete Andromeda. Zur Erinnerung an dieses sagenhafte Geschehen haben die Griechen nicht nur Cassiopeia, sondern auch Andromeda, Cepheus, Cetus und Perseus ans Firmament versetzt.

Die beiden Sternbilder Großer Wagen und Cassiopeia stehen das ganze Jahr über am Himmel. Sie halten sich immer in der Nähe des Polarsterns auf. Auch Cepheus bleibt immer in der Nähe. Perseus steht östlich der Andromeda und südlich der Cassiopeia – dort gehört er auch hin, finde ich. Schließlich hat er Andromeda gerettet. Andromeda ist ein Stern, der im Herbst besonders intensiv leuchtet, ein Herbst-Stern.

Fernand Vallon betrachtete Tamara, und sie war sich sicher, daß er gerade über die Ähnlichkeit zwischen ihr und der gefesselten Andromeda sinnierte.

Was interessiert Sie so sehr an dieser Figur? fragte er und zückte seinen Bleistift.

Tamara lächelte geheimnisvoll. Nun, antwortete sie, in gewisser Weise erleben wir Frauen diese Geschichte immer wieder:

Frauen beneiden Frauen um ihre Schönheit, Ungeheuer fressen Frauen, und je stärker gefesselt eine Frau ist, desto mehr bedarf sie der Hilfe eines unerschrockenen jungen Helden. Und gerade die Väter sind es leider häufig, die ihre Töchter so fesseln, daß die Ungeheuer freie Fahrt haben.

Der Journalist runzelte die Stirn. Madame de Lempicka, sagte er, die einzige Verbindung, die ich zwischen diesem Sujet und Ihnen herstelle, ist, daß ich mir vorstellen kann, wie sehr andere Frauen Sie beneiden. Wohlgefällig betrachtete er sie.

Wie immer hatte Tamara sich sorgfältig zurechtgemacht. Sie trug ein schlichtes weinrotes Hauskleid, dazu die Smaragdohrringe, die Tante Stefa ihr zu ihrem letzten Geburtstag geschenkt hatte. Das Hauskleid war wie ein Kimono geschnitten und versprach über der Brust auseinanderzufallen, ohne das Versprechen jedoch zu halten. Tamara, einen Kopf größer als der Journalist, sorgte unauffällig dafür, daß er sich erhaben fühlte.

Bei solchen Besuchen setzte Tamara sich so in Szene, daß die Journalisten sich großartig fühlten. Sie ließ ihre Bilder wirken, trat selbst in den Hintergrund und unterhielt sich mit den Journalisten mehr über deren Arbeit und Leben als über das Schaffen der Künstlerin de Lempicka. Sie kannte sich mit Männern aus, sie wußte genau, daß diese sich mehr für die Frau als für die Werke interessierten. Die Journalisten besaßen Macht, und Tamara kannte sich mit Macht aus. Würde sie die Künstlerin hervorkehren, liefe sie Gefahr, anderntags vernichtende Artikel zu lesen. Es gab viele Möglichkeiten, eine Künstlerin mit der Feder wegzuwischen. Man konnte sie dumm machen oder häßlich, konnte über ein Mannweib schreiben oder über die schlechte Mutter, über die Frau, die Frauen begehrte, oder über diejenige, die ihrem Mann untreu war. Tamara aber brachte es fertig, daß jeder Journalist, der sie besucht hatte, wunderbare Worte über sie zu Papier brachte.

Tamara kaufte die Zeitungen nicht. Sie las keine Zeitungen. Sie verachtete alles, was mit Politik zu tun hatte, so sagte sie zumindest; in Wirklichkeit machte ihr angst, was in den Zeitungen stand, und sie fühlte sich hilflos dem Wirken einiger weniger mächtiger Männer ausgeliefert. Immer noch mußte sie die überaus lebendige Erinnerung an die verwüstete Stadt St. Petersburg und die beunruhigende Flucht angestrengt verdrängen, wenn sie sich plötzlich ihrem Körper aufdrängte und ihr den Atem abschnürte.

Politik war verwirrend, so ihre Schlußfolgerung; man stand prinzipiell auf der falschen Seite, aber man erkannte es zu spät.

In Vallons Artikel wurde ihr schlichtes Hauskleid zu einem purpurnen Gewand, und ihre Smaragde beschrieb er als «so tief wie das Meer». Er hielt sich nur kurz bei der *Andromeda* auf, des längeren hingegen bei der Beschreibung ihres Haares, so «herrlich blond», und ihrer zarten Hände «mit blutroten Fingernägeln».

Sie kannte die Vorliebe der Männer für ihre Hände, und sie spielte damit. Sie sprach mit eindringlichen und zugleich zurückhaltenden Handbewegungen, die einer Tänzerin zur Ehre gereicht hätten und ihre tatsächlich edel gewachsenen Hände ins Zentrum der Aufmerksamkeit rückten.

Ebenso spielte sie mit ihren Augen. Durch künstliche Wimpern theatralisch vergrößert, leuchteten sie fast wie im Fieber, wenn Tamara ihren Blick in die wehrlosen Augen eines Journalisten versenkte, der als Mann zwar gewaltige Macht über die Künstlerin besaß, der Frau aber ausgeliefert war. So hortete Tamara Artikel, in denen Beschreibungen standen wie «schlankes kleines Geschöpf» oder «genau an den richtigen Stellen rund» oder «groß, sanft und harmonisch in all ihren Bewegungen» oder «sprühend vor Leben, ihr Gesicht beherrscht von großen, fast künstlich wirkenden Augen und einem leicht lächelnden Mund, den ein kostbarer Pariser Lippenstift betonte». Ein Schreiberling hatte gar romantisch in der Phantasie geschwelgt, wie erregend es sein müsse, von ihren betörenden Händen liebkost zu werden.

Bei jedem Zeitungsausschnitt, der ihr geschickt wurde, triumphierte Tamara. Ihr schauspielerisches Talent hatte sich im Interesse der Malerin durchgesetzt.

Tadeusz hingegen verhöhnte sie und äußerte wiederholt den Verdacht, sie sei mit dem jeweiligen Journalisten ins Bett gegangen. Schreibt der über eine Künstlerin oder über eine Hetäre? fragte er sarkastisch. Von der Künstlerin lese ich keine Zeile, von der Hetäre seitenlang.

Die Artikel schmeichelten Tamara, Tadeusz' Bemerkungen verletzten sie.

Der Besuch von Fernand Vallon fiel in die Zeit, als Tamara mit Hilfe ihrer schmachtenden *Andromeda* und mit Hilfe aller ihr zur Verfügung stehenden List versuchte, sich aus dem Tief der Leere und Sinnlosigkeit zu retten. Als der streng blickende Tadeusz mit einem Zeitungsausschnitt in der Hand in ihr Atelier trat, wußte sie sofort, daß es sich um Vallons Artikel handelte. Eine Woge kalter Angst überrollte sie.

Mein Gott, Tadeusz, sagte sie, noch bevor er ihr den Artikel gezeigt hatte, ich habe gar keine Chance, daß sie mich als Künstlerin ernst nehmen, aber sie können mich so berühmt machen, daß sich meine Bilder teuer verkaufen. Und dann könnten wir beide doch einmal einen langen und schönen Urlaub in Venedig machen, dort waren wir noch nie gemeinsam. Ach, Liebster, laß uns nach Venedig reisen!

Sie neigte den Kopf und schaute ihren Mann mädchenhaft bittend an.

Venedig? fragte Tadeusz, Na gut, warum nicht Venedig? Ich will ja alles tun, damit es uns miteinander wieder bessergeht. Allerdings fürchte ich, daß ich es in Venedig nicht lange aushalte, es stinkt dort. Venedig ist eine untergehende Stadt, wie jeder weiß, ich versteht nicht, wie du davon schwärmen kannst.

Tamara sagte mit kleiner Stimme: Es muß nicht Venedig sein, Liebster, wir könnten auch nach Florenz fahren, die Uffizien sind unvergleichlich schön.

Zwischen Tadeusz' Augenbrauen bildete sich eine zornige Falte. Uffizien? Ist das ein neuer Trick, um mich in deine Kunstchose hineinzuziehen? Nein, meine Kleine, solltest du wirklich jemals ein Bild richtig teuer verkaufen und das Geld nicht sofort wieder für Kleider und Schmuck ausgeben, so laß uns nach Amerika fliegen, das ist die neue Welt.

Gut, Tadeusz, entgegnete Tamara fügsam, dann fliegen wir nach Amerika, mir ist es recht.

Wenige Wochen nachdem Fernand Vallon ihre Schönheit so emphatisch beschrieben hatte, erhielt Tamara ein artiges Billett, in dem ein Baron Kuffner darum bat, sie aufsuchen zu dürfen.

Siehst du, Tadeusz, sagte sie triumphierend, das riecht nach Geld, unsere Reise nach Amerika rückt näher.

Vor dem Besuch des Barons dachte sie besonders sorgfältig

über ihren Auftritt nach. Sie wollte schön sein, aber dezent. Vor allen Dingen sollte er sie achten.

Sie hatte einiges über den Baron gehört, er hatte sogar schon Bilder von ihr gekauft, nachdem sie ihm auf Anraten von Colette Weill einen freundlichen Brief mit Fotos von einigen ihrer Gemälde geschickt hatte. Der Baron war berühmt, wahrscheinlich berühmter als Tamara. Kunstsammler gehörten, wenn sie sich Künstlern gegenüber respektvoll verhielten – wie es der berühmte Amerikaner Barnes, über den man heute noch sprach, Anfang der Zwanziger getan hatte –, zu den Menschen, für die Künstler fast alles taten, zum Beispiel auch neben den verkauften Werken noch das eine oder andere zu verschenken. Dank solcher Freundschaftsgaben hatte zum Beispiel Gertrude Stein ihre Wohnung mit Gemälden der künstlerischen Avantgarde von Paris füllen können.

Tamara fieberte dem Besuch entgegen. Sie verspottete sich selbst, denn sie wußte, daß Baron Kuffner nicht nur sie aufsuchen würde, sondern auch viele andere Künstler. Angeblich verfügte er über endlose Ländereien in Österreich-Ungarn und war ein so reicher Mann, daß es ihm, wie kolportiert wurde, ebensolche Mühe machte, die Zinsen seines Vermögens auszugeben, wie andere aufwenden mußten, um einen solchen Betrag zu verdienen. Es war allgemein bekannt, daß er eine Frau hatte, die ebenso gebildet war wie er, und eine Geliebte, der er genauso treu war wie seiner Frau.

Seine Geliebte, eine andalusische Tänzerin, hatte angeblich ihr Land aus Liebe zum Baron verlassen und wurde von der Baronin als Nebenfrau respektiert und geduldet.

Er besaß also eine gebildete Frau und eine feurige Geliebte. Zu ihr, Tamara, kam er, um ihre Bilder anzuschauen, um vielleicht das eine oder andere auszuwählen, oder aber um einfach die Künstlerin kennenzulernen, von der er bereits Bilder besaß.

Tamara bereitete sich auf den Besuch dieses Mannes vor, als wolle er nicht ihre Bilder, sondern sie kaufen. Sie ging von Chanel zu Schiaparelli zu Poiret, weil sie sich in den Kopf gesetzt hatte, ein grünes Kleid zu tragen, das dezent und zugleich so extravagant war, daß Baron Kuffner nicht anders konnte als hinschauen. Sie erstand ein flaschengrünes Seidenkleid, absolut schlicht, aber so geschnitten, daß es ihre Brüste bei jeder Bewegung betonte, als weise es mit dem Finger darauf.

Sie badete und cremte und puderte ihren Körper. Sie legte an einigen delikaten Stellen zart Parfüm auf, als sei sie sicher, daß er es auf ihre besonders delikaten Körperteile abgesehen habe. Sie ging zum Friseur und ließ ihre rotblonden Haare in weiche, schwingende Wellen legen.

Baron Kuffner hatte sich zum Nachmittag angemeldet. Auf die Minute pünktlich um halb vier erschien er. Tamara öffnete ihm selbst die Tür. Sie gab sich natürlich und unbefangen – eine Künstlerin, die einen Sammler in ihrem Atelier empfing. Da machte man nicht viel Aufhebens, aber der Interessent wurde gastfreundlich begrüßt.

Baron Kuffner, ebenso groß wie Tamara, gekleidet in einem dunkelblauen Anzug mit passender Weste, weißem Hemd und silbernem Schlips, war offenbar von Tamaras natürlicher, lebhafter Art angetan. Er folgte ihr ins Atelier, und sie registrierte mit einer gewissen Beruhigung seine selbstbewußte, lässige Art, sich zu bewegen, sich umzuschauen, Bemerkungen über das zu machen, was er sah, und eine Atmosphäre von Wertschätzung und vollkommener Sicherheit zu verbreiten.

Charmant forderte sie ihn auf, ihr Atelier zu durchstöbern. Schauen Sie sich um, sagte sie fröhlich, ich will Ihnen gern zu allem etwas erzählen, aber nichts ist schrecklicher als ein Künstler, der dem Besucher die Reihenfolge der Blicke diktiert. Ich lasse Sie eine Weile allein, fügte sie hinzu, und bereite uns Kaffee oder Tee – was bevorzugen Sie?

Baron Kuffner lächelte sie an, und Tamara fiel auf, wie stark seine Ohren abstanden und was für sinnliche Lippen er hatte. Wie die Schamlippen einer Frau, dachte sie, es muß aufregend sein, von ihm geküßt zu werden.

Um ehrlich zu sein, sagte er, ich glaube, es wäre mir lieb, wenn Sie mir die Reihenfolge der Blicke diktierten. Ich bin entsetzlich einfallslos, zudem interessiert mich sehr, welches Ihrer Bilder Ihnen selbst besonders am Herzen liegt. Bitte prüfen Sie mich nicht. Tun Sie mir die Ehre und machen es mir leicht!

Tamara lachte. Nun gut, aber dann müssen Sie mir zuvor helfen, den Kaffee zuzubereiten, oder bevorzugen Sie Tee?

Baron Kuffner erklärte, er bevorzuge Kaffee, könne aber

Tee besser vertragen; heute allerdings sei er zu einer Sünde bereit.

Tamara warf ihm einen verschwörerischen Blick zu und bemerkte: Wenn Sie zu einer Sünde aufgelegt sind, bereiten wir uns Tee – warum sollten Sie die Sünde für Kaffee vergeuden? Das wäre ja, als würde die gute Fee sagen, du hast einen Wunsch frei, und Sie würden antworten: eine Tasse Kaffee.

Baron Kuffner lachte und fügte hinzu: In Ordnung, zwei Sünden! Oder viele. Beginnen möchte ich mit einem anständigen Mokka!

Wieder im Atelier, ging Tamara nachdenklich im Raum herum. Sie hatte sich auf den Besuch des Barons vorbereitet, die Bilder waren mit dem Gesicht zur Wand gestellt, er selbst, so hatte sie es sich überlegt, sollte sie Stück für Stück umdrehen, so, wie man eine Frau entblättert.

Sie hatte alles ausgeklügelt inszeniert. Die Bilder, die sie für Juwelen hielt, standen eher verborgen. In ihrer Phantasie hatte alles prima funktioniert. Sie wollte sich auf dem Sofa niederlassen, malerisch, anmutig, und den Mann betrachten, wie er sich ihre Bilder vornahm, Stück für Stück; in seinen Vorlieben, in seiner Art zu suchen, zu finden, würde er sich ihr allmählich offenbaren. Nun aber saß er auf dem Sofa, schlürfte Mokka, als würde er seiner Mutter einen Streich spielen, und verfolgte sie mit Blicken.

Unschlüssig tänzelte Tamara zwischen ihren Bildern hin und her.

Ach, sagte er schließlich, nachdem er mit einem behaglichen Seufzer den Mokka gelobt hatte, zeigen Sie mir doch als erstes das Bild, das Sie am meisten lieben.

Tamara zuckte zusammen, und der Baron schien sogar diese kleine Regung wahrzunehmen.

Sie müssen es mir nicht verkaufen, sagte er in beruhigendem Ton, aber ich bin nun einmal verrückt danach, gute Bilder zu sehen. Das kommt noch weit vor Mokka.

Tamara griff kurz entschlossen in die hinterste Ecke. Dort lehnte *La belle Rafaela*.

Dies hier, sagte sie mutig, dies ist mein schönstes Bild!

Baron Kuffner fingerte in der Tasche seiner eleganten Weste nach einer Brille, setzte sie auf, schwieg endlos und murmelte schließlich andächtig: Um ehrlich zu sein, für gute Bilder verzichte ich bis ans Ende meiner Tage auf Mokka... auf fast alles...

Tamara stellte das Bild auf die Staffelei. Sie begab sich ans Fenster. Von dort hatte sie die Leinwand und Baron Kuffner im Blick. Der Mann sah auf den Akt wie ein Verdurstender auf eine Oase. Tamara sah auf den Mann und hatte das gleiche Gefühl: als würde sie verhungern, verdursten, verarmen, verkümmern, und vor ihr läge die Rettung. Sie verspottete sich selbst, aber das Gefühl war viel stärker. Ihre Schutzlosigkeit, ihre Sehnsucht, ihr verkümmertes Frausein, die einsamen und kalten Nächte neben dem mürrischen Tadeusz, die Trostlosigkeit neben diesem an der Welt, an sich selbst und an seiner Frau leidenden Mann, der sich pausenlos selbst bedauerte – das alles spürte sie plötzlich so deutlich, daß es weh tat. Sie sah Baron Kuffner an wie ein ausgehungerter Wolf ein Stück Fleisch.

Das Bild ist wunderbar, murmelte er. Es ist einfach wunderbar. Er ließ sich in den Anblick fallen und verstummte.

Tamara sah ihn an und fragte sich, was an ihm ihr so gefiel. Seine Ohren ähnelten denen eines afrikanischen Elefanten, seine Nase, kräftig, lang und gerade, der eines Arabers, er hatte ein sehr rundes Kinn, eine Mischung aus Durchsetzungskraft und Wollust, er hatte diesen Kußmund, der zugleich ein wenig melancholisch war, und er hatte Augen, auf die eine Frau einfach wild werden mußte. Diese Augen hatten viel gesehen, und dennoch schauten sie auf eine fast naive Weise furchtlos und neugierig drein. Auch Gier lag in dem Blick, Gier aufs Leben, auf Kunst, auf Frauen.

Plötzlich verspürte Tamara den Drang, den Baron zu fragen, ob er in seiner Ehe glücklich sei; sie wußte natürlich, daß die Etikette eine solche Frage absolut verbot.

Madame de Lempicka, verkündete der Baron feierlich, ich weiß nicht, ob Sie dieses Bild verkaufen. Sollten Sie das erwägen, so kaufe ich es, und zwar zu jedem Preis, den Sie mir nennen.

Nun sah er sie mit dem gleichen Blick an, mit dem er sie aufgefordert hatte, Mokka zu kochen, und fügte hinzu: Und ich zahle auch noch den Aufpreis, der eventuell anfällt, wenn Sie mir die Adresse des Modells nennen...

Tamara spürte einen Stich der Enttäuschung.

Das Modell hat jüngst geheiratet, erwiderte sie spröde, und der Gatte ist über die Maßen eifersüchtig.

Schade, sagte der Baron leichthin und lächelte.

Er nahm das Bild von der Staffelei und bat Tamara, ihm die nächste Offenbarung zu gönnen. Tamara überlegte. Was würde nun nicht allzu sehr abfallen?

Sehen Sie, stieß sie kindlich erzürnt hervor, so wollte ich es gerade nicht haben!

Sie offenbarte ihm die Strategie, die sie sich zurechtgelegt hatte. Er brummte zustimmend: So hätte ich es auch gemacht. Aber es tut mir nicht leid, daß ich *Die schöne Rafaela* als erstes gesehen habe. Stellen Sie sich vor, ich hätte sie als letzte vorgeführt bekommen, schon am Ende meiner Kräfte und nur damit beschäftigt zu überlegen, wohin ich Sie zum Essen einladen könnte. Dann hätten Sie gesagt: Übrigens, da habe ich noch ein sehr schönes Bild, wenn Sie sich das vielleicht auch noch anschauen wollen. Und ich hätte höflich zugestimmt, aber nicht mehr richtig hingesehen – das wäre doch schade gewesen, nicht wahr? Aber – wohin könnte ich Sie zum Essen einladen, daß Sie auf jeden Fall einwilligen und mich nicht einsam und allein in die Falle eines teuren Lokals für amerikanische Touristen tapsen lassen, wo ich vor einem künstlerisch und teuer angerichteten Teller einsam verhungern muß?

Tamara lachte und nannte das Ritz als besonders feine Adresse, und dann nannte sie das kleine Restaurant auf Montmartre als das Lokal, wo sie besonders gern speise.

Baron Kuffner lächelte und sagte: Gut, ich schlage vor, Sie zeigen mir noch zwei weitere Ihrer Lieblingsbilder, und dann gehen wir zum Montmartre, damit auch für unser leibliches Wohl gesorgt ist.

Tamara zeigte ihm die *Andromeda*. Baron Kuffner würdigte das Bild mit einem höflichen Blick, der aber sogleich wieder vom Akt der Rafaela angezogen wurde.

Da sagte Tamara mit einem Seufzer der Resignation: In Ordnung, ich sehe, Sie haben sich in mein Modell verliebt. Und sie holte alle Bilder hervor, für die Rafaela Modell gesessen hatte.

Der Baron schaute sich die winzigen wie die riesigen Werke mit weichem und gerührtem Gesichtsausdruck an. Wissen Sie, sagte er schließlich, ich glaube, daß Gott seine Gnade in der Frau offenbart hat. Blumen, Bäume, Berge, die Farben, die sich in den Wellen der Meere spiegeln, Musik, die Geschöpfe, die sich auf der Erde zusammenfinden – das alles ist wunderbar, wirklich; ich bin nicht eigentlich religiös, aber immer wieder verstumme ich vor dem Reichtum, der Vielfalt und der Pracht, die es auf der Welt gibt, und denke, daß es einfach eine Macht geben muß, die größer ist als wir alle, denn sonst wäre so etwas nicht möglich. Aber über allem steht die Frau.

Er sah Tamara an. Sie wurde verlegen, wie sie es lange nicht mehr gewesen war. Unvermittelt erinnerte sie sich der Verlegenheit, die damals der Konsul von Schweden mit seinem Blick in ihr hervorgerufen hatte. Der Baron betrachtete sie von Kopf bis Fuß und schwieg. Tamara meinte zu erröten. Sie wurde zornig auf ihren Gast. Was bildete er sich ein? War sie ein Fisch auf dem Markt, den man begutachtete, bevor man ihn kaufte oder beiseite legte?

Trotzig sah sie ihn von oben herab an. Doch er war völlig versunken, und da spürte sie, daß er nicht nur sie sah, sondern eine Reihe von Frauen neben ihr oder vor ihr oder hinter ihr. Tamara fühlte sich beschmutzt und gedemütigt. Ich werde nicht mit ihm essen gehen, beschloß sie, was bildet er sich ein!

In diesem Augenblick sagte er in einem Ton, der irgend etwas tief in ihr zum Schmelzen brachte: Madame de Lempicka, Sie werden es nicht verstehen, Sie sind selbst eine Frau, und Sie haben unzählige Frauen angeschaut und gemalt, aber ich bin ein Mann. Ich kann nur hinsehen, kann nur meine Hände ausstrekken, kann meinen Reichtum anbieten und fühle mich wie ein Bettler. Nichts, aber auch gar nichts rettet mich vor der Macht der Frau. Frauen sind ein unfaßbares Wunder der Schöpfung!

Tamara folgte seinem Blick auf die Bilder von Rafaela und schließlich auf den Akt, von dem sie wußte, daß es ihr bester war und bleiben würde. Und in diesem Augenblick begriff sie ihn. Gemeinsam mit ihm verfiel sie dem Zauber von Rafaela. Sie war Rafaelas Zauber schon viele Male verfallen, aber diesmal war es anders.

Bisher hatte sie Rafaela als Frau geliebt, jetzt spürte sie plötzlich, als wäre sie es selbst, wie es sich für einen Mann anfühlte, eine Frau wie Rafaela vor sich zu haben, zum Greifen, zum Erobern nahe. Für sie selbst war Rafaela phantastisch gewesen, wunderbar, aber irgendwie vertraut, wie eine Schwester, eine Verdoppelung ihrer selbst, jetzt aber spürte sie das Mysterium, das von ihr gezeigte Wunder.

Eine schöne Frau, murmelte der Baron, mehr zu sich selbst als zu Tamara, ist auf ewig unbegreifbar. Anziehend wie ein Magnet, über Grenzen oder Hürden hinweg, aber ungreifbar. Nun blickte er Tamara direkt an, und sie erschrak über die Verletzlichkeit, die er preisgab. Wir können uns einer Frau nie wirklich bemächtigen, sagte er, und es klang schlicht und ein wenig traurig. Auch wenn wir uns sehr bemühen. Madame de Lempicka, die Männer meiner Familie sind dazu erzogen worden, Sieger zu sein. Ohne Anstrengung. Man hat mir auch beigebracht, ein Mann müsse Sieger über eine Heerschar von Frauen sein, schöne Frauen, selbstverständlich, stolze Frauen. Baron Kuffner gab einen verächtlichen Pruster von sich. Wie verlogen sie waren, die Männer, die uns Knaben so etwas vorgaukelten. Noch verlogener allerdings waren unsere Mütter, die so taten, als wäre es möglich, sie zu besiegen. Nein, Madame, schauen Sie Ihre Rafaela an! Halten Sie es für möglich, daß jemals ein Mann sie besiegen könnte?

Tamara holte Luft und dachte an den Mann von gegenüber. Ich fürchte schon, wollte sie gerade sagen, er wird ihr den Bauch so lange dick machen, bis er sie absolut kleingekriegt hat.

Der Baron aber beantwortete seine Frage selbst. Wir Männer können Frauen verletzen und entwürdigen, aber nicht besiegen. Er lächelte hingebungsvoll, und Tamara fragte sich mit einem Stich in der Brust, an welche Frau er gerade dachte.

Ich verrate Ihnen jetzt, wie ich das Rätsel gelöst habe, sagte er da und grinste lausbubenhaft: Sieger sein kann der Mann, der sich dem weiblichen Mysterium hingibt. Der Mann, der seine Sehnsucht nicht verrät, der ihr folgt, der Gefahr ins Auge sieht und das Risiko eingeht, eine Frau in ihrer ganzen Größe und Schönheit anzubeten und zu lieben. Zu viele Männer sind unablässig damit beschäftigt, die geliebte Frau aus lauter Angst kleinzumachen und häßlich zu machen.

Tamara berührte den Baron sanft an der Schulter. Kommen Sie, sagte sie, auf zum Montmartre! Ich habe Hunger.

48

Baron Kuffner hatte eine sehr hohe Stirn und Geheimratsecken. Seine sinnlichen Lippen, melancholische Halbmonde, wurden von dem sorgfältig gestutzten Schnurrbart nicht verdeckt. Seine Hände waren gepflegt, doch überhaupt nicht feminin. Tamara stellte sich vor, wie es war, von diesen kräftigen Händen gepackt oder sanft berührt, massiert oder gestreichelt zu werden. Sie empfand ein Sehnen nach diesem Mann, und sie hielt sich vollkommen zurück.

Die Mitte seiner Oberlippe erregte sie besonders, sie ähnelte einer Klitoris, und sie stellte sich vor, wie es sein würde, daran zu saugen. Sie hätte diesen Mann gern zum Stöhnen gebracht. In seinem freien und aufmerksamen Auftreten wurde seine Sinnlichkeit, seine Verführbarkeit deutlich spürbar. Er trug keinen starren Schild vor sich her, und doch stellte Tamara sich, seit er ihre Wohnung betreten hatte, ständig vor, wie es sein würde, wenn Baron Kuffner, ihren Zauberhänden hingegeben, die Fassung verlor.

Er war sehr belesen. Sie sprachen über Gide und seine Werke. Kuffner ging selbstverständlich davon aus, daß sie Gide gelesen hatte, da sie doch ein Porträt des Dichters gemalt hatte.

Und dann erkundigte er sich nach Tamaras Weg zur Malerei. Er interessierte sich dafür, bei wem sie was gelernt hatte, und als er von Maurice Denis erfuhr, wußte er sogleich amüsante Anekdoten über ihn zu erzählen. Doch er blieb nicht bei ihren Lehrmeistern hängen, sondern kam wieder auf die Künstlerin Tamara de Lempicka zu sprechen. Er berichtete, wie er das erste Bild von ihr gesehen hatte. Über meinen Rücken und meine Arme rieselte Gänsehaut, sagte er und sah sie eindringlich an. Zugleich blickte er durch sie hindurch, als tauche in der Ferne ihr Werk auf.

Welches Bild war es? fragte Tamara; wie gern sie Lob und Schmeichelei hörte, verbarg sie hinter einem höflichen Lächeln. Wissen Sie es noch?

Und ob ich das weiß! antwortete er. Der *Sitzende Akt*. Die Nackte mit der Perlenkette. Diese Frau, die nirgends schön ist, deren Beine dem Betrachter monumental entgegenwachsen, die einen sehr kräftigen Körper und gigantische Hände hat. Dieser ganze kubistisch verzerrte Körper strahlt etwas archaisch Weibliches aus, das es mir sofort angetan hat. Wissen Sie, das Bild hat mich an alte Skulpturen von Fruchtbarkeitsgöttinnen erinnert. Vor einigen Jahren hielt ich mich mehrere Wochen lang in Indien auf, dort fand ich Skulpturen, die, obgleich sie die nackte Frau in ihrer ganzen Fülle darstellen, nicht im geringsten Lüsternheit provozieren, sondern ehrfürchtig machen vor der weiblichen Schöpferkraft. Eine Frau erschafft ja nicht nur neues Leben in Form von Kindern, sie erschafft auch das neue Leben im Mann, und sie erschafft auch sich selbst immer neu.

Es gefällt mir, wie Sie das sagen, bemerkte Tamara. Sehen Sie, jetzt bekomme ich Gänsehaut. Kokett bot sie ihm ihre schmalen wohlgeformten Unterarme dar.

Oh, entgegnete Baron Kuffner und blickte Tamara prüfend in die Augen, nicht daß Sie glauben, ich wollte Ihnen schmeicheln. Ich meine es vollkommen ernst. Wenn eine Frau wie Sie auch noch Künstlerin ist, Kunst erschafft, jedes Werk ein neues, in die Welt gesetztes Lebewesen und zugleich die Chance für den Betrachter, den Mann, sich neu zu schaffen, indem er genau hinschaut, was eine Frau ihm an Blick auf die Welt offenbart, dann bin ich dankbar und fühle mich ein wenig schmarotzerhaft. Haben Sie eigentlich Kinder, Madame de Lempicka, wenn ich Sie so etwas Privates fragen darf?

Zu ihrem eigenen Erstaunen gab Tamara die Wahrheit preis, obwohl die Zeit, da sie sich mit Kizette geschmückt hatte, seit Jahren schon vorbei war.

Baron Kuffner erkundigte sich mit nahezu väterlichem Interesse nach Kizettes Befinden im Internat. Er selbst hatte fast erwachsene Kinder, die, wie er sagte, sehr unterschiedliche Gefühle mit ihrer Internatszeit verbänden.

Sie unterhielten sich über Kinder, über Erziehung, darüber, welch große Verantwortung Menschen übernähmen, wenn sie Eltern würden, und daß es nahezu unmöglich sei, dieser Verantwortung wirklich gerecht zu werden. Kuffner hatte sich mit Freud, seinem entfernten Landsmann, beschäftigt. Tamara erzählte ihm von ihrer Schlaflosigkeit und ihren zeitweiligen Angstzuständen, und Baron Kuffner erzählte ihr von einer Frau, die geheilt worden sei, indem sie in Freuds Behandlungsraum auf dem Sofa gelegen und ihre Träume erzählt habe.

Plötzlich sagte Kuffner: Sie sollten mit Ihrer kleinen Tochter in den Ferien nach Italien fahren, Italien heilt.

Tamara stockte der Atem. Italien heilt, hatte er gesagt, und das nach diesem Gespräch, in dem sie sich so ernst genommen, so wertgeschätzt und verstanden gefühlt hatte wie, so schien es ihr jedenfalls, noch nie zuvor.

Sie lieben Italien? fragte sie.

Ich? gab Kuffner zurück. Ich bin süchtig nach Italien, besonders nach Venedig. Kennen Sie Venedig?

Tamara lächelte verzückt. Ich bin süchtig nach Venedig, flüsterte sie. Sie erzählte dem Baron von ihrer ersten Reise mit der Großmutter.

Baron Kuffner griff nach ihrer Hand und küßte sie. Ich liebe die alte Dame für das, was sie getan hat, sagte er. Bitte erzählen Sie mir jede Kleinigkeit von dieser Reise.

Sie schwelgten in Erinnerungen an Venedig, und es war, als würden sie gemeinsam dorthin reisen.

Schließlich rief Baron Kuffner aus: Ich hätte Lust, augenblicklich mit Ihnen nach Venedig aufzubrechen. Zeit?

Tamara sah auf ihre Armbanduhr. Nun, in zwei Stunden könnte ich fertig sein, gab sie sachlich zur Antwort.

Baron Kuffners Blick wanderte melancholisch durchs Restaurant. Tamara bemerkte seine hohe Stirn, sie hatte Lust, ihm durchs Haar zu streichen, seine Stirn zu berühren. Ihr fielen die Schwellungen unter seinen Augen auf, und sie fragte sich, worüber er traurig war.

Baron Kuffner sah sie an, und Tamara spürte seine Sehnsucht, als wäre es ihre eigene. Bedaure, sagte er, aber ich bin nicht mehr so jung und spontan wie Sie, es tut mir wirklich sehr leid. Ja, ich schäme mich, aber ich bringe es nicht fertig, meine Verpflichtungen und Verabredungen einfach so über Bord zu werfen.

Es war Ihre Idee, entgegnete Tamara schnippisch. Irgendwie fühlte sie sich verletzt.

Ja, gab er halb traurig und halb amüsiert zu, ja, es war meine Idee, und ich finde, es war eine gute Idee, aber leider bin ich nun mal ein schrecklicher Feigling. Wie wäre es statt dessen mit einer Bar, die uns irgendwie an Venedig erinnern könnte?

Tamara kannte keine. Venedig ist einmalig, murmelte sie, warum uns enttäuschen?

Also besuchten sie das Parnasse in der Rue Delambre. Dort gab es unter einem exklusiven Restaurant einen Saal, in dem ein Orchester zum Tanz aufspielte. Die Inneneinrichtung war ultramodern, mit Spiegeln und Nischen, Tamara und der Baron tanzten, und Tamara, die verärgert gewesen war und sich ein wenig verraten gefühlt hatte, entspannte sich allmählich. Der Baron war ein guter Tänzer. Er hielt sie fest und sicher, seine Führung war eindeutig, und zugleich ließ er sie frei.

Als Baron Kuffner Tamara vor ihrer Haustür ablieferte, waren sie einander sehr nahegekommen, sie hatten geschwiegen und geredet, über alles mögliche, nur nicht über Tamaras Ehemann und über Kuffners Gattin und Konkubine.

Er küßte artig Tamaras Handrücken und lud sie für den nächsten Tag in die Abschiedsvorstellung von Josephine Baker ein.

Der folgende Abend brachte für Tamara zunächst wieder einmal eine Kränkung. Der eigentliche Grund für den Besuch des Barons in Paris, so erfuhr sie, war der spektakuläre Auftritt Josephine Bakers. Er verehre die Farbige, erzählte er Tamara, die ihn in großer Abendrobe vor ihrer Wohnung erwartete. Er habe ihr im letzten Jahr herausgekommenes Buch gelesen, ein bezauberndes, zwar von Marcel Sauvage in Worte gefaßtes, aber von ihrem Atem angehauchtes Werk, das ihre Natürlichkeit auf charmante und unterhaltsame Weise zeige. Er habe das Glück gehabt, die junge Frau mit ihrem Bananentanz, ihrem *danse sauvage*, auf der Bühne gesehen zu haben, noch bevor sie berühmt geworden und in Mode gekommen sei.

Zu ihrer Pariser Abschiedsvorstellung mußte ich einfach kommen, erklärte er.

Für den Bruchteil eines Augenblicks gaben Tamaras Gesichtszüge ihre Enttäuschung preis. Sein Lächeln, der kurze liebevolle Druck seiner Hand an ihrem Ellbogen und seine höflichen Worte: Es ist mir eine große Ehre, Madame, diese Vorstellung mit Ihnen anzuschauen! bewiesen ihr, daß er es gesehen hatte. Unwirsch zog sie ihren Arm zurück und sagte: Josephine Baker mag natürlich sein, aber sie verschlingt Männer, ohne sie je wieder auszuspucken. Aus diesem Grund ist sie wahrscheinlich so korpulent.

Der Baron lachte laut auf. Ist sie das? fragte er amüsiert. Nun, Männer haben wahrscheinlich einen anderen Blick auf die Rundungen einer Frau. Wo Sie Korpulenz erblicken, sehen wir Weiblichkeit... Tamara überlegte, ob sie den Taxifahrer auffordern sollte, umzukehren und sie wieder nach Hause zu bringen. Nein, diese Blöße wollte sie sich nicht geben, aber sie konnte jederzeit Kopfschmerzen vortäuschen und die Veranstaltung verlassen. Dieser Gedanke beruhigte sie.

Die Vorstellung fand im Salle Pleyel statt. Erst als sie ins Foyer traten, erfaßte Tamara die Bedeutung des Ereignisses. Das gesamte mondäne Paris war erschienen, ebenso die amerikanische Kolonie. Tamara entdeckte Hemingway, Gertrude Stein, Mc Almon, Helena Rubinstein und ihren Mann Titus, und sie war sicher, daß die anderen Amerikaner nicht weit waren. Sie begrüßte Foujita und küßte van Dongen, der sich in einen schwarzen Anzug gezwängt hatte.

Tamara war Josephine Baker noch nie begegnet, hatte sie nie auf der Bühne gesehen und hatte nie ihren Nachtclub auf Montmartre besucht, obwohl er allgemein als *chic* galt. Sie mochte die junge Farbige nicht. Jetzt, da sie hinschauen mußte – die Tänzerin, in ein altes zerlumptes Kostüm gekleidet, bewegte sich wie eine Gliederpuppe an schlaffen Drähten –, dämmerte ihr, warum sie sich bisher von dieser Frau ferngehalten hatte.

Der Tanz elektrisierte sie, auch wenn das übrige Publikum offensichtlich gelangweilt war. Da vorn tanzte eine Frau, die sich nicht im geringsten bemühte, schön zu sein, ganz im Gegenteil, sie tanzte die Rückseite einer schönen Fassade, sie tanzte die fassungslose, zum Lachen reizende nackte Wirklichkeit. Tamara wurde unruhig. Wieder überlegte sie, ob sie nach Hause fahren sollte. Die Gefühle, die jetzt in ihr aufstiegen, waren ihr mehr als unangenehm; normalerweise wich sie ihnen konsequent aus. Sie wollte nicht darüber nachdenken, wovor sie eigentlich Angst hatte.

Da ging die Schwarze ab und erschien nach einer kurzen Pause erneut auf der Bühne – es war, als stocke allen im Saal der Atem: Josephine Baker, in ganz Paris bekannt wegen ihres Tanzes im Bananenrock – im vergangenen Jahr war sie Abend für Abend in den Folies-Bergère aufgetreten, nackt mit Straß rund um die Brüste und vorm Geschlecht –, erschien in einem ausgesprochen eleganten und hervorragend geschnittenen Kleid. Den Straß trug sie nun auf dem Kopf, das Glitzerzeug zierte eine eng anliegende Kappe, die im Scheinwerferlicht Sterne warf. Und sie sang ein französisches Chanson, die Frau, die, obgleich sie seit fast zehn Jahren in Paris lebte und im Acacias, dem noblen Tanzcafé im Bois de Boulogne ihr Buch signiert hatte, bekannt dafür war, daß sie kaum ein Wort Französisch sprach.

Tamara durchschaute die Strategie: Es ging darum, eine neue Fassade für die kleine, dralle, gelenkige Schwarze zu entwickeln, die weiterhin viel Geld verdienen wollte, deren Auftritt sich aber abgenutzt hatte. Es ließ Tamara kalt, als die Baker nun auch noch eine kleine Ansprache auf französisch hielt. Im Publikum aber gab es viele feuchte Augen. Auch Baron Kuffner wirkte, als habe man ihm Süßes zu essen gegeben. Leicht stockend bedankte sich die Tänzerin bei den Franzosen, die aus ihr, dem armen kleinen Mädchen, ein «großes Ding» gemacht hätten. Die Zuschauer applaudierten begeistert.

Nun aber fuhr die Baker fort, sich bei all den Leuten zu bedanken, die auf irgendeine Weise an ihrem Aufstieg beteiligt gewesen waren, der Friseuse, dem Schneider, dem Schuhmacher, dem Kürschner... Die Liste nahm kein Ende. Baron Kuffner wendete sich gelangweilt Tamara zu. Sie zeigte ihm ihr makelloses, hell geschminktes Gesicht, lächelte strahlend und schwieg. Er schwieg ebenfalls. Als nächstes versteigerte die Baker zu wohltätigen Zwecken einige Programmhefte, signiert von ihr und den berühmten Jazzpianisten Wiener und Doucet, die auch noch an diesem Abend auftreten sollten. Das erste Heft erbrachte dreihundert Franc, das Publikum bewahrte Anstand und hoffte sichtlich, daß es danach ein interessanter Abend werden würde. Es folgte jedoch eine zweite Versteigerung und dann eine dritte. Währenddessen plapperte die Baker unablässig in einem Kauderwelsch aus Amerikanisch und Französisch. Tamara amüsierte sich köstlich. Sie beobachtete das Publikum. Foujita lachte und feixte, ebenso einige andere Künstler, van Dongen verließ den Saal. Die bourgeoisen Gäste, diejenigen, die üblicherweise in die Oper gingen, begannen, mit den Füßen zu scharren. Paare schauten einander indigniert an, schließlich ertönten Pfiffe, zuerst vereinzelt, dann aus allen Richtungen, bis der riesige Saal von einem Pfeifkonzert erfüllt war.

Baron Kuffner sagte unglücklich: Madame de Lempicka, es tut mir so leid, daß ich Ihnen mit dieser Veranstaltung ihre wertvolle Zeit gestohlen habe.

Tamara lachte hell auf. Ich finde es phantastisch hier, sagte sie, legte schnell den Zeigefinger auf die Lippen und wies zur Bühne.

Josephine Baker hatte sich, trotz eleganter Robe, wieder in einen Kobold verwandelt. Mit mächtiger Stimme rief sie: Denken Sie daran, Sie sind immer noch in Frankreich.

Tosendes Gelächter brach los.

Der Baron lächelte gequält. Nun ja, gehen wir bitte, sagte er und schaute Tamara hilfesuchend an.

Selbstverständlich! Tamara fühlte sich hervorragend, als sie am Arm ihres Herrn den Saal verließ.

Wohin nun? fragte er. Madame, bitte verlassen Sie mich jetzt nicht, ich habe eben den Verlust einer Freundin erlitten, die ich wegen ihrer vollkommenen Ursprünglichkeit und Natürlichkeit anbetete.

Tamara sagte spöttisch: Aber, Baron, Sie kommen mir vor wie der Matrose, der seine Südsee-Geliebte nach Europa bringt und dann beleidigt und erschrocken ist, weil sie wie seine Nachbarin gekleidet auf die Straße geht. Denken Sie daran, Sie sind immer noch in Frankreich.

In Ordnung, gehen wir ins Acacias zum Tanzen. Sich selbst verspottend, rückte der Baron sein Jackett zurecht, richtete sich auf und rief ein Taxi herbei.

Und wieder tanzte Tamara mit dem Mann, dessen Geruch ihr schon vertraut war, dessen Hand auf ihrem Rücken ihr so selbstverständlich war, daß sie sich seiner Führung völlig hingab.

Zum Abschied küßte der Baron ihre Hand.

Madame, sagte er, ich beneide Ihren Gatten.

Und ich, Monsieur, erwiderte sie, beneide Ihre Geliebte.

Kaum zurück in ihrem Atelier, setzte sie sich an den Skizzenblock und zeichnete sein Gesicht.

49

Die Stunden mit Kuffner hatten Tamara weich gemacht, nur so konnte es geschehen, daß sie, als Tadeusz eine Woche später zornig in ihr Atelier kam und ihr vorwarf, das von Baron Kuffner für ein Bild gezahlte Geld mit einem Liebhaber verpraßt zu haben, überhaupt antwortete.

Tadeusz, Liebster, entgegnete sie, das Geld von Kuffner ist sofort weggegangen – fürs Internat, für die Miete und für deinen Schneider.

Giftig fuhr Tadeusz sie an: Warum erwähnst du meinen Schneider? Und deine Schneider, arbeiten die umsonst?

Tamara fuhr zusammen. Warum nur mußte er immer solche Sachen sagen und dazu noch in diesem Ton, der sie ängstlich machte und sie keinen klaren Gedanken mehr fassen ließ? Hilflos verteidigte sie sich: Meine Schneider kleiden mich in der Tat kostenlos. Außerdem verdiene ich. Wo aber bleibt dein Geld? Mein Onkel bezahlt dich schließlich nicht schlecht.

Tadeusz lehnte rücklings gegen das Fenster, das zum Balkon hinausführte; draußen hing ein dunkles Jackett zum Auslüften. Seine Gestalt hob sich dunkel gegen den Hintergrund des grauen Februarlichtes ab. Tamara konnte seine Gesichtszüge kaum erkennen, als er in aggressivem Ton loslegte: Ich habe dich damals vor mir gewarnt, aber du hast mich ja unbedingt gewollt. Ich bin deine Beute. Du hast mich scharf umkreist und an deine Seite gebannt. Und jetzt mußt du meinen Schneider bezahlen, so ist das nun mal.

Da war er wieder, der alte Schmerz! Sie hatte ihn gewollt, umworben, an ihre Seite gebannt. Sie war nicht die Frau, nach der er sich verzehrt, für die er seine Phantasie angestrengt hatte, für die er alles zu tun bereit gewesen war.

Trotzig fuhr sie ihn an: Du hast die Augen eines Fischs, eines Menschen, der einer alten Frau die Handtasche raubt...

Tadeusz erwiderte in theatralisch leidendem Ton: Wer hat dir denn damals gesagt, daß es keine Enttäuschung geben wird mit mir? Als ich dir gekauft wurde, hast du mich zu einem Räuber gemacht. Von Anbeginn an wolltest du mich verändern, wolltest, daß ich deinem Onkel das Geld raube, damit du mich mir selbst rauben konntest. Was ist denn grausamer? Die kleine Schneiderrechnung oder der Diebstahl an meinem Ich?

Dich verändern? zischte Tamara. Du bist starr bis zur Grausamkeit, dich kann nichts und niemand verändern, dich konnte nicht einmal das bolschewistische Gefängnis verändern, sie haben dich nur aus dir selbst herausgeholt, deinen Grund haben sie aufgewühlt, so daß man ihn sehen kann, da, wo vorher glatte Oberfläche war.

Tadeusz gab sich einen Ruck, Tamara zuckte zusammen, er baute sich in voller Größe vor ihr auf und deklarierte: Wir standen immer schon in zwei verschiedenen Lagern, von Anfang an, aber du hast mich unbedingt haben wollen, ich hätte mit dir nicht einmal eine kleine Affäre probiert.

Tamara hatte ein Gefühl in der Brust, als lösten sich in der Flut dicke Steine und rieben sich knirschend bei jeder Welle gegeneinander. Es schmerzte, und sie konnte Tadeusz kaum mehr zuhören, weil sie nicht wollte, daß er ihr noch mehr weh tat.

Doch er fuhr erbarmungslos fort: Meine Freunde haben unsere Verbindung damals schon gehässig kommentiert. Du warst immer schon schädlich für mich. Ohne dich hätte ich mich wahrscheinlich nie in die Gefahr begeben, gegen die Bolschewiki zu kämpfen. Ich wollte irgendwie in dein Lager hinüberwechseln. Ich soll ja auch in dein Lager wechseln, deshalb arbeite ich jetzt als Bankier. Ich sage dir folgendes voraus: Es wird nicht lange dauern, und ich werde genau der Mann sein, den du aus mir gemacht hast. Daß du meine Schneiderrechnungen bezahlst, ist die geringste Buße.

Lahm erhob Tamara Einspruch: Du redest immer von dir. Du kreist immer um dich. Du siehst nur dich.

Tadeusz ließ sie kaum ausreden, sondern fuhr fort zu klagen: Ich bin inwendig ganz wund, inwendig bin ich so zart. Ich habe alles aufgegeben, was ich erreicht hatte. Damals in Petersburg war ich ein Mann, die Frauen haben sich die Finger nach mir geleckt. Und dann hast du mich in dein Schlepptau genommen. Heute habe ich keine Freunde mehr. Du hast alle Macht. Und dann tust du dir auch noch leid. Immer tust du dir leid. Gleich fängst du auch noch an zu heulen, das weiß ich jetzt schon, das kenne ich. Aber wenn du dir so leid tust, warum machst du dann kein Ende? Spring in die Seine, dann mußt du dir nicht mehr leid tun!

Tamara kämpfte einen gewaltigen inneren Kampf. Sie vereiste den Schmerz in der Brust mit aller Kraft, und gleichzeitig zwang sie sich, nicht fortzulaufen, denn sie war im Grunde froh, daß Tadeusz bei ihr war und mit ihr redete. Das war immer noch besser als die schlaflose Einsamkeit.

Aber, Tadeusz, antwortete sie und verfluchte die hochsteigenden Tränen, was ist nur aus dir geworden? Du hast ja recht, damals in Petersburg warst du ein Mann, und ich wollte dich, aber heute, der ganze Mann in dir ist in den vergangenen Jahren irgendwie draufgegangen, und ich weiß nicht, wieso.

Das liegt an dir, mein Schatz.

Nun löste sich eine Träne, und Tamara fragte dumpf: Was soll ich denn anderes tun?

Du hättest dich mal ein wenig nach mir richten sollen.

Alles in ihr bäumte sich auf. Wie konnte dieser Mann die Wirklichkeit so vollständig verkennen? Sie schrie: Aber ich habe mich ganz und gar nach dir gerichtet. Ich habe doch sogar mit dem Malen angefangen, weil ich mich nach dir gerichtet habe.

Tadeusz hob warnend beide Hände und drohte: Gleich werde ich heftig. Mit dem Malen angefangen! Weißt du, wie du meine Gesundheit ruiniert hast durch dein Malen?! Meine Kollegen in der Bank zeigen mit Fingern auf mich. Ich bin einer, dessen Frau in der Öffentlichkeit Bilder ihrer Liebhaber präsentiert. Oder sie stellt schamlos ihre lesbischen Neigungen vor aller Welt zur Schau.

Tamara sackte aufs Sofa und verbarg das Gesicht in den Händen. Aber was hätte ich denn tun sollen? schluchzte sie. Du hast nur herumgehockt in deiner Vergrätztheit, und ich mußte doch auch unser Kind ernähren. Man muß die Bilder, die man malt, verkaufen können, wenn die Miete fällig ist, das mußt du doch verstehen, verdammt noch mal!

Mit leiser, schneidender Stimme sagte Tadeusz: Wenn du jetzt zu fluchen beginnst, fluche ich auch, und dann wird es laut. Du mußt doch nicht denken, daß du anderswo wie ein Täubchen gurren kannst und hier bei mir fluchen!

Tamara hob das Gesicht und sah ihn flehend an: Was bist du

nur für ein Mensch? Wer hat dir was getan? Ich gebe mir solche Mühe. Würdest du mir doch ein wenig von dem Tadeusz zeigen, den ich einmal geliebt habe!

Langsam öffnete Tadeusz seine Hose und ließ sein erigiertes Geschlecht herausschnellen. Da, ich zeig dir ein wenig von dem alten Tadeusz, sagte er und kam näher.

Tamara öffnete den Mund.

50

Täglich stand sie vor der Staffelei und arbeitete an dem Porträt ihres Mannes. Einst hatte er so viel besessen, Einfluß, Bildung, Glanz – und was war aus ihm geworden? Ein fischäugiger Mann, der in der Bank – wie er selbst sagte – subalterne Dienste verrichtete und all sein Trachten darauf richtete, wie ein Dandy gekleidet zu sein.

Und doch entdeckte Tamara – als sie wie immer beim Malen mit ihrem Modell gewissermaßen verschmolz –, daß der Niedergang für Tadeusz auch etwas Positives gebracht hatte. Früher war er nur Dandy gewesen, ein harter Glanz über etwas, von dem Tamara heute annahm, daß es ein totales Nichts gewesen war, simple Oberflächlichkeit und Arroganz und dahinter gähnende Leere. Der Mann, den sie jetzt malte, war gebrochen, ebenso wie der Großherzog Gabriel, den sie gleichzeitig porträtierte. Den Prinzen malte sie in einer prächtigen Robe wie in einem Ornat – dazu ein Gesicht wie aus dem Gruselkabinett. Tadeusz malte sie im Zweireiher, mit einem eleganten weißen Schal im Kragen und weißen Handschuhen, in der einen Hand den Hut; ein Dandy, der sofort in eine Operette hätte springen können oder in eine der Shows von Josephine Baker.

Sein Gesicht aber zeigte, daß dieser Mann in Abgründe geblickt hatte. Tiefgrund und Abgrund – es wurde nicht das Porträt eines oberflächlich hübschen Mannes, der die Frauenrolle einnahm. Es wurde auch keins jener Bilder, in denen Tamara aristokratische Dekadenz eiskalt in ihrer ganzen Pracht und Hohlheit darstellte. Dieses Bild rang darum, die Liebe, die ebenso verlorengegangen war wie der alte Tadeusz, neu zu finden. Dieser Mann war viel weicher als der Tadeusz von früher, er war verletzt und sensibel. Und er schaute prüfend und ein wenig ängstlich auf seine Frau, die versuchte, ihm malend wieder nahezukommen.

Der Besuch des Baron Kuffner hatte Tamara Auftrieb gegeben. Sie wagte sich an Themen, die in der Malerei so oft schon bearbeitet worden waren, daß man fast nur noch plagiieren konnte. Neuer Elan und eine absolute Gleichgültigkeit gegenüber gesellschaftlichen Konventionen leiteten sie bei der Wahl ihrer Motive und Modelle. Sie hatte keine Angst mehr davor, zurückgewiesen zu werden. Sie sprach wildfremde Menschen an und fragte, ob sie bereit wären, ihr Modell zu sitzen.

So auch, als sie mit zwei guten Freunden – beide ineinander und auch ein wenig in Tamara verliebt – das Théâtre de Paris besuchte. Als der Vorhang fiel und das Licht anging, fiel ihr Blick aus der Loge auf ein Paar Marmorschultern im Parkett und verharrte dort, ehrfürchtig und gierig zugleich. Tamara konnte das Gesicht der Frau nicht erkennen, aber die Schultern glichen denen antiker Statuen. Sie schickte die beiden Liebhaber fort – eine Fremde anzusprechen, empfanden die in der Liebe zu dritt erfahrenen Männer als ungehörig und anstößig – und eilte die Stufen zum Parkett hinunter. Dort lauerte sie der Frau auf und jubelte innerlich auf, als sie ihr Gesicht erblickte: Es war ein Rosenantlitz, rund, zart und rosig.

Tamara näherte sich höflich, berührte die Frau vorsichtig an einer der verführerischen Schultern und sagte rundheraus: Entschuldigen Sie, ich bin Malerin. Ich arbeite gerade an einem großen Bild mit fünf Personen. Eine fehlt mir noch, und das sind Sie. Würden Sie mir Modell sitzen?

Sie schaute die Fremde ruhig an, ihr Herz aber hämmerte, als wollte es ihre Brust durchbrechen und sich der Frau zeigen. Fraglos handelte es sich um eine Bourgeoise, und Tamara wollte, daß sie nackt posierte. Die Dame bat ihren Begleiter vorauszugehen, führte Tamara gelassen zu einem Platz abseits der Menge und sah sie fragend an. Offenbar erwartete sie eine Erklärung.

Tamara fiel kein Wort mehr ein. Rauh sagte sie: Nackt?

Die Fremde musterte Tamara. Einverstanden, sagte sie, ich werde für Sie Modell sitzen.

Einige Wochen lang erschien die elegante Dame täglich zur gleichen Zeit, entkleidete sich dezent in Tamaras Schlafzimmer und erschien in einem winzigen Nachthemd aus blaßgrünem Musselin im Atelier. Tamara war nahe daran, sich in die Fremde mit der samtgoldenen Haut zu verlieben.

Sie sprachen kaum ein Wort miteinander. Nach drei Wochen war Tamara fertig und wollte die Dame irgendwie entlohnen. Die aber lächelte und sagte, sie sei nur gekommen, weil sie Tamaras Bilder gekannt und bewundert habe. Mit diesen Worten verschwand sie aus Tamaras Leben.

Tamara war unbändig stolz auf diesen Satz: Ich kannte und bewunderte Ihre Bilder.

Ja, sie wurde bekannt. Immer häufiger kamen reiche Männer mit ihrer hübschen Geliebten oder reiche Mütter mit ihrer hübschen Tochter und gaben ein Porträt in Auftrag. Sie machten auch klar, in welcher Art sie das Modell gemalt haben wollten. Es sollten hübsche Abziehbilder werden, ähnlich einem, für das Rafaela einmal posiert hatte: ein schönes Köpfchen, bedeckt mit einem Hütchen, aus dem einige Löckchen hervorlugten, unter dem Kinn ein wunderschöner Blumenstrauß. Es war eine zärtliche Hommage an Rafaelas Schönheit gewesen. Ein kleines Bild, das in die Nähe der die Herzen anrührenden, sentimentalen, mit Silberglanz überzogenen Bildchen rückte. Doch die Hübschheit dieser Auftrags-Modelle stieß Tamara ab. Was sollte sie damit anfangen? Was sie malen wollte, war Perfektion, war Stil, war das Besondere, doch keineswegs Hübschheit. Auch wenn Tadeusz sie mehr denn je mit Geldforderungen plagte, schickte sie immer häufiger potentielle Auftraggeber fort. Ich bin keine Hure, sagte sie trotzig, wenn Tadeusz ihr Vorwürfe machte, ich liebe, wen ich will, und ich male, wen ich will.

Die Arbeit an Tadeusz' Porträt wurde plötzlich unterbrochen. Der Bankier schickte Tadeusz nach Warschau, wo er einige Bankgeschäfte regeln sollte.

Nach Warschau!

Tamara dachte an das Warschau ihrer Kindheit. An die Großmutter. Das rote Sofa, unter dem sie ihren Träumen nachgehangen hatte. Träumen davon, umschwärmt und berühmt zu sein. Nun war sie berühmt und umschwärmt, sie konnte nach Warschau zurückkehren. Durch die Gassen streunen, auf der Suche nach den Plätzen ihrer Kinderstreiche.

Malvinas Wangen röteten sich, und ihre Augen leuchteten, als sie hörte, daß Tadeusz nach Warschau fahren würde und daß Tamara überlegte, ihn zu begleiten.

Mutter und Tochter schwelgten in Erinnerungen. Doch als Tamara irgendwann erzählte, wie die Großmutter und sie Malvina damals hereingelegt hatten, bekam Malvina einen Wutausbruch, wie Tamara ihn bei ihrer Mutter noch nie erlebt hatte.

Sie hat mich kleingehalten! schrie Malvina. Wie eine Spinne im Netz hat sie gesessen und uns alle dirigiert. Die beeindruckende *grande dame!* Alles wußte sie besser. Sie konnte deine Zukunft aus den Karten lesen, und immer traf es ein. Aber wehe, wenn nicht! Keine von uns hätte jemals gewagt, nicht wahr werden zu lassen, was sie uns vorgab.

Maman! wies Tamara ihre Mutter zurecht, du warst es doch, die Großmama ständig um Rat fragte. Du bist ihr doch geradezu auf die Nerven gegangen mit deiner Unselbständigkeit.

Da schrie Malvina ihre Tochter an, daß die Scheiben klirrten: Halt den Mund! Halt den Mund! Halt den Mund! Und wie ich ihre großen Hüte haßte! Diese pompösen großen Hüte! Wie ich sie haßte! Immer mußte ich die kleinen Hüte tragen...

Malvina sackte auf einen Sessel und begann zu schluchzen. Tamara verließ leise den Raum. Sie war unfähig, ihre Mutter zu trösten. Warum um alles in der Welt setzte sie denn bis heute keinen großen Hut auf?

Nach diesem Ausbruch sprachen die beiden Frauen nie wieder über die Großmutter. Jahre später, als Tamara ihre Mutter und ihre Tochter allein ließ und lange Zeit aus Amerika nicht zurückkehrte, sollte Malvina am Weihnachtstag vor den Augen ihrer Enkelin einen ähnlichen Ausbruch hinlegen, der in den Worten gipfelte: Ich habe ihre Hüte immer schon gehaßt. Und vor den Augen ihrer Enkelin sollte sie Tamaras Hüte einen nach dem anderen zerreißen und ins Kaminfeuer werfen.

Tamara teilte Tadeusz am Abend dieses Tages mit, sie werde ihn nicht nach Warschau begleiten. Tadeusz nahm ihre Entscheidung gleichgültig auf. Er fragte nicht nach den Gründen. Tamara ärgerte sich darüber, war aber auch erleichtert. Es wäre ihr schwergefallen auszudrücken, was sie empfand.

51

Einen so zärtlichen Abschied nach einer so leidenschaftlichen Nacht hatten Tamara und Tadeusz seit Jahren nicht mehr erlebt. Tamara half ihrem Mann, seinen Koffer zu packen, ein Frauendienst, den Tadeusz mit einem gerührten und erstaunten Lächeln quittierte.

Ich sollte, glaube ich, häufiger verreisen, murmelte er und küßte Tamara auf den Mund.

Da schossen ihr die Tränen in die Augen. Wann hatte er sie in den letzten Jahren mit so weichen Lippen geküßt, weichen Lippen, die auf ihrem Mund verweilten, ihn ertasteten, kosteten, als wäre er die köstlichste Speise der Welt? Viele Küsse der vergangenen Monate und Jahre kamen ihr in Erinnerung, Küsse, die die Berührung vermieden, harte Lippen, die flüchtig ihren Mund oder ihre Wange streiften, eine Berührung, die eher einer Ohrfeige glich als einer Liebkosung. Oder aber die fordernde Zunge, die sich in ihre Mundhöhle bohrte, der sabbernde Speichel, der in ihren Mund drang, den sie nicht ausspucken durfte.

Tadeusz' weicher Mund glitt über den Flaum, der ihre Wangen bedeckte und der ihn einst so entzückt hatte, tröstend streifte er ihr die Tränen von den Wimpern; in diesem Augenblick merkte sie, wie verloren sie sich fühlte. Sie fürchtete, gegen ihren Willen ihren Schmerz hinauszuschreien, und hielt für einen Moment den Atem an.

Ich bin bald zurück, sagte Tadeusz mit jener tiefen Stimme, die Tamara zu Beginn ihrer Bekanntschaft das Blut in den Bauch getrieben hatte. Dann werden wir uns lieben, meine kleine Frau, nächtelang, tagelang, so wie einst im Birkenwäldchen.

Meine kleine Frau!
Tamara tupfte verstohlen die Tränen weg, die verlaufene Wimperntusche sollte ihren Gefühlsaufruhr nicht aller Welt verraten.
Meine kleine Frau!
Sie überlegte, wohin sie sich jetzt wenden sollte. Es zog sie zum Montparnasse, sie wollte eine schnelle Zerstreuung, irgend jemanden, der Tadeusz' Küsse vom Morgen fortsetzen, ihre entflammte Begierde löschen könnte.

Es saßen genug Männer auf den Bistrostühlen der Caféterrassen, die nichts lieber getan hätten, als alle feinen Härchen auf Tamaras Körper mit weichen Lippen zu kosen. Aber was sollte sie tun mit den Worten «meine kleine Frau»? Die Männer mit den weichen Lippen und der im Nu in hartes Fleisch verwandelten Begierde sahen keine kleine Frau vor sich, unter sich, neben sich, über sich. Ihr Begehren richtete sich auf die große, beeindruckend schöne und anziehende Frau. Auf die Frau, die Männer mit einem Blick lockte und auf Distanz hielt; die sich auf eine Weise kleidete, daß sie bei jeder Gesellschaft unumstrittener Mittelpunkt war; die es wagte, absolut schockierende Frauenbildnisse zu malen.

Tamara lenkte ihr Auto zum Bois de Boulogne. Die Bäume hier, die Sträucher und vertrauten Wege, das war die geeignete Umgebung, um mit der Gefühlsaufwallung fertig zu werden, die Tadeusz mit drei Worten in ihr ausgelöst hatte.

Meine kleine Frau.

Was wäre aus ihr geworden, wenn Malvina ein einziges Mal zu ihr gesagt hätte: Mein kleines Mädchen? Eine plötzliche, kurze Erinnerung an den Vater verbannte Tamara sofort. Der Vater hatte sie nicht zur Kenntnis genommen und damit basta. Und wenn sie von ihm wahrgenommen worden war, hatte er sie als gefährliches Wesen gespiegelt, vor dem die Mutter geschützt werden mußte. Seine kleine Frau.

Mein kleines Mädchen! So hatte der Vater Malvina genannt, nicht aber Tamara.

Das Mädchen war groß und stark gewesen. Ein Biest. Eine Bandenchefin. Klug, raffiniert, frech und mutig. Nur die Großmutter hatte sie «meine Kleine» genannt, «meine Anmutige», «mein Juwel», «mein ein und alles», doch auch die Großmutter hatte ihre Größe hervorgehoben, ihre Besonderheit, ihre Begabung und Intelligenz.

Eine ganz einmalige und außergewöhnliche Tochter habt ihr, hatte sie Tochter und Schwiegersohn gepredigt, wenn diese wieder einmal völlig außer sich gewesen waren über das unbändige Kind.

Tränen liefen Tamara über die Wangen. Hier im Auto ließ sie ihnen freien Lauf. Verdammt noch mal! sagte sie laut und bitter. Nie hätte ich eins von diesen kleinen süßen Mädchen sein wollen, nie Tadeusz' kleine Frau, was sollen die albernen Tränen!

Und doch flossen sie, flossen und flossen und schwemmten einen schweren Stein hoch von Tamaras Herz in ihre Kehle.

Verdammt, hier im Bois de Boulogne hatte sie Ira kennengelernt, die zarte Schattenfrau, hatte Rafaela angesprochen, ja, sie abgeschleppt, besser, als es mancher Mann vermocht hätte, und jetzt heulte sie wie ein Schloßhund, weil Tadeusz, dieser Ignorant, dieser Schwächling, dieser brutale Schläger, zu ihr gesagt hatte: Meine kleine Frau!

Nichts wäre aus ihr geworden, wäre sie eine kleine Frau gewesen. Nichts!

Nein, sie wollte Siegerin sein, die goldene Dame, la donna d'oro, und kein kleines Häschen, das gehätschelt wird. Sicher, es tat wohl, von Zeit zu Zeit gehätschelt zu werden, es wäre schön gewesen, manchmal geschützt zu werden. Aber wovor denn eigentlich? Vielleicht vor der eigenen Scham, die immer wieder verscheucht werden mußte.

Tamara verdrängte die Scham, sobald sie auftauchte, und trotzdem war sie ihr vertraut. Ein Gefühl, als habe man ein Familiengeheimnis ausgeplaudert. Jetzt plötzlich erinnerte sie sich an den verwirrenden Augenblick, als sie, unerlaubt neugierig, in einer Kommode ein Buch mit häßlichen Bildern nackter Frauen aufgestöbert hatte. Wie kannst du es wagen? hatte ihr Vater gewütet, und Tamara hatte sich geschämt.

Kunst öffnet Wandschränke, entlüftet Keller und Speicher, Kunst zeigt, was sonst versteckt wird, dachte Tamara erleichtert. Kunst ließ sie freier atmen, brachte aber auch die vergessene Scham zurück. Wie kannst du es wagen?

Und dann war da noch Malvinas Satz: Was sollen die anderen sagen? Die Nachbarn, die Frauen aus dem Club, die Damen?

Dieser Satz kroch gegen ihren Willen wieder in ihr hoch, wenn sie Kritiken hörte oder las, die irgendwie, vielleicht nur für sie selbst hörbar, sagten: Wie kannst du es wagen, ein so schlechtes Bild zu malen. Tadeusz hatte diese Scham immer wieder geweckt. Es war, als würde er sagen: Wie kannst du es wagen, deine obszönen Bilder für Kunst zu halten!

Als Tamara, wieder zu Hause, ihr verheultes Gesicht im Spiegel begutachtete, erblickte sie eine Frau mit sehr weichen Zügen; die Wimperntusche war ein wenig verschmiert, aber ihre Gesichtszüge wirkten wie nach einem Verjüngungsbad. Die Augen glänzten, der Mund lächelte wie nach einer durchküßten Nacht, und ihre Haut schimmerte so klar und rein, als sei sie zwanzig Jahre alt und nicht knapp dreißig. Tamara bürstete ihre blonden Haare, bis rote Funken aufstoben. Ich werde sie wachsen lassen, dachte sie, lange Haare sind einfach weiblicher. Nach langer Zeit gestattete sie sich wieder einmal einen Gedanken an die dicken schwarzen Haare Rafaelas, ließ es auf den Stich in der Brust ankommen und stellte erstaunt fest, daß er ausblieb. Es war nicht Rafaela, nach der sie sich sehnte, es war etwas anderes. Der Gedanke überraschte sie. Es waren auch nicht Tadeusz' weiche Lippen auf ihrem Mund, auch wenn denen mit Sicherheit ein Teil ihrer Sehnsucht galt. Ebensowenig waren es die Worte «meine kleine Frau»; es war irgend etwas tief in ihr Verborgenes, das noch nie hatte leben dürfen, das aber in wechselnder Gestalt immer wieder hervordrängte, als Schlaflosigkeit, als Nervosität, als übermäßige Gier nach Zigaretten. Tamara fürchtete, daß es eines Tages sogar als Krankheit in Erscheinung treten könnte. Doch was sollte sie tun?

Sie erinnerte sich an d'Annunzio, an ihre verzweifelten Wanderungen durch die kleine italienische Stadt unweit des Gardasees. Irgendwas hatten die mit ihrer Sehnsucht zu tun, aber sie wußte nicht, was.

Tamara beseitigte die Wimperntusche und wollte sich wieder an das Porträt des Großherzogs Gabriel begeben, für das sie zahlreiche Skizzen gemacht hatte. Da blieb ihr Blick an der Zeichnung hängen, die sie von Baron Kuffner angefertigt hatte. Ein intelligentes, aufmerksames Gesicht, der Blick auf ein Buch gerichtet. Nein, ein schöner Mann war der Baron nicht, kein Vergleich mit Tadeusz, der immer noch ein Beau war, ein attraktiver Mann, in dessen Nähe die Augen der Frauen Glanz annahmen. Und trotzdem wurde Tamara warm ums Herz, als sie die Zeichnung betrachtete. Der Baron war gebildet, klug, weitgereist, und trotzdem hatte er sie mit keiner Silbe, mit keinem Lidschlag, mit keinem Zucken seiner Mundwinkel abgewertet, keine Sekunde lang hatte sie in seiner Gegenwart die Scham gespürt.

Tamara wandte sich ihrer Staffelei zu, da stand der Großherzog Gabriel wie ein Geist, ein blasser, leerer Geist aus vergangenen Tagen in einer pompösen Uniform. Die Fassade hatte den Mann verschluckt. Tamara malte und wurde wieder hart und klar. Vielleicht würde dem Herzog das Porträt mißfallen, dann würde sie es eben behalten. Sei's drum, sie war nicht Künstlerin, um irgend jemandem zu gefallen. Sie war Künstlerin, weil...

Weil?

Nun, weil sie groß und stark war und vor Energie und Schaffenskraft strotzte. Und weil es so viel Verwirrendes gab und die Leinwand die Möglichkeit bot, die Welt zu ordnen und übersichtlich zu machen.

Ja, vielleicht deshalb.

52

Tadeusz blieb lange fort. Der Bankier werde langsam ungehalten, wisperte Tante Stefa, Tadeusz' Spesen würden unerschwinglich, nörgle er. Tante Stefa nahm die Sorgen des Bankiers nicht allzu ernst. Mädchenhaft kichernd fügte sie hinzu: Er schwimmt doch im Geld. Da kann er dem armen Tadeusz mal ein paar nette Wochen gönnen.

Dem armen Tadeusz!

Tamaras Herz zog sich zusammen. Zwischen ihre Brauen grub sich eine steile Falte. Wenn irgend jemand noch einmal in meinem Beisein armer Tadeusz sagt, schlage ich zu, dachte sie. Jetzt erst fiel ihr auf, daß sich die Bezeichnung «armer Tadeusz» längst eingebürgert hatte. Sprach überhaupt noch jemand von Tadeusz, dem «begehrtesten Junggesellen Petersburgs», sagte irgend jemand noch «der Lebemann» oder wenigstens «Schwerenöter»? Nein. Man sprach vom «armen Tadeusz».

Mein Gott, dachte Tamara, wann hat jemals jemand «arme Tamara» gesagt; was muß man tun, damit die anderen einen bedauern? Er hat alles, verdammt, einen Beruf, eine Wohnung, ein gesundes Kind und nicht zuletzt, das sollte doch auch etwas zählen, eine schöne Frau. Eine Frau, die auch als Geschenk betrachtet werden könnte. Könnte.

Zwei Tage nachdem sie mit Tante Stefa gesprochen hatte, brachte der Briefträger Post aus Warschau.

In dem Augenblick, da Tamara den Brief in der Hand hielt, wußte sie, daß eine Katastrophe auf sie zukam. Sie hätte nicht sagen können, welche, aber ihre Beine verwandelten sich in seltsame Gummiwesen, auf denen sie in ihr Atelier wankte. Sie ließ sich auf ihr Sofa plumpsen und betrachtete den Brief auf ihrem Schoß.

Wann hatte sie zum letztenmal einen Brief von Tadeusz zwischen den Händen gehalten? Vor zwei Jahren, als sie d'Annunzio besuchte, hatte er ihr Telegramme geschickt, kurze, einsilbige Telegramme im Befehlston: Was ist los? Komm sofort zurück! Noch länger fort ist zu lange. Geduld am Ende.

Dieser Ton jaulte jetzt in ihr auf wie eine Alarmsirene aus vergangenen Kriegstagen.

Geduld am Ende, murmelte Tamara vor sich hin. Wie lange war Tadeusz jetzt in Warschau? Fast einen Monat. Und sie hatte nichts von ihm gehört.

Mit dem langen gepflegten Nagel des rechten Zeigefingers ritzte sie das Kuvert sorgfältig auf. Lavendelfarben ergossen sich Tadeusz' Schriftzüge über das Papier, auf dem rechts oben das Etikett der Bank prangte.

Ein Blick, und Tamara erkannte, daß der Brief nicht mit «Meine liebe kleine Frau» begann. Und er endete auch nicht mit den Worten «auf ewig Dein» oder «Dein Dich liebender». Er begann mit «Tamara» und endete mit «Tadeusz». Tamaras Herz fiel in einen fiebrigen Galopp. Mit zitternden Händen legte sie den Brief beiseite und machte einige Schritte in Richtung Fenster. Sie hielt sich so würdevoll gerade, wie es ihr einst mittels eines Besenstiels antrainiert worden war.

Sie schaute hinüber auf den Balkon, der ihr so vertraut war und nun verwaist dalag. Manchmal hing ein Anzug zum Lüften über einer Stange, aber Tamara hatte schon ewig keinen Menschen mehr dort drüben erblickt.

Was Rafaela wohl gerade trieb? Wahrscheinlich hatte sie schon einen dicken Bauch und bekam bald das erste Kind, und wenn sie danach noch keine Hängebrüste hatte und ihre Bauchhaut nicht zerrissen war, würde der voyeuristische Nachbar sie wieder und wieder dick machen, bis sie endlich ausgeleiert wäre.

Tamara war, als spüre sie die samtige, ein klein wenig pelzige Haut auf Rafaelas Bauch, und unwillkürlich strich sie zärtlich über ihren eigenen Leib, der straff und fest und kein bißchen ausgeleiert war.

Plötzlich und so unerwartet, daß sie erschrak, überfiel sie heftige Sehnsucht nach Kizette. Wie lange hatte sie dem Kind nicht mehr geschrieben! Allwöchentlich trafen die braven Briefe in Kleinmädchenschrift ein, die Tamara so langweilten, daß sie die Zeilen nur flüchtig überflog.

Da bot dieser Brief doch eine andere Spannung! Tamara preßte trotzig wie ein kleines Mädchen die Lippen aufeinander. Sie ging zum Sofa zurück und las ganz langsam den Brief, Wort für Wort, als wäre er ein zu heißes Getränk, das nur schluckweise zu ertragen ist.

Gut, das war's also.

Grimmig erhob sie sich, kämmte sich, zog die Lippen mit einem blutroten Lippenstift nach und machte sich auf nach Montparnasse.

Die Nacht verbrachte sie mit ihren beiden reizenden, in der Liebe zu dritt erfahrenen Freunden. Sie waren wie stets aufmerksam und liebevoll, und Tamara fühlte sich verwöhnt und geschätzt. Im Morgengrauen löste sie sich aus der Umarmung der beiden, die daraufhin näher zusammenkrochen und einander umfingen, schlüpfte in ihre Kleider, verließ leise das Haus, setzte sich in ihr Auto und fuhr zu dem kleinen Dorf bei Paris, wo sich Kizettes Internat befand.

Vor dem altehrwürdigen Gemäuer angekommen, prüfte sie im Rückspiegel ihre Frisur und die Schminke, schnupperte prüfend unter ihren Achseln, nun ja, sie roch ein wenig nach Liebe und süßlichem Männerparfüm, daß aber der Geruchssinn von Nonnen in diesen Feinheiten geschult war, hielt sie für wenig wahrscheinlich. Und wenn, war es nun auch egal. Eigentlich war fast alles egal.

Wenn alles unwichtig wurde, bot die Etikette Halt. Tamara fuhr ins nächstgelegene Dorf und suchte ein Café, wo sie ein kleines Frühstück zu sich nehmen konnte, um dann zur rechten Zeit im Internat zu erscheinen. Sie mußte lange suchen. Bäckereien hatten bereits geöffnet, die Cafés waren noch geschlossen. Schließlich fand sie sich auf einem bezaubernden Marktplatz wieder, an dessen Kopfende eine gotische Kirche sich stolz und streng reckte. Der Frühling hatte noch nicht begonnen, doch an den Blumenständen protzte er bereits, angeberisch und ein klein wenig zu grell für den kühlen Morgen. Mit gewichtigen Gesten boten die Bauern Kleinvieh feil, das mitleiderregend stank. Sie zogen ihre Schirmmützen je nach Laune und Verhandlungsstand in die Stirn oder schoben sie in den Nacken, sie warfen sich in die Brust und verzogen die Mundwinkel zu einem stolzen und zugleich bescheidenen Lächeln – ebenso wie die Fischverkäuferinnen, deren Schürzen vor Salzlake starrten.

Tamara trank ihren Kaffee, lauschte dem Fachsimpeln der Bauern am Nebentisch und fühlte sich abgetrennt von allem.

Was sollte sie eigentlich auf dieser Welt?

Es war ein Gefühl, als wäre sie von einem eigenartigen Dunst umgeben, der sie alles andere nur nebelhaft erkennen ließ. Sie zündete sich eine Zigarette an und beobachtete das Treiben auf dem Markt. Es war der klare, analytische Blick der Künstlerin. Nun sah sie wieder scharf, erkannte jede fein eingegrabene Runzel um den Mund der Frau mit dem dicken, vorgeschobenen Leib, die einen Fisch nach dem anderen auf die Theke klatschte, sie mit sicherem Ritz aufschnitt und die Eingeweide herauszog.

Tamara blickte auf die Kirchturmuhr. Es war sieben. Nonnen verließen doch wohl nach keuscher Nacht das Bett zu früher Stunde.

53

Der Besuch bei der Direktorin des Internats ähnelte in gewisser Weise demjenigen, den Tamara vor etwas mehr als zehn Jahren ihrer strengen Direktorin abgestattet hatte. Der Vorteil des Erwachsenseins lag darin, daß sie heute in aller Entschiedenheit vor die Mutter Oberin treten und, obwohl diese die Augenbrauen erzürnt zusammenzog, darauf beharren konnte, ihre Tochter sofort mitzunehmen.

Mit welcher Begründung? erkundigte sich die schwarzgekleidete fromme Frau streng, als hätte sie eine Untergebene vor sich.

Ein Trauerfall in der Familie, erklärte Tamara, und sie hatte nicht im geringsten das Gefühl zu lügen.

Wann wird das Kind zurückkommen?

Das könne sie nicht sagen. Aus finanziellen Gründen zumindest wolle sie die Kleine vom heutigen Tage an abmelden; sollte sich die familiäre Situation ändern, spreche ja nichts dagegen, Kizette der fürsorgenden Obhut der Schule wieder anzuvertrauen.

Die Mutter Oberin erhob sich zu majestätischer schwarzer Größe. Madame, sagte sie, wir betrachten uns nicht als Hunde- oder Katzenhotel, wo überflüssige Kreaturen für eine bestimmte Zeit zur Aufbewahrung abgegeben werden. Unsere Zöglinge sind für uns Blumen im Garten Gottes, die wir hegen und pflegen, damit sie Gott, ihren Eltern und sich selbst zur Freude wachsen und gedeihen. Unsere Zöglinge können ebensowenig wie Blumen täglich umgepflanzt werden, das bekommt ihnen nicht und auch nicht dem Garten. Ich weiß nicht, wer in Ihrer Familie gestorben ist, und anscheinend wollen Sie darüber auch keine nähere Auskunft geben. Ich halte es aber für meine Pflicht, Ihnen folgendes vor Augen zu führen: Ihre Tochter hat sich nach anfänglichen Schwierigkeiten hier eingelebt. Sie hat eine Freundin und eine Lieblingslehrerin. Wenn Sie Ihrer Tochter helfen wollen, Trauer zu bewältigen, sollten Sie sie nach den Trauerfeierlichkeiten umgehend zurückbringen.

Tamara erhob sich ebenfalls. Sie dachte kalt: Lieblingslehrerin, euch Nonnen kenne ich, verschwärmte Frauenzimmer, die ihre Schülerinnen zu romantischen Liebesgefühlen anstiften. Werte Krähe: Kizette ist nicht deine Tochter, sie gehört mir. Lieblingslehrerin... ich hab euch die Kleine schon viel zu lange überlassen!

Sie reichte der Mutter Oberin ihre schöne Hand mit den langen roten Fingernägeln, die letzte Nacht noch über die wohlgerundeten Hintern ihrer beiden Liebhaber geglitten waren. Ihr Gesicht war vollkommen beherrscht, als sie mit umflortem Blick zur Oberin sagte: Ich danke Ihnen für die Sorge um meine Tochter. Verzeihen Sie mir bitte, daß ich so wenig offen spreche, die ganze Angelegenheit geht über meine Kräfte. Es handelt sich um meinen Mann, mehr kann ich nicht sagen. Er ist in Warschau, und ich weiß nicht, was aus Kizette und mir wird...

Sie hielt inne und warf der Nonne einen kurzen, prüfenden Blick zu. Die alte Frau war offensichtlich härter gesotten als damals die Direktorin in Lausanne.

Sie lächelte kühl und, wie es Tamara schien, ein wenig spöttisch, als sie sagte: Nun, Madame de Lempicka, Sie sind, soviel ich weiß, eine recht erfolgreiche Künstlerin. Was auch immer mit Ihrem Mann geschehen ist, ich bin sicher, daß Sie in der Lage sein werden, die Gebühren für unsere Schule weiterhin aufzubringen. Und nichts sonst müssen Sie tun, damit Kizette in unserem Garten weiterhin die Pflege erhalten kann, die sie braucht, um zu gedeihen.

Tamara war sprachlos. Diese Frau war nachgerade schlecht erzogen. Ich danke Ihnen! sagte sie höflich. Und jetzt bitte ich Sie, meine Tochter rufen zu lassen. Wir haben einen langen und beschwerlichen Weg vor uns.

Die Oberin zog erstaunt die Augenbrauen hoch, betätigte aber ohne ein weiteres Wort die dicke goldene Glocke, die auf ihrem mächtigen Schreibtisch aus dunkler Eiche stand. Alsbald erschien eine junge Nonne an der Tür. Tamara erblickte ein bildschönes, klares Gesicht unter einer weißen Haube, eine junge Frau mit selbstbewußter, aufrechter Haltung.

Bitte? fragte sie höflich und ohne den leisesten devoten Beiklang.

Bringen Sie Kizette Lempicka hierher, ordnete die Oberin an.

Kizette? fragte die Nonne zurück. Die ist im Unterricht. Soll ich sie mitten aus dem Unterricht holen?

Tamara blickte neugierig zwischen den beiden Frauen hin und her. Die Junge nahm sich der Alten gegenüber einiges an Freiheit heraus. Wie würde die sich jetzt vor dem Gast Respekt verschaffen? Doch die Oberin schien sich überhaupt nicht behaupten zu müssen. Sie senkte den Blick und sah einen Augenblick lang alt und traurig aus.

Ja, bitte, antwortete sie, und die Worte schleppten sich dahin, als sei sie sehr müde. Und sagen Sie ihr, sie möchte packen. Ihre Mutter holt sie ab.

Die junge Nonne erbleichte. Ihre Mutter holt sie ab? fragte sie entgeistert. Sie warf Tamara einen zornigen Blick zu. Ihre Augen, groß und samtig tiefbraun, nahmen einen verräterischen Glanz an.

Schwester Jeanne, ermahnte die Oberin die junge Frau sanft, bitte holen Sie jetzt das Mädchen.

Jawohl, Mutter Oberin, hauchte die Nonne.

Ja, du Hübsche, dachte Tamara grimmig. Du hast offenbar dein Herz an meine Tochter gehängt, du solltest dir einen Liebhaber anschaffen und nicht meine Tochter mit deinen unbefriedigten Liebesgefühlen belästigen.

Jetzt entschuldigen Sie mich, gab die Oberin würdevoll von sich. Sie bot Tamara die Hand, als erteile sie ihr den Segen. In der Halle stehen Stühle für Gäste zur Verfügung. Bitte warten Sie dort auf Ihre Tochter. Ich hoffe, unseren Zögling bald wiederzusehen.

Tamara verabschiedete sich mit einigen Dankesworten. Eiskalt dachte sie: Mein Kind kriegst du nie wieder.

54

Kizette folgte der Mutter brav wie immer. Sie folgte ihr auch in den nächsten Wochen und eigentlich ihr Leben lang, bot sich Tamara geradezu an, mißbraucht zu werden. Als gehöre sie zu ihr wie ein Arm oder ein Fuß, mehr noch: als gehöre sie zu ihr wie einer der Hüte, die Tamara aufsetzte, wenn es ihr gerade paßte, oder wieder in den Schrank warf. Von den Hüten unterschied Kizette, daß Tamara sich damit schmückte. Ihre Tochter hingegen versteckte und verschwieg sie, sobald sie in die Öffentlichkeit trat. Niemand sollte von dem großen Mädchen auf ihr Alter schließen können. In der Woche nachdem sie Kizette aus dem Internat genommen hatte, zeigte Tamara sich allerdings ohnehin kaum in der Öffentlichkeit. Sie verbrachte die Abende zu Hause mit ihrer Tochter und beklagte sich über den treulosen Gatten, den herzlosen Vater.

Wie schrecklich dein Vater ist, wie gemein. Wie kann er es wagen, mir einen Trennungsbrief zu schreiben! Er hat sich in eine andere verliebt, daß ich nicht lache! Wie oft habe ich mich schon in einen anderen verliebt – und habe ich mich getrennt? Man hat doch eine Pflicht, er ist doch dein Vater, er hat doch eine Verantwortung. Er habe erkannt, wie falsch sein Leben in Paris gewesen sei! Gut so, gut so, kann ich da nur sagen, dann schleunigst zurück und es besser machen! Tochter und Frau könnten es gut vertragen, wenn er endlich aufhören würde mit dem falschen Leben. Jahrelang hat er sich nicht mehr im Spiegel anschauen können, hat sich geschämt und doch keinen Weg gefunden! Und jetzt schämt er sich nicht, solche abgeschmackten Entschuldigungen vorzubringen dafür, daß er sich davonstehlen will. Soll er aufhören zu saufen, zu huren, das Geld aus dem Fenster zu werfen, soll er aufhören, seine Frau zu verprügeln und seine Tochter zu vernachlässigen, dann wird der Blick in den Spiegel ihm mehr Vergnügen bereiten. Doch was tut er? Er schnappt sich eine andere und verschwindet. Nun sei er über dreißig und wolle unbedingt ein Mann werden, verantwortlich und mit aufrechtem Rückgrat. Mit aufrechtem Rückgrat, höhnte Tamara, mit aufrechtem

Rückgrat spaziert er am Arm seines Liebchens über die Straßen von Warschau, und wir hier müssen den Boden fremder Leute schrubben, um nicht zu verhungern.

Kizette machte riesige Augen. Müssen wir den Boden schrubben, Maman? fragte sie erschrocken. Ich dachte immer, Papa hätte kein Geld verdient.

Tamara fuhr fort, als habe sie die Frage nicht gehört: Er war immer verlogen, und nun lügt er wieder. Verantwortlich will er sein, daß ich nicht lache. An dich denkt er überhaupt nicht, was hat denn das mit Verantwortung zu tun!

Sie schaute ihre Tochter an, und es war, als erinnere sie sich jetzt erst an deren Anwesenheit. Um die Wahrheit zu sagen, bekannte sie trocken, wir müssen nicht den Boden fremder Leute schrubben. Es ist wahr: Ob Tadeusz hier ist oder nicht, wir haben genug zu essen. Das Geld fürs Leben habe immer ich verdient. Aber er war wenigstens da, Kizette.

Zwei Wochen lang höhnte, wütete, tobte Tamara, zwei Wochen, während derer Kizette täglich blasser wurde und den Appetit verlor.

Genau vierzehn Tage nachdem sie Kizette aus der Schule geholt hatte, hockte Tamara sich am Morgen neben das Bett ihrer Tochter, umfing deren schmalen Körper, rüttelte sie, bis Kizette erschrocken blinzelte. Da bedeckte Tamara das Gesicht der Kleinen mit Küssen.

Als Kizette die Augen öffnete und von weit her kommend den Blick erstaunt auf die Mutter richtete, flüsterte Tamara: Kizette, Liebling, ich fahre nach Warschau, in einer Stunde geht mein Zug. Ich muß es einfach tun, hier halte ich es nicht mehr aus. Pack du nur deine Sachen, und geh nachher zur Großmutter. Dort hole ich dich in wenigen Tagen wieder ab.

Ängstlich riß Kizette die Augen auf. Wie lange bleibst du fort, Maman? fragte sie mit hoher Stimme.

Tamara tätschelte ihre Wangen. Nicht lange, Kind, nicht lange, bald bin ich zurück.

Kizette griff nach der Hand der Mutter und hielt sie fest. Tränen schossen aus ihren Augen: Geh nicht fort, Maman, flehte sie. Bitte! Bring mich wenigstens zur Großmutter. Ich habe Angst allein.

Du bist doch ein großes Mädchen! Tamara entzog ihrer Tochter die Hand. Ich leg dir Geld fürs Taxi hin, dann setzt du dich nur ins Auto und bist gleich darauf dort. Adieu, mein Schatz, ich muß mich sputen.

Fort war sie.

Im Zug schon hatte sie die Tochter vergessen, und auch der Kummer über Tadeusz trat in den Hintergrund, denn sie teilte das Abteil mit einer reizenden Warschauerin, die ihr sogar anbot, bei ihr zu übernachten.

Sie erreichte Warschau am frühen Morgen. Das erste, was ihr beim Verlassen des Bahnhofs ins Auge fiel, war ein Platz, auf dem Markt abgehalten wurde. Es scheint mein Schicksal zu sein, dachte sie grimmig, meine Überfälle zur frühen Marktstunde zu unternehmen.

In der Tat war das, was sie Tadeusz antat, ein Überfall. Sie schlug das Angebot der netten Warschauerin aus und nahm sogleich ein Taxi zu der Pension, die Tadeusz als Absender angegeben hatte. Dort stellte sie sich als die Gattin des Herrn Lempicki aus Paris vor und bemerkte scharfäugig das kurze Erschrecken des Nachtportiers. Sie schloß daraus, daß Tadeusz den Mann bestochen hatte, damit er sich angelegentlich wegdrehte, wenn Tadeusz sein Liebchen ins Hotel mitnahm.

Ist mein Gatte auf seinem Zimmer? erkundigte sie sich freundlich und wunderte sich, wie selbstverständlich ihr die polnische Sprache von den Lippen kam. Sie erklärte dem alten Mann, daß sie eine Tochter Polens sei, deren ganze Familie durch den Krieg der Heimat beraubt worden sei und die sich unendlich freue, nun zurückzukehren, da nirgends auf der Welt die Menschen so edel und ehrlich und warmherzig seien wie hier. Die faltigen Apfelbacken des Alten verfärbten sich, bis sie einer Herbstfrucht glichen. Tamara registrierte das Erröten schadenfroh. Mit süßem Lächeln verkündete sie, ihren lieben Mann nicht zu dieser frühen Stunde aus dem Schlaf reißen zu wollen. Da sie aber von weit her komme, sehne sie sich nach nichts mehr als nach einem Bett. Deshalb bitte sie um ein Zimmer, möglichst eines, das an das ihres Gatten grenze. Der alte Mann seufzte so erleichtert auf, daß Tamara dachte: Das Lügen mußt du noch lernen, mein Guter.

Zufrieden lächelnd händigte er Tamara Schlüssel aus und fügte hinzu: Bedaure sehr, Madame, in der zweiten Etage ist kein

Zimmer mehr frei, nur in der ersten. Er fügte treuherzig hinzu: Es ist ja nur für heute. Ab Morgen wird dann alles in Ordnung gebracht.

Tamara bedankte sich. Ich schlafe jetzt. Sorgen Sie bitte dafür, daß mein Mann über meine Ankunft in Kenntnis gesetzt wird.

Sie schritt davon. Alles war zu ihrer Zufriedenheit eingefädelt. Der Alte würde in genau einer Viertelstunde, dann nämlich, wenn er sicher war, daß Tamara nicht zurückkehrte, Tadeusz' Liebchen aus dem Bett jagen und den werten Gatten über die Ankunft seiner bezaubernden Frau informieren. Und er würde es so tun, daß das Liebchen sich wirklich sehr unerwünscht und Tadeusz sich der Diskretion seiner Frau sehr verbunden fühlen müßte.

Sie legte sich angezogen aufs Bett und wartete.

Genau wie sie es vorhergesehen hatte, geschah es. Keine Stunde war vergangen, da wurde die Klinke ihrer Zimmertür heruntergedrückt, die Tür aufgerissen, und Tadeusz stürmte herein.

Tamara, rief er aus, du bist einfach unmöglich! Was soll Irena nur von mir denken?!

Sie erhob sich langsam, strich ihren Rock glatt und küßte ihren Mann auf den Mund.

Heißt sie Irena? Mein Schatz, was soll *ich* nur denken? Denn die Ehefrau bin ich!

Tadeusz hob und senkte die Schultern in schnellem Wechsel, seine Hände flogen hierhin und dorthin. So hilflos aufgeregt hatte Tamara ihn noch nie gesehen.

Was soll man hier nur von mir denken? stöhnte er schließlich. Mein Ruf war bis jetzt untadelig.

Liebster, das wirst du wieder richten können, entgegnete Tamara leichthin, während sie in ihre hochhackigen Schuhe schlüpfte, in denen ihre Beine, wie sie wußte, verführerisch aussahen. Das Trinkgeld, das der Alte braucht, um deine Ehre zu verteidigen, wird so hoch nicht sein. Und nun hören wir auf, uns zu fragen, was dieser und jener denken könnte. Führ mich zum Essen aus, bitte, ich verhungere nach dieser langen Fahrt.

Tadeusz gehorchte. Höflich erkundigte er sich, ob sie vielleicht auch die Stadt besichtigen wolle, entschuldigte sich dafür, daß er nicht den ganzen Tag Zeit für sie habe, er sei nach wie vor dabei, für den Onkel Geschäfte abzuwickeln, und habe für heute bereits einige Verabredungen.

Das ist doch nicht schlimm, rief Tamara überschwenglich. Nehmen wir jetzt ein umfangreiches Frühstück zu uns, dann ruhe ich mich aus, erkunde später die Plätze meiner Kindheit auf eigene Faust, und am Abend sehen wir uns wieder.

Fröhlich klatschte sie in die Hände.

Ach, Tadeusz, ich bin ja so froh, daß wir uns nach so langer und bitterer Zeit wiedersehen.

Sie legte ihre schöne Hand, die er so oft bewundert hatte, an seine Wange. Ihre Brüste streiften angelegentlich seinen Arm. In diesem Augenblick war sie sich völlig sicher, daß sie über Irena siegen würde. Tadeusz war und blieb ihr Mann!

Er machte einen Schritt rückwärts und wandte sich zur Tür. Im Nu war er draußen.

Es sieht ja fast so aus, als würdest du vor mir davonlaufen, spöttelte Tamara fröhlich. Keine Sorge, mein liebster Mann, deine strapazierte Männlichkeit darf sich erholen, bevor ich Ansprüche anmelde.

Sie lächelte kokett und strich den engen Rock über ihrem Hintern glatt. Mit kleinen Schritten stöckelte sie hinter Tadeusz her, der ihr höflich den Arm reichte, um sie in das nächstgelegene Frühstückslokal zu führen.

Im Café musterte Tamara ihren Mann von der Seite. Er erschien ihr außerordentlich verführerisch. Die alte Sehnsucht stieg wieder in ihr auf. Sie erwog, sich ihm unter dem Tisch anzunähern. Tadeusz hatte Tändeleien unter dem Tisch geliebt.

Doch kaum hatte Tamara ein wenig gegessen, stellte er mit einem harten Ruck seine Tasse auf dem Tisch ab und sagte: Tamara, es hat keinen Sinn. Ich liebe sie.

Sein Kinn glich einem mit dünner Haut überzogenen Felsklotz. Die Haut spannte. Kleine kurze Stacheln stachen spitz hervor. Tamara ließ ihre Hand weich zu dem kantigen Kinn gleiten. Sie strich darüber, als wolle sie Schmerz lindern.

Tadeusz zuckte zurück.

Ich liebe sie, Tamara, nun hör doch! stieß er hervor.

Sie ertastete die Konturen seines Kinns. Weißt du noch, Tadeusz, sagte sie träumerisch, wie du mich «die Frau mit den goldenen Händen» genannt hast?

Tadeusz seufzte.

Liebster, besänftigte Tamara ihn, wir haben uns so lange nicht gesehen. Laß uns hier doch in Frieden zusammensitzen, danach begleitest du mich in mein Zimmer, und wir erinnern uns an unsere Liebe, und danach dann erzählst du mir alles, was ich wissen muß.

Tadeusz seufzte abermals: Tamara, ich liebe Irena, nicht dich, das ist vorbei.

Aber einmal, da hast du mich geliebt, beharrte sie, und ich wünsche mir nicht mehr, als daß du unseren Körpern die Möglichkeit läßt, sich daran zu erinnern. Tadeusz, du hast mit so vielen Frauen geschlafen, die du nicht liebtest – tu mir den Gefallen. Als Abschiedsgeschenk sozusagen.

In diesem Augenblick war Tamara nichts anderes wichtig, als daß Tadeusz diese Frau mit ihr betrog. Sollte er sie verlassen, wenn er denn unbedingt wollte – wenn er es noch konnte, nachdem er sich in ihren Armen entspannt hatte. Sie besann sich auf sein Gesicht nach einem Orgasmus, für einige Minuten so weich und wehrlos, die Haut über dem Kinn und den Backenknochen sanft und zart, als wäre in diesem kurzen Augenblick der Auflösung Fleisch unter die Haut gewachsen.

Tadeusz seufzte wieder, als müsse er Luft ablassen, um nicht zu platzen. Tamara unterdrückte eine schnippische Bemerkung über die Vielzahl der Seufzer innerhalb so kurzer Zeit.

Gut, Tamara, entschied Tadeusz, gehen wir. Aber anschließend fährst du nach Hause. Das mußt du mir versprechen.

Allein?

Allein. Ohne mich jedenfalls. Ich bleibe hier.

Tamara fügte sich. Nach Hause, hatte er gesagt, nicht nach Paris oder in deine Wohnung. Und gleich würde sie ihm zeigen, daß das schönste Zuhause zwischen ihren Schenkeln lag.

Im Bett fochten sie einen verbissenen Kampf aus, jeder rang darum, den anderen zu beglücken und sich selbst dabei zu bewahren. Tamara war vollkommen auf Tadeusz' Körper, seine Lust, seine Erregung konzentriert, Tadeusz hingegen nur mit ihr beschäftigt.

Es dauerte eine lange und fast schon schmerzhaft heftige Erregung, bis sie schließlich gemeinsam zu einem Orgasmus kamen. Tamaras Kehle entrang sich ein Affenschrei. Tadeusz knurrte.

Für einen Augenblick war so etwas wie Hingabe und Zärtlichkeit zwischen ihnen. Tamara streichelte gedankenverloren über Tadeusz' Gesicht. Er glitt weich von ihr ab. Da sah sie ihn an und erschrak. Der Mann weinte. Regungslos lag er neben ihr. Unter seinen geschlossenen Lidern drangen Tränen hervor. Sehr selten hatte Tamara für ihren Mann eine so zärtliche, fast mütterliche Liebe empfunden.

Sie schob ihren Oberkörper unter seinen Kopf, so daß er zwischen ihren Brüsten lag, und streichelte beruhigend seinen Rücken. So begann er, zuerst kaum wahrnehmbar, dann deutlich und fließend die Geschichte seiner Liebe zu Irena zu erzählen.

Ich hatte Zahnschmerzen bekommen, flüsterte er, die zu- und abnahmen wie Wellen. Schließlich blieb mir nichts anderes übrig. Ich mußte einen Zahnarzt aufsuchen. Ich hatte Schlimmes über die polnischen Zahnärzte gehört, und du weißt, wieviel Angst ich vor Schmerzen habe. Es tat wirklich weh. Als ich die Tortur endlich hinter mir hatte, war ich müde und erleichtert. Ich öffnete die Tür zum Treppenhaus, und davor stand eine Frau, die auf den Fahrstuhl wartete. Ich stellte mich neben sie. Wir wechselten ein paar belanglose Worte. Es dauerte zu lange, bis der Fahrstuhl kam; wir entschieden uns, die Treppe zu nehmen. Das Treppenhaus war schmal, und wir gingen nebeneinander, weil sie mich gefragt hatte, woher ich käme und wie mir Warschau gefalle. Sie drängte sich neben mich, und ich roch ihr Parfüm und ihren Schweiß. Sie duftete ein wenig nach Milch, und ich überlegte, ob sie wohl eine junge Mutter sei. Ihre Brüste ließen auch darauf schließen. Unten angekommen, verabschiedete ich mich. Doch als ich mich entfernte, hörte ich schnelle Schritte hinter mir. Das war sie. Sie erreichte mich, versperrte mir den Weg und sagte: Ich heiße Irena. Ich möchte Sie kennenlernen. Ich glaube, ich habe mich in Sie verliebt.

Da erst habe ich sie richtig angesehen. Im Treppenhaus hatte ich sie vor allem gerochen. Sie ist dunkelhaarig und vollbusig und hat große, kindliche Augen. Sie ist das ganze Gegenteil von dir. Ich liebe sie, Tamara, und ich will nie wieder zu dir zurück.

Tamara fuhr ruhig fort, seinen Rücken zu streicheln. Ihr war, als dringe ganz langsam ein Messer in ihre Brust.

55

Während der Heimreise drehten sich Tamaras Gedanken, unterstützt vom monotonen Singsang der Räder, um die eine Frage: Wie bekomme ich Tadeusz zurück? Sie schmiedete einen Plan nach dem anderen, verwarf jeden und entwickelte immer neue Strategien. Zugleich quälte sie sich mit entsetzlichen Schuldgefühlen. Ständig tauchte vor ihrem inneren Auge ein neuer Vorfall auf. Sie hatte Tadeusz gereizt, geärgert und betrogen; die Erinnerung schmerzte. Das ohnmächtige Gefühl, die Uhr nicht zurückdrehen zu können, war ihr unerträglich. Noch einmal von vorn anfangen! Alles anders machen! Tadeusz eine richtige Frau sein!

Nun, sie würde einen Weg finden, ihn davon zu überzeugen, daß sie die einzige war, die ihn glücklich machen konnte.

Als sie schließlich, wie gerädert von einer schlaflos verbrachten, schier endlosen Fahrt, in Paris ankam, stand ihr Plan fest. Sie würde einige Wochen warten, und dann sollte der Onkel Tadeusz zurückbeordern. Dann würde Tadeusz entweder gehorchen oder sich von seiner polnischen Freundin aushalten lassen müssen. Der Gedanke weckte Bitterkeit und Zorn in Tamara. Die fremde Frau würde ihn fortschicken. Welche Frau außer einer Idiotin wie Tamara war schon bereit, die eigene Kraft zu verschleudern, um diesen Taugenichts von Mann zu kleiden, zu nähren und für seine Sauforgien zu zahlen.

Vom Bahnhof fuhr sie zu ihrer Mutter, ließ sich dort ein wenig speisen und trösten und nahm ihre Tochter gleich mit.

Während der nächsten Tage verbrachte sie all ihre Zeit mit der Kleinen, die nach dem üblichen anfänglichen Fremdeln ihre Freude über die Zuwendung der Mutter offen zum Ausdruck brachte. Tamara schlief kaum noch. Nachts stand sie vor der Staffelei und malte. Wie ein Hamster im Laufrad rannte und rannte sie, und die Angst, die sie am heftigsten antrieb, war die vor dem Augenblick, da aus irgendeinem Grund das Rad angehalten würde und sie herausfiele. Heraus aus der Zeit, aus der Bewegung, heraus aus der Lebendigkeit in den Abgrund der Leere.

Plangemäß fädelte sie Tadeusz' Rückkehr ein. Schweren Herzens gab sie sich vor Tante Stefa die Blöße, ihre Tränen fließen zu lassen und zu schluchzen: Ohne ihn mag ich nicht leben. Sie wußte, daß Tränen bei Tante Stefa Wunder bewirkten. Diesmal allerdings zeigte die Tante sich unerbittlicher, als Tamara erwartet hatte. Ach, Kind, spöttelte sie, so lange wie du schon ohne ihn gelebt hast – häng dir ein Bild von ihm an die Wand, das macht keinen Unterschied.

Tamara zischte: Trotz aller Probleme war er doch einmal mein Gott, und er ist mein angetrauter Mann.

Versündige dich nicht, rügte die Tante und warf Tamara einen mißtrauischen Blick zu.

Tamara ließ die Tränen versiegen, glättete ihre Haare und puderte ihr Gesicht.

Ich liebe ihn, erklärte sie trotzig, und ich will ohne ihn nicht leben. Holt ihn aus Warschau zurück!

Aha, daher weht der Wind, lachte Tante Stefa. Nun gut, wir haben ihn dir einmal verschafft, wir tun es auch ein zweites Mal. Aber danach komme nie wieder mit diesem Wunsch zu mir!

Es gab keinen Menschen auf der Welt, vor dem Tamara sich diese Blöße gegeben hätte. Sie wußte nun, Tante Stefa und sie würden nicht mehr darüber sprechen. Der Bankier würde alles regeln.

Zwei Wochen darauf aber kam die Tante unangemeldet und mit sorgenvollem Gesicht zu Besuch. Sie beschränkte die Höflichkeitsfloskeln auf ein Minimum. Noch bevor das Teewasser kochte, sagte sie: Tamara, er will nicht gehorchen.

Und dann erfuhr Tamara, daß der Onkel als erstes eine umfangreiche und höfliche Depesche abgesandt hatte, in der er Tadeusz für seine Dienste in Polen dankte und ihn bat, die Geschäfte abzuschließen und baldmöglichst zurückzukehren, um Bericht abzustatten.

Er hat keineswegs angedeutet, daß die Arbeit in Polen damit beendet sein würde, bemerkte Tante Stefa gereizt. Doch der werte Herr Lempicki gab sich nicht einmal die Ehre, überhaupt zu antworten. Wie unartig, Tamara, ich bitte dich! Noch nie konnte ich begreifen, aus welchem Grunde du so vernarrt warst in diesen Mann, und ich hatte gehofft, daß du zur Vernunft gekommen wärst. Doch offenbar besitzt er die Gabe, dich um deinen Verstand zu bringen.

Tantchen, erzählen Sie mir, was Sie so aufgebracht hat, bat Tamara.

Kurzum, gab die Tante knapp von sich, mein Gatte, der Bankier, ließ ein Telegramm schicken, in dem er zu sofortiger Rückkehr aufforderte. Darauf erhielten wir folgende Antwort. Lies, mein Kind! Sie fingerte ein zerknülltes Blatt aus ihrer Tasche. Drei Worte standen darauf: «Ich bleibe hier. T.»

Es war, als kralle sich eine Klaue in Tamaras Nacken. Sie reckte ihren Kopf gegen den Schmerz. Nun, dann muß ich ihn wohl zurückholen, sagte sie.

Mit dieser Reise allerdings konnte sie noch weniger ausrichten als mit der ersten. Tadeusz blieb reserviert wie ein Fremder. Ihre Drohungen, er werde verhungern ohne sie, beantwortete er mit eisigem Schweigen; ihr Flehen, sie werde sich umbringen ohne ihn, Selbstmord begehen, ohne ihn wolle sie nicht leben, beantwortete er mit ebenso gleichgültigem wie hilflosem Achselzukken. Die wenigen Worte, die sie von ihm zu hören bekam, waren, daß er hier glücklich sei, daß er sich endlich wieder aufrichten könne und daß er auf keinen Fall zurückkehren werde, außer um vor dem Scheidungsrichter ein lautes: «Ja, ich will!» abzugeben.

Tamara verließ Warschau mit dem Gefühl, vernichtet zu sein. Alles in ihr lehnte sich dagegen auf.

Das Geräusch der Räder, das monoton wie das Ticken einer Uhr das Aufeinanderstoßen der Schienenabschnitte anzeigte, brachte es erstaunlicherweise fertig, Tamara einzuschläfern.

Aus diesem Schlaf, der ihr nach Wochen zum erstenmal ein wenig Entspannung geschenkt hatte, tauchte sie frisch und mit klarem Verstand auf. Jetzt wußte sie, was sie tun mußte, um Tadeusz zurückzuholen. Warum war sie nicht eher darauf gekommen? Es lag auf der Hand, und der Erfolg war so völlig sicher, daß Tamara sogar abermals einschlafen konnte.

Sie ließ sich wenig Zeit. Sobald sie zurück war, beschäftigte sie sich mit der Durchführung ihres Plans, informierte Kizette über ihre Absicht, beschwichtigte den Onkel und bat ihn, Tadeusz noch nicht zu entlassen.

Sie würde Kizette mitnehmen, Tadeusz' Tochter. Sie würde die Kleine schön kleiden und konnte sich darauf verlassen, daß sie sich genau richtig benehmen würde. Kizette würde weinen und schluchzen, ihrem Papa die Arme um den Hals legen und ihn anflehen, er möge zurückkehren. Sie würde ihm erzählen, wie unglücklich die Mama sei und wie todtraurig sie selbst, würde sagen, daß die Mama sie aus dem Kloster genommen habe und daß sie nun nicht mehr zur Schule gehe. Und es würde Tadeusz gänzlich unmöglich sein, seine Tochter zurückzustoßen.

Was sollte auch sein Liebchen von ihm denken, wenn er eine schreiende Tochter hinter sich herschleppte?

Sie war felsenfest davon überzeugt, daß ihr Plan aufgehen würde, und kündigte dem Onkel an, Tadeusz werde spätestens in einem Monat wieder in Paris auf seinem Stuhl in der Bank sitzen.

Der Bankier tätschelte Tamara die Wange und brummte: Kindchen, was du an dem Mann für einen Bären gefressen hast, begreife ich nicht. Diese verirrte Liebe ist für mich eine teure Angelegenheit. Doch sei's drum, hol dir deinen Schatz zurück!

Und das tat sie. Ihr Plan ging in Erfüllung, als verwirkliche sie auf der Leinwand ein zuvor gedanklich konstruiertes Bild. Die einzige Abweichung zeigte sich, als Tadeusz sagte, er wolle nicht sofort nach Paris zurückkehren.

Laß uns einige Wochen Ferien machen, schlug er vor, und seine Augen ruhten samtig auf seiner Frau. Laß uns irgendwohin fahren, nur wir drei, wo wir wieder zueinanderfinden können.

Monte Carlo, schlug Tamara vor, dort war ich immer glücklich.

Tadeusz stimmte zu. Die Reise war beschlossen. Zwei Tage später fuhren sie nach Monte Carlo. Wie Tadeusz von seiner Liebsten Abschied genommen hatte, erfuhr Tamara nie. Sie wollte es auch gar nicht wissen.

Der Tag begann mit einem kurzen, besinnungslosen Gefühl der Leere, und manchmal empfand sie sogar eine gewisse Leichtigkeit, die an Entspannung und Glück erinnerte. Im nächsten

Moment aber kam wie ein Schlag in die Magengrube die Erinnerung an den vergangenen Abend zurück.

Der vernichtende Wortwechsel, angeheizt durch den Alkohol; Kizette, wie sie sich weinend zwischen die Eltern warf und von Tadeusz zur Seite geschleudert wurde; Tadeusz, wie er sich sogleich mit dem Gebrüll eines verletzten Stiers auf Tamara stürzte und sie mit Fäusten traktierte.

Vorsichtig tastete Tamara ihren Körper ab. Nein, es war ihr nichts wirklich Schlimmes zugestoßen, genausowenig wie in den Tagen zuvor.

Sie schlich vor den Spiegel. Zum Glück auch kein Bluterguß im Gesicht.

Oh, wie sie ihn haßte!

Ihr Blick blieb an einem Rasiermesser hängen, das neben dem Waschbecken lag. Es war eine gute, erleichternde Vorstellung, wie sie dieses Messer nehmen und ihm damit die Kehle durchtrennen würde. Zusehen, wie sein Blut aus ihm floß, die dunklen Haare auf der Brust langsam rot färbte und die ungesunde weiße Haut, der man ansah, daß er seit Wochen nicht aus dem Bett seiner Hure gekommen war. Und in dieser einen Woche, während derer sie in Monte Carlo vergeblich versucht hatten, zueinanderzufinden, hatte Tadeusz sich von morgens bis abends in langen Hosen und langärmeligen Hemden versteckt, als dürfe keine Sonne seine Haut berühren, die einmal von seinem Liebchen gekost worden war. Tamara nahm das Messer in die Hand – und legte es erschrocken wieder fort. Himmel, wenn plötzlich ein Sog sie erfaßte und es kein Zurück mehr gab!

Beim Frühstück entschuldigte Tadeusz sich, und der Vormittag verlief recht friedlich. Am Nachmittag tranken sie ihren ersten Cocktail, und von da an verspannte sich die Stimmung. Kizettes Augen, die am Vormittag weich geschimmert hatten, nahmen einen ängstlichen Ausdruck an, was Tamara wütend machte, wütend vor allem auf Tadeusz, aber auch wütend auf die Situation und ihre Unfähigkeit, diesen Mann wenigstens in ihrem Herzen abzustechen; wütend auch auf Kizette.

Drei Wochen später, als Tamara erwachte, schon den Schlag in die Magengrube erwartend wie andere den Hund, der mit seiner feuchten Schnauze den Tag ankündigt, wußte sie, noch bevor sie die Augen aufschlug, daß etwas anders war. Sie blinzelte vorsichtig und riß sogleich die Augen auf. Vor ihr saß Tadeusz in kompletter Reisekleidung und sah sie an. Tamara wurde schwindlig, für einen Moment konnte sie ihn nicht klar erkennen. Ihr Mund fühlte sich trocken an. Unwillkürlich befeuchtete sie ihre Lippen mit der Zunge. Sie war außerstande, ein Wort von sich zu geben. Da hörte sie eine Stimme, horchte ihr nach, verblüfft, daß sie offenbar aus ihrem Mund gedrungen war.

Tadeusz, krächzte die Stimme dissonant, als flöge ein Rabe durch den Raum und verlöre Töne wie andere Kot, Tadeusz, Liebster, was hast du vor?

Tadeusz erhob sich. Mächtig und dunkel zeichnete sich seine aufgerichtete Gestalt vor der hellen Wand ab. Durch Tamaras Gehirn flatterte der Gedanke, daß so einst das Jüngste Gericht erscheinen werde.

Sie erschauerte, als Tadeusz mit der Stimme des Jüngsten Gerichts verkündete: Ich gehe, Tamara, wir sehen uns vor dem Scheidungsrichter wieder. Du bist ein Ungeheuer.

Tamaras Muskeln und Sehnen zerrten an ihr, als wollten sie, daß sie sich zusammenzog, klein machte, so klein, daß sie wieder in einen Mutterleib paßte. Doch sie blieb ausgestreckt liegen, unfähig, sich zu rühren. So lag sie, bis Tadeusz mit entschlossenem Griff seine Koffer an sich genommen und, bei jedem Schritt fest aufstampfend, den Raum verlassen hatte.

Als die Tür ins Schloß gefallen war, flüsterte Tamara: Und er hat sich nicht einmal von seiner Tochter verabschiedet.

Zwei Monate später wurden sie in Paris geschieden. Tamara trug das taubenblaue Kostüm, in dem sie zehn Jahre zuvor in St. Petersburg den schwedischen Konsul besucht hatte. In dem tiefen Ausschnitt verdeckte champagnerfarbene Spitze scheinbar die Brüste, lenkte tatsächlich aber den Blick aufs Dekolleté. Sie hatte zwei Stunden vor dem Spiegel verbracht. So, wie sie heute auftrat, würde Tadeusz sie in Erinnerung behalten. Sie fühlte sich wie eine Leiche, die für die Beerdigung zurechtgemacht wird. Vor dem Scheidungsrichter fühlte sie nichts. Tadeusz war ihr ebenso fremd wie der Richter.

Nur als in ihr die Erinnerung hochstieg an das Maskenfest, auf dem sie um die Aufmerksamkeit dieses Mannes gekämpft hatte, lief ein leichtes Zittern durch ihren Körper, von der Brust zur Kehle.

Sofort hatte sie sich wieder in der Gewalt.

Du bist eine Bestie, sagte Tadeusz ruhig, als er ihr zum Abschied die Hand reichte. Tamara dachte an den Kampf ums Überleben, den sie während der Jahre mit diesem Mann hatte führen müssen. Ja, ich bin eine Bestie, stimmte sie innerlich zu. Und es ist gut so.

Tadeusz' Porträt ließ sie unvollendet. Die Hand, an der der Ehering saß, blieb verschwommen.

Nachwort

Ein Jahr nach ihrer Scheidung wurde Tamara de Lempicka die Geliebte Baron Kuffners; vier Jahre später, nach dem Tod seiner Frau, nahm sie seinen Heiratsantrag an und wurde Baronin Kuffner. Mit Kuffner, der sie verehrte und ihr zugleich die Freiheit ließ, die sie brauchte, emigrierte sie 1939 in die Vereinigten Staaten, alarmiert durch Hitlers Gebrüll, das ihre Angst, verfolgt, eingesperrt, körperlich bedroht zu werden, wieder aufleben ließ.

In Hollywood wurde die Baronin Kuffner Porträtistin und Freundin der Reichen und Schönen, ihre künstlerische Kraft und Originalität aber gingen verloren. Ihre Porträts gerieten zu schlechten Kopien der Werke, die Tamara de Lempicka in den zwanziger und frühen dreißiger Jahren geschaffen hatte.

Nach dem Tod des Barons 1962 geriet sie in eine schwere psychische Krise, die sie mit Hilfe ihrer Tochter bewältigte. Kizette ließ sich von ihrer Mutter als Dienstmädchen, Krankenschwester, Sekretärin und Sündenbock benutzen, obwohl sie mit ihrer Familie – ihrem Mann und zwei Töchtern – eigentlich ausreichend beschäftigt war.

Erst in ihren letzten Lebensjahren, die Tamara als exzentrische Dame in Cuernavaca in Mexiko verbrachte, fand sie an der Seite des Bildhauers Victor Contreras, eines vierzig Jahre jüngeren Freundes, ihren Charme, ihre Frechheit und sogar – in der Nacht und vor aller Welt, auch vor Contreras, geheimgehalten – etwas Schaffenskraft wieder.

Nach ihrem Tod verstreuten Kizette und Victor, wie von Tamara gewünscht, ihre Asche in den Krater des Popocatepetl. In dem Augenblick, da sie die Urne leerten, fegte eine Bö über den Vulkan, der Hubschrauber geriet ins Schlingern und Schwanken, und um ein Haar wären Tochter und Freund der Asche in den Krater gefolgt.